국제경영

이강용 지음

敎友社

머리말

21세기가 시작되면서 세계는 미래에 대한 낙관적 희망과 동시에 미래에 대한 불확실성이 증대되고 있다. 끊임없이 보다 나은 삶을 추구하는 인간의 꿈은 급격한 과학기술의 발전에 따라 과거에는 상상으로나 가능했던 신제품들이 잇따라 출시되면서 소비자 유토피아가 실현될 것처럼 보이기도 한다. 그러나 문명 간 충돌로 표현되는 인종 간의 갈등과 민족 간의 대립은 더욱 격화되면서 인류의 미래를 암담하게 보이게도 한다. 21세기는 과연 인류에게 평화와 번영, 화해와 협력의 시대가 될 것인가? 아니면 기술발전이 오히려 인류의 발목을 잡는 족쇄의 역할을 할 것인가? 지혜롭게 풀어나가야 할 엄청난 과제들이 우리 앞에 놓여 있다.

미국이 주도하는 세계단일시장체제가 성립되고 국가 간의 국경이 사라진 뒤 세계적 기업들 간의 무한 경쟁이 벌어지는 21세기에 한국의 장래는 어떻게 될 것인가? 앞으로 전개될 새로운 형태의 국제경쟁에 한국 기업들은 어떻게 대응해 나갈 것인가? 이는 우리 모두가 관심을 가지고 대응해 나가야 할 과제임에 틀림없다. 정부는 말로만 경영환경 개선을 논할 것이 아니라 기업들이 마음껏 능력을 발휘할 수 있도록 국내의 기업환경을 획기적으로 개선하는 확고한 의지를 실천을 통해 보여주어야 할 것이다. 기업의 국적개념이 사라진 21세기에는 국내기업, 외국기업을 차별하는 따위의 정책이나 규제가 더 이상 있어서는 안 된다. 상품이나 서비스의 국적도 따질 수 없게 된 상황에서 정부가 해야 할 일은 기업의 부가가치 사슬 상의 활동들 중에서 이 땅에서 보다 큰 부가가치를 창출하는 활동이 이루어질 수 있도록 환경을 정비해야 할 것이다. 물류기능의 효율성을 높이기 위해 교통, 통신의 인프라와 친 기업적 사회분위기를 조성하고 세계의 기업들이 탐내는 창의적이고 생산성이 높은 인적자원양성을 위해 과감한 제도 개선과 재정 투자가 이루어져야 할 것이다.

참으로 중요한 것은 기업의 역할이다. 기업들은 국내외를 가리지 않고 범세계적 차원에서 가장 효율적으로 기업 활동을 전개할 수 있도록 글로벌 네트워크를 구축하여야 한다. 연구개발 활동을 반드시 국내에서만 할 필요도 없고, 훌륭한 인재를 고용하는데 있어서도 국내외인을 차별해서는 안 된다. 부품의 조달이나 제품의 생산, 물류, 마케팅, 판매 후 서비스 등 모든 활동을 효율성 극대화 차원에서 접근해야만 할 것이다. 이는 자금조달에 있어서도 마찬가지이다. 세계화 시대에 우리 기업들은 세계 어디서든 최적의 조건으로 필요한 자금을 조달할 수 있도록 국제금융시장의 움직임을 정확하게 파악하고 있어야 한다.

기업들은 크기나 업종에 관계없이 모든 기업들이 다국적기업이 되어야 한다. 연구개발이나 부품의 조달, 생산과 마케팅 등 모든 활동을 국내 중심이 아니라 세계시장 차원에서 조직하여야 한다. 이것이 세계화 시대의 기업들이 가져야 할 자세이다. 동시에 기업들은 정보화를 기업 활동에 적극 활용하여 생산성을 극대화하여야 한다. 정보화가 단순히 컴퓨터나 인터넷을 활용하는 정도에 그치는 것으로 인식해서는 안 된다. 정보화 시대에는 개인의 사고와 행동패턴이 달라져야 하듯 기업의 행동방식도 근본적으로 달라져야 한다. 의사결정 방식이나 수직적, 수평적 의사소통 방식도 달라져야 하고 또 이를 원활하게 수행하기 위해 기업조직이나 기업문화까지도 과감하게 변화시켜야 한다.

본 교재는 기업들의 이러한 필요에 부응한다는 목표를 가지고 집필되었다. 이론적 분석이나 소개도 중시하였지만 무엇보다도 중요하게 생각한 것은 현장에서 실제로 일어나고 있는 사례이기 때문에 사례분석을 가능한 한 많이 포함시켰다. 그리고 내용에 있어서는 국제경영에 꼭 필요하다고 생각되는 내용만을 발췌하여 대학 강단에서 한 학기 동안 강의하기에 적당한 분량으로 압축하였다. 일주일에 한 장씩 공부한다면 두 시간은 이론에 대해 소개하고 나머지 한 시간 동안에는 주어진 사례를 가지고 학생들이 서로 토론하는 방식으로 수업을 진행할 수 있을 것이다.

본 교재를 활용하여 보다 많은 학생들이 세계화 시대의 기업경영에 대한 개념적 이해와 현실적 사례들을 많이 익힐 수 있으면 하는 것이 저자의 바램이다. 본 교재가 집필되는 과정에서 많은 대학원 학생들과 조교들의 도움을 받았다. 이 지면을 통해 그들에게 감사의 뜻을 전하고 싶다. 또한 사랑하는 아내 김영신과 아들 준, 환에게 늘 부족한 남편과 아빠를 이해해주고 사랑해 준데 대해 감사의 뜻을 전한다. 책의 출판을 맡아주신 교우사의 오판근 사장님과 직원들에게도 감사의 마음을 전한다.

2008년 7월

저자 이강용

차례

제 9 장 국제 인수 · 합병 219

제 10 장 국제경영전략 249

제 11 장 국제협상전략 275

1 국제기업의 경제적 환경

-세계단일 시장의 성립-

Chapter ......

2000년대 국제경제는 자본주의 세계단일시장체제를 지향하는 세계화 움직임이 강력하게 전개되고 있다. 이에 상응하는 국제경제질서는 세계무역기구(World Trade Organization)를 중심으로 자유무역 체제를 바탕으로 다자간 국제협력을 통해 범세계적 경제통합을 지향하고 있다. 이와 동시에 유럽연합(European Union)을 필두로 하여 자신들의 세력 확장을 위해 주변지역 내의 결속을 보다 강화하는 지역경제통합이라는 또 다른 움직임이 동시에 진행되고 있다. 이러한 두 가지 움직임의 특징을 간략히 살펴보면 다음과 같다.

첫째는, 세계경제의 통합화이다. 오늘날의 국제경제는 이른바 무한경쟁체제로 특징지워진다. 국가 간의 경제교류를 제약해온 물리적 · 경제적 · 사회문화적 요인들이 점진적으로 감소함에 따라 국경을 초월한 경제활동이 더욱 용이하게 되었고, 일국의 경제는 더 이상 타국의 경제와 유리되어 존속할 수 없는 세계적인 경제통합화가 급속히 진전되고 있다. 특히 1990년대 후반 이후에 급격하게 발달한 정보통신기술과 교통수단의 발달로 재화 및 생산요소의 이동비용이 감소하고 국가 간 교역의 물리적 장애가 해소됨에 따라 소비수요가 세계적으로 동질화되고 있다.

1980년대의 사회주의체제의 몰락은 세계의 모든 국가들을 자본주의 단일시장체제로 통합시켰다. 평등사회의 구현이라고 하는 인류의 실험은 구소련을 포함하여 중국과 동유럽 지역에서 참담한 실패로 끝나고 말았다. 그러나 사회주의체제가 추구하는 이상은 서유럽국가들을 중심으로 사회민주주의란 형태로 여전히 살아있으나 시장경쟁을 중심으로 하는 세계화(Globalization) 물결은 범세계적 차원에서의 불평등이라고 하는 문제에도 불구하고 세계의 모든 국가들을 단일 시장으로 묶어나가고 있다.

이러한 세계경제의 통합화 추세에 따라 경쟁의 범위는 과거 국가 내의 경쟁체제에서 세계 속의 무한경쟁으로 확대되고 있다. 이러한 상황에서 각국은 자국기업의 경쟁력을 제고하고 외국인 직접투자의 유치 확대를 위해 국내규제의 완화 등 개방주의적(開放主義的) 정책기조를 확대하게 됨으로써 범세계적인 경쟁체제는 더욱 가속화되고 있다. 이러한 세계경제의 통합을 제도적으로 뒷받침하는 것이 우루과이라운드 협상의 타결에 따라 출범하게 된 세계무역기구(WTO)이다.

둘째는, 세계경제의 다극화이다. 세계경제는 제2차 세계대전을 전후로 산업생산이나 경제력에서 압도적인 위치를 점한 미국중심체제에서 일본, EU, BRICs(Brazil, Russia, India, China) 등 다수의 새로운 경제세력의 등장으로 어느 한 나라가 주도하기 어려운 다극화체제로 새롭게 편성되었다. 이들 경제주체들은 자신의 세력을 보다 강화하기 위해 자국을 중심으로 인근지역 국가들 간의 결속을 강화하고 있다. 지역주의 강화는 WTO에 의한 다자간 자유무역주의와 함께 국제경제질서를 특징짓는 다른 하나의 축으로서 의미를 가진다.

따라서 국제경제질서는 WTO 체제를 중심으로 세계단일시장의 형성, 즉 세계화(Globalization)라고 강한 움직임과 동시에 세계의 주요 국가들이 자신들의 영향력을 증대시키기 위해 지역경제통합(Regionalization)을 추구하는 이중적인 특징을 가지고 있는 것이다. 다시 말해 국제경제질서는 WTO를 중심으로 하는 다자간 자유무역체제의 구심력과 역외국에 대한 차별적 배타주의에 기초한 역내국가 상호간의 무역특혜를 핵심으로 하는 지역주의 원심력이 상호 견제하면서 균형을 이루고 있다. 본 장에서는 기업이 당면하게 된 국제경제환경중 세계화의 제도적 규범인 GATT체제의 성립과 발전 그리고 WTO가 중심이 되는 다자간 자유무역체제에 대해 알아본다.

< 제 1 절 >
국제무역환경의 변화 추이

1. 자본주의 세계단일시장의 성립

세계경제가 확대되고 인적 물적교류가 빈번해짐에 따라 각국 경제의 상호의존관계는 점점 그 긴밀성을 더하게 되었다. 과거에는 일국 내의 문제로만 간주되던 여러 나라의 경제정책들이 다른 나라의 경제에도 많은 영향을 주는 공동의 관심사로 대두된 것이다.

이에 따라 여러 나라의 공통적인 경제문제를 협의와 교섭으로 해결하기 위하여 선진국을 중심으로 각종 국제경제기구를 창설하여 세계 각국의 경제 및 기업활동에 큰 영향을 미쳐왔다. 자유, 무차별, 다자주의(多者主義)를 원칙으로 관세와 비관세장벽을 낮춰 국제교역을 촉진하고자 했던 GATT(General Agreement on Tariff and Trade)는 2차 대전 후 다자간 자유무역주의를 확산시켜 새로운 국제경제질서를 구축하며 유럽과 일본 기타 아시아 신흥공업국들의 경제성장에 기여하였다.

GATT의 8번째 다자간 무역협상인 우루과이라운드는 1986년에 시작되어 1993년 12월 15일에 협상이 최종적으로 타결되고, 1994년 4월에는 참가국들의 서명으로 최종 채택되었으며 각국 내의 비준절차를 거쳐 1995년 7월부터 GATT는 WTO(세계무역기구)라는 강력하고도 포괄적인 기구로 대체하게 되었다. WTO체제의 출범은 자본주의 세계단일시장체제를 성립시키는 역사적 의미를 갖게 되는 것이다.

WTO는 GATT와는 달리 강력한 구속력을 갖춘 국제기구로 현재의 국제교역질서에 미치는 영향은 지대하며 앞으로 더욱 그 영향력이 증대할 것으로 전망된다. GATT체제에서 WTO체제의 출범에 이르기까지의 국제교역기조의 연혁을 간략히 정리하면 다음과 같다.

2. 세계화의 본질적 의미

자본은 '자기증식(自己增殖)하는 가치(價值)'(self-valorising value)로 정의된다. 100원을 200원으로 만들어 만족하는 것이 아니라 또 다시 200원을 300원으로 만들려고 하며 이러한 가치증식과정을 끝없이 계속하려고 한다. 다시 말해 자본의 가치증식욕(價值增殖慾)은 무한하다. 이 특성 때문에 자본은 가치증식방법 또는 활동공간을 내포적(內包的)으로 그리고 외연적(外延的)으로 끊임없이 확대하는 것으로 나타나는데 다음과 같이 설명할 수 있다.

자본가(기업가)는 생산도구들을 끊임없이 혁신하지 않고서는 살아갈 수 없으며, 따라서 생산관계들과 사회관계 전체가 끊임없는 혁명을 겪게 된다. 생산 상의 끊임없는 혁신, 모든 사회적 조건들의 부단한 동요, 항구적인 불확실성과 격동이 자본주의 시대가 이전의 모든 시대와 다른 점이다. 기업가는 생산물의 판로를 계속 확대해야 하기 때문에 세계 전체를 누비고 다닌다. 기업가는 어느 곳에서나 뿌리를 내려야 하고, 어느 곳에서나 정착해야 하며, 어느 곳에서나 연고지를 두어야 한다.

기업가는 세계시장의 개척을 통해 모든 나라의 생산과 소비에 범세계적인 성격을 주게 되었다. 오래된 국민적 산업들은 이미 파괴되었거나 나날이 파괴되고 있다. 국산품에 의해 충족되었던 낡은 욕구 대신 새로운 욕구가 등장하는데, 이 욕구의 충족을 위해서는 멀리 떨어진 나라들의 생산물이 필요하다. 지방적 · 국민적 고립과 자급자족 대신 국민들 사이의 전면적인 교류와 상호의존이 등장한다. 개별 국민의 지적 창작물은 세계 전체의 공동재산이 된다. 상이한 이해관계 · 법률 · 정부 · 조세제도를 가지고 있던 독립적인 지역들 또는 가벼운 관련을 맺고 있던 지역들이 하나의 정부 · 법률 · 국경 · 관세를 가진 단일 국가로 통합되었다.

자본은 가치증식을 위해 국내공간을 이용하고, 그 뒤 국경을 넘어 타국에 침투하며, 궁극적으로는 세계 전체를 자기의 활동공간으로 삼게 된다. 세계가 다수의 국민국가로 분할되어 있고, 각각의 국민국가가 자기 자신의 독특한 법률제도를 가지면서 무역 · 외환 · 자본이동에 제약을 가하고 있는 상황에서 자본이 국경을 넘어 활동하는 것은 국내에서 활동하는 것에 비하면 여러 가지의 새로운 문제들을 야기한다. 왜냐하면 자본이 해외로 진출하기 위해서는 자기 출신국가(the State)와 타국의 국가로부터 일정한 형태의 허가를 얻어야 하기 때문이다.

따라서 자본이 자기 출신국 밖으로 확장하는 것을 특별히 자본의 국제화(internationalisation of capital)라고 부른다. 자본은 다양한 형태를 취하면서 국제화를 추구하고 있는데, 이 국제화의 목적은 어디까지나 가치증식이므로 국제화하는 자본의 출신국과 외국자본의 침투를 받아들이는 나라 사이에는 이익이 상반될 수 있다.

그런데 자본의 가치증식욕(價値增殖慾)은 무한하기 때문에, 자본은 자기의 팽창에 걸림돌이 되는 모든 장애물을 제거하려고 할 것이다. 예를 들면 각국 정부가 규제하고 있는 무역 · 외환 · 자본이동이 자유화되기를 바라며, 세계의 모든 국민국가에서 조세제도 · 산업보호정책 · 경쟁촉진제도 · 환경규제 · 노동법 · 사회보장제도 등이 균일화되기를 바랄 것이다. 이렇게 되어야만 자본은 세계 전체를 자유롭게 이동하면서 어느 곳에서든 차별받지 않고 정착할 수 있기 때문이다. 이 경우 자본은 출신국이라는 국적을 가질 필요가 없을 것이고 어느 나라에서든 가치증식을 자유롭게 추구할 수 있을 것이다. 이러한 상태가 엄밀한 의미에서 자본의 세계화(globalisation of capital)이다. 다시 말해, **자본의 국제화**는 다수의 국민국가가 존재하는 것을 전제한다면, **자본의 세계화**는 세계가 하나로 통일되는 것을 전제한다. 그런데 일반적으로 자본의 국제화와 세계화를 엄밀하게 구분하지 않고 동의어로 사용하고 있다.

우루과이라운드의 타결과 더불어 탄생한 WTO체제(1995)는 각 국민국가에게 무역 ·

외환 · 자본이동의 자유화는 물론 정부의 산업지원 철폐, 정부구매 입찰에 외국인 참가 허용, 지적 재산권의 보호, 독과점 규제 · 환경규제 · 노동법의 동일화 등등을 추진하고 있기 때문이다. 물론 이러한 작업들이 자본의 세계화에 필요하지만, 국민국가가 사라지거나 통합되어 '세계국가'로 되지 않는 상황에서는 자본의 세계화는 하나의 내재적인 경향으로서만 남아 있을 가능성이 크다. 왜냐하면 각 국민국가는 국민들의 생활을 보호해야 할 의무가 있고, 따라서 자국 출신 자본 또는 자국에 정착하고 있는 자본의 축적과 팽창에 개입할 수밖에 없기 때문이다. 또한 각 국민국가들 사이에 이해대립이 존재하는 경우에는 자본의 세계화 경향은 주춤할 수밖에 없다.

더욱이 자본축적과정에 내재하는 노사대립 · 무정부성 · 과잉축적경향 · 공황 등을 완화하기 위해서는 공권력이 개입할 수밖에 없기 때문이다. 자본은 공권력(국민국가든 세계국가든)에 의존하지 않고서는 축적할 수 없는데, 아직 세계국가의 형성이 불투명한 상황에서는 자본이 국민국가(출신국이든 활동국이든)의 개입을 벗어나 자유롭게 활동할 수는 없다.

3. GATT체제에서 WTO체제로의 전환

1930년대에는 세계 각국이 고율관세, 수출입제한 등 보호주의적 무역장벽을 높이 쌓아 세계무역은 크게 위축되었고 이것이 세계불황으로 이어졌다. 이러한 사태의 재발을 막기 위하여 미국과 영국을 중심으로 한 주요 연합국들은 1944년 미국의 브레튼우즈(Bretton Woods)회의에서 금융면에서는 IMF(국제통화기금)와 IBRD(국제부흥개발은행)를, 자유무역의 신장을 위해서는 GATT를 창설하였다.

GATT는 원래 ITO(International Trade Organization)가 실현될 때까지의 잠정적 협정으로 출발하였으나, 미국 의회의 반대로 ITO의 실현이 좌절되자 ITO의 임무를 담당하게 되어 1948년 이후 무역에 관한 세계적 규모의 국제협약으로 기능해왔다. 제2차 세계대전 후 냉전시대에 세계무역질서의 근간을 이루어 왔던 GATT는 1970년대 들어 누적된 국제수지 적자에 시달리던 미국이 보호무역조치를 강화하고 선진공업국들이 유사한 보호무역 정책을 취함에 따라 본래의 의미를 상실해가기 시작하였다. 특히 1980년대에 들어서면서 주요 선진국들의 보호무역장벽강화로 무기력상태에 빠졌으며, GATT체제를 우회하는 제반 회색규제조치로 국제교역질서는 혼란에 빠지게 되었다.

1960년대와 70년대를 거치면서 일본과 유럽이 미국의 강력한 경쟁자로 부상하였고 한국을 위시한 신흥공업국들(NICs : Newly Industrializing Countries)이 선진국 내의 시장점유율을 급속히 높여 나가면서 막대한 무역수지 흑자를 기록하게 되었다. 이런 상황에서 1980년대 들어 미국은 공산품을 중심으로 한 기존의 GATT체제가 더 이상 자국의 이익을 지켜주지 못한다고 판단하여 새로운 국제무역질서의 구축에 앞장서게 되었다. 미국의 의도는 자국이 국제경쟁력을 확보하고 있는 **농산물과 서비스산업의 무역자유화**를 통해 자국의 입지를 강화하고자 하는 것이었다. 미국의 주도 아래 OECD 가맹국들을 중심으로 새로운 다자간 무역협정에 대한 논의가 진행되어오다가 1986년 9월, GATT의 제8차 다자간무역협상인 우루과이라운드가 시작되면서 새로운 국제무역질서에 대한 논의가 본격화되었다.

4. GATT체제하의 국제무역질서

1) GATT의 기본원칙

GATT는 무역자유화를 목표로 하여 이를 실현하기 위한 원칙으로서 무차별원칙과 무역장벽완화를 두고 있다. GATT의 전문(前文)에는 무역장벽의 감축과 국제통상상의 차별적 대우의 제거를 통하여 무역과 생산의 확대 속에서 개별국가의 경제발전과 번영을 이룩하고자 하는 협정체결의 취지를 명시하고 있다. 무차별원칙에는 GATT가 가장 기본적인 원칙으로 두고 있는 최혜국대우원칙과 함께 내국민대우원칙을 두고 있다. 그리고 GATT는 국가 간 무역장벽을 완화하기 위하여 첫째는 무역에 대한 제한은 원칙적으로 관세만을 사용하여 수량제한은 할 수 없도록 하는 것이고, 둘째는 관세에 대해서도 관세율을 인하함으로써 관세장벽을 낮추어 나간다는 것이다.

(1) 무차별원칙

GATT의 체약국은 체약국간에 차별적인 대우를 하지 못하도록 되어 있다.

(2) 최혜국대우원칙

GATT는 최혜국대우에 대한 체약국들의 의무를 제1조 1항에서 일반조항으로 명시함과 동시에, 다른 여러 개별조항에서도 이에 대한 의무를 명시하고 있다. 즉 관세, 과징금, 수출입상의 절차, 내국세, 운송, 판매 여건 등 제반의 조건에 있어서 한 체약국이 어떤 국가에 특전이나 이익을 부여하는 경우, 그 체약국은 다른 모든 체약국에 대해서도 즉시 동일한 특전을 부여하도록 하고 있다. 여기서 회원국에 부여하는 혜택을 비체약국에 대해서도 최혜국대우를 부여해야 하는 것은 아니지만, 비체약국에 부여하고 있는 혜택은 체약국에 대하여 부여하여야 한다.

(3) 내국민대우원칙

GATT에서는 각 체약국이 국내의 조세나 규제 등에 있어서 수입상품을 국내물품과 동등하게 대우하는 것을 원칙으로 하고 있다. 즉, GATT 제 3조에서 내국민대우0에 관한 일반조항을 두어 체약국이 내국세, 국내규제, 수량규제 등에 있어서 국내 상품보다 수입상품에 불리한 대우를 할 수 없도록 하고 있다.

(4) 무역장벽의 완화

ⓐ 관세인하

관세는 자유로운 무역을 제한하는 가장 기본적인 무역장벽이므로 관세를 점진적으로 인하함으로써 자유로운 국제무역의 폭을 보다 확대코자 하는 것이다. GATT에서는 제 2조의 관세양허(tariff concessions)의 규정에서 양허협상으로 협정부속의 양허표에 규정되어진 양허세율보다 관세율을 더 낮추어 시행할 수는 있지만 더 높여서 시행할 수는 없도록 하고 있다.

개별국가의 관세인하는 GATT의 관세인하교섭 과정에서 이루어지게 되는데 관세율의 인하를 위한 교섭에는 일반관세인하교섭, 개별관세인하교섭, 그리고 재교섭이 있다. 그 중 일반관세인하교섭은 주기적으로 이루어지는 다자간 교섭으로 전회원국이 많은 품목에 걸쳐 교섭을 하게 되어 그만큼 관세인하 효과가 크고 따라서 GATT 관세인하교섭에서 가장 중요한 역할을 하게 된다.

ⓑ 수량제한의 금지

수량제한조치는 시장경제의 기본적인 가격기능을 정지시키게 될 뿐만 아니라, 무역제한 수단으로 쉽게 사용될 수 있고 관세보다 훨씬 강력하고 직접적인 무역규제수단으로서의 성격을 갖고 있기 때문에 이에 의한 폐해는 매우 크다. 따라서 GATT 제11조에서는 각 회원국이 특별한 예외의 경우를 제외하고는 이러한 비관세 장벽을 사용하지 않는 것을 원칙으로 삼고 있다.

2) GATT의 성과

GATT는 국제무역질서를 확립함으로써 전후세계경제의 안정과 발전을 주도하는 역할을 하였다. 세계의 무역량은 1948년 GATT 설립 이후 1990년까지 연평균 8.2%의 높은 성장을 기록하였다. 전전의 국제무역이 각종 수입규제의 남발과 차별적인 무역 속에서 보호주의적인 색채가 만연된 가운데 극도로 위축되었던 것과 비교해 볼 때, GATT에 의하여 주도된 제2차 세계대전 이후의 자유무역의 확산과 무역성장은 괄목할만한 것이었다. 또한 GATT는 전 세계를 대상으로 하는 최초의 다자간 무역기구로서, 국제적인 협조를 기초로 하여 국제무역의 원칙과 기본질서를 확립하였다는 점에서도 세계경제발전에 크게 이바지하였다. 특히 수량제한조치에 의한 무역제한을 대폭 제거하였으며, 반복적으로 시행된 다자간 관세인하협정으로 관세장벽의 완화에 많은 성과를 거둔 것을 평가된다.

5. WTO체제의 출범

WTO의 개별법령과 각료선언, 결정, 양해 등에 걸쳐서 일관되게 나타나는 기본원칙은 다음과 같다.

1) 최혜국대우의 원칙 : 회원국은 한 국가에 부여한 대우보다 불리하지 않은 대우를 다른 회원국에게 무조건적으로 즉시 부여해야 한다.
2) 내국민대우의 원칙 : 회원국은 내국인에게 부여한 대우와 동일한 대우를 회원국 국민에게도 부여해야 한다.
3) 시장접근의 원칙 : 수입상품에 대한 국내의 제반 장벽을 제거하여 외국의 상품이 국내상품과 동일한 조건으로 시장접근을 할 수 있어야 한다.
4) 투명성의 원칙 : 무역에 관하여 시행되는 국가의 무역 관련 제도는 투명하고 공개적이어야 한다.
5) 공정한 경쟁의 보장 : 한 국가 내에 국내외의 경제주체들이 공정하고 자유롭게 경쟁할 수 있도록 하여야 한다는 것이다. WTO체제에서는 교역규범의 범위를 확대하고 명료

화하였을 뿐만 아니라 공정경쟁을 보장하기 위한 많은 규정을 두어 GATT체제에 비하여 교역조건에서의 공정성 확보를 훨씬 더 보장하게 되었다.

6) 경제개발의 촉진 : WTO 회원국들 중 2/3 이상은 개발도상국이거나 계획경제체제로부터 시장경제체제로 전환하는 과정에 있는 국가들이다. 우루과이라운드에서는 이전의 어느 라운드보다 개발도상국과 시장경제 전환 국가들이 더 많이 참여하였다. 개발도상국의 이해를 최대한 고려하여 개발도상국에 대한 양허는 상호주의를 따르지 않게 하고, 무역이 개도국의 발전에 도움이 되도록 원조를 제공하도록 하고 있으며, 최빈개발도상국에 대해 무역상의 특혜와 기술원조의 증대를 모색하고 있다. 한편으로는 국제무역체제가 선진국들만의 이해를 위해서 존재한다는 관념을 불식하고 선진국과 개발도상국이 동일한 입장에서 다자간 무역기구에 참여한다는 점이 강조되었다. 따라서 개발도상국에 대해서는 책임과 의무를 면제시켜 주는 것이 아니라 새로운 환경에 적응할 수 있는 과도기간을 허용하는 방식을 택하고 있다.

| GATT체제와 WTO체제의 비교 |

구분/체제	GATT	WTO
관할범위	상품교역(농산품, 섬유 등 일부 제외)	상품교역(전체), 서비스교역, 지적재산권
상품교역 규범내용	규정 내용상 불명료하거나 미비된 부분 많음	구체적인 규범제정으로 명료화되고 미비된 부분이 보완됨
기구성격	규정의 집합체인 다자협정	법적 국제기구
의사결정	비효율적	효율적이고 신속한 의사결정
분쟁해결	비효율적	신속하고 자동적인 진행으로 효율적이며 구속력이 강함
주요활동	관세 인하	관세 인하, 비관세장벽감축, 정책적 협조

6. DDA협상(Doha Development Agenda)의 실패와 FTA의 대두

2001년에 출범한 도하개발어젠다(DDA)협상은 2003년 멕시코의 칸쿤에서 열린 제5차 각료회의에서 농업, 비농산물 시장접근 분야의 세부협상방식을 합의하는데 실패하였기 때문에 협상의 진로와 관련하여 중대한 분기점이 되었다.

1) 농업 부문

농업협상에 있어서 2003년에는 세부원칙 확정을 위한 본격적인 문안협상이 진행되었다. 비록 합의에 이르지는 못했지만 각료회의 선언문 초안은 추후 DDA 협상에서 논의의 기초로 활용될 것이기 때문에 그 의미가 크다. 한국에 미칠 영향은 관세와 농업보조금의 감축 폭과 방식이 어떻게 결정되느냐에 달려 있지만 협상이 어떠한 형태로 타결되던 수입농산물에 대한 관세와 국내 농가에 대한 보조금을 대폭 축소하여야 할 것이다.

2) 서비스 부문

서비스 분야는 법률, 교육, 시청각, 보건의료 등을 포함한다. 서비스협상은 도하 각료선언문에 명시된 바에 따라 2003년 3월 31일까지 1차 양허안을 제출하도록 되어 있었다. 한국은 1차 양허안에서 법률서비스에서 외국법률 자문서비스(Foreign Legal Consultant: FLCs)를 새로이 허용한 것 외에는 현재 실제 개방된 수준을 부분적으로 반영한 것에 불과하다.

한국의 경우 법률, 교육, 시청각, 보건의료 등의 서비스 분야는 국내 이해 당사자들의 강력한 반발로 인해 대외개방이 미진한 상태이며 향후 원만한 의견수렴을 거쳐 개방 방법을 정하는 일이 어려울 것이다. 그러나 국내 수요자들이 법률자문, 유학, 질병치료 등을 위해 해외로 나가는 경우가 많은 현실을 감안한다면 DDA 서비스 협상이라는 계기를 활용하여 외국의 서비스 공급자들을 국내에 유치함으로써 국내 해당 분야의 발전을 도모해야만 할 형편이다.

3) 비농산물 시장접근 -쟁점과 이슈-

(1) 관세 인하 방식을 두고 선·후진국간 첨예한 의견대립을 보이고 있다.

(2) 부문별 관세철폐에 모든 회원국들이 강제적으로 참여해야 된다는 선진국 주장에 대해 개도국들이 강력하게 반발하고 있다.

(3) 비관세장벽에 대한 정의와 범위를 정하는 데도 선·후진국간 첨예하게 대립하고 있다.

(4) 개도국 및 최빈곤 개도국에 대한 특별 배려를 어떻게 할 것인가 하는 문제도 주요 이슈로서 해결이 쉽지 않은 과제이다.

한국의 입장은 비 농산물 분야에서는 적극적인 협상타결 의지를 가지고 있으며 개도국에 대한 배려에 있어서도 한국이 기여할 수 있는 방법을 적극적으로 모색한다는 것이다.

4) 반 덤핑

반 덤핑 분야에 대한 한국의 이해관계는 매우 크다. 2000년 한국의 총수출 대비 반 덤핑(Anti-Dumping) 규제대상 품목은 4.3%이며 대미 총수출에서 차지하는 반 덤핑 규제대상 품목의 비중은 10.8%로서 매우 높다. 따라서 DDA협상에서 반 덤핑 조사개시요건이 강화되고 투명성이 강화될 경우 덤핑조치의 남용이 줄어들고 덤핑 마진이 감소되어 한국 수출 기업들의 부담이 감소될 것으로 기대하고 있다.

5) 일반 보조금의 주요 쟁점사항

(1) 보조금의 정의 : 위장보조금(Disguised Subsidies)과 국가경영(통제)기관(State-Controlled Entities)에 대한 정의가 문제로 대두되고 있다.

(2) 금지 보조금 문제 : 금지 보조금의 개념규정 문제, 금지 보조금의 확대 및 구제의 재검토

(3) 수출 보조금 : 제외되는 수출신용의 범위와 확대 여부, 수출 보조금 예시목록 중에서 수출신용보증 및 보험에 대한 규정 검토

(4) 조치 가능 보조금 : 심각한 손상에 대한 규정을 부활하고 명료화 하는 문제

(5) 허용 보조금 : 1999년 말로 존속기간이 만료되나 이를 다시 부활하려는 논의가 있음

WTO 체제 하의 다자간무역협상인 DDA 협상은 선진국과 개도국, 농산물 수입국과 수출국 간의 첨예한 이해관계의 대립으로 인해 협상타결에 실패하였다. WTO 사무국은 DDA협상이 실패하였음을 2006년 7월에 공식적으로 발표하였다. 다자간 무역협상이 타결에 실패함에 따라 양자 간 무역협상인 FTA(Free Trade Agreement)가 대안으로 부상하였다. 2000년 이후 자유무역협정의 타결은 각국이 적극적으로 시도하고 있으며 이는 궁극적으로 세계의 주요 국가들이 자본주의 세계단일시장의 성립이라는 목표를 향해 나아가고 있는 것으로 볼 수 있다.

< 제 2 절 >
새로운 국제규범의 제정 동향

우루과이라운드 타결에 따른 WTO체제의 등장 이후 환경정책, 노동정책, 기술정책, 경쟁정책 등 무역과 직·간접적인 관계를 가지는 정책 분야가 새로운 국제적 규범설정의 논의대상으로 부각되고 있다. 이들 문제는 그 성격상 최근에 중요문제로 부각된 것 뿐만 아니라 GATT규범 제정 당시부터 관심의 대상이었으나 국제적 합의가 어려워 논의되지 못한 것도 포함되어 있다.

1. 환경라운드

1) 연혁

1970년대 이후 범세계적인 산업화의 급진전으로 산성비, 오존층 파괴 및 지구온난화 현상 등이 발생하게 되자 환경문제가 국제적인 관심사항으로 부각되기 시작하였다. 이에 따라 UN, OECD 등의 국제기구를 중심으로 환경과 관련한 국제적인 문제가 논의되기 시작하였다. 1972년에는 UN 환경선언의 채택과 함께 UN 환경기구(UNEP: UN Environment Programme)가 설립되었고, 최근 들어서는 UNEP 주도하에 국제환경협약의 체결이 활발하게 추진되는 등 국제적인 환경규제가 강화되고 있다. 1992년 6월에 브라질에서 개최된 UN환경개발회의(리우회의)에서는 기존에 체결된 국제환경협약에 추가하여 지구온난화 방지를 위한 기후변화 방지 협약과 희귀동식물의 멸종 방지를 위한 생물학적 다양성 협약 등 21개 항의 행동강령이 채택되었다.

1991년 OECD는 무역위원회와 환경위원회 공동으로 합동작업반을 구성하여 무역정책과 환경정책을 통합하는 방안을 강구하는 작업을 설치하였으며, 1992년 국제표준기구에서는 환경경영기술위원회를 설치하여 환경표준화 작업을 실시하게 되었다.

무역을 환경문제와 연계시키고자 하는 기본논리는 환경을 오염시키는 상품이 수입국의 환경을 오염시킬 수 있다는 점과 생산과정에서 환경오염 방지를 위한 비용을 지출한 상품이 이러한 비용을 지출하지 아니하고 환경오염적인 생산방법에 의하여 생산된 상품보다 가격경쟁력이 약화될 수 있다는 데서 출발하고 있다.

환경 관련 무역문제는 선진국을 중심으로 적극적으로 제기되고 있는데, 이들은 환경기준이 제대로 마련되어 있지 않은 후진국의 값싼 제품에 의해 엄격한 환경기준 하에 생산된 선진국 상품들의 국제경쟁력이 약화되고 이들 상품이 국내에 유입됨으로써 환경오염이 심각해진다는 인식에서이다.

이미 선진국들은 국내의 환경보호를 위하여 환경 관련 무역제한 조치를 취하고 있으며 이로 인한 무역장벽은 더욱 높아지게 될 것이다.

무역에서의 환경문제와 관련하여 1972년 GATT에서도 무역과 환경에 대한 작업반이 설치되기는 하였으나 실질적인 활동은 없었고, 1991년 우루과이라운드 협상과정에서 환경관련문제가 본격적으로 논의되기 시작하였다. UR협상의 타결과 함께 출범한 WTO 내의 무역환경위원회에서 환경관련문제를 국제무역의 규범 속에 수용하기 위해 환경 관련 국제무역의 규범설정을 위한 논의가 진행될 것이다. 환경 관련 무역규범의 설정에서는 ① 환경목적부담금이나 세금징수문제, ② 상품표준과 기술적 규제문제, ③ 포장, 상표 부착 및 재활용문제, 환경목적상 상품요건에 관한 문제 등이 논의의 주요 대상으로 될 것이다.

2) 국제환경협약과 무역규제조치

환경보호와 관련된 제반 국제협약은 각국의 생산 활동에 직접적인 제약요인이 될 뿐만 아니라 산업구조변경과 국제무역패턴에도 큰 영향을 주게 될 것이다. 이에 따라 기업은 환경오염 규제라는 새로운 기업환경에 직면하여 환경 개선적 기술혁신을 도모하겠다는 적극적이고도 능동적인 관점에서 경영활동을 전개하지 않으면 안 되었다. 다시 말해, 환경오염을 감소시키면서 기업의 성과를 증대시키는 그린전략(green strategy)을 효과적으로 전개하지 않는 한 경쟁우위를 유지하면서 국제경영활동을 성공적으로 수행하기가 어렵다는 것이다. 특히, 우루과이라운드협상이 타결되면서 국내산업보호를 위한 기존의 무역규제수단들이 사용되기는 어려워지는 반면에 환경요인이 새로운 무역장벽으로 크게 부각될 전망이다. 이러한 관점에서 환경문제는 제 2의 우루과이라운드협상 대상이라고 지칭되고 있으며, 이미 환경과 무역에 관한 국제협정의 체결을 위해 그린라운드(Green Round)를 준비하려는 움직임이 구체화되고 있는 실정이다.

그간에 체결되었거나 체결을 추진 중에 있는 150여 개의 국제환경협약 중 국내 산업에 미치는 영향이 상대적으로 클 것으로 예상되는 주요 협약은 오존층보호를 위한 비엔나협약 및 몬트리올 의정서, 유해폐기물의 국경 간 이동통제 및 처리에 관한 바젤협약, 멸종위기에 처한 야생동식물의 국제교역에 관한 협약, 기후변화방지협약 등으로 이들 협약에서는 수출국과 수입국의 의무사항을 명시하여 이러한 의무사항이 이행되지 않은 무역거래를 엄격히 규제하도록 하고 있다.

3) 각국의 환경 관련 무역규제조치

환경을 이유로 한 무역규제는 크게 환경오염을 유발하는 제품에 대한 규제와 생산공정에 대한 규제 등으로 나누어지며, 규제수단으로는 기술규제, 수량규제 및 상계관세 등으로 구분할 수 있다. 이와 같은 두 가지 규제대상에 대하여 세 가지의 규제수단을 적용할 수 있으나, 현재까지는 환경오염 유발 제품에 대하여 기술규제와 수량제한이 적용되고 있고, 생산 공정에 대하여는 최근 들어 미국이 상계관세부과를 검토하고 있는 단계이다. 미국 등 선진국이 상계관세를 부과하려는 명목상의 이유는 환경규제가 엄격한 국가가 그렇지 않은 국가로부터 수입하는 상품에 대하여 환경규제 수준의 격차에 따른 생산비의 차이를 상쇄시키는 것이 환경보호차원에서 필요하다는 것이다.

다시 말해, 수출국의 낮은 환경규제수준에서 기인하는 가격경쟁력상의 비교우위를 제거함으로써 지구환경의 악화를 방지하고 나아가 이들 국가들에게 보다 적극적인 환경보호를 유도하겠다는 것이다. 이러한 명목상의 이유는 환경규제기준이 낮은 데 따른 가격경쟁력상의 비교우위를 일종의 생태학적 덤핑(ecological dumping)으로 간주하여 규제해야 한다는 일부 환경론자들의 주장과도 일맥상통하고 있다. 그러나 실질적으로는 환경규제를 강화함으로써 자국기업의 국제경쟁력 약화를 방지하려는 데에 주목적이 있다고 하겠다.

한편, 주요국의 환경규제사례를 보면 미국의 신 대기정화법(Clean Air Act, 1990년 10월 개정), 덴마크의 음료용기회수제도, 독일의 포장폐기물 규제 등을 들 수 있다. 미국의 신 대기정화법은 자동차 배기가스의 배출기준을 대폭 강화하여 교역상대국에도 이러한 기준을 적용하도록 하고 있다. 덴마크의 경우 재 이용 가능한 용기만을 사용하도록 하고 있기 때문에 외국기업으로서는 용기 회수를 위한 장소와 설비가 확보되지 못하면 수출이 불가능하게 되어 있다. 독일의 경우에는 포장폐기물을 회수해야 할 뿐만 아니라 재활용 의무까지 부과하고 있다. 이러한 의무가 음료, 세제, 플라스틱용기 등에서 가전제품 등으로 확대되고 있어 독일시장을 목표로 하는 수출기업들에게는 막대한 추가비용이 소요될 것으로 보인다. 이러한 환경규제사례는 각국으로 급속히 확산될 전망이어서 수출을 비롯한 기업의 국제경영활동에 큰 영향을 미칠 것으로 보인다.

결론적으로 그린라운드는 "상대적으로 높은 수준의 기술력, 환경 친화적, 효율적 산업구조 및 환경의식을 보유한 선진공업국들이 범 지구적 차원의 환경보전이라는 대의명분을 배경으로 하여 국제적 교역여건에 영향을 미침으로써 경제적 실리를 추구하려는 움직임"이라고 볼 수 있다.

2. 노동라운드

국가별 근로조건의 차이는 제품생산비용의 차이를 유발하고 궁극적으로 상품의 국제경쟁력에도 영향을 미치게 된다. 이러한 점에서 근로조건의 국제적인 형평성에 대한 문제를 무역과 연계시켜 모든 국가들이 최소한의 근로조건이나 노동권을 보장해야만 국제간 공정무역이 이루어지게 된다는 주장이 선진국에 의해 제기되고 있다. 특히, 노동집약산업의 경우 이러한 상품의 선진국시장 유입은 실업해소와 경기부양을 위한 선진국의 경제정책을 어렵게 한다는 측면에서 정책적 관심사뿐만 아니라 노동조합에서도 많은 압력을 가하고 있다.

국제노동기구에서 근로자의 기본권에 대한 국제규범을 두고 있지만 모든 국가들이 가입하고 있지 않으므로 이러한 규범들이 국제적 구속력을 갖지 못하고 있다. 현재 이 문제는 선진국과 개발도상국 간에 이해가 상충될 뿐만 아니라 선진국가 간에 있어서도 무역관련 노동규범의 범위를 어디까지 한정할 것인가에 대하여 이해의 일치를 보지 못하고 있지만, 이 문제가 국제적 논의과제로 상정되면 국제노동기구규범과 선진국들의 노동관련 규범을 중심으로 논의가 전개될 가능성이 크다. 그러나 노동관련 국제무역규범은 개발도상국 국내의 인권문제나 노동문제를 강제하는 역할을 하게 될 것이므로 개발도상국의 경제적인 면 뿐만 아니라 정치·사회적으로도 민감한 이해관계를 가지는 부분이기 때문에 개발도상국의 반발도 적지 않을 것으로 예상된다.

3. 기술라운드

개별국가의 기술개발정책과 이에 의한 산업지원이 세계시장을 왜곡하고 세계후생을 감소시킬 수 있다는 점에서 국제적 기술개발규범의 필요성이 제기되고 있다. 선진국들은 기술후발국의 정책적 기술개발에 따라 선진국 기업의 국제경쟁력이 위협받을 수 있다는 사실을 중시하고 이들 국가의 기술개발정책에 규제가 필요하다고 주장하고 있다. 앞으로 논의될 수 있는 기술정책의 국제규범관련 분야는 ① 기초연구에 대한 공공부문의 지원, ② 기술확산정책, ③ 인력개발, ④ 민간부문의 연구개발지원과 과학기술에 대한 국제적 접근성, ⑤ 전략산업에 대한 정부의 지원과 국제적 이해, ⑥ 과학기술분야의 국제적 협력, ⑦ 개발도상국의 과학기술문제 등이다.

기술개발정책에 대한 국제규범에 대한 문제는 지적재산권의 보호문제 및 국가지원 보조금 규제의 문제와 연관되어 있으므로 UR협상에서 타결된 지적재산권 분야와 보조금 분야에서 규범화되어 있지 않은 기술정책부분들이 논의의 대상이 될 것이다. 국제기술정책규범의 제정에 대해서는 기술선발국과 기술후발국 간의 이해관계가 대립되고 선진국 간에도 견해차가 커서 강력한 국제규범의 실행에는 어려움이 있을 것으로 예상된다.

4. 경쟁라운드

국가간 서로 다른 경쟁정책에 의한 경쟁조건의 차이를 제거하여 외국 상품의 시장접근을 실질적으로 보장하고 국내외 기업이 공정하고 자유로운 조건하에서 경쟁할 수 있는 여건이 마련되어야 한다는 것이 경쟁정책과 관련한 국제적 규범제정에 대한 논의의 요지이다.

예를 들어, 관세·비관세장벽이 철폐된다 하더라도 국가 내의 시장구조적인 문제로 인해 외국상품이 실질적으로 최종소비자에 접근하기 어려운 경우가 많다는 것이다. 무역관련 경쟁조건의 문제는 무역장벽의 철폐와 내국민대우에서 더 나아가 국내외 경쟁조건을 왜곡시키는 시장구조와 기업관행의 차이를 없애 실질적인 경쟁조건의 평준화가 이루어져야 한다는 것이다. 국제적 논의의 대상이 될 수 있는 경쟁조건의 문제들은 ① 수직협정 및 수평협정, ② 유통체제에 영향을 미치는 정부규제, ③ 독점지배력의 남용, ④ 국제적 기업인수합병 및 기업 간의 국제협정, ⑤ 덤핑 및 반덤핑 조치 등이다.

앞으로 경쟁정책문제에 대한 국제적 규범의 논의는 국제적 규제가 필요한 분야에 대한 선별작업 외에 반경쟁 행위에 대한 국제적 규제의 실효성 등도 함께 검토·협의되어질 것으로 보인다.

부록 ▶▶ 세계화와 관련된 주요 이슈

1. 세계경제통합 기회와 도전

이 글은 앨런 그린스펀 미 FRB의장이 2001년 5월 25일 미 와이오밍주 잭슨 홀에서 개막된 세계중앙은행총재회담에서 '세계경제통합의 기회와 도전'을 주제로 연설한 내용을 정리한 것입니다.

세계화는 각국 경제시스템의 상호작용을 증대시킨다. 이 과정에서 각 시스템에는 호환성과 시장 중심성이 요구된다. 자본주의는 현대사회에서 생산성 증대를 위해 필수적인 요소로 여겨지지만 그 구체적인 메커니즘에 대해서는 아직 논란이 있다. 탈냉전시대 초기에는 서구에서조차 '시장실패'를 자연스러운 현상으로 믿었다.

따라서 당시 각국 정부는 시장이 안정적으로 돌아가게 하려면 어느 정도의 정부통제가 필요하다고 생각했다. 현재 많은 정부들이 규제철폐와 민영화를 핵심 경제정책으로 받아들이고 있다. 그 배경에는 기술이 주도한 세계화가 있다. 사실 대공황을 겪은 대부분의 나라들은 고삐 풀린 경쟁의 부작용을 막기 위해 약간의 규제를 통해 완전경쟁을 자제하고 있다. 그러나 정부규제는 위험에 대한 높은 대가를 요구, 비용을 증가시키고 투자를 저해한다. 그 증거는 유럽과 일본에서 찾아볼 수 있다. 유럽은 수십 년간 노동자를 자유 시장경쟁으로부터 보호하기 위해 자유로운 해고를 막아왔다.

반면 미국은 해고와 고용이 비교적 자유롭다. 이러한 차이는 현대의 첨단기술 사회에서 중요한 의미를 가진다. 유럽은 해고에 대한 높은 대가를 치러야 했기 때문에 해고와 신기술 채택을 통한 노동비용 삭감의 혜택을 미국만큼 누리지 못했다. 그 결과 신기술 응용을 통한 생산성 증가는 유럽이나 일본보다 미국에서 훨씬 뚜렷하게 나타났다. 사실 미국에서 해고가 쉽다는 것은 오히려 미국의 실업률을 낮추는 데 기여했다.

이와 함께 유럽보다 미국에서 더 높은 투자수익률을 얻을 수 있었기 때문에 미국 내 외국자본의 투자규모는 증가했다. 이는 다시 미국의 기술혁명을 촉진시키는 선순환을 초래했다. 유럽 국가들은 이제 기업과 노동자의 효율성을 높여 세계수준의 경쟁력을 갖추기 위해 시장 의존도를 높이고 있다. 최근 몇 년 간 세제 개선, 유연한 노동시장을 위한 조치들, 기업민영화 등이 유럽에서 목격됐다.

자유 시장경쟁이 삶의 질을 높인다는 사실이 입증된 후 각국 경제정책은 세계화를 따라가는 방향으로 변해왔다. 그러나 이러한 변화가 얼마나 빨리 진척되고 오래 지속될지는 불분명하다. 지금까지 세계화가 진행된 것은 기술혁신이 경제성장률을 끌어올렸기 때문이다. 기술의 발달은 미국에서 첨단기술에 대한 투자 수익률을 높여 투자를 늘리고 생산성 향상을 가져왔다. 미국에서 구조적인 생산성 증가추세가 중단될 기미는 아직 없지만 신기술개발에 따른 시너지효과는 언젠가는 줄어들 것이다.

우리가 기술혁명의 어느 시점에 있는지를 알 수 있다면 상당한 수준까지 끌어올려진 장기투자 수익률, 생산성 신장률, 부의 창출이 언제 과거의 평균 수준으로 되돌아갈지 예측할 수 있을 것이다. 왜냐하면 지금까지 기술이 가져오는 시너지효과가 최고점에 달하면 언젠가는 하락세로 돌아섰기 때문이다. 하락 이후에는 역사상 유례없는 기술투자 수익률도 낮아져 투자규모는 줄어들고 경제성장률이 떨어지기 시작하면 자유 시장경쟁에 대한 반감은 부활할 것이다. 이러한 반감은 언젠가 세계화의 발목을 잡을 것이다. 그러나 당분간 투자를 통한 기술의 놀라운 진보는 계속될 것으로 보인다.

이는 세계화를 진척시키며 경쟁을 늘리고 많은 사람들의 복지를 증진시키는 결과를 낳을 것이다. 확실한 것은 경제활동의 세계화가 더 오래 지속될수록 우리가 얻는 수확도 클 것이라는 사실이다.

2. 세계화, 돌이킬 수 없는 선택

[영국 이코노미스트 2000년 9월 23~29일자]

지난해 시애틀 무역 회담을 결렬시켰던 반자본주의 시위대가 국제통화기금(IMF)·세계은행 합동총회가 열린 체코 프라하에도 집결했다. 이들의 주장은 대부분 비현실적이지만 적어도 두 가지 면에서는 옳다. 가장 급박한 정치·경제 문제는 제3세계의 빈곤이라는 것과 세계화가 원점으로 돌아갈 위험에 처했다는 점이다.

사실 세계 경제 통합은 예찬자들이 믿고 있는 것처럼 필수 불가결한 것은 아니다. 이는 세계 경제의 미래에 던져진 많은 가능성 중 선택된 가장 바람직한 대안일 뿐이다. 정부, 기업, 유권자들은 원하기만 하면 지난 20년간 진행된 통합 흐름을 늦추거나 역류시킬 힘을 행사할 수 있다. 그러나 세계화를 막더라도 시위대 주장처럼 가난한 자와 휴머니즘의 승리는 실현되지 않는다. 오히려 지구상의 가장 절망적인 사람들은 유례없는 재앙을 맞게 된다.

개인의 자유를 대규모로 희생시키지 않는 한 이 재앙을 막을 수 없을 것이다. 세계화의 힘에 비해 반자본주의 세력은 미미할 뿐이라고 생각한다면 오산이다. 시위대는 지난해 시애틀 회담을 문닫게 하는 저력을 보여줬다. 각국 정부는 이제 이들의 의견에 귀를 기울이기 시작했으며 이들 조직과 영합하는 사례도 늘었다. 기업도 반자본주의 압력에 굴복, 특정 사업뿐 아니라 전반적인 기업 전략을 수정한다.

그러나 만약 가난한 사람들의 고통에 대해 진정 관심이 있다면 각국 정부는 세계화를 환영하고 촉진해야 한다. 시민이 이 과정을 이해하지 못한다면 정부가 설명에 나서야 한다. 세계화 촉진에 가장 크게 기여한 것은 기술의 발달이다. 서구에서의 컴퓨터와 통신 발달은 제3세계 삶의 질을 높일 수 있는 전례 없이 풍부한 여지를 제공했다. 신기술은 선진국의 경제 발전을 촉진하는 데 그치지 않고 조밀한 네트워크를 통해 외부로 확산되기 때문이다.

기술이 발달하면 기업의 이윤이 늘 뿐 아니라 빈곤층을 위한 일자리가 늘어나고 임금도 높아진다. 지금까지 세계 경제 시스템에 통합된 많은 개발도상국이 그 혜택을 경험했다. 남한과 북한, 말레이시아와 미얀마, 유럽과 아프리카의 극명한 차이가 이를 입증하고 있다. 만약 기술이 세계 통합의 유일한 엔진이라면 반자본주의의 위협은 그렇게 걱정하지 않아도 된다. 기술 발전은 창의적 정신과 야망이 있는 한 스스로 진화하는 과정이기 때문이다.

경계해야 할 것은 기술발전이 경제 통합과 연결되지 못하도록 차단하는 것은 그리 어렵지 않다는 사실이다. 세계는 아직 단일 경제권과 거리가 멀다. 산업 선진 지역 국가들도 경제 통합을 이루지 못했다. 그 책임은 대부분 정부가 져야 한다. 선진국과 개도국 정부가 동시에 쌓아 올린 무역장벽을 없앨 수만 있다면 제3세계는 곧 빈곤을 줄이고 경제를 발전시킬 더 많은 기회를 얻을 수 있다.

그러나 최근 선진국 정부들은 노동시장과 환경을 보호한다는 명분으로 국제 무역 규제를 오히려 강화할 움직임을 보이고 있다. 국제무역을 옹호하는 개발도상국뿐 아니라 미국과 유럽도 겉으로는 빈국들의 가난 척결에 적극 나서기로 했기 때문에 무역 규제를 추진하지 않겠다고 하지만 이는 말 뿐이다. 실업률이 4% 아래로 떨어진 미국은 세계화 때문에 노동력이 남쪽으로 유출되고 있다며 볼멘소리를 한다.

유럽과 미국의 정치인들은 정당에 관계없이 유권자를 설득해보려는 시도도 하지 않은 채 세계화의 위험을 경고하는 목소리에 몸을 사리고만 있다. 그러나 세계화를 수호하는 것이야말로 도덕적인 선택이다.

3. 세계화(Globalization)와 소득 불평등

(1) 승자와 패자(Winners and Losers)

[The Economist]

이 글은 런던스쿨 오브 이코노믹스의 로버트 웨이드 정치경제학 교수가 영국의 경제주간지 이코노미스트 최신호(2001. 6. 26일자)에 기고한 "승자와 패자(Winners and losers)"를 정리한 것입니다.

많은 사람들은 글로벌화가 전 세계 소득격차를 줄였다고 믿고 있다. 그러나 최근 나온 2개의 연구결과는 오히려 소득격차가 벌어지고 있다는 사실을 보여주고 있다. 세계은행의 브랑코 밀라노빅은 전 세계 인구 85%에 해당하는 사람들의 1988~1993년 가계소득을 조사했다. 그리고 나서 각국의 국내 소득격차와 국가 간 소득격차를 합쳐 지니 상관계수를 계산한 뒤 이를 구매력평가(PPP)기준으로 다시 산출했다.

지니 상관계수란 소득격차를 재는데 가장 많이 쓰이는 지수로 0은 완전한 평등, 100은 한 사람이 모든 소득을 차지하는 완전한 불평등을 뜻한다. 그 결과 전 세계 지니 상관계수는 1988년 62.5였으나 1993년에는 66으로 급증했다. 전 세계 빈부격차가 빠르게 확대되고 있다는 얘기다.

유리 디코노프와 마이클 워드, 두 경제학자는 밀라노빅과 똑같은 통계를 갖고 다른 방법으로 연구를 했다. 이 연구 역시 1988~1993년 사이에 전 세계 소득격차가 크게 확대됐다는 똑같은 결론에 도달했다. 지니계수는 6이나 증가했다. 더욱이 전 세계 인구 중 극빈층 10%에게 돌아가는 소득은 25% 줄어든 반면 가장 부유한 10%에게 돌아가는 소득은 8%나 늘어났다.

왜 이런 결과가 나왔을까? 답은 4가지다. 첫째, 선진국(OECD 회원국 기준)의 경제

성장률이 개발도상국보다 더 빨랐다. 둘째, 개도국의 인구증가율이 더 높았다. 셋째, 세계 인구비중이 높은 중국, 인도, 아프리카 농촌지역의 생산량 증가율이 낮았다. 넷째, 중국의 도시와 농촌 간, 중국과 인도의 농촌 간 생산 및 소득격차가 급속히 벌어졌다. 지난 1988~1993년 사이에 중국의 도시소득은 급속히 증가했다. 따라서 중국의 평균 소득과 선진국 중산층의 소득 간 격차는 줄었다. 전 세계 지니계수가 하락했다는 얘기다. 그러나 중국 농촌과 도시 간, 중국과 인도의 농촌 간 소득격차는 늘어나면서 불평등의 정도가 심해졌다.

이런 흐름에는 더 근본적인 이유가 있다. 기술변화와 금융 자율화로 최부유층 가계의 숫자가 비대할 정도로 급속히 증가했다. 반면, 극빈층의 소득은 줄지 않았지만 인구증가에 따라 극빈층의 숫자 자체가 급증했다. 이와 함께 선진국의 수출품 가격은 후진국의 수출품 가격보다 훨씬 빠르게 상승했다. 가난한 국가 국민들이 살 수 있는 상품과 서비스의 선택 폭은 점점 좁아지고 있는 셈이다. 가난한 국가 국민들과 전 세계 하층 3분의 2는 소득과 가격, 양쪽 측면에서 불평등이 심화되는 이중고에 시달리고 있는 것이다.

선진국에서는 기술혁신 덕분에 천연자원 대체품 개발도 가속화된다. 따라서 천연자원의 고갈을 염려하지 않아도 된다. 그러나 아프리카 중동 중앙아시아 러시아 및 일부 동아시아 등 후진국들은 이것이 불가능하다. 이 지역에서는 경제성장을 위해 천연자원을 고갈시킬 수밖에 없다. 이는 미래의 잠재력을 갉아먹는 짓이다. 그러나 글로벌화에 대한 반대의 목소리는 대부분 북미와 서유럽 등 선진국에서 나오고 있다. 개도국의 엘리트들은 왜 서방 톱10 국가들만 살찌우는 글로벌화에 찬성하는가? 이들은 왜 자국경제를 좀 더 전략적으로 세계 경제에 통합하려는 노력을 기울이지 않는가?

그 이유는 이들이 세계 불균형이 줄어들고 있다고 믿거나 혹은 이런 격차가 자신들에게는 오히려 이익이라고 생각하기 때문일 것이다. 도대체 어느 정도까지 소득격차가 더 벌어져야 문제의 심각성을 피부로 느낄까? 이런 상황이 오기 전에 각국 정부와 국제기구들, 국제 NGO(비정부기관), 학계가 합심해 세계 소득격차 해소를 최우선 과제로 올려놓아야 한다.

(2) 세계화 뒤엔 불평등 있다.

[동아일보(2001/08/15)]

세계화와 신자유주의 경제의 장점만이 강조되는 오늘날에도 제 3세계 경제학자인 아마르티아 센 영국 케임브리지대 교수의 목소리에 주목할 필요가 있다. 1998년 노벨 경제학상을 수상한 센 교수는 경제이론에 윤리적인 관점이 도입돼야 한다고 말한다. 그는 최근 미국 LA타임스지에 기고한 글에서 국제 정상회의의 단골손님이 돼버린 대규모 군중시위는 '세계가 안고 있는 박탈감과 불평등' 때문이라고 썼다. 따라서 그는 정책적 제도적 변화를 통해 국가 사이는 물론 개별 국가 내에서 부의 공평한 분배를 이루는 것이 시급하다고 주장한다. 그의 말대로 점점 늘어나는 전 세계차원의 자유시장은 사람들을 신자유주의 경제학자들이 주장하는 '기회와 번영을 공유하는 황금시대'로 안내하지 않는다. 대신 국가와 국가 사이는 물론 개별 국가 내에서의 불평등을 심화시킨다.

하나하나 따져보자. 세계화 옹호론자들은 세계화가 선진국과 후진국의 거리를 좁히면서 이른바 '남(빈국)'과 '북(부국)'의 간극을 좁힌다고 주장한다. 과연 그럴까? 많은 통계들은 세계경제에서 후진국 경제가 차지하는 비중이 19세기에 비해 줄었다는 것을 보여준다. 많은 후진국이 옛날보다 나아졌을 수는 있지만 선진국이 발전하는 속도보다는 훨씬 느리게 나아진 것이다. 1860년에는 이른바 제3세계의 제조업 생산량이 전 세계 제조업 생산량의 16.8%를 차지했다. 그러나 오늘날에는 단지 9%에 불과하다. 유엔개발계획(UNDP)에 따르면 1960년대 최빈국 수준 국민들의 평균 수입은 부유한 나라 국민 평균 수입의 30분의 1이었으나 오늘날에는 74분의 1로 급감했다. 이런 통계 수치들을 살펴볼 때 동아시아 신흥 산업국들을 예외로 하고는 세계화가 부국과 빈국의 소득 차를 좁히기는커녕 넓히고 있다.

세계화는 개별 국가 내에서의 불평등도 키운다. 서구 세계의 지속적인 성장과 늘어난 부의 총량에도 불구하고 자유주의 경제정책이 도입된 1980년대 초 이후 개별 국가 내의 소득 불평등은 심화돼 왔다. 보다 구체적인 연구들에 따르면 1980, 90년대에 보통 근로자 가정의 수입은 감소한 반면 고소득자들의 수입은 기록적으로 증가했다. 미국을 예로 들면 1950년부터 1978년까지는 인구의 5분의 1에 해당하는 부자들의 가계 수입은 99% 증가했다. 같은 기간 가난한 인구 5분의 1의 가계 수입은 140% 증가했다. 모두 재산이 늘었지만 가난한 사람들의 재산 증가 비율이 더 높았다.

그러나 1990년대에 들어와서 이처럼 평등으로 향하던 추세가 바뀌었다. 70년대 미국 내 소득의 5.5%를 차지했던 가난한 5분의 1의 소득이 90년대엔 3.7%로 줄었다. 부유한 5분의 1의 소득이 국내 소득에서 차지하는 비율은 50%를 기록했다. 99년에는 미국인 가운데 1%에 속하는 부자 한 사람의 세후(稅後) 평균 소득이 극빈자 100만 명의 수입에 맞먹었다. 80년대 이후 20년 만에 미국사회는

19세기말이나 20세기 초의 불평등 사회로 되돌아간 셈이다. 유럽에서도 지난 20년간 비슷한 현상이 일어났다.

이런 불평등의 심화는 시장에만 맡겨둔다고 해서 부가 평등하게 배분되지 않는다는 점을 분명히 말해준다. 자연히 정부의 개입을 생각하지 않을 수 없다. 제2차 세계대전 이후 서방 세계에는 정부가 자본가와 노동자 사이의 사회적 계약을 보증해야 한다는 생각이 광범위하게 퍼져 있었다. 하지만 오늘날에는 정부가 자본가와 노동자 사이의 계약에 개입하는 것이 의문시되고 있다. 이 때문에 극소수만이 세계화된 시장에서 부를 수확하고 있다. 표면적으로는 인도와 브라질의 농민들과 유럽이나 미국의 노동자들은 공통점을 찾기 어렵다. 그러나 그들은 모두 자유시장이 자신들에게 적정한 몫을 돌려주지 않을 것이란 공통적인 우려를 안고 있다.

많은 국가의 지도자들은 이런 우려에 대해 언급하려 하지 않는다. 이들은 불평등이 불만을 키울 뿐만 아니라 결국에는 사회조직을 분열시킬 것이란 사실을 외면하는 듯하다. 또 경제적, 사회적 분야에서 윤리의식이 제 몫을 찾지 못하면 반세계화 시위가 계속될 것이며 더욱 강렬해질 것이라는 점도 이해하지 못하는 것 같다.

필립 골럽(프랑스 파리 8대학 교수)

4. WTO 무역라운드와 개도국

[마이크 무어 〈WTO 사무총장〉]

이 글은 마이크 무어 세계무역기구(WTO) 사무총장이 2001년 4월 독일 국제개발재단에서 연설한 내용을 정리한 것입니다.

다자간 무역시스템은 지난 1993년 우루과이라운드 협상 타결 이후 급격한 변화를 거쳤다. 그 이전까지는 개발도상국들이 다자간 협상에 참여하는 경우가 드물었다. 대부분 개도국들은 GATT(관세 및 무역에 관한 일반협정)에 가입하지 않았다. 참여한 국가들도 가입에 따른 혜택을 별로 받지 못했다. 그러나 상황은 달라졌다. 현재 1백40개 세계무역기구(WTO) 회원국 중 개도국의 비중은 80%에 육박하고 있다.

더욱이 이들은 회원국이 누리는 모든 혜택을 받고 있을 뿐만 아니라 이젠 선진국들과의 협상을 통해 손해와 득실을 제대로 따질 수 있게 될 것으로 보인다.

대부분 개도국들은 이제 상호 협력적인 차원에서 WTO에 참여하고 있다. 이는 고무적인 일이다. 자국 내 시장을 개방하는 것은 경제 성장을 촉진시키는 면에 있어서 선진국 시장에의 진출 기회가 확대되는 것보다도 효과가 더 크기 때문이다.

실제로 수많은 개도국들이 지난 15년 간 일방적인 시장 자유화를 통해 빠른 속도의 경제 성장을 일궈냈다. WTO 입장에서 보면 이는 개도국들이 이제 진정한 회원국이 됐다는 것을 뜻한다. 앞에서도 언급했듯이 개도국들은 WTO 가입국의 절대 다수를 차지하고 있다. 이처럼 입지가 강화됨에 따라 이들 국가가 정당히 내세우는 요구가 묵살되기도 힘들다. 따라서 개도국들은 효율적이고 생산적인 협상을 위한 최우선적인 과제들을 정하고 이를 실천토록 추진해 나가는 현명함이 필요하다.

우루과이라운드에서 합의된 사항들을 이행하는 것도 심각한 문제다. 상당수 개도국들은 합의 사항들을 이행하는데 따른 부담을 느끼고 있으며 과거 협정에는 상당히 불평등한 요소들이 있다고 주장하고 있다. 따라서 농업이나 서비스 등 주요 의제들을 위한 새로운 협상을 통해 타협점을 찾아내고 최선을 다해 문제점을 해결하려는 노력이 요구된다.

개도국들에 민감한 또 다른 이슈는 관세다. 선진국들은 여전히 높은 관세를 부과하고 있고 특히 섬유나 의류 등에서 이러한 경향이 두드러진다. 게다가 부국들은 원자재보다는 가공품에 더 높은 관세를 매긴다. 이는 개도국들의 산업화에 장애가 된다. 또 부국들이 개도국들에 수출하는 것보다 개도국들이 부국들에 수출하는 제품에 대한 무역 장벽이 더 높은 게 현실이다. 따라서 이러한 문제들에 대한 구체적인 해결 방안이 협상의 필수 의제로 거론돼야 할 것이다.

새로운 WTO 라운드를 통해 개도국들은 분명히 얻어낼 것이 많을 것이다. 또 협상 의제의 폭도 더욱 넓어질 것이다. 보다 건설적인 의제와 강화된 입지를 가지고 뭉친다면 이들 그룹은 충분히 개발 문제에 협상의 초점이 맞춰지도록 힘을 발휘할 수 있을 것이다. 그러나 실제로 새 무역라운드의 발족이 성사되지 않는다면 개도국들이 얻을 성과는 미미할 것이다. 물론 협상이 이뤄지지 않는다면 모두가 손해를 보겠지만 그 중에서도 특히 상대적으로 가난하고 약한 나라들이 잃는 것이 더 많을 것이다.

일부 개도국들은 이전 협상에서 나온 불평등한 요소들을 우선적으로 해결하지 않고서는 새로운 라운드를 발족시킬 수 없다고 주장하고 있다. 개도국들의 이러한 우려를 충분히 이해한다. 그러나 여기에 집착하게 되면 더욱 심화된 불평등에 직면하게 될 수 있다는 점을 깨닫기 바란다. 불합리한 점을 그대로 놔두기보다는 오히려 협상에 참여함으로써 권리를 적극 주장하고 문제점을 해결해야 할 것이다.

5. 美주도 '세계화' 이데올로기 허점

지난 1958년 하버드대의 대니얼 벨 교수는 '이데올로기의 종말'이란 책을 썼다. 재미있는 점은 벨이 표현했던 '이데올로기'란 용어가 오늘날 모스크바가 아닌 워싱턴에서 훨씬 유용하게 사용되고 있다는 것이다. 과거 냉전시대 때 미국은 구소련에 대해 '지나치게 이념적'이라고 비난했는데 이는 구소련이 경직되고 기계적인 이념체계를 갖고 있다는 것을 의미했다.

구소련이 이러한 이데올로기를 전파하는데 붉은 군대의 탱크를 동원했다면 오늘날 미국은 '메이드인 USA' 이념을 전 세계로 보급하는데 강력한 경제력과 미디어를 이용하고 있다. 이러한 이데올로기의 이면에는 필수적으로 3개의 구성요소가 있다. 세계화, 자유무역, 민주주의가 바로 그것으로 이들 요소는 상호 유기적으로 연결돼 있다. 워싱턴의 이데올로기는 세계적인 경제통합은 좋은 것이라는 가정에서 출발한다. 이를 통해 시장을 확대할 수 있을 뿐 아니라 국내외 기업 간 경쟁을 촉발하고 효율성을 제고할 수 있기 때문이다.

소비자의 입장에서 보면 보다 저렴한 가격에 물건을 구입할 수 있고 선택의 폭도 넓어지게 되며 각국 정부는 경쟁력 있는 상품에 특화할 수도 있게 된다. 무엇보다 교역상대국간 전쟁의 위험성이 사라진다는 것도 장점 중 하나다. 요컨대 세계가 발전하기 위해 필요한 것은 세계화와 자유화, 민주화라는 것이 워싱턴 이데올로기의 핵심이다.

이러한 가정의 일부는 물론 맞는 말이다. 그러나 일부는 잘못된 것이다. 오늘날 시장이 부(富)를 창조하는 강력한 수단이라는데 이의를 제기하는 사람은 거의 없다. 자본주의는 그러나 삶의 질을 향상시키는 뛰어난 제도라는 점은 입증했지만 부의 균등분배라는 문제를 야기했다. 그리고 인간의 삶이라는 것도 워싱턴 이데올로기가 상정했던 것보다 훨씬 복잡하다. 멕시코가 자유화의 방침을 정하고 북미자유무역협정(NAFTA)에 서명했을 때 일부 농민들은 미국의 값싼 농산물이 자신들의 생활기반을 파괴할 것이라며 격렬히 반대했다. 그러나 일부 논란이 있긴 하지만 NAFTA 가입 이후 멕시코는 실업률이 줄었으며 최근엔 인터넷 등 첨단기술과 우수인력의 유입이라는 이득도 볼 수 있었다.

물론 이와는 반대의 경우도 있다. 지난 98년 외환위기를 겪은 인도네시아의 경우 국제통화기금(IMF)의 프로그램을 따랐지만 결과는 극도의 정정불안(政情不安)과 수하르토 정권의 붕괴였다. 결과적으로 인도네시아는 경제개발 면에선 실패를 맛보았지만 정치적으로는 보다 큰 민주주의를 경험한 셈이 됐다.

인접한 말레이시아는 인도네시아와 반대로 IMF의 규제를 따르지 않고 독자적으로 자본통제정책을 도입했다. 마하티르 총리의 주도하에 실시된 통제정책은 보다 작은 민주주의와 자유화를 국민들에게 강요했지만 역설적이게도 말레이시아 경제는 인도네시아보다 훨씬 빨리 회복됐다.

이처럼 다양한 각국들의 사례에서 우리는 다음과 같은 교훈을 얻을 수 있다. 우선 동전의 양면처럼 보이는 세계화와 자유화가 실상은 전혀 다른 별개의 것이라는 점이다. 각국은 자유화 없이 세계화를 할 수도 있고 세계화 없이 자유화할 수도 있다는 얘기다. 또 자유무역에는 분명 이점이 존재하지만 이득이 부국과 빈국에 균등하게 나눠지지 않는다는 것이다.

마지막으로 오늘날은 지식경제에 기반한 '제 3의 물결'이 지배하는 사회라는 사실을 명심해야 한다. 이 사회의 키워드는 일부에서 주장하는 동질성이 아닌 다양성이다. 이런 점에서 워싱턴 이데올로기는 고장난 자동차처럼 리콜할 필요가 있다.

6. 지구적 차원의 기상재해, 엘니뇨현상

엘니뇨현상이란 "태평양 적도 부근의 해수면 온도가 평균 온도보다 0.5도 이상 높은 상태가 6개월 이상 지속되는 현상"을 말하며 엘니뇨는 2~6년 간격으로 불규칙하게 발생한다. 이와 반대로 '라니냐'는 해수면 온도가 0.5도 이상 낮아지는 현상을 말한다.

●●● 엘니뇨의 어원

스페인어로 남자 아이(The Little One, The Child) 또는 아기 예수(The Christ Child)를 의미하며 16세기경 페루 어민들이 불가사의한 이상 난류가 크리스마스 무렵에 발생하는 것을 보고 붙인 이름이다. 엘니뇨는 전 세계적인 규모로 발생하는 것이 특징이며 최근 들어 발생빈도가 증가하고 있으며 예전에는 엘니뇨가 페루 연안에서 발생하는 국지적인 현상으로 이해되었으나, 1950년대 이후 지구 규모의 대기·해양관측 망이 정비되면서 그 범위와 영향이 전 세계적인 것으로 밝혀졌다.

엘니뇨에 따른 농업 피해가 증가하고 있는데 엘니뇨에 따른 기상이변은 예측이 불가능하며 피해의 양상도 계속 달라지고 있다. 1950~96년 사이에는 12차례의 엘니뇨가 발생하였으며 이때마다 홍수, 가뭄, 폭설 등 전 세계적인 기상이변이 발생하여 많은 인명 피해와 함께 산불 발생, 어획량 감소, 생태계 변화, 전염병 창궐 등 다양한 형태의 생물학적 피해가 초래되었다. 역사상 가장 피해가 컸던 엘니뇨는 1982~83년의 것으로서, 이로 인해 사망 2,000여명, 재산 피해액은 134억 달러에 달했다.

엘니뇨는 특히 농작물에 한해 또는 냉해 등의 형태로 피해를 입혀 농작물의 수량을 감소시키며 1972~73년에 발생했던 세계 곡물가격 폭등도 엘니뇨현상이 중요한 원인이었던 것으로 판명되었다. 즉 엘니뇨가 발생하면 → 세계 곳곳에 가뭄 등 기상이변 초래 → 페루 연안의 정어리(가축사료로 사용) 어획량 급감 → 식물성 사료인 콩 수요 급증 → 콩을 포함한 국제 곡물가격 폭등 → 세계 식량위기라고 하는 악순환이 반복되고 있다. 이후 엘니뇨가 발생할 때마다 국제 곡물생산이 감소하고 가격이 급등한다.

우리나라의 경우, 엘니뇨가 발생한 다음 해에 기상 여건이 좋지 않으며 1986년 이후부터는 농산물 작황에도 영향을 미친 것으로 나타났으며 1987년 7월 상순까지 심한 가뭄, 7월 이후 잦은 집중호우, 쌀 10a당 수확량은 평년작 대비 15kg이나 감소하였다. 1994년 봄과 9월에 가뭄, 1995년 8월에 잦은 강우와 일조 부족현상 발생, 쌀 10a당 수확량은 평년작 대비 5kg 감소하였으며 1997~98년 기간 동안에는 장마가 끝나야 할 7월말 이후에 집중호우가 내리고 태풍이 거의 소멸하였다. 최근 엘니뇨로 인한 동태평양의 해수온도 상승으로 인해 강릉 근해의 해수온도가 1℃ 상승한 것으로 보고되고 있다.

미국 해양대기국, 세계기상기구(WMO) 등에서는 앞으로 엘니뇨현상이 더욱 빈번하게 발생하게 될 것으로 전망하고 있다. 향후 엘니뇨는 지구온난화, 오존층 파괴 등과 서로 상승작용을 일으키면서 발생빈도가 더욱 증가하고 세력도 강해질 전망인데 화석연료 등 각종 에너지 사용이 계속 증가하고 환경이 파괴되면서 지구차원의 기상이변들이 많이 나타나고 있다.

엘니뇨가 끝나면 그 반대 현상인 라니냐가 올 것으로 예측되어 이제 연중 기상이변이 발생하는 시대를 맞이하게 될 가능성이 있어 각국이 기후협약 등을 통해 기상이변의 발생을 억제하려는 노력을 하고는 있으나 가속이 붙기 시작한 기상이변을 억제하기에는 역부족이다.

엘니뇨현상으로 세계 식량의 공급부족이 더욱 심화될 전망인데 기상이변으로 인한 생산량 감소가 농지면적 감소와 맞물려 인구와 식량수요의 증가를 따라가지 못하게 될 것으로 보인다. 즉 세계 단위 면적당 수확량은 감소하는데 반해 세계 인구는 57억 명(95년) → 85억 명(2025년)으로 증가할 것으로 예상되어 세계식량농업기구(FAO)는 엘니뇨현상으로 인해 전 세계가 곡물부족 사태를 맞이할 가능성이 있다고 경고하였다.

2 국제 지역경제통합

Chapter ......

< 제 1 절 >

지역경제통합의 개념과 유형

1. 지역경제통합의 개념

지역경제통합은 상품교역, 노동력 이동, 자본거래 등 경제교류에 존재하는 인위적인 장벽을 제거함으로써 2개 이상의 국가들이 동일한 경제단위로 통합되어가는 과정이라고 할 수 있다. 즉, 지역경제통합이란 일정지역 국가 간에 경제적 장벽을 제거하여 지역 내 국가들의 이익을 도모하는 조직체이다. 현재 세계경제는 지리적으로 인접한 국가들끼리 하나의 경제권을 형성하는 지역경제 통합현상이 가속화되고 있다. 이러한 경제통합은 역내국가의 입장에서는 역내국가 간에 경제교류의 증대 등 경제적 힘을 결집함으로써 역외국가에 대한 대외교섭력을 향상시킬 수 있으나, 역외국가의 입장에서는 경쟁조건의 악화를 가져오는 지역통합체제들 간의 새로운 보호무역주의 움직임으로 파악할 수 있다.

2. 지역경제통합의 유형

국가 간 경제통합은 국가 간 경제적 장벽을 제거수준과 내부결속의 정도에 따라 몇 가지의 형태로 구분할 수 있다.

1) 자유무역지역(Free Trade Area)

자유무역지역이란 경제통합 가맹국 상호간의 상품이동에 대한 무역제한조치를 철폐하여 자유무역을 보장하고 역외의 비가맹국가에 대해서는 각국이 독자적인 관세와 무역정책을 시행하는 형태의 경제통합을 말한다. 자유무역지역에서는 역외의 상품이 역내 저관세국을 통하여 수입되어 역내 다른 국가에 수출될 가능성이 있어 각 가맹국의 무역정책에 혼란을 가져올 수 있다. 이를 방지하기 위해 수입물품 원산지 규정과 같은 국가 간 협력적인 무역정책이 채택되고 있다. 자유무역지역의 예로서 북미자유무역지역(NAFTA : North America Trade Agreement), 라틴아메리카경제연합(LAIA : Latin American Integration Association) 등이 있다.

2) 관세동맹(Customs Union)

관세동맹(customs union)은 가맹국 상호 간에 상품의 자유이동이 보장될 뿐 아니라 역외의 수입에 대하여 공통의 수입관세를 부과하는 형태이다. 관세동맹은 19세기 독일 내 영주국가 간의 졸페라인(Zollverin)[1], 벨기에·룩셈부르크·네덜란드 삼국 간의 베네룩스 관세동맹(Benelux Customs Union), 카리브공동시장(CARICOM : Caribbean Community and Common Market) 등이 대표적인 예이다.

3) 공동시장(Common Market)

공동시장(common market)은 가맹국 상호 간에 상품뿐만 아니라 노동력, 자본과 같은 생산요소의 이동이 자유롭게 보장되며 역외국가에 대해서는 공통의 수입관세를 부과하는 형태의 경제통합이다. 경제통합의 예로는 유럽공동시장(EC : European Community)을 들 수 있다.

4) 경제동맹(Economic Union)

경제동맹(Economic Union)은 가맹국 상호 간에 상품과 자본, 노동 등 생산요소의 이동을 자유롭게 하며 비가맹국가에 대해서는 공동의 무역정책을 취하고 가맹국 상호 간에 경제정책을 조정하여 수행하는 형태이다.
벨기에-룩셈부르크 경제동맹이 이에 해당된다.[2]

1) 1834년 독일 내 18개 영주국가가 결성한 관세동맹으로 독일 통일(1871년)의 기초로 평가되고 있음.
2) 1921년 결성된 경제동맹을 양국은 정치적으로는 독립되어 있으나 경제적으로는 단일경제로 통합되어 있다.

5) 완전경제통합(Complete Economic Integration)

완전경제통합은 정치적 통합을 전제로 이루어진다. 완전경제통합의 사례는 미합중국(United States of America : USA)과 과거 냉전 시대의 소련연방(Union of Soviet States Republics)을 들 수 있다. 유럽연합은 경제동맹의 단계를 지나 완전경제통합을 목표로 하고 있다.

3. 지역경제통합의 성공조건과 경제적 효과

지역경제통합의 경제적 효과를 논하기에 앞서 일반적으로 경제통합이 긍정적인 효과를 창출하기 위해 요구되는 경제통합의 전제조건을 살펴보자. 2개국 이상이 어떤 형태의 경제통합을 형성하고 그 통합관계가 지속적으로 유지되기 위해서는 몇 가지 기본적인 전제조건들이 갖추어져야 한다.

첫째, 경제통합을 구성하고 있는 국가들이 서로 비슷한 경제발전단계에 있어야 한다. 만일 경제발전의 수준에서 큰 차이가 있는 선진국과 개도국이 경제통합을 이룬다면 높은 관세장벽의 보호를 받아오던 개발도상국의 국내 산업은 선진국과의 경쟁에서 밀려나기 때문이다. 반면 이들이 비슷한 경제발전단계에 있을 경우 부존자원, 인구밀도, 자연환경 등의 다른 상이한 조건들이 경제통합으로 인해 상호보완적인 효과를 나타낼 수 있을 것이다.

둘째, 경제통합을 이루는 국가들이 조화와 타협에 의해 정책을 결정하고 운용할 수 있어야 한다.

이는 궁극적으로 경제통합 전체의 이익을 위하여 역내의 개별국가들이 경제적인 면에서 어느 정도의 주권을 포기하여야 함을 의미한다. 예를 들어, 특정 국가가 자신의 이익을 극대화하기 위해 이해관계가 상충되는 특정 경제정책을 단독으로 결정할 경우 그러한 정책은 통합체 내 이해당사자 간에 불합리한 결과를 가져올 것이며 경제통합이 유지될 수 없을 것이다.

셋째, 경제통합의 이익분배를 위한 제도적인 장치가 마련되어 있어야 한다. 각 국가들은 경제통합으로 최대한의 이익을 기대하므로 공동이익에 대한 공정한 분배문제가 제도적으로 마련되어야 한다.

넷째, 통합이 이루어지는 국가들이 지리적으로 인접하여야 하고 역내의 교통여건도 어느 정도 조성되어 있어야 한다. 통합체의 구성원들이 지리적으로 분산되어 있는 경우 관세장벽의 제거에 따른 효익보다는 비용이 증가할 수도 있기 때문에 통합의 이익이 작아지게 된다. 따라서 가능한 가까운 거리에 위치하고 있는 국가들 사이에 통합이 이루어지는 것이 바람직하다.

이상의 전제조건하에서 경제통합에 따라 발생하는 효과는 정태적인 것과 동태적인 것으로 구분해 볼 수 있다.

1) 정태적 효과

정태적 효과로는 역내국가 간의 교역창출효과와 교역전환효과가 있다. 즉, 역내국가 간의 관세장벽 철폐로 인해 교역량이 늘어나는 교역창출효과와 역외국가에 대한 공동의 관세장벽이 설정됨으로써 역내국가 상품의 절대가격이 역외국가의 가격보다 높을지라도 관세효과가 이를 상회하는 경우 역내로부터 상품을 수입하게 되는 교역전환효과가 발생하게 된다. 교역창출효과는 역내국가 간에 자원이 효율적으로 배분되는 결과를 가져오는 반면, 교역전환효과는 역외국가에 대한 인위적인 관세장벽으로 인해 자원배분이 비효율적으로 배분되는 결과를 초래할 수 있다. 따라서 관세동맹이 세계경제 전체로 보아 바람직한가의 여부는 바로 교역창출효과와 교역전환효과의 상대적 크기에 따라 달라진다고 볼 수 있다.

2) 동태적 효과

경제통합에 따라 역내의 관세가 철폐 또는 인하되면 역내 각 국가의 수출시장이 확대되고 상품의 생산 및 유통에 있어서 규모의 경제가 발생할 수 있다. 역내시장의 확대와 관련하여 중요한 것은 경쟁의 증대이다. 관세 등에 의하여 보호를 받던 각국의 기업들이 새로운 경쟁에 노출됨에 따라 지역경제 전체로 보아 효율성이 증가하게 된다. 또한 시장이 확대되고 역외국가에 대한 불이익을 극복하기 위해 역외기업에 의한 직접투자가 활성화된다. 아울러 역외기업들도 경쟁에 새롭게 대처하기 위하여 경영합리화가 시도될 것이다. 궁극적으로 역내·외 국가들이 산업 전체의 효율성 증대를 달성하기 위한 구조조정 과정에 돌입하게 될 것이다. 이와 같이 경제통합은 장기적으로 역내 국가들의 경쟁력 제고에 긍정적인 효과를 가져올 것으로 평가되고 있다.

< 제 2 절 >
지역경제통합의 현황

전 세계적으로 볼 때 경제통합은 지역별, 통합체별로 다양한 목표 하에서 다양한 형태로 이루어지고 있다. 이를 지역별로 보면 아시아의 지역경제협력체로 ASEAN(Association of South East Asian Nations), APEC(Asia Pacific Economic Cooperation), 라틴 아메리카의 LAFTA(Latin American Free Trade Association), LAIA(Latin American Integration Association) 등, 아프리카의 ECOWAS(Economic Community of West African States), OAU(Organization of African Unity) 등, 북미의 NAFTA, 유럽의 EU 등이 있다. 이 중 세계경제의 3극화를 주도하고 있는 통합주체별로 대표적인 경제통합의 현황을 간략히 정리하면 다음과 같다.

1. 유럽연합

1) 유럽통합의 역사

1950년 프랑스 외상 슈만(Schuman)의 제안에 따라 1951년 서독, 프랑스, 이탈리아 등 유럽 6개국이 유럽석탄철강공동체를 결성한 것이 오늘날 유럽연합의 효시였다. 이후 1957년 로마협약에 의한 유럽경제공동체(EEC : European Economic Community)의 출범과 함께 유럽원자력공동체가 설립되었고 1967년 EEC는 유럽석탄철강공동체와 유럽원자력공동체를 통합하여 유럽공동체(EC : European Community)로 발전하였다. 1986년까지 유럽공동체에는 서유럽 12개국이 가입함으로써 서유럽의 단일 경제권을 형성하게 되었으며 같은 해 공동시장의 조속한 완성을 위하여 유럽단일법이 제정되어 1993년 1월에 이르러 공동시장이 완성되었다. 1993년 11월 마스트리히트조약에 의해 오늘날의 유럽연합(EU : European Union)이 발족됨으로써 단일시장단계를 넘어 보다 강화된 경제통합기구로 발전되었다. 유럽연합은 경제기구로서의 차원을 넘어 궁극적으로 정치·사회적인 차원에서의 통합체를 목표로 하고 있다. 연혁적으로 볼 때 유럽연합의 통합은 EEC 시기, EC 시기 그리고 EU 단계의 과정을 거쳐 왔으며 각 단계별 주요 내용을 정리하면 다음과 같다.

2) 유럽통합의 단계

(1) EEC 시기(관세동맹추진단계) : 1957년 로마협약에 의하여 EEC가 결성된 이후 EC로 통합되기까지 기간은 관세동맹의 추진 시기였다. 이 기간에 역내국가 간의 관세와 수입쿼터가 단계적으로 폐지되었고 역외국가에 대해서는 공동관세를 부과하게 되었다. 약 10여 년간에 걸쳐 각 회원국 간의 협의를 통해 1968년 관세동맹이 완성되었다.

(2) EC 시기(공동시장추진단계) : EC에서 EU가 출범되기까지는 공동시장의 추진 시기였다. 관세동맹의 완성 후 EC는 보다 고도의 경제통합을 실현하기 위하여 ㉠ 역외국가에 대한 공동무역정책의 시행, ㉡ 생산요소의 자유화, ㉢ 농업, 운송에서의 공동정책 시행, ㉣ 경쟁제한금지정책의 시행, ㉤ 국가 간 재정·금융정책의 조정, ㉥ 공동시장 운영을 위한 국내법 조정 등의 정책을 추진하였다. 1980년대 유럽경제가 침체되고 역내시장의 자유화가 진전되지 않자 EC는 역내시장의 내부결속을 강화하고 통합을 완결해야 한다는 인식하에 역내공동시장의 완성을 위한 세부계획을 설정, 1992년까지 추진하였다. 상품시장, 서비스시장, 자본시장, 노동시장, 정부조달시장의 개방, 세제의 통일 등 각 분야에 걸친 공동시장형성을 위한 제도적 기반을 마련함으로써 1993년 1월 단일시장을 출범시키게 되었다.

(3) EU 시기(경제동맹추진단계) : EC가 추진해온 단일시장이 완성됨에 따라 1993년 11월 발족된 유럽연합은 공동시장의 단계를 넘어 완전경제동맹을 목표로 하여 통화정책, 금융정책 등 다양한 분야로 통합의 영역을 확대하고 있다. 또한 유럽연합은 경제적인 통합뿐만 아니라 장기적으로 정치적인 통합을 목표로 추진해나가고 있다.

3) 유럽통합과 세계경제

"EU의 반세기 역사에서 가장 획기적인 성과는 단일통화인 유로화 도입과 냉전 이후 동서 유럽의 재통합이다." 주제 마누엘 바로수 유럽연합(EU) 집행위원장은 최근 기자회견에서 이같이 말했다. 3월 25일 출범 50주년을 맞은 EU가 세계 경제 중심지로 도약을 꿈꾸고 있다. EU는 회원 수 27개국, 인구 4억 9000만 명, 영토 423만㎢

에 달하는 거대 공동체로 성장했다. 인구로 보면 중국(약 13억 명)과 인도(약 11억 명)에 이어 세계 3위이다.

| 표 2-1 | 주요 경제통합체 비교(2006년)

구 분	EU	NAFTA	ASEAN
회원국 수	27개국	3개국	10개국
인구 규모	4억 9,200만 명	4억 3,600만 명	5억 6,700만 명
경제 규모(경상 GDP)	14.5조 달러	15.4조 달러	1.1조 달러
교역 규모(수출+수입)	9.3조 달러	4.2조 달러	1.5조 달러

자료 : IMF, World Economic Outlook DB; WTO, World Trade Report 2006. 2007.4

영국 파이낸셜타임스(FT)에 따르면 2006년 한 해 동안 전 세계에서 유통된 유로화는 6000억 달러를 넘어 달러화 유통 규모를 넘어섰다. 2002년 1월 달러화에 대해 1대 1로 출범한 유로화는 2007년 7월 11일 현재 사상 최고인 1.3740달러 수준으로 강세를 보이고 있다. 국제금융 전문가들에 따르면 1유로에 1.4달러로 상승하는 것은 시간문제라고 보고 있다. 2000년대 들어 슬럼프에 빠졌던 유럽 각국에선 경기 회복세가 뚜렷하다. EU 통계국은 지난 2006년에 유로화를 사용하는 유로존의 전체 국내총생산(GDP)이 2.7% 증가했다고 밝혔다. 2000년 이래 최고 수치다. 2006년 25개 회원국의 GDP는 2.9% 증가해 전년 대비 1.7%포인트 증가했다. 성장률이 낮았던 프랑스와 이탈리아도 2%대 성장을 이뤄냈다.

| 표 2-2 | 유로화의 국제적 위상

구 분	시 점	유로화	달러화
국제채권신규발행비준(%)	1999년	45.2	47.1
	2006년	46.2	38.9
외환보유통화 비중(%)	1999년	17.9	71.0
	2006년	25.8	64.7
화폐유통량(10억 달러)	2003년 말	354.5	584.3
	2007년 3월 말	608.5	571.0

자료 : BIS, Deutsche Bank Research

유럽의 실업률도 2006년 12월 7.5%로 10년 내 최저 수준으로 떨어졌다.

2차 세계대전 이후 분단됐던 동유럽 국가를 편입해 단일 유럽으로 통합을 일궈낸 것은 역사적 '사건'으로 평가받는다. 2004년 체코, 헝가리, 폴란드, 슬로베니아, 리투아니아 등 10개국에 이어 2007년에 불가리아, 루마니아 등 2개국이 가입했다. 유로화 단일 통화 지역인 유로 존(Euro-zone)도 2007년에 슬로베니아의 가세로 12개국에서 13개국으로 늘었다. EU 회원국으로 가입한 동유럽 국가는 외국기업 유치 등에 따라 유럽의 성장 동력으로 부상하고 있다.

하지만 EU의 표정이 밝지만은 않다. 회원국 간 경제 격차, EU 헌법 체결 등 해결해야 할 현안이 적지 않기 때문이다. 2007년 초 EU에 가입한 불가리아와 루마니아는 EU에서 가장 '가난한' 국가로 꼽힌다. 2004년 통계에 따르면 불가리아와 루마니아의 1인당 평균 GDP는 각각 EU 평균의 30.8%, 31.4%에 불과하다.

| 표 2-3 | EU 제조업의 세계 수출시장 점유율 (단위: %, 금액기준)

구 분	2000년	2001년	2002년	2003년	2004년	2005년
제조업 전체	42.6	44.7	45.3	46.4	45.9	44.3
-화학	53.9	55.1	56.6	57.4	56.3	55.0
-제약	65.1	66.5	70.8	71.8	71.3	70.2
-자동차	49.8	51.7	52.5	55.3	55.6	53.3

자료 : WTO, International Trade Statistics Database

FT도 최근 보도에서 동유럽 개발도상국 가입이 EU 경제 수준을 악화시킨 것으로 분석했다. 소득수준이 낮은 동유럽은 노동력이 선진국으로 대거 이탈하는 '엑소더스' 현상이 가속하고 있다. 이에 따라 동유럽은 노동력 부족 현상으로, 서유럽 선진국은 실업률 증가와 사회복지비용 증가로 각각 진통이 크다. EU가 경제 격차 해소를 위해 가난한 동유럽 국가에 제공하는 지원금은 서유럽 국가에 재정 부담으로 작용한다. 그러나 동유럽의 낮은 임금수준은 EU 시장을 공략하려는 외국기업이나 서유럽 기업들에게는 투자를 유인하고 있다.

| 표 2-4 | 동유럽으로의 외국인 직접투자 유입액 (단위: 100만 유로)

구 분	2001년	2002년	2003년	2004년	2005년	2006년(예측)
체코	6,299	9,015	1,863	4,009	9,353	4,760
헝가리	4,395	3,177	1,890	3,630	6,100	8,352
폴란드	6,377	4,368	4,301	10,068	7,708	11,091
슬로바키아	1,649	4,037	643	667	1,694	3,311
동유럽 8개국	21,694	23,712	14,257	27,625	36,319	42,360

주: 동유럽 기타 4개국은 불가리아, 루마니아, 에스토니아, 슬로베니아
자료 : Eurostat, "Direct Investment Inward Flows by Main Investing Country", 2007.3.

EU 헌법 문제도 매듭지어야 한다. 당초 EU는 2006년에 헌법을 통과시켜 2007년 통합 정부를 출범시킬 계획이었으나 프랑스와 네덜란드의 반대로 채택이 무산됐다. EU 헌법은 회원국 만장일치로 통과돼야 한다. 프랑스와 네덜란드는 새 헌법 마련을 촉구하고 있지만 회원국 중 18개국은 이미 헌법안 비준을 마친 상태여서 입장 조율이 쉽게 이뤄지지 않을 전망이다.

| 표 2-5 | 최근 자동차 업체들의 동유럽 투자현황

업 체 명	가동연도	투자국(지역)	연간 생산량
폭스바겐	2002	구 동독(드레스덴)	5만대
BMW	2005	구 동독(라이프치히)	15만대
현대기아차 그룹	2006	슬로바키아	30만대
푸조시트로엥(PSA)	2006	슬로바키아	30만대
푸조시트로엥-도요타	2005	체코	30만대
도요타	2004	폴란드	25만대

자료 : Sachwald, F., "The Impact of EU Enlargement on Firms' Strategies and the Location of Production in Europe", 2004.11

EU의 변화는 한국경제에도 지대한 영향을 미치게 된다. 왜냐하면 EU는 한국의 제2의 수출 시장이면서 최대 대한(對韓) 투자국이기 때문이다. 2006년 한국의 대 EU 수출은 총 수출의 15.1% (492억 달러)나 되고 한국의 외국인 직접투자 유치에서도 33.4%(424억 달러, 2006년 말 누계 기준)를 차지하고 있다. 한국과 EU 간에 FTA가 체결될 경우(늦어도

2008년 상반기 중 타결될 전망) 유럽연합의 변화가 한국경제에 미치는 영향은 확대될 것으로 보인다. 따라서 한국은 유럽연합의 변화의 동인과 향후 변화 방향을 직시하고 이에 대비해야 할 것이다.

2. 북미자유무역협정

1) 주요 내용

북미자유무역협정(NAFTA : North America Free Trade Agreement)은 1989년 미국, 캐나다 간 자유무역협정에 이어 1992년 미국, 캐나다, 멕시코 등 3국을 회원국으로 체결, 1994년 1월에 발효되었다. 북미자유무역협정에서는 시장접근, 무역규칙, 서비스, 투자, 지적재산권, 분쟁해결절차 등에서 회원국 상호 간에 자유무역과 정책협조를 위한 규범을 마련하고 지역 내 자유무역을 추진해 나가고 있다.

주요 분야별 추진현황을 간략히 정리하면 다음과 같다.

- 시장접근 : 회원국 간 상품이동에 대한 관세철폐를 목표로 단계적인 관세철폐를 시행해나가고 있다. 또한 역내국가 간에 존재하는 비관세장벽의 제거, 통관절차의 간소화, 정부조달의 규제 완화 등이 추진되고 있다.

- 무역규칙 : 반덤핑관세, 상계관세, 긴급수입제한조치 등의 공정한 운용과 규정의 통일 등 관련 무역규칙이 정비되고 있다.

- 서비스교역 : 역내국가의 기업에 대해서는 무차별원칙을 적용하여 자유로운 서비스 교역의 확대를 도모하고 있다. 그러나 개별국가의 사안을 감안하여 항공산업, 금융산업 등 일부 예외가 허용되고 있다.

- 투자 : 역내국 기업에 대해서는 내국민대우, 최혜국대우를 부여하기로 하였으며 투자에 대하여 부과되는 수출실적, 국산부품사용의무, 기술이전 등의 부수의무요건을 폐지하기로 하였으며 투자수익에 대해서는 자유로운 본국 송금도 허용하기로 하였다.

- 분쟁해결절차 : 역내국가 간에 분쟁이 발생할 경우 2국 간 또는 3국 간 패널을 구성하여 판정토록 하고 이 판정에 불복하는 피제소국은 특별 패널을 소집하여 재판정을 요청할 수 있도록 하였다.

2) NAFTA의 국가별 추진동기

(1) 미국의 추진동기

1986년 9월 시작된 다자간 무역협상인 우루과이라운드(UR)의 진행이 부진하였고 그 외에도 원산지 규정, 보조금 및 상계관세, 긴급수입제한, 지적재산권 등의 분야에서도 선진국과 개도국의 이해가 대립되면서 협상이 부진하였다. 이에 따라 미국은 다자간 무역협상(UR)과 지역주의 노선을 병행하여 추진하게 된다. 또 회원국 비교우위에 따른 산업 재편성을 통해 역내 물적, 인적 자원을 효율적으로 사용함으로써 회원국의 국제경쟁력을 강화하려는 목적도 있었다. 또 유럽 단일시장 형성, 일본 경제권의 확장 등 유럽과 아시아에서 지역주의 확산이라는 국제경제질서의 변화에 대응하기 위해 NAFTA 협상을 추진하게 되었다.

(2) 멕시코의 추진동기

멕시코는 1940년대부터 1980년대 초반까지 수입대체공업화전략과 국내 산업보호 정책을 채택하여 정부는 재정지원과 함께 관세 및 비관세장벽에 의한 수입제한 조치를 통해 국내산업을 보호하는데 주력하였다. 수출산업의 경쟁력 저하에 따른 경상수지 적자 누적과 함께 방만한 재정운영 등으로 외채가 급증한데다 유가하락, 금리상승 등으로 상환부담이 증가하여 1982년에는 모라토리움을 선언하게 된다. 1988년 취임한 살리나스 대통령은 해외시장 접근과 외국인 투자유치를 위해서 미국과의 FTA를 체결하는 것이 중요하다고 인식하고 NAFTA를 추진하게 된다.

(3) 캐나다의 추진동기

1989년 발효된 미국-캐나다 자유무역협정(CUSFTA)에 더하여 NAFTA를 통해 미국수출시장을 강화하면서 멕시코 시장진출과 캐나다 국내시장을 보호하려는 의도로 추진하게 되었다. 또 미국 수출시장에서 멕시코의 저임금, 무관세 상품과 경쟁하기 위해서는 미국시장에 대한 관세 및 비관세 장벽의 완화가 필요하였다.

3) NAFTA가 회원국 경제에 미친 영향

(1) 거시경제변수

미국, 캐나다, 멕시코의 경제성장률은 1980~1993년 평균 2.5%에서 1994~2004년 사이에는 3.2%로 상승하였다. 국가별로는 미국이 3.0%에서 3.3%로, 캐나다가 2.2%에서 3.5%로, 멕시코가 2.2%에서 2.9%로 상승하였다.

세계적인 경기변동을 감안하더라도 NAFTA는 각 회원국 경제성장률에 긍정적인 영향을 미쳤다. 특히 캐나다와 멕시코의 경우 NAFTA가 경제성장률 하향추세에 대해 반전의 계기를 제공하였다. 다만, 미국의 경우 캐나다와 멕시코 경제가 미국경제에서 차지하는 비중이 낮기 때문에 NAFTA가 미친 영향의 크기도 작을뿐더러 통계적 유의성도 없다.

(2) 외국인 직접투자

미국, 캐나다, 멕시코에 대한 외국인 직접투자 합계가 NAFTA 이전(1980~1993)의 연평균 407억 달러에 비해 발효 이후(1994~2004년) 연평균 1,728억 달러로 4배가 증가하였다. 국가별로 보면 멕시코는 28억 달러에서 155억 달러로 5.4배 증가하였고 캐나다는 41억 달러에서 203억 달러로 4.9배 증가하였으며 미국은 337억 달러에서 1,370억 달러로 4.1배가 증가하였다.

(3) 교역

NAFTA 이후 멕시코의 수출이 급증하였는데 2004년 멕시코의 수출금액은 NAFTA 발효 직전인 1993년에 비해 3.6배나 증가하여 증가폭이 OECD 국가의 2.2배를 크게 상회하였다. 멕시코의 경우 하이테크 제품의 수출비중이 크게 상승하였다. 멕시코의 제조업 부문 수출 가운데 하이테크 산업이 차지하는 비중은 1993년 21.2%에서 2003년 28.4%로 7.2%가 상승하였다. 이는 상대적으로 저개발 상태에 있던 멕시코에서 산업구조 고도화의 효과가 크게 나타났다는 것을 증명해준다.

환율 등 다른 요인의 영향을 배제할 경우 3개국 모두에서 NAFTA가 수출에 긍정적인 영향을 미쳤다. NAFTA 이후 수출이 급증한 멕시코는 물론, 캐나다와 미국의 경우에도 수출이 증가하였다.

3. 아시아태평양 경제협력체

아시아태평양 경제협력체(APEC : Asia Pacific Economic Cooperation)는 1989년 한국, 미국, 캐나다, 일본, 오스트레일리아, 뉴질랜드, 아시아 6개국 등 12개국이 참가하여 결성되었고 그 후 중국 등이 추가 가입하여 18개의 회원국으로 구성되어 있다. APEC은 첫째, 지역 내 무역 및 투자의 자율화, 둘째, 지역 내 통신, 교통, 인력 등의 특정분야에서의 경제협력 및 기술이전, 셋째, 지역 내 공동경제정책의 수립과 협력, 넷째, 무역, 투자 등의 사업기회에 대한 정보교환과 데이터시스템의 구축 등을 경제협력의 주요 사안으로 추진하고 있으며 경제통합기구라기보다는 경제협력기구로서의 성격이 강하여 결속력도 비교적 약한 편이었지만, 보다 실질적인 경제협력기구로 발전시키기 위해 역내의 무역 및 투자자유화를 위한 보고르 선언(1994)이 채택되었고 오사카선언(1995)에서는 이와 관련한 행동지침이 채택되었다.

APEC은 회원국의 교역량이 세계교역량의 절반을 차지하고 있을 뿐 아니라 회원국의 높은 경제성장률도 세계경제에서 점하는 경제협력기구로서의 잠재적 영향력은 매우 크다. 그러나 경제통합의 전제요건에서 밝힌 바와 같이 경제통합에 있어서 중요한 요소인 국가 간의 동질성에 있어서 경제, 사회, 문화적인 차이가 매우 크고 또한 지리적으로도 분산되어 있는 점이 결속력 있는 경제통합체로 발전하는 데 장애요인으로 지적되고 있다.

4. 일본의 대응전략

전 세계가 끼리끼리 뭉치는 블록화의 길로 치달으면서 고립될 위기에 처한 일본도 뒤늦게 자유무역협정(FTA) 체결에 박차를 가하고 있다. 일본 정부는 세계무역기구(WTO)의 다자간 통상교섭(뉴 라운드)에 기대를 걸고 있었다. 그러나 99년 12월 미국 시애틀에서 열린 WTO 회의가 각국의 이해대립으로 결렬된 뒤 자유무역 흐름이 정체되자 다자간 통상전략에서 양자간 FTA 체결로 기울고 있다.

가장 먼저 자유무역협상을 시작한 싱가포르와 2002년 체결되었고 한국과는 민간차원에서 활발한 연구를 전개하고 있고 칠레, 스위스, 호주, 뉴질랜드와도 FTA 체결을 추진 또는 검토하고 있다. 외무성 스기우라 부(副)장관은 2002년에 싱가포르와 FTA를 체결하고 이를 바탕으로 동남아시아, 나아가서는 동아시아를 포함한 아시아 전체에 자유무역과 경제교류의 틀을 만들겠다고 의욕을 보이고 있다.

하지만 일본은 중국의 반응에 무척 신경이 쓰이는 눈치이다. 외무성의 한 간부는 한국, 일본, 싱가포르가 FTA를 체결할 경우 중국이 '차별'이라고 걸고넘어질 수 있다며 대책을 마련해야 한다고 말한다. 일본의 AMF 구상에 대해서도 중국은 그 순수성을 의심하고 있다. 중국은 이를 현대판 대동아 공영권인 '아시아 공엔권(共円圈)' 구상의 다른 표현으로 받아들이고 있다. 미국 역시 아시아통화권의 독립 움직임에 대한 견제가 심하다.

일본의 최근 대외경제협력이 FTA로 집중되고 있는 이유는 여기에 있다. 발등의 불로 떨어진 통상문제도 이런 흐름을 가속화하고 있다. 특히 유럽, 미주, 아시아 대양주가 횡으로 종으로 얽혀 유대의 강도를 높여가는 가운데 일본 기업이 무역이나 해외사업에서 불이익을 당하고 있다는 사례가 잇따라 보고되자 세계 최고의 경쟁력을 가진 일본 상품의 판로가 차단될까 우려하고 있다. 북미자유무역협정(NAFTA)이 출범한 이래 멕시코에 진출한 일본기업들은 그동안 자국 정부에 자주 대책을 촉구했다.

일본기업의 북미 생산거점이 대거 몰려 있는 멕시코는 그동안 북미 수출용 제품생산에 사용할 목적으로 수입하는 외국 부품에 대해 관세를 면제해줬지만 2001년에 이 제도를 철폐한 데 이어 2003년부터는 원칙적으로 5%의 관세를 부과키로 했다. 이는 미국 수출제품의 가격인상 요인이 돼 경쟁력을 떨어뜨린다. 이와 유사한 불이익은 2001년 7월에 체결된 멕시코와 EU 간 협정, 멕시코-중남미 간 FTA 협정으로 확산되고 있는 것으로 보고되고 있다.

일본 산업계는 전 세계에 120개의 FTA가 있지만 일본은 단 1개도 가입하지 않았다면서 FTA가 국경을 뛰어넘는 기업재편의 기폭제가 되고 있는 만큼 국제적인 조류에 뒤처지지 않도록 하라고 촉구하고 있다. 일본과 멕시코 간 FTA는 일본기업의 이같은 불이익을 해결해줄 뿐 아니라 NAFTA에 발판을 구축함으로써 2005년께 인구 8억의 미주자유무역지대(FT AA)로 거듭날 경우에 대비하자는 의미도 있다.

FTA는 말할 것도 없이 산업경쟁력이 약한 국가에는 위협이 된다. 그러나 일본은 이미 공업제품에 대해서는 관세가 거의 없을 정도로 경쟁력을 갖고 있어 어떤 나라와 FTA를 체결해도 큰 영향이 없을 것으로 판단하고 있다. 문제는 국제경쟁력이 약한 금융, 물류, 서비스, 농업 쪽이다. FTA로 일본 시장이 열리면 이들 업종은 치명타를 입을 것이기 때문에 당국도 대책 마련에 부심하고 있다. 그 중에서도 가장 큰 문제는 높은 관세로 보호받아 온 농업이다. 일본이 FTA 체결 상대국으로 싱가포르를 가장 먼저 선택한 이유 중 하나도 양국 무역에 차지하는 싱가포르의 농수산품 비중이 극히 작다는 점이다.

일본은 또 FTA를 국내 구조개혁의 지렛대로 삼는다는 생각도 갖고 있다. 히라누마다케오 경제산업상은 FTA를 통해 타 국가들과 관세를 철폐하는 선에 머물지 않고 규제 완화와 제도개혁을 촉진하는 계기로 삼겠다고 말했다. 한편 일본은 AMF를 드러내 놓고 추진하기 보다는 내밀하게 작업을 진행하고 있다. 재무성이 주관하고 있는 각국 전문가 그룹의 연구가 바로 그 것이다. 여기에는 호주, 뉴질랜드에서도 참여하고 있다.

5. 중국의 대응방안

'아시아는 중국의 앞마당이다' 경제 강국으로 급부상하고 있는 중국이 아시아를 자신의 앞마당으로 만들기 위한 움직임이 가시화되고 있다. 미국의 미주자유무역지대(FTAA) 구상, 유럽의 유럽연합(EU)의 확대에 대항해 아시아에서는 중국이 경제 맹주가 되겠다는 구상이다. 특히 일본한테 주도권을 넘기지 않고 중국이 경제 패권을 장악하겠다는 의도다. 아시아의 경제 패권을 장악하기 위해 중국은 아세안(ASEAN)과 자유무역 협정을 체결하였다.

2003년 발족을 목표로 하는 아세안 자유무역협정(AFTA)에 중국도 끼자는 제안이다. 자유무역협정(Free Trade Agreement)까지는 아니더라도 자유무역관계(Free Trade Relation)를 갖자는 의미이다. 아세안은 역내 관세율을 5%로 낮춰 AFTA를 실현하려 하고 있다. 아세안 국가들은 사실 중국과 싱가폴을 제외하고는 수직적 협력관계보다는 수평적 경쟁관계를 갖고 있다. 중국 입장에서는 아세안의 자원과 시장을 이용해야 하는 측면이 있을 뿐만 아니라 아세안이 중국에 대응하는 블록으로 성장하는 것은 바람직하지 않다.

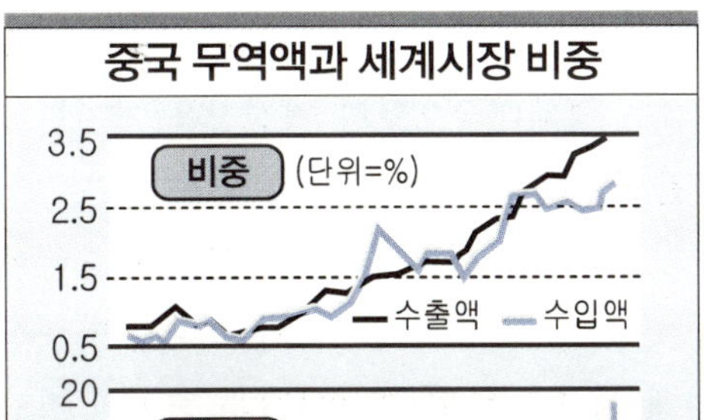

특히 미국의 미주 자유무역지대 추진과 유럽의 유럽연합(EU)확대를 통한 지역 블록화를 추진하는 상황에서 중국은 아세안을 중국의 앞마당으로 만들어야 할 필요가 있다. 여기에 참여해 아세안 국가를 내상으로

중국의 경제적 영향력을 넓혀 나가겠다는 의미이다. 특히 주목할 부분은 주 총리의 제안에 한국과 일본이 빠져있다는 점이다. 아세안과의 협력에 대한 주도권을 주지 않겠다는 의도로 풀이된다.

한·중·일간 동북아 자유무역지대에 대해 중국은 당장은 실현가능성이 낮다고 보고 있다. 후안강(胡鞍鋼) 칭화대(淸華大) 교수는 중국 총리에게 제출한 중국, 홍콩, 한국, 일본의 3국 4자간 자유무역지대 보고서에서 "동북아 자유무역지대를 설립해도 일본한테 주도권을 빼앗기지 않고 중국의 경제적 이익을 극대화할 수 있다"고 분석했다.

이 한·중·일 간의 자유무역지대 창설안에 대해 중국 정부는 '시기상조'라는 결론을 내렸으나 내부 검토에 들어갔다는 자체에 의미가 있다. 중국, 일본, 한국, 홍콩의 3국 4자는 세계 총인구에서 차지하는 비중이 23.9%, 국내총생산(GDP)이 세계 전체에서 차지하는 비중은 20.6%, 무역비중은 수출과 수입이 각각 16.7%, 13%다. 특히 4자간은 경제의 수직 분업화 혹은 제휴관계가 뚜렷하고 경제와 무역의 상호 보완성이 강하기 때문에 자유무역지대의 효과를 분명하게 얻을 수 있다.

나아가 중국의 제조능력과 홍콩의 돈이 결합하면 자유무역지대에서의 주도권도 중국이 발휘할 수 있다는 계산도 내포돼 있다. 일본, 한국은 제조업의 인건비가 지나치게 높기 때문에 제조업의 중국 이전이 불가피하며 일단 자유무역지대가 설립되기만 하면 중국은 세계에서 가장 큰 제조업 기지로 부상할 수 있게 된다. 황순택 주중대사관 경제참사관은 이에 대해 "과거에는 중국이 일본의 주도에 대한 우려의 시각 때문에 한·중·일 자유무역지대에 대한 부정적인 측면이 강했으나 이제는 경제대국으로서 자신감을 가지면서 시각이 긍정적으로 바뀌기 시작한 것 같다"고 분석했다.

대외경제정책연구원 북경사무소 최의현 박사는 "동북아 자유무역지대 설립은 중국의 WTO 가입이 이뤄진 후 일정 시점이 지나면 중국 측이 적극적으로 논의에 나설 가능성이 있다"고 내다본다. 점진적으로 그러나 일관되게 세력권을 확대해 나가는 중국의 전략 속에서 대중화권(大中華圈) 구상의 개요를 읽을 수 있다.

6. 한국의 대응전략

한국은 수출 증진을 위해 대외적으로는 자유무역협정(FTA) 체결 등을 통한 지역블록화에 적극 대응하고 대내적으로는 기업들의 해외마케팅 지원에 주력하여야 한다. 세계적으로 FTA를 맺은 국가가 170여 개국에 달하고 지역 블록화 추세가 급진전됨에 따라 FTA 체결이 시급하다. 이러한 상황에서 한국은 2007년 7월 현재 한-칠레 FTA(2004년 4월 1일 발효), 한-싱가포르 FTA(2006년 3월 2일 발효), 한-EFTA FTA(2006년 9월 1일), 한-ASEAN FTA(상품분야만 2007년 6월 1일 발효) 자유무역협정을 발효시켰다.

또한 한국은 세계 최대의 단일 시장인 미국과의 2007년 6월 30일 FTA 협정안을 체결하고 양국 의회의 비준절차만 남겨놓고 있다. 동시에 2007년 4월부터 한-EU 간 FTA 체결을 위한 협상에 돌입했다. 그 외 한국이 FTA를 협상 중인 나라는 ASEAN과의 서비스 및 투자분야에 대한 협상이 진행 중이며 그 외에도 캐나다, 인도, EU, 멕시코, 일본 등과 협상중에 있다. 그리고 FTA 체결을 위한 사전 연구가 진행 중인 나라는 중국, MERCOSUR, GCC 등이다.

선진국 클럽인 OECD의 대사를 지낸 양수길 박사는 "경제블럭에 끼지 못하는 국가는 교역조건 악화는 물론 수출시장의 상실과 투자자 이탈의 치명타를 맞을 수 있다"며 "자유무역협정을 하나라도 먼저 체결해 세계의 조류를 타는 것이 시급하다"고 말한다. 실제로 대외경제정책연구원 정인교 FTA연구팀장은 "미주자유무역지대(FTAA)가 출범하면 한국의 중남미 수출은 12%가량 감소하고 외국인 직접투자 유치 역시 심각하게 줄어들 수 있어 대책이 시급하다"고 말했다.

세계화-지역화에 봉착한 농업과 농민의 입장을 대변해 온 최용규 산림청 차장(전 농수산부 국제농업국장)은 "개방을 통해 이득을 보는 집단과 손실을 보는 집단의 관계를 상쇄할 내부 매커니즘이 제대로 개발되지 않은 것이 큰 문제"라고 지적한다.

아시아의 지역블록화나 아시아통화기금(AMF)이 중국과 일본의 주도권 경쟁으로 당장 실현될 가능성이 낮다고만 할 게 아니라 이들의 이해를 조정하는 '촉매국가'로서의 가치도 높아진다는 사실에 주목해야 한다. 양 전대사는 "중국과 일본의 미묘한 관계로 지역협력을 이끌어 갈 리더십이 취약한 상태라 중간자적 입장에 선 한국이 오히려 변화를 주도할 수 있다"고 강조했다.

한국을 세계적인 FTA 허브국가로 만들어야 한다는 주장도 있다. 특히 '아시아 허브'로서의 한국은 노벨경제학상을 수상한 원로 학자 로렌스 클라인 펜실버니아대 명예교수도 적극 옹호하고 있다. "97년에 들이닥친 아시아 금융위기를 본질적으로 극복하기 위해서는 아시아판 뉴딜을 통해 대규모 수요를 창출해야 하고 그 창구역을 한국이 담당해야 한다"는 것이다.

한국이 지역뿐 아니라 세계에 통용되는 인프라를 구축하는데 초점을 둬야 한다는 지적도 이와 맥락을 같이 한다. 그렇다면 국제사회에서 매력을 끌 요건은 무엇인가? 주미대사관 경제공사를 지낸 최혁 외교부 통상교섭조정관은 "다자주의건 지역주의건 핵심은 보편적인 스텐다드를 만들어 경제자원을 몰리게 만드는 것이라며 법과 질서를 초월하는 경직된 노조나 일방적 집단이기주의는 글로벌 스텐다드와는 거리가 멀며 외부의 접근을 스스로 차단하는 것"이라고 지적하였다.

7. 아시아 금융협력

동아시아 국가들이 일련의 금융위기로 국제통화기금(IMF)에 구제금융을 신청하고, 줄줄이 마이너스 성장을 기록하기 이전까지만 해도 동아시아는 세계에서 가장 모범적인 경제발전을 이룩한 지역으로 칭송받아 왔다. 그러나 태국발 위기로 시작된 동아시아의 금융위기는 동아시아의 기적이 신기루였다는 것을 보여주었다. 경제발전과정에서 막대한 규모의 외국자본의 유입이 필요했던 동아시아 국가들은 거대한 국제금융시장에 편입되었고, 높은 수익성을 추구하였던 선진자본들은 동아시아에 자금을 공급하였다.

1994-95년 멕시코 위기를 지켜보면서 동아시아 국가들도 결코 안전하지 못할 것이라는 경종도 있었지만, 동아시아 국가들은 국제자본시장에 노출된 위험을 충분히 감지하지 못하였다. 금융 위기 이후 동아시아 국가들은 자국의 금융시스템을 개선시키는 것이 매우 중요하다는 것을 인식하였다. 부실은행과 채권을 정리하고, 금융감독체제를 선진화시키기 위해 새로운 제도를 도입하였다.

이러한 동아시아 각국의 노력은 아직도 진행 중이며, 국제금융시장에로의 통합이 가속화 될수록 자국의 금융시스템을 개선시키는 노력은 가일층 배가되어야 할 것이다. 그러나 이러한 개별 국가의 노력에도 불구하고, 국제금융시장의 내재적 결함이 해소되지 못하는 한 금융위기는 21세기에도 계속해서 발생할 것이다. 국제투기자본의 환투기뿐만 아니라, 금융시장의 통합에 따른 위기의 전염은 국제금융시장 동조화와 불안정성을 가중시키는 요인으로 작용하고 있다.

국제통화기금(IMF)이 금융위기의 국제소방수로 역할을 하고 있고, 바젤 은행위원회의 금융감독기준이 강화된다고 할지라도 금융위기의 재발은 방지할 수 없을 것이다. 동아시아 국가들이 지역적 차원에서 금융협력을 모색하게 된 것도 국제적 차원의 금융위기 방지수단이 매우 불완전하다는 데서 비롯된다. 사실 동아시아 국가들은 금융위기 이전까지만 해도 금융 분야의 협력에 대해 그 필요성을 별로 절감하지 못하였다.

또한 태국에서 금융위기가 발발한 직후 일본이 제안한 아시아통화기금(AMF)이 결실을 거두지 못하였던 것도 국제통화기금을 비롯한 서구선진국의 반대도 있었지만, 동아시아 각국들이 지역차원의 금융협력이 정말 가능할 것인지에 대한 충분한 공감대를 형성하지 못한데도 나름대로의 이유가 있다.

그러나 금융위기가 아시아 전역으로 확산되면서 동아시아 국가들은 금융위기의 재발방지와 위기관리체제의 보완, 각국의 금융시스템 개선을 위한 지역 차원의 공동의 노력이 현존하는 국제금융체제를 보완할 것이라는 기대를 포기하지 않았다. 그 결과 ASEAN과 한·중·일 3국은 1999년 ASEAN+3 정상회담을 통해 금융협력의 장을 열었고, 2000년 5월 태국 치앙마이에서 개최된 아시아개발은행(ADB) 연차 총회에서 ASEAN+3에 참여하는 국가들 간에 통화 위기 시 상호 유동성을 지원할 수 있는 통화스왑협정을 체결하기로 결정하였다. 이어 2001년 5월 하와이에서 개최된 동남아국가연합(ASEAN)+3개국(한·중·일) 재무장관 회담에서 타결된 통화스왑협정으로 새로운 전기를 맞이하게 됐다.

이 회담에서 아세안과 한·중·일 3개국은 아시아의 통화안정을 위해 총 70억 달러의 스왑협정을 체결했다. 아세안 역내 간에 10억 달러, 일본과 태국 간 30억 달러, 일본과 한국 간 20억 달러, 일본과 말레이시아 간 10억 달러이다. 이들 국가들은 앞으로 통화스왑의 규모를 더 확대하기 위해 협의를 진행하고 있다. 사카키바라 일본 게이오대 교수는 "이번 스왑협정이 아세안+3국의 지역협력을 위한 좋은 모델"이라고 평가했다. 파이낸셜타임스도 경제적 통합을 위해 큰 걸음을 내디딘 것이라고 이 협정에 큰 의미를 부여했다.

통화스왑협정은 동아시아 국가들이 금융위기의 불을 끄기 위한 소방장치를 지역차원에서 마련하였다는 점에서 의의가 있다. 그러나 동 협정은 당초 제안되었던 아시아통화기금의 구상과는 달리 국제통화기금이 큰 소방수 역할을 하고, 작은 소방수로 물을 제공할 뿐이다. 즉 동아시아 차원의 금융협력을 심화·발전시키기 위해서는 여러 가지 측면에서 보완이 필요하다. 그러나 구체적인 제도와 기구를 창설하는 과정에서 치열한 국제정치경제학적 갈등관계를 극복해야 하기 때문에 이는 매우 힘들고 많은 시간을 소요하는 작업이 될 것이다.

동아시아 국가들이 금융위기라는 역사적 경험을 통해 동아시아의 정체성을 점차 확인해 가고 있다. 그러나 실제로 동아시아 각국의 다양한 문화·인종적 차이뿐만 아니라 경제발전 수준이 천차만별이라는 점에서 동아시아는 금융협력의 의미 있는 심화를 위해서는 현실적으로 산적한 난제를 극복해야 한다. 경제발전의 격차가 단시일 내에 해소되지 못할 것이라고 본다면 각국의 통화주권을 제약하는 통화통합은 요원한 과제이다.

또한 통화통합의 실익에 대해서 보다 엄밀한 분석이 선행되어야 할 것이다. 유로의 출범이 있기까지 유럽 국가들도 무려 반세기의 과정을 통해 경제통합을 추진해 왔다는 사실로부터 단계적인 접근이 요구된다. 따라서 현재 ASEAN+3의 차원에서 추진되고 있는 통화스왑협정을 통한 유동성 지원장치를 보다 제도화된 틀 안에서 발전시키는 것이 금융협력의 당면한 과제일 것이다. 이를 위해 지역차원의 기구의 창설이 필요하며, 이 기구를 통해 통화스왑협정 및 새롭게 발전된 형태의 유동성지원수단이 활용될 수 있을 것이다.

8. 동북아 산업별 협력체부터 만들자

미국과 유럽이 지역블록화의 움직임을 가속화하고 있는 것은 자국 산업의 경쟁력을 높이고 제품을 손쉽게 팔고 시장을 넓히기 위한 것이다. 따라서 국가 차원의 협력체제 구축이 당장 어렵다면 산업계 스스로 공동협력을 추진하는 것도 좋은 대안이 될 수 있다.

유상부 포철회장은 '한·중·일 철강공동체'를 제안한다. 그는 "한·중·일 3국의 상호의존도가 높고 발전격차가 낮은 동시에 외부효과가 큰 산업으로 철강을 손꼽을 수 있다"며 "이들 3국의 철강 산업이 통합될 경우 역내교역 확대는 물론 범 미주 경제권과 범 유럽 경제권과 같이 외연적 확대를 도모할 수 있다"고 지적했다. 유럽연합이 석탄과 철강산업을 바탕으로 유럽공동체의 기틀을 만들었듯이 '착안대국-착수소국'의 자세로 손댈 수 있는 것부터 동북아 경제협력체를 만들어 가자는 주장이다.

양수길 전 대사는 천연가스의 예를 들어 중국과 러시아가 공급처로, 일본과 한국이 수요처로, 북한이 경유지로 기능할 수 있는 조건이 갖춰진 만큼 한국이 적극적으로 나서면 '에너지 공동체'를 만들 수도 있다고 제안한다. 산업계에서는 철강이나 에너지뿐 아니라 물류에서 반도체에 이르기까지 동북아 시너지의 잠재적 효과는 일반적 생각보다 훨씬 크다고 분석하고 있다. 서울대 윤영관 교수(국제정치경제학)는 이를 가시화시키는 것이 바로 '남북경협의 활성화'라고 단언한다. "동북아 경제권은 대륙경제와 해양경제의 직접적 만남을 통해 활성화될 수 있는 만큼 지정학적 특수성을 감안할 때 북한의 참여는 여기에 필수불가결하다"는 것이다. 윤 교수는 김대중 대통령의 '대북정책'이나 최근 문을 연 인천공항이 이같은 거시적 비전과 제대로 연결되지 못하고 있는 것 같아 안타깝다는 뜻을 표하기도 했다.

3 국제금융환경

Chapter

< 제 1 절 >

국제통화제도

글로벌시장을 대상으로 경영활동을 벌이고 있는 다국적기업은 각국의 서로 다른 통화의 변동하는 환율에 대해서 효과적인 대응을 해야 한다. 본 절에서는 먼저 국제통화시스템이 어떻게 발전되었는지 살펴보고 현재 많은 선진국들이 사용하고 있는 변동환율체제의 역사와 환율결정요인을 살펴보기로 한다.

1. IMF 체제

IMF는 GATT와 더불어 제2차 세계대전 이후 자본주의 세계경제질서를 지탱해나가는 핵심적인 기능을 수행하기 위하여 창설되었다. 자유무역주의를 기본으로 전후 경제부흥을 추구하는데 있어 GATT가 관세인하 등 실물부문에서의 무역증대를 추구하였다면 IMF는 각국 통화의 환율을 안정적으로 유지하여 국제무역의 안정적 성장을 추구하였다.

제2차 세계대전 이전에는 금본위제도(gold standard)가 기본적인 통화시스템이었다. 금본위제도란 각국 화폐의 금과의 교환비율을 정하고 언제든지 금으로의 태환성(兌換性 : Convertibility)을 보장해 주는 제도로서, 1880년경부터 세계의 주요 무역국인 영국, 독일, 일본, 미국 등이 모두 채택하여 왔었다. 금본위제도는 국제무역수지의 흑자 또는 적자의 결과로 금이 국가 간에 실질적으로 이동하게 되므로, 각국이 국제무역수지의 균형을 유지하고 통화량남발을 억제하게 하는 안정적인 국제금융제도로 정착되었다 그러나 금본위제도는 제1차 세계대전이 발발하여 각국 정부들이 전쟁비용을 충당하기 위해서

화폐를 남발한 결과 붕괴되었다. 결국 제1차 세계대전 이후에는 각국에 인플레이션이 만연되고 환율이 급등하는 등 전 세계적으로 국제통화시스템의 불안정이 계속되었다.

이에 따라 제2차 세계대전이 끝나가는 1944년, 전 세계 44개국 대표들은 미국의 Bretton Woods에 모여 전쟁이 끝난 후 다시 안정적인 국제통화시스템으로 복귀하기 위한 목적의 회담을 가졌다. 그 결과 Bretton Woods시스템 또는 IMF(International Monetary Fund)시스템이라고 하는 고정환율제도가 탄생하게 되었다. Bretton Woods시스템은 금본위제도와 유사하게 미국의 달러를 기축통화(基軸通貨)로 삼아 각국의 환율을 미국의 달러에 대한 환율로써 고정시켜 놓았다. 또한 미국의 달러는 금 1온스에 미화 35달러로 언제든지 교환할 수 있도록 금과의 태환성(兌換性)을 보장하였다.

Bretton Woods시스템은 고정환율제를 유지하기 위해서 각국이 자의적으로 환율인하나 통화량 남발을 못하도록 엄격하게 규정해 놓았기 때문에 각국의 통화정책은 그만큼 제한되었다. 만일 한 국가가 통화량을 남발하여 인플레이션 압력이 증가하면 Bretton Woods시스템에서 정한 고정환율을 유지할 수 없기 때문이다. 이와 같이 고정환율시스템은 각국의 인플레이션을 통제하고 각국의 통화정책의 운영을 조심스럽게 수행하도록 회원국정부에 압력을 주는 역할을 하였다.

IMF(International Monetary Fund)란 기관은 이와 같은 Bretton Woods시스템을 유지하기 위하여 회원국에게 단기적인 운영자금을 조달할 목적으로 설립되었다. 그러나 고정환율제도가 붕괴된 현재도 IMF는 회원국에게 단기적으로 외환을 대여해 주고 그 나라가 구조조정을 통해서 경제위기를 극복하도록 도와주고 있다. 예를 들어 어느 나라에서 국제무역수지 적자가 단기간에 크게 나타나거나 기업들과 은행의 연쇄도산으로 경제시스템이 붕괴 직전에 있을 때, IMF는 이 국가에게 달러를 일시적으로 공급하여, 그 위기를 벗어나게 도와준다. 최근 멕시코, 태국, 인도네시아가 IMF에게 긴급자금을 공급받은 적이 있고, 한국도 1997년 겨울 외환시장에서의 유동성확보의 문제로 인하여 IMF로부터 구제금융을 지원 받은 바 있다. Bretton Woods시스템 하의 또 한 가지 주요 기관은 세계은행(World Bank)으로 불리는 IBRD(International Bank for Reconstruction and Development)이다. IBRD는 개발도상국에게 장기적인 투자자금을 제공하기 위해 설립되었다. 한국도 경제개발 초기에 IBRD로부터 장기저리의 차관을 공급받아 기간산업에 투자한 바 있다.

고정환율제도로 대표되는 Bretton Woods시스템은 1960년대까지 원활하게 운영되었으나 1970년대 초반에 이르러 점차 붕괴의 조짐을 보이기 시작하였다. 미국이 베트남전쟁에 깊숙이 개입하면서 전쟁자금을 조달하기 위하여 달러화를 지나치게 많이 발행하였기 때문이었다. 그 결과 달러화의 가치가 폭락하게 되었고, 이렇게 폭락한 달러화의 가치를 유지하기 위해 Bretton Woods시스템에 참여하고 있는 다른 국가들의 환율은 상대적으로 고평가 되는 결과를 낳게 되었다. 예를 들어, 미국 달러화가 계속 평가절하 됨에 따라 독일의 연방은행은 달러 대 독일 마르크화의 환율을 유지하기 위하여 공개시장에서 수차례 수십억 달러씩 달러를 매수하기도 하였다. 그러나 미국이 달러를 계속 남발하고 미국의 무역적자가 큰 폭으로 증가함에 따라서 더 이상 고정환율제를 유지할 수 없게 되었다. 결국 1971년 8월 미국의 Nixon 대통령은 달러화의 금과의 태환성을 포기하고 달러를 평가절하 한다고 발표하였다. 그 이후에 계속된 달러화의 평가절하는 궁극적으로 Bretton Woods시스템의 고정환율제를 붕괴시키는 역할을 하게 되었다.

2. 변동환율제

변동환율제(floating exchange rate regime)란 말 그대로 환율이 그 날 그 시간의 수요와 공급에 의해 자유롭게 변동하는 제도를 의미한다. 1970년대의 두 차례의 오일쇼크와 미국의 인플레이션은 환율의 급등을 부채질하였고 환율의 변동에 대한 불확실성을 증대시켰다. 또한 이 시기에 들어 환율은 국제수지뿐만이 아니라 각국의 통화정책에 따라 큰 폭의 변화를 보였다.

예를 들어 미국의 달러화는 1970년대 후반에 미국의 급격한 인플레이션에 의하여 평가절하 되었으나 1980년대에 미국의 연방준비은행(FRB : Federal Reserve Board)이 이러한 인플레이션을 막기 위해 고금리정책을 시행하고 그 결과 높은 금리로 인해 외국에서 각종 주식투자자금이 유입됨에 따라, 오히려 달러화가 고평가되는 현상을 낳기도 하였다. 미국연방준비은행장은 미국의 인플레이션을 잡기 위해서 고금리·고달러화 정책을 유지했던 인물이다. 그러나 1980년대 후반을 지나 미국의 달러화는 다시 큰 폭으로 하락하게 되었다. 1985년 미국은 1980년대 초반에 견지했던 고달러정책을 포기하고, 특히 일본의 엔화에 대해서 큰 폭으로 평가절하 하였다. 이와 같은 경향은 1980년대 후반과 1990년대 초반에도 계속되어 일본의 엔화는 달러화에 대해서 큰 강세를 보여 1994년에는 1달러당 82엔까지 큰 폭으로 상승하였다.

위와 같은 변동환율제는 IMF체제하의 고정환율제에 비해서 각국의 통화정책이 자국의 사정에 따라 독자적으로 운영될 수 있다는 장점과 국제무역수지의 흑자나 적자에 따라 이의 해소를 위해 환율이 자유롭게 변동할 수 있다는 장점을 갖고 있다. 그러나 변동환율제는 많은 단점을 가지고 있다. 변동환율제는 나날이 변동하는 환율의 예측을 어렵게 하기 때문에 환율변동에 따른 불확실성을 증가시킨다. 특히 환율 예측의 불확실성은 여러 국가 간에 부품 및 완제품을 이동하는 다국적기업들에게는 큰 위험으로 작용한다. 예를 들어 예상치 못했던 원화의 평가절상은 한국에서 완제품을 만들어서 수출하는 기업에게 수출품 가격을 높여서 가격경쟁력을 상실하게 만든다. 또한 기계류와 같은 시설재를 외국으로부터 수입하는 경우, 예상치 못한 원화의 평가절하는 원화로 표시한 기계의 수입가격을 상승시킴으로써 그 기업에 큰 부담으로 작용하게 된다.

환율상승(평가절하)이란 자국통화로 표시한 외국통화의 가격이 상승한 것을 말한다. (수치상으로 원화의 금액이 올라간 경우) 예를 들면 원화의 환율이 U$1 = ₩1,115인 환율이 U$1 = ₩1,120으로 변한 경우 이것은 1달러를 매입하기 위해 원화 5원을 더 주어야 하므로 원화의 가치가 떨어지고 달러의 가치가 오른 것을 말한다.

환율하락(평가절상)이란 자국통화로 표시한 외국통화의 가격이 하락한 것을 말한다. (수치상으로 원화의 금액이 내려간 경우) 예를 들면, 원화의 환율이 U$1 = ₩1,115인 환율이 U$1 = ₩1,110으로 변한 경우 이것은 1달러를 매입하기 위해 원화 5원을 덜 주는 경우이므로 원화의 가치는 오르고 달러의 가치는 떨어진 것을 의미한다.

환율의 변동 요인(원/달러 기준)을 살펴보면 환율의 결정은 미국 달러 이자율 상승, 미국 달러 유통량 감소, 미국 경제 성장률 증가, 미국 국제수지 흑자의 증가인 경우 미 달러의 가치는 상승하고, 원화 가치는 하락하며, (수치적으로는 원화의 금액이 1달러당 1,115원에서 1,120원으로 증가한 경우가 됨) 국내 수출 증가, 수입 감소, 국내 이자율 증가, 국내 경제의 호황, 실업률이 감소한 경우 미 달러의 가치는 하락하고 원화의 가치는 상승한다.(수치적으로는 1달러당 1,115원에서 1,110으로 하락한 경우)

이와 같이 변동환율제 하에서의 환율의 변동은 국제무역에 종사하고 있는 많은 기업들에게 큰 위험요소로 작용한다. 환율의 변동을 이용한 환투기현상이 일어나기 때문에 환율의 불안정성이 더욱 가중될 가능성도 높다. 또한 과거 Bretton Woods시스템에서는 각국 정부들이 통화량을 조심스럽게 증가했던 것에 반해 변동환율제 하에서는 통화정책이 무분별하게 이루어질 가능성이 매우 높다. 이와 같이 변동환율제 하에서 환율이 지나치게 변동하는 것을 막기 위해 일부 국가들은 환율의 변동폭을 제한하는 관리변동환율제

(managed floating rate system)를 실시하고 있다. 이 제도 하에서는 환율이 어느 정도 이상 변동하게 되면 중앙은행이 개입하여 환율을 안정시키려고 한다. 또한 유럽이 단일 통화제도를 도입하기 전 회원국 간의 환율변동을 일정한 범위 안에 묶어두기 위해 채택한 유럽통화체제(European Monetary System)와 같이 일부 국가들은 회원국 간의 협조에 따라 환율변동을 제한하는 Limited Flexibility Agreement와 같은 시스템을 병행하고 있다.

우리나라 환율제도의 변천과정을 살펴본다.

- 고정환율제도(1945.10 ~ 1964.5) : 우리나라 정부 수립 후 실시한 환율정책으로 환율을 일정 범위내로 고정시킨 제도이다.

- 단일변동환율제도(1964.5 ~ 1980.2) : 미국 달러화에 대해 연동하는 환율제도이다.

- 복수통화바스켓제도(1980.2 ~ 1990.2) : 미 달러를 포함하여 우리나라와 교역량이 많은 몇몇 나라의 통화가치변동률과 국내 물가상승률을 감안하여 환율을 결정하는 제도로서 우리나라는 미국과 일본에 무역 비중이 높기 때문에 양국 통화에 많은 영향을 받는 불합리성을 가지고 있었다.

- 시장평균환율제도(1990.3 ~ 1997.12) : 원화의 대미 달러 환율을 전일 외국환은행들이 은행 간 시장에서 달러대 원화의 현물환율을 거래량으로 가중 평균하여 산출된 환율을 기준 환율로 하는 제도이다. 이 제도는 제한적이기는 하지만 국내외환시장의 수요와 공급에 의해 환율이 결정되는 제도였다.

- 자유변동환율제도(1997.12 ~) : IMF관리체제 이후 시장평균 환율제도가 폐지되고 자유변동환율제도가 시행되었다. 정부의 환율변동 제한 폭이 외환투기를 자극하고 외환시장을 불안하게 하여 환율변동을 완전히 시장에 맡기는 자유변동환율제를 채택했다.

< 제 2 절 >

외환시장

1. 외환시장의 구성

외환시장의 참가자는 크게 각국의 중앙은행, 외국환 은행, 외환브로커, 기업, 개인 등이 시장의 주체로서 참여하고 있다.

통화당국 및 중앙은행 각국의 통화 당국은 거시경제적인 관점뿐만 아니라 단기적으로 자국 통화의 갑작스런 변동에 대비하여 외환 수급의 조정을 각 중앙은행을 통해서 실시하고 있다. 통화 당국의 외환시장 참여목적은 자국의 통화 신용정책을 원활히 수행하여 국가 경쟁력을 유지하기 위함이라 할 수 있다.

외국환 은행 외국환 은행은 은행기관과 비은행기관으로 구성된다. 외국환 은행은 다른 외국환 은행과 대부분 외환차익을 얻기 위해 외환을 매매하고 있으며, 고객인 기업체나 개인들이 외환매매 요청을 하면 외국환을 매매하고 그 결과 발생한 외환포지션을 조정하기 위하여 외환거래를 하고 있다.

외환브로커(exchange broker)는 외국환 은행 간 외환거래를 중개하고 거래가 체결될 경우 소정의 수수료(brokerage)를 받는 영리기관이다. 외환브로커는 중개수수료를 목적으로 외환 중개업무만을 수행함으로 자기의 계산으로 투자 위험을 부담하며 외환거래를 수행하는 외환딜러와는 차이가 있다. 한국에는 금융결제원의 자금중개실과 한국자금중개 회사가 있다.

일반 기업과 개인들은 외국과의 거래 발생에 따라 외환매매 거래를 필요로 한다. 수출입 등 외국과 경제 활동을 하는 기업체, 해운회사, 여행사 등 외환 관련 기업체는 다양할 뿐만 아니라 그 범위도 확대되고 있다. 개인인 경우는 해외여행에 필요한 환전, 해외 유학에 필요한 학비의 송금 등 필요에 따라 외화 환전을 실시하고 있다.

외환시장(foreign exchange market)은 크게 두 가지 주요 기능이 있다. 첫 번째는 국제경영활동을 위하여 한 나라의 화폐를 다른 나라의 화폐로 교환하는 기능이고, 두 번째는 변동환율제에서 환율변동의 불확실성에 따른 환위험(foreign exchange risk)에 대처하는 기능을 한다.

먼저 교환기능이란 국제무역에 종사하는 기업들이 수출대금을 외환으로 받아 자국의 화폐로 교환하고, 외국제품을 수입할 경우에는 외환을 매입해야 할 필요성에서 시작한다. 때로 다국적기업들은 자신이 보유하고 있는 현찰을 단기간에 투자하여 시세차익을 노리거나 또는 보다 적극적으로 외환시장에 투자하여 단기여유자금으로부터 높은 수익을 얻으려는 투기의 목적으로 외환을 수요하기도 한다.

두 번째 주요 기능인 환위험의 대처는 통화스왑(currency swap), 선물거래(future contract), 옵션거래(option), 선물환거래 등을 통해 이루어진다. 외환시장에서의 현물환율이란 외환의 즉각적인 인도와 인수를 요하는 거래로써 매 순간 실제시장에서 거래되는 환율의 시세이다. 현물환율은 그 순간의 외국환에 대한 수요와 공급에 의해 결정된다. 그 반면에 선물환율은 미래의 일정 시기에 일정 금액의 통화를 매입하거나 매도하기로 계약을 하는 것과 같이 미래의 환율에 대한 거래이다.

통화스왑(currency swap)이란 위에서 살펴본 현물거래와 선물거래를 동시에 진행하는 것을 의미한다. 스왑은 주로 다국적기업과 은행, 또는 은행 간, 그리고 정부 간에 사용되는 거래형태로써 일정양의 외환을 서로 다른 시점에서 팔거나 사는 계약을 동시에 맺는 형태이다.

최근 들어 외환시장에는 스왑 이외에도 다양한 파생상품이 거래되고 있다. 파생상품(derivatives)이란 선물환거래를 제외한 외환시장을 총체적으로 말할 때 쓰이는 명칭이다. **통화옵션**(currency option)이란 대표적인 파생상품으로 일정한 기한 안에 미리 정해놓은 특정 환율로써 외환을 매매할 권리를 가지는 것을 의미한다. 옵션에는 일정기간에 외환을 살 수 있는 call option, 일정 기간에 외환을 팔 수 있는 put option으로 나누어진다. 이 옵션을 사는 데 소요되는 비용은 보험금을 납부하는 것과 같으며, 미래의 불확실한 상황이 자신에게 불리하게 작용할 때 옵션을 사용하여 위험을 회피하는 제도이다.

통화옵션과 같은 파생상품거래는 많은 위험을 내포하고 있다. 파생상품이란 기본적으로 미래의 불확실성을 시장가격으로 환산하여 상품화하는 것이다. 최근 일부 기업이나 금융기관에서는 투기의 목적으로 파생상품을 매매하다가 큰 손실을 보는 경우가 많이 일어나고 있다. 예를 들어, 영국의 Bearing 증권은 1995년 싱가포르 지점의 한 외환거래 담당 직원인 Nick Leeson이 상부관리자 몰래 엄청난 금액의 자금을 파생상품에 투자하다가 결국 모기업인 은행 전체가 파산하게 되었다. Leeson의 상급관리자가 Leeson의 엄청난 거래관계를 사전에 감지하여 조치를 취하지 못했던 이유는 파생상품거래가 복잡하고 그 위험성이 잘 알려져 있지 않았기 때문이었다. 그러나 투기목적으로 사용되지 않을 때 옵션과 같은 파생상품은 기업으로 하여금 환위험을 회피할 수 있게 하는 중요한 수단이 될 수 있다.

선물거래(future contract)란 선물환거래와 유사하나 대체적으로 미래의 일정한 가격으로 외환을 큰 단위로 거래되는 은행 간의 거래형태를 의미한다. 그림 3-1은 이와 같은 외환시장의 구성을 나타내고 있다. 이 그림에서 보는 바와 같이 외환시장의 거래 중 현물환시장이 절반 정도를 차지하고 있고, 통화스왑은 약 39%, 통화옵션, 선물환시장, 선물거래 등은 그 비중이 아직도 낮은 편에 속한다.

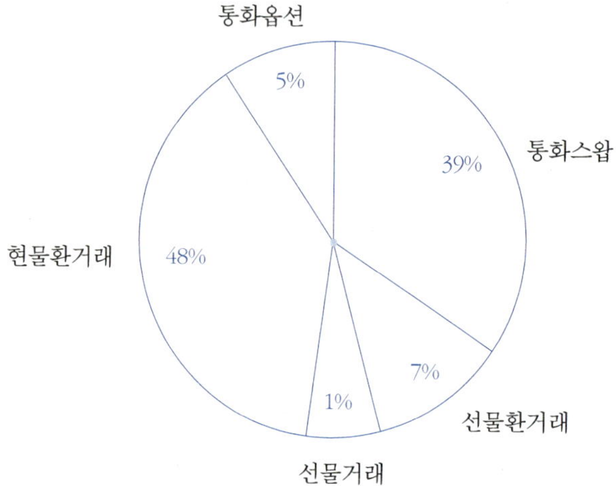

출처 : Federal Reserve Bank of New York, 1992.

| 그림 3-1 | 미국외환시장의 거래유형

외환시장은 한 장소에서 열리는 것이 아니라, 세계 여러 국가에 분산되어 위치하고 있다. 즉 외환시장은 세계 각지에 흩어져 있는 은행, 외환브로커와 외환 딜러들이 전자결제 시스템으로 연결된 하나의 글로벌네트워크이다. 세계의 외환 시장은 24시간 계속해서 거래가 일어나고 있으며, 하루 평균 거래량이 약 1조 5천 억 달러에 이르고 있으며 계속해서 증가하고 있다. 세계의 3대 외환 시장으로는 영국(London), 미국(Lew York), 일본(Tokyo)으로 이 세 나라에서 이루어지는 외환거래량이 세계 외환 거래량의 약 70%

정도를 차지하고 있다. 그 밖에 취리히, 프랑크푸르트, 파리, 홍콩, 싱가포르, 샌프란시스코, 시드니 시장 등이 부차적인 시장기능을 수행하고 있다. 이와 같은 외환시장은 24시간 운용되고 있는 진정한 글로벌시장이다.

도쿄시장이 폐장할 때 런던시장이 개장하며, 런던시장이 폐장되는 시각에는 뉴욕시장에서 거래가 계속되고 있다. 이와 같이 뉴욕, 런던, 도쿄의 외환시장은 하루 24시간 중에서 21시간 동안 문을 열고 있으며, 이 세 곳의 시장이 모두 문을 닫는 3시간 동안에도 부수적인 시장인 샌프란시스코와 시드니에서 거래를 계속하고 있다.

외환시장이 범세계적인 차원에서 운용됨으로써 환율은 전 세계적으로 하나의 가격으로 적용된다. 만일 뉴욕의 환율과 도쿄의 환율이 다르다면 외환 딜러는 양국의 환율차를 이용하여 미국에서 싸게 매입한 달러화를 도쿄에서 비싸게 매각하는 식의 재정거래(arbitrage)가 가능하다. 이와 같은 재정거래는 환율을 세계 어느 곳에서나 동일하게 유지하도록 하는 역할을 한다.

< 제 3 절 > 글로벌자본시장

과거의 자본시장은 각국의 서로 다른 규제로 인해 분리되어 운영되었다. 그러나 1980년대부터 국제자본시장은 크게 성장하여 현재에는 하나의 글로벌 시장을 형성하고 있다. 이와 같은 글로벌자본시장을 형성하게 된 근본적인 원인은 크게 정보통신기술의 발달과 정부의 규제완화에서 찾아볼 수 있다. 원래 금융서비스는 정보집약적인 산업으로서 시장에 대한 정보, 위험, 환율, 이자율, 그리고 신용도에 대한 정보가 필수적인 산업이다. 과거 정보통신시설이 발전하지 못하였을 때에는 특정국가나 특정기업에 대한 정보가 고루 알려지지 못하였으나 정보통신의 발달로 인해 이제는 전 세계를 통해서 실시간으로 동일한 정보가 제공되고 있다. 예를 들어, 외환시장에서는 순간순간의 거래상황이 도쿄, 런던, 그리고 뉴욕시장의 화면 스크린에 나타나고 있으므로 세계 어느 곳에 위치하고 있더라도 동일한 정보에 의해서 외환거래가 가능하게 되었다. 또한 각국의 금융시장에 대한 규제가 완화됨에 따라서 국가의 통제를 받지 않는 외환시장 또는 금융시장이 크게 성장하게 되었다.

현재 글로벌자본시장은 전 세계적으로 고루 분포되어 있다. 그 중에서 런던과 뉴욕의 자본시장이 가장 크며 그 밖에 도쿄, 암스테르담, 파리, 취리히, 프랑크푸르트에 있는 시장이 2급 시장으로 분류되고 있다. 3급 시장은 홍콩과 싱가포르처럼 지역적으로 중요한 금융센터이다. 대표적인 역외시장(Off Shore Market)으로는 **유로통화시장**(Euro Currency Market) 또는 **유로사채시장**(Euro Bond Market)이 있다. 이들은 국가의 경계를 벗어나 활동함으로써 가장 효율적인 외환의 이동을 가능하게 한다.

유로통화시장(Euro Currency Market)은 역외시장 중 가장 큰 시장으로 자국을 벗어나 있는 모든 외환시장을 총체적으로 의미한다. 즉, Euro라는 접두어가 붙었다고 하여 반드시 유럽에서 거래되는 역외시장이 아니라, 자국을 벗어나 거래되는 외환시장을 통틀어 유로통화시장이라고 부른다. 그 중에서 특히 Euro달러는 미국 바깥에서 거래되고 있는 달러에 대한 시장을 지칭하는 것으로, 유로통화시장 전체의 약 2/3를 차지하고 있다. 다른 유로통화(Euro Currency)로는 Euro엔, Euro파운드, Euro도이치 마르크, Euro프랑 등이 있다.

유로통화시장은 1950년대 초 뉴욕에 예치되어 있던 구소련과 동구권의 달러화 표시 예금이 런던으로 이전되면서부터 시작되었다. 미국과 소련 간의 냉전이 시작됨에 따라 비교적 중립적인 런던으로 달러화예금이 이동되면서 유로달러화시장이 성장하기 시작한 것이다. 또한 1960년대를 통해서 미국이 국제수지의 만성적자를 겪음에 따라서 달러화 공급이 풍부해졌고, 또한 미국 내의 금리규제에 의해서 미국의 금리가 유럽국가들의 금리보다 상대적으로 낮게 책정되었기 때문에, 미국은행에 예치되어 있던 대규모 예금들이 유럽으로 빠져나가게 되면서 유로통화시장은 더욱 크게 성장되었다. 또한 두 차례의 오일쇼크 이후에는 산유국들의 여유자금이 대규모 유입되었다.

이와 같은 유로통화시장이 투자가들에게 매력적인 이유는 무엇보다도 정부의 규제가 없기 때문이다. 정부의 규제가 없기 때문에 은행들은 유로통화(Euro Currency)의 예금에 대해서 더 높은 이자를 지급할 수 있게 되었고, 훨씬 낮은 이자율로 대출할 수 있게 되었다. 다시 말하면 유로통화시장의 예금 이자율과 대출 이자율의 차이는 미국 또는 한국의 국내시장에서의 예금 이자율과 대출 이자율의 차이보다 훨씬 작게 설정되어 있다. 예를 들어 국내 예금에 있어서 각국 정부가 지급준비율을 사용하여 일정비율의 예금을 지급준비율로 보유할 것을 강제하고 있다. 그러나 유로통화시장에서는 그와 같은 정부의 일방적인 지급준비규제로부터 벗어나 있기 때문에 훨씬 자유롭게 지급준비율을 책정할 수 있다. 따라서 유로통화시장에서는 각국의 금융시장보다 더 높은 예금 이자를 보장하고 더 낮은 금리로 대출이 가능하게 된다. 이러한 사실은 결국 각국 정부가 실시하고 있는 각종 금융규제활동이 규제가 없는 유로통화시장에 비해 훨씬 비효율적이라는 것을 드러내고 있다.

그러나 유로통화시장은 나름대로의 위험도 갖고 있다. 각국 정부의 정부규제가 존재하는 상황에서는 은행이 파산할 가능성은 상당히 낮다. 그러나 유로통화시장에서는 정부의 규제가 없으므로 은행이 파산하여 예금주들이 예금을 받지 못할 가능성이 훨씬 더 크게 나타난다. 또한 국내에서 자금을 융통하지 않고 유로통화시장에서 자금을 융통하는 것은 기업들로 하여금 외환위험에 더 크게 노출시키기도 한다. 그럼에도 불구하고 유로통화시장이 계속적으로 성장세를 보이고 있는 것은 이런 가능성이 있음에도 불구하고 위험이 그다지 크지 않기 때문이다.

한편, 국제사채시장(國際社債市場)은 크게 **해외사채**(Foreign Bond)와 **유로사채**(Euro Bond)로 나누어져 있다. **해외사채(海外社債)**란 차입하는 기업이 국외에서 발행하는 사채를 말하며 발행하는 국가의 화폐단위로 표시되어 있다. 즉 삼성전자가 미국에서 달러화로 표기된 사채를 발행하는 것은 해외사채에 속한다. 많은 해외사채들은 각각의 별명을 갖고 있다. 예를 들어 미국에서 달러화로 발행되는 사채는 양키본드로 불리고 있으며 일본에서 엔화로 발행되는 해외사채는 사무라이본드, 영국에서 발행되는 해외사채는 불독본드라고 불린다.

유로사채(Euro 社債)란 표시통화국 이외의 지역에서 발행되어 국제적인 인수단에 의하여 인수·판매되는 채권(이를 Syndicate Loan이라고도 한다)을 의미한다. 예를 들어 삼성전자는 영국에서 미국의 달러화로 표기된 사채를 발행하여 국제적인 네트워크를 갖고 있는 다국적은행을 통해서 해외에 있는 투자자에게 판매할 수 있다. 이와 같은 유로본드는 흔히 다국적기업이나 정부, 또는 국제기관에 의해서 종종 발행되곤 한다. 이 유로본드는 국제사채시장(國際社債市場)의 큰 부분을 차지하고 있다. 1996년에 유로본드는 총 5,916억 달러가 발행되었으며 해외사채는 1,190억 달러에 다다랐다.

유로본드 시장이 최근에 이렇게 급속한 성장을 한 이유로는 역시 각국 정부가 실시하고 있는 금융산업에 대한 규제를 벗어나 자유롭게 사채를 발행하기 때문에 사채발행비용을 낮출 수 있기 때문이다. 또한 유로본드시장에서 사채를 발행하는 기업들이 공시해야 하는 정보가 국내에서 사채를 발행할 때 각국 정부가 요구하는 수준보다 훨씬 낮으므로 기업이 자신의 활동에 대해서 훨씬 덜 자세한 정보를 제공해도 무방하며, 세금 면에서도 우대의 혜택이 있기 때문에 국제사채시장을 선호한다.

부록 ▶▶

I. 양키본드 1억불 발행

[매일경제 2001/6/15]

외환위기 이후 국내기업이 미국시장에서 만기 7년짜리 회사채를 발행하는 데 성공했다. 금강고려화학은 2001년 6월 14일 미국 뉴욕시장에서 1억 달러 규모의 7년 만기 양키본드(Yankee Bond)를 발행하는 데 성공했다. 금리조건은 미 재무부 채권금리에 2.53%의 가산금리를 덧붙이는 수준으로 총 조달 금리는 연 7.625%이다. 이같은 금리조건은 지난달 2억 5천만 달러 규모의 5년 만기채권을 발행했던 SK(주)의 가산금리(2.55%) 수준을 밑도는 것으로 금강고려화학의 만기가 2년 더 길었다는 점에서 고무적인 평가를 받고 있다.

국내기업이 미국시장에서 만기 7년짜리 장기 무담보 회사채 발행에 성공한 것은 외환위기 이후 이번이 처음으로 국내외 금융 전문가들은 이번 장기회사채 발행 성공이 한국경제에 대한 대외신인도 향상에 적지 않은 기여를 할 것으로 보고 있다. 특히 7년 만기 사채 시장을 개척함으로써 앞으로 국내기업의 장기회사채 발행이 활발해질 것으로 전망되고 있다. 실제로 이번 채권발행에는 발행규모 1억 달러의 다섯 배에 달하는 5억 달러의 인수 청약이 접수된 것으로 알려지고 있다. 발행 주간사인 JP모건 관계자는 "금강고려화학은 국내 건설경기 악화에 해한 염려에도 불구하고 한국경제 회복에 대한 시장 기대감이 반영되면서 채권발행에 성공했다"고 말했다.

II. 외환보유액 2천억弗 돌파

[매일경제 2001/09/17]

〈윤재오〉 우리나라 외환보유액이 사상 처음으로 1000억 달러를 돌파했다. 17일 한국은행(www.bok.or.kr)은 15일 현재 외환보유액이 1000억 3900만 달러로 8월 말보다 10억 1400만 달러 증가했다고 밝혔다. 외환보유액 1000억 달러 돌파는 93년 일본(현재 3722억 달러), 96년 중국(1808억 달러), 99년 대만(1131억 달러), 2000년 홍콩(1139억 달러)에 이어 5번째이다.

지난 97년 12월 외환위기 당시 최저 39억 4000만 달러까지 급감했던 외환보유액이 3년 9개월 만에 1000억 달러로 불어난 것이다. 외환위기 때 빌렸던 국제통화기금(IMF) 차입금 195억 달러는 지난달 23일 전액 상환했다. 전철환 한은 총재는 "외환보유액 1000

억 달러 돌파는 우리나라 지급능력에 대한 대외신뢰도를 높이는 한편 미국 테러사건으로 불안해진 국내 외환 및 금융시장 안정시키는데 기여할 것"이라고 말했다. 또 "우리금융시스템과 국가신인도가 아직 완전히 회복되지 않은 상태인 만큼 여건이 허락하는 한 외환보유액이 많은 것이 바람직하다"며 "당분간 상한선을 두지 않고 늘려갈 방침"이라고 말했다.

외환보유액은 △유가증권 871억 2700만 달러 △예치금 125억 7300만 달러 △국제통화기금(IMF)의 현금 인출권 2억 6900만 달러 △특별 인출권(SDR) 300만 달러 △금 6800만 달러 등으로 구성됐다. 한국은행은 향후 외화자산운용에 있어 유동성과 안전성 확보를 우선으로 하면서 수익성도 높일 수 있도록 할 방침이다. 정부채보다 수익률이 높은 정부기관채, 국제기구채, 유로채에 대한 투자를 추가 확대하는 한편 투자위험 관리에 주력할 방침이다.

▸13명이 1000억 달러 주물러 외환보유액을 운용하는 한국은행 외화자금국은 정방우 국장을 비롯해 모두 38명의 전문 인력으로 구성되어 있다. 이 중 운용 1, 2, 3팀에 배치된 운용역 13명이 1000억 달러에 달하는 외환보유액을 직접 주무른다.

나머지 인력은 운용기획팀, 리스크관리팀, 결제지원팀에 소속되어 투자결정, 포트폴리오 구성, 해외 기관과의 거래 등을 맡아 운용을 뒷받침한다. 한은은 외환보유액이 급속히 늘어나자 지난해 5월 국제국에 소속되어 있던 외화 자금실을 외화 자금국으로 확대개편하고 인력과 팀 수를 배로 늘렸다. 외환보유액 운용내역과 수익률은 철저히 비밀에 부쳐져 있다. 전철환 총재는 "중앙은행이 보유하고 있는 외화자산의 정확한 운용수익률을 공개하지 않는 것은 국제적 관행"이라고 못 박았다.

▸적정 외환보유액은 얼마? 한 나라의 외환보유액이 적정한지를 평가하는 데는 절대적 기준은 없지만 보통 3~4개월 경상외환지급 소요액, 1년 이하 단기외채 및 긴급상황의 외환지급소액을 감안해 평가한다. 우리나라의 3개월분 경상외환지급액은 약 450억 달러이고 1년 이내에 만기가 돌아오는 단기외채 규모는 지난 7월 말 현재 527억 달러이다. 외국인 증권투자자금, 직접투자자금, 기업 및 금융기관의 해외현지금융 등 갑자기 유출될 수 있는 지급수요에도 대등할 수 있는 수준이 되어야 한다. 한은은 현재 외환보유액수준이 이같은 지급소요액을 충분히 대처할 수 있는 수준이라고 밝히고 있다.

III. 외환시장 관련 사례

[한국경제신문(2001/04/09)에서 발췌 요약]

(1) 환위험 관리

환율의 변동성이 커지면서 환리스크 관리에 대한 기업들의 관심이 커지고 있다. 금융당국도 기업의 환위험 관리 강화를 유도한다는 방침이다. 환리스크 관리방법과 국내 파생금융상품 시장에 나와 있는 환위험 헷지 상품을 소개한다.

2000년 11월 하순 이후 급등한 원/달러 환율 때문에 수입비중이 높거나 외화부채가 많은 국내 기업들은 상당한 금액의 환차손을 입었다. 2000년 영업에서는 이익을 내고도 환차손 때문에 당기순익이 적자를 기록한 기업도 적지 않다. 2001년 들어서는 상황이 지난해보다 더 심각하다. 일본 엔화의 약세가 계속되면서 우리 원화도 동반 약세를 보여 정유, 항공 등 일부 업종의 경우 환차손 관리에 비상이 걸린 상태이다. 일부 기업들의 경우 선물환 거래 등 파생금융상품을 이용한 적극적인 리스크관리(Hedge)로 손실을 최소화하기도 하였지만 대부분은 환위험 관리에 소극적인 것이 현실이다.

무역협회가 2001년 3월 말 2백 개 수출업체를 대상으로 조사한 자료에 따르면 무려 44%가 환리스크 관리를 하지 않아 환차손 위험에 노출돼 있는 것으로 나타났다. 기업들이 환위험 관리를 하지 않는 이유로는 무엇보다도 먼저 최고경영자의 인식부족을 꼽을 수 있다. 아직도 상당수 기업인들은 환율은 통제하기 힘든 운명적 경영요소로 생각한다. 환차손이 발생하면 정부가 환율관리를 잘못한 때문이라고 여기거나 사업 운이 나빴다고 자위하기 일쑤다.

1997년 말 외환위기로 환율폭등을 경험한 바 있고 최근 심상치 않은 환율 움직임으로 긴장하고 있는 우리 기업들에게 정부는 환위험 관리에 관한 강한 메시지를 던졌다. 외화부채를 과다 보유한 공기업은 의무적으로 환위험 관리를 해야 하고 일반기업의 경우도 거래은행으로 하여금 해당기업의 외환관리 실태를 파악해 기업신용평가에 반영토록 한 것이다. 앞으로 외환관리는 선택이 아닌 필수적 문제가 될 것으로 보인다. 아직도 상당수 기업들이 환위험 관리 개념과 관리기법을 잘 몰라서 어쩔 수 없다고 얘기하나 현재 국내에서 관리할 수 없는 환위험은 거의 없을 정도로 관리기법과 관련시장은 발전해 있다.

일반기업이 가장 손쉽게 이용할 수 있는 기법은 선물환(Forward Exchange)거래이다. 지난해 국내 파생금융상품의 총 거래량 7천여 억 달러(은행 간 거래 기준) 가운데 약 85%가 선물환거래였다.

국내 파생금융상품시장에서 선물환거래가 차지하는 비중은 이처럼 절대적이다.

A기업은 석유제품 수입업체로서 현재 국내외 경제여건 불안 및 일본 엔화약세로 인한 환율상승을 우려하고 있다. 약 3개월 후 결제 예정인 수입대전 1백만 달러를 원화 금액으로 확정하기로 하고 거래은행과 원/달러 선물환계약을 체결하기로 하였다. 현재 환율이 1,350원인 상황에서 3개월 물 선물환 가격 1,354원을 기준으로 3개월 뒤 1백만 달러를 매입하기로 약정하고 이를 수입가 산정의 기준 환율로 하였다. 선물환 계약을 체결한 A기업은 수입환율을 1,354원으로 확정하였기 때문에 향후 발생할 수 있는 환율변동위험으로부터 자유로워졌다. 만일 선물환 만기일(수입대금 결제일)에 당시 환율이 선물환율인 1,354원 이상으로 상승(예 1,400원)한다면 A기업의 선물환계약은 매우 성공적인 관리방법으로 회자될 것이다. 하지만 환율이 1,300원으로 하락했다면 54원(1,300과 1,354의 차이)의 기회이익을 상실해 5천4백만 원의 평가손을 입게 된다. 국내기업들이 환리스크 관리에 적극적으로 나서지 않는 이유가 바로 여기에 있다. 선물환거래로 기회이익이 날아가면 선물환거래 담당자들은 상급자들로부터 심한 질책을 받는다. 기회이익의 상실을 손실로 보기 때문이다.

이게 바로 우리 기업의 현실이다. 설사 1,300원으로 환율이 하락했다고 해도 A기업 입장에서는 기회이익(5천4백만 원)을 상실했을 뿐, 수입계약 당시 원가산정 기준인 1,354원이 달라지는 것은 아니다. 단지 추가적인 이익을 놓쳤을 뿐이다. 그러나 만일 선물환거래 없이 환율이 수입가 산정 환율 이상으로 상승하여 거액의 환손실이 발생하면 그 피해는 누가 보상할 것인가? 더 누릴 수 있는 추가이익을 포기하더라도 환손실로 인한 기업 이익의 손상(최악의 경우 기업도산)을 막기 위한 것이 바로 "환리스크 헷지"의 기본목표다.

환리스크 헷지의 개념을 받아들일 수 있는 기업이라면 누구라도 선물환거래를 자유롭게 이용할 수 있다. 별로 복잡하지 않은 절차를 거쳐 거래은행과 선물환계약을 맺을 수 있다. 이제 우리기업들도 환리스크 부담으로부터 벗어나 회사의 모든 역량을 고유의 사업영역에 전력하고 적절한 이익을 확보할 수 있도록 적극적인 환리스크 관리에 나서야 한다.

(2) 원/달러 선물거래

1999년 4월 국내에도 선물거래소가 개설돼 국제 선물시장의 대표 상품격인 금(Gold)선물을 비롯하여 통화선물인 미 달러화, 금리선물인 양도성 정기예금(CD) 선뷸, 국고채선물 등이 거래되고 있다. 원/달러 통화선물은 미래에 매매할 달러화의 가격(환율)을 미리 결정한다는 점에서 선물환(Forward Exchange)거래와 같다. 선물환은 은행을 상대로 하고 통화선물은 선물회사의 중개로 선물시장에서 하나 그 효과는 차이가 없다. 선물가격은 현물가격에 선물 만기 시까지 해당상품의 보관비용을 합쳐 결정된다.

3개월 만기 달러선물의 가격은 현물(spot)시장에서 매입한 현물가격(예 1,340원)에 3개월간 보관비용을 더해 결정된다. 여기서 보관비용을 선물 프리미엄(premium) 또는 선물 디스카운트(discount)라고 한다. 예를 들어 고객이 3개월 물 선물환(또는 선물)을 매입하고자 한다면 거래은행은 현물시장에서 달러화를 매입하는데 이때 필요한 원화(US$1불당 1,340원)는 3개월간 자금시장에서 차입(예 금리 5.7%)하게 된다. 또 매입한 달러화는 3개월 후 인도 시점 까지 자금시장에서 운용(예 금리 4.7%)하게 된다. 즉 3개월간 원화 자금을 차입하고 달러자금을 운용하면서 두 화폐의 금리차로 인해 발생하는 자금손실(4.7%−5.7% = −1%)이 곧 3개월 물 달러선물의 보관비용이 된다. 이를 계산해보면 약 3원 35전(현물가격 1,340×금리차이 1% × 3/12개월 = 3.35원)이 되어 현물가격에 이를 가산한 1343.35원이 이론적인 선물가격이 된다. 물론 실제 시장은 해당 선물의 수요와 공급에 따라 이론적 선물가격과 다소의 차이를 보이는 경우가 있다.

달러선물거래를 하기 위해서는 우선 선물회사에 자기 명의의 거래계좌를 개설하고 위탁증거금을 예치하거나 대용증권을 입고해야 한다. 그리고 선물회사에 매매주문을 내면 선물회사는 이를 선물거래소에 주문하여 거래를 성사시킨다. 선물거래가 체결되면 체결 내역이 고객에게 전달되고 이후 선물만기(또는 청산거래)시까지 매일 종가기준으로 손익이 정산되어 고객계좌에서 가감된다.

지금 A기업은 의류제품을 수출하는 중소기업으로 최근 급등한 원·달러 환율을 이용, 현시점에서 2개월 후 입금될 수출대전 15만 달러의 환율을 확정하기로 하였다. 우선 선물회사에 계좌를 개설하고 선물거래에 필요한 시초증거금으로 7백50만원(1계약 당 2백50만원)과 유지증거금을 납입하고 2001년 6월 만기 달러 선물 3계약(1계약이 5만 달러)을 1천3백43원에 매도하였다. 매도한 달러화 선물은 만기인 6월까지 매일 가격이 변할 것이며 이로 인한 거래 손익이 정산되어 고객계좌에서 결제된다.

만일 거래 1일 후 시장가격이 1천3백50원으로 7원 상승하였다면 A기업은 1백5만원(15만 달러×7원)의 평가손실을 보았으므로 고객계좌에서 동 손실금액 만큼 차감될 것이다. 이때 A기업은 손실금액에 따라 최소한의 유지증거금(원화 기준 계약금액의 2.5%)을 유지해야 한다.

A기업이 매도한 선물가격은 동 상품의 최종 거래일(6월 세 번째 수요일 2영업일 전)까지 등락을 거듭한 후 최종 거래일 정산가격이 1천3백 원으로 확정되었다면, A기업은 다음과 같은 방식으로 이익을 확정하게 된다. 즉, 실물인도(physical delivery)를 원할 경우 결제일에 A기업의 선물결제 외화계좌에서 15만 달러가 차감되고 대신 최종정산환율인 1천3백 원을 기준으로 한 금액 1억 9천5백만 원이 원화 결제계좌에 입금된다. 거래 개시 후 최종 정산일까지 매일 손익이 정산되어 누계이익 6백45만원(15만 달러×43원)은 원화 결제계좌에 잔액으로 남게 되어 2억 1백45만원이 총 잔액으로 남아 최초 선물거래가격 1343원에 수출대전을 매도한 것과 동일한 효과를 보게 된다.

현재 우리나라 선물시장의 거래실태를 살펴보면 국고채선물 등 금리선물거래는 매우 활발하나, 달러선물거래는 장외거래인 선물환거래에 비해 부진한 편이다. 그 원인은 장내거래인 달러선물거래가 선물환거래에 비해 만기나 금액의 제한 등 유연성이 떨어져 주요 고객층인 대기업들의 이용이 부진하기 때문이다. 사실 국내외를 막론하고 선물시장은 투기적 성격이 강하다 보니 헤지목적의 거래는 거래유연성이 큰 장외시장에 편중되는 경향이 있다. 하지만 신용도가 떨어져 은행과의 장외 선물환거래가 어려운 중소기업의 경우는 장내 달러선물거래의 이용이 훨씬 간편할 수 있다.

위탁증거금만 유지하게 되면 신용도 걱정을 할 필요도 없고 환리스크를 관리하고자 하는 헤지효과는 선물환거래와 전혀 차이가 없기 때문이다.

(3) 외환스와프(FX Swap)

무역업체인 A사는 수출은 물론 수입도 하는 회사이다. 미 달러화로 수출대전을 받기도 하지만 미 달러화로 수입결제도 해야 한다는 얘기다. A사는 수출대전 네고를 통해 30만 달러를 수취하였는데 공교롭게도 약 1개월 뒤 동일금액의 수입결제가 예정되어 있다. A사의 환리스크 노출금액은 얼마이며 A사의 재무담당자는 과연 오늘 입금된 30만 달러를 어떻게 처리하는 것이 효과적일까? 이 경우 A사는 사실상 오픈포지션(open position)을 가지고 있지는 않으나, 외화거래의 만기불일치 때문에 환리스크에는 노출되어 있다. 수출과 수입금액이 동일하므로 리스크 관리가 필요 없다고 생각했다간 큰 코 다친다. 만기불일치에서 오는 환 손실 발생가능성에 대비해 두어야 한다.

지금까지 대부분의 중소기업들은 A사와 같은 입장에 처했을 때 입금된 수출대전을 매각하고 한 달 후 필요한 수입 결제자금은 당시 환율대로 매입하여 결제해왔다. 한 달 후 환율이 오르지 않기만을 바라면서 별다른 대책을 세우지는 않았다. 자금 여유가 있는 기업이라면 수출대전을 매각하지 않고 외화예금한 후 한 달 뒤 인출하여 수입결제자금으로 사용하기도 한다. 하지만 상당수 중소기업들은 원화 자금사정이 넉넉지 않아 우선은 수출대전을 매각하여 원화 자금 수요에 충당한다. 한 달 뒤 수입결제 시점의 환율상승위험은 염두에 두지 않는다.

여기서 외환스와프(FX Swap)라는 편리한 외환거래를 생각해 보자. 외환스와프는 동일한 거래 상대방과 금액이 같고 거래방향은 서로 반대인 현물환 거래와 선물환거래를 동시에 실행하는 한 쌍의 외환거래이다. A사가 외환스와프거래를 한다고 가정하자. 시장 상황은 현재 달러환율, 1천3백 원, 1개월 선물환율 1천3백1원50전, 1개월 후 실제 환율 1천3백30원, 원화 금리 6.0%, 외화예금금리 4.5% 등이다.

1. 오늘 수출대전 U$30만 달러를 거래환율 1천3백 원에 매각하고 원화 3억 9천만 원을 수령하여 이를 운영자금 등에 사용함. (현물환달러 매각)
2. 한 달 후 만기 도래하는 수입결제자금 확보를 위해 1개월 만기 선물환으로 US $30만 달러를 거래환율 1301.50원에 매입함. (선물환 달러 매입)

위의 외환스와프거래(현물환달러매도+선물환 달러 매입)를 통해 A기업은 결제기일이 불일치되는 동일금액의 반대방향 두 거래(수출과 수입)를 서로 일치되도록 한 것이다.

수출대금을 외화예금한 후 1개월 뒤 인출하여 수입결제에 사용하였다면 한 달 간의 예금이자는 수령(수익률 세전기준 4.5%)하지만 수출대금상당의 원화 자금을 사용할 수는 없게 된다.
A기업은 상기 외환스와프거래를 통해 45만원의 비용(30만 불을 1,300원에 매각하고 1,301.50원에 매입하기 때문)을 지불하지만 대신 한달 간 원화자금을 사용할 수 있다. 여기서 스와프비용 45만원도 금리가 높은 원화자금을 사용한 대가이지 전부 거래수수료는 아니다.

외환스와프거래의 장점은 바로 두 기간 사이에 불일치된 달러수취(자산)과 달러지급(부채)을 환리스크 없이 일치시켜 주는 데 있다. 하지만 A기업이 수출대금 30만 불을 매각하여 필요한 원화자금에 충당하고 아무런 헤지거래 없이 지낸 후 1

개월 뒤 수입 결제 자금마련을 위해 30만 불을 당시 환율인 1,330원에 다시 매입한다면 환율상승으로 환차손이 발생한다. A기업 입장에서 환위험 헤지를 위해 FX스와프를 이용하거나 외화예금을 이용하는 경우 수익률의 차이는 거의 없지만 FX스와프를 이용하면 필요한 원화자금을 사용할 수 있는 장점이 있다. 특히 거래은행으로부터 원화차입이 수월치 않은 중소기업이라면 상기 예의 경우 FX스와프의 이용이 절대적으로 필요하다.

또 수출대금 매각 후 헤지하지 않는 경우는 환차손(30원 환율 상승) 때문에 1개월 후 A기업은 보유 원화자금으로 수입결제에 필요한 30만 불 전액은 매입할 수 없게 된다(수익률 기준으로는 원금 30만 불에 원본 손실이 발생하여 마이너스 수익률이 됨). 외화수입과 지급이 혼재한 사업구조를 가진 기업이라면 바로 외환스와프거래를 이용해 환리스크 없이 양쪽을 상쇄시킨 후 연중 전체의 외화 수입과 지급의 차액(net exposure)만을 관리하는 것이 바람직하다.

외환스와프는 A기업의 경우처럼 외화자금을 운용하는 경우뿐만 아니라 반대로 외화자금을 일정기간 조달할 목적으로 이용할 수도 있다. 1997년 말 국내에 외환위기가 한창일 때 국내 은행뿐만 아니라 기업들은 필요한 외화를 신규로 차입하는 것은 물론이고 외화차입금의 연장조차도 불가능하였다. 당시 외화자산을 많이 보유하고 있던 국내 기관들은 외화차입 대신 원/달러 FX스와프를 이용하여 위기를 극복한 경험이 있다.

즉, 원화 자금을 지급하고 외화를 수령하여 사용한 후 일정 기간 뒤 반대로 외화를 지급하고 원화자금을 회수하므로 외환스와프를 외화조달수단으로 활용하였던 것이다. 최근 한국은행이 일본이나 중국, 동남아국가 등의 중앙은행들과 통화스와프 한도를 늘이거나 신규협정을 추진하는 것도 외환위기 등 비상시에 기축통화인 미 달러화의 조달을 염두에 둔 것이라고 하겠다.

(4) 통화스와프와 외화자산, 부채관리

만기가 1년 이상 남은 장기외화부채나 외화자산을 갖고 있는 기업이 환위험과 금리위험을 동시에 헤지(hedge)할 수 있는 파생상품이 통화스와프다.

통화스와프는 은행과 거래 초기 종류가 다른 두 통화의 원금을 교환하고 스와프 기간중 이자도 교환한 후 계약 만기 시 초기에 교환했던 원금을 같은 금액으로 재교환하는 거래를 말한다. 지금 A기업은 FRN(변동금리부 채권)을 발행해 5백만 달러의 외화부채를 6개월 리보(런던은행간 금리)+2% 조건으로 2년간 차입한다고 생각해 보자. 이때 A기업은 크게 두 가지 위험에 직면한다.

첫째는 부채상환 시점인 2년 뒤에 환율 상승시 발생하는 환위험이고, 둘째는 차입기간(2년)중 달러금리 상승으로 인한 금리위험이다. 이들 위험을 헤지하기 위해 A기업은 거래은행과 아래의 조건으로 원·달러 통화스와프(Cross Currency Swap) 계약을 체결할 수 있다.

거래 초기(현재) 원금 교환 : A기업은 FRN 발행으로 입금되는 원금 5백만 달러를 은행에 지급하고 원화 65억 원(적용환율 1천3백 원)을 수령함.

거래 기간 중 6개월마다의 이자 교환 : A기업은 거래 초기에 지급한 원금 5백만 달러에 대해 당시 리보+2%의 이자를 은행으로부터 수령하여 FRN 이자로 외국인 채권자들에게 지급하고 대신 거래 초기에 수취한 원화원금 65억 원에 대하여는 고정금리 8.4%를 은행에게 지급함.

거래 만기 시(2년 후) 원금 교환 : A기업은 은행으로부터 5백만 달러를 수령하여 FRN 원금 상환에 사용하고 대신 65억 원(적용환율은 1천3백 원으로 초기 환율과 동일)을 지급함.

상기 거래의 특징을 살펴보면 첫째 통화스와프거래에 적용된 환율은 거래 초기와 만기 시 1천3백 원으로 동일하다. 둘째 현금흐름을 분석하면 달러 현금흐름은 전부 상쇄되고 원화만 남게 되므로 A기업 입장에서 차입은 달러로 하였으나 통화스와프거래를 통해 원화를 차입한 효과로 전환된다. 통화스와프는 A기업의 경우처럼 외화차입과 동시에 실행하는 것이 원칙이나 일단 외화차입 후 환율동향을 보아가며 나중에 실행할 수도 있다.

통화스와프는 외화자산의 환위험을 관리하는데도 이용 가능하다. 지난 1997년 말 이후 국내 기관투자가들은 국내 기업이 발행한 외화증권(한국물) 투자에 많은 관심을 가지고 있다. 한국기업에 대한 신용위험 때문에 국내기업 외화증권의 가산금리가 크게 상승, 그만큼 높은 수익률로 투자할 수 있는 기회가 늘어났기 때문이다. 어떤 때는 외화증권의 투자수익률이 동일국 내 기업이 발행한 원화 회사채 수익률보다 높은 경우도 있다. 이런 상황에서는 환위험만 배제할 수 있다면 외화증권이 아주 매력적인 투자수단이 된다. 원/달러 통화스와프를 통해 외화증권투자와 관련해 발생하는 외화의 현금흐름을 전부 원화 기준으로 전환함으로써 환위험을 배제할 수 있는 것이다. 즉 통화스와프를 통해 원화 증권에 직접 투자한 현금흐름과 동일하게 되는 것이다.

최근 국내 파생상품시장의 발전으로 만기 5년 이내(최장 10년까지도 가능)의 외화부채나 외화자산의 환위험 관리를 위한 원/달러 통화스와프는 별 어려움 없이 가능하다. 국내 원화금리가 하향 안정되어 외화(미 달러화)와 금리차가 별로 없는 요즘 굳이 환위험을 감수하면서까지 외화부채를 계속 보유할 것인가는 한 번 생각해 볼 문제이기도 하다. 우리 기업들도 통화스와프를 이용한 외화부채 및 외화자산의 관리가 절실히 필요한 시기라고 생각된다.

(5) 통화옵션과 신축적 환 관리

환리스크 관리 기법 중 선물환거래, 통화선물, FX스와프나 통화스와프 등은 모두 이들 거래의 만기일이 되면 계약 당사자들은 당시 환율수준과 관계없이 무조건 계약이행을 해야 하는 확정계약이다. 수입업체인 경우 선물환으로 달러매입을 한 후 결제일이 되어 당시 현물환율이 선물환계약환율 이상 상승하면 별문제가 없으나, 만일 환율이 하락했다면 환율하락으로 인한 기회이익을 포기해야 하며 이것이 선물환거래 같은 확정계약형태 헤지 상품의 결정적인 단점이다.

처음 거래 당시 얼마간의 수수료는 지불하더라도 만기 시 환율이 예상과 반대로 움직여 헤지거래 때문에 발생하는 거래손실을 방지하기 위해 고안된 상품이 바로 통화옵션거래이다. 우리나라에 통화옵션이 소개된 것은 1980년대 후반이지만 일본 엔화 등 이종통화 중심으로 아주 제한적으로 거래돼 오다가 1999년 국내에 선물거래소가 생기면서 원/달러 장내옵션거래가 거래되기 시작하였다. 이어 외환거래규정이 제정되면서 원/달러 장외옵션거래가 비로소 허용되었다.

통화옵션은 옵션매입자(통상 기업)가 옵션매도자(통상 은행)에게 옵션거래 수수료에 해당하는 옵션프리미엄을 지불함으로써 옵션계약이 성사되는데, 이후 옵션매입자는 특정기간 후(또는 특정기간 내에) 특정통화를 특정가격에 매입(또는 매도)할 수 있는 권리를 갖게 된다. 이때 특정통화를 특정 행사가격에 살 수 있는 권리를 콜옵션(Call option)이라 하고, 팔 수 있는 권리를 풋옵션(Put option)이라 한다. 기업 입장에서 옵션거래시 문제가 되는 것은 수수료인 프리미엄의 수준인데 옵션만기가 길수록, 행사가격이 옵션매입자에게 유리할수록 옵션프리미엄은 비싸지게 된다. 옵션프리미엄 결정에 가장 핵심적인 요소는 가격변동성인데 원/달러 옵션의 경우에는 다른 통화에 비해 가격변동성이 커 옵션프리미엄이 상당히 높은 편이다.

지금 A기업은 수입업체로서 최근의 원/달러 환율불안으로 3개월 후 결제 예정인 기한부수입어음의 환위험 커버를 적극 고려중이다. 나중에 환율이 하락하는 경우를 생각해 선물환거래 같은 확정계약 대신 통화옵션거래를 이용하기로 결정하였다. 즉, A기업은 현재 환율이 1천3백 원인 상황에서 3개월 만기 선물환율인 1천3백5원을 행사가격으로 하여 달러 콜옵션을 매입하였고, 옵션프리미엄으로 2.4%(1천3백원×2.4% = 미화 1달러당 약 31원)를 지급하였다.

3개월 후 옵션 만기 당시 현물환율 수준에 따른 거래결과가 나타나 있다. A기업은 옵션거래 시 프리미엄을 지급한 결과 만기시 환율수준에 관계없이 최대 손실금액은 자신이 지급한 프리미엄(달러당 31원) 금액 이내로 한정되어 있으나, 이익금액은 환율이 상승하는 경우 무한하다. 반대로 동 옵션을 매도한 은행 입장에서는 최대 이익금액은 A기업으로부터 수취한 프리미엄금액으로 한정되어 있지만, 최대 손실금액은 환율이 상승하는 경우 무한히 커지게 된다.

통화옵션을 이용하는 대부분의 국내기업들은 옵션거래를 무비용(zero-cost)으로 거래하는 경우가 많은데, 대표적인 상품이 상하한 범위환율 선물환(Range Forward)과 목표환율 선물환(Target Forward)이다. 이 두 가지 상품처럼 무비용 옵션은 기본적으로 소비자인 기업이 옵션거래를 매입(프리미엄 지급)하고 동시에 또 다른 옵션을 매도(프리미엄 수취)하여 구성하게 되는데, 범위환율 선물환은 환율변동성이 크고 환율예측이 어려운 경우 사용하며, 목표환율 선물환은 환율변동성이 상대적으로 낮고 환율추이가 보다 분명할 때 사용하는 것이 일반적이다. 옵션거래는 기업의 요구에 따라 얼마든지 다양한 형태로 변형할 수 있어 그만큼 기업은 신축적인 환리스크 관리가 가능해진다.

IV. 선물 · 옵션 관련 사례

(1) 선물거래

1) 선물거래의 기초

선물거래는 미래에 발생할 수 있는 원자재나 금융상품의 가격변동에 대한 위험을 회피하기 위하여 이루어지는 거래이다. 선물의 거래대상에는 상품선물에 해당하는 곡물, 금속, 원유 등이 있고 금융선물에 해당하는 외환, 금리, 주식 등이 있다. 그러나 선물거래의 '왕중왕'은 증권시장에서 일반 투자자들이 가장 많이 거래하는 KOSPI 200 지수와 KOSDAQ 50 지수를 기초자산으로 하는 주가지수 선물이다.

주가지수 선물거래란 한국증권거래소에 등록된 우량 상장기업 200개의 주식을 따로 떼어내서 이를 지수화(이 지수를 KOSPI 200)하여 거래할 수 있는 4종의 상품(3월물, 6월물, 9월물, 12월물)으로 만들어 놓고 그 상품을 사고팔고 하는 것이다. 이때 KOSPI 200 지수를 현물지수 혹은 기초자산이라 부르고, 이 4종을 선물지수라 한다. KOSPI 200지수는 1990년 1월 3일을 기준시점으로 그 지수를 100으로 정한 것이다.

종합주가지수는 거래소에 상장된 모든 주식을 지수화(할머니) 한 것이고, KOSPI 200 지수는 대형 우량종목 200개 사를 지수화 한 것(어머니)이고, 선물지수는 KOSPI 200 지수를 거래할 수 있도록 지수화 한 것(4명의 아들)이다.

2000년 연말 현재 KOSPI 200 종목 중 시가총액 상위권을 차지하는 종목과 비중을 보면 삼성전자 17.03%, SK 텔레콤 14.08%, 한국통신 13.20%, 한국전력 9.31%, 포항제철 4.55%로 나타났다. 이들 Big Five 종목이 KOSPI 200 지수에서 차지하는 비중은 총 58.17%로 정보통신 업종이 큰 비중을 차지하고 있음을 알 수 있다.

선물거래를 하려고 하는 경우 기본예탁금이 1,000만원이다. 선물투자를 할 수 있는 상품은 3월물, 6월물, 9월물, 12월물의 4가지가 있다.

2) 신규매수와 전매도

신규매수는 주가가 상승할 것을 예상하고 주식을 '매수'하는 것과 같은 의미이다. 선물의 신규매수는 선물이 가까운 시일 내에 상승할 것으로 예상하고 새로이 사는 것이다. 신규매수자는 선물이 상승하여 일정액의 수익이 발생하면 매수 포지션을 청산하여 수익을 챙겨야 한다. 신규 매수한 선물을 되팔아 청산하는 것을 전매도(轉賣渡)라고 한다. 주식을 사서 파는 '매도'와 같은 의미이다. 그러나 신규매도와는 의미가 다르므로 주의해야 한다. 신규매수 없이는 전매도가 있을 수 없다. 선물시장에서는 매수 포지션을 롱 포지션(Long Position)이라 한다.

3) 신규매도와 환매수

신규매도는 주가가 하락할 것을 예상하고 주식을 공매도(대주)하는 것과 같은 의미이다. 선물의 신규매도는 선물이 가까운 시일 내에 하락할 것으로 예상하고 새로이 파는 것이다. 신규매도자는 선물이 하락하여 일정액의 수익이 발생하면 매도포지션을 청산하여 수익을 챙겨야 한다. 신규 매도한 선물을 되사서 청산하는 것을 환매수(煥買受)라고 한다. 환매수는 신규매수와는 의미가 다르므로 역시 유의해야만 한다. 신규매도 없이는 환매수도 없다. 선물시장에서는 이 매도 포지션을 숏 포지션(Short Position)이라 한다.

4) 매매주문

선물을 거래하고자 하는 투자자는 신규매수 할 것인지, 신규매도 할 것인지를 먼저 결정해야 한다. 그것이 결정되면 주문을 내야 하는데 선물의 거래단위를 계약이라 하며 선물 1 계약은 50만원이다. 거래금액은 선물지수×계약수×50만원이 된다. 예를 들면 투자자 A씨가 70포인트에 2계약의 신규매수 주문을 내면 투자된 자금은 70 포인트×2계약×50만원 = 7,000만원이다. 그러나 투자자는 '위탁증거금'으로 투자금액의 15%인 1,050만원만 지불하면 된다. 즉 계좌에 1,000만원 이상의 예탁금이 있는 한, 총 매매대금의 15%의 증거금만 있으면 선물의 신규매수이든 신규매도이든 매매주문을 낼 수 있다.

Point : 선물 1 계약 단가는 50만원이며 여기에 선물지수를 곱한 금액이 총 매매대금이 된다. 현금은 총 매매대금의 15%만 있으면 된다.

5) 가격제한폭

선물거래의 가격 제한폭은 상하 10%이다. A씨가 70포인트에 신규매수한 선물이 상한가를 기록하면 77포인트가 된다. 이때의 수익금은 7포인트×2계약×50만원 = 700만원이 된다. 단 하루만에 투자금액의 70%의 수익을 올릴 수 있는 것이다. 현물거래의 상한폭 15%의 4배가 넘는다. 그러나 신규매수한 선물이 하한가를 기록하면 63포인트가 되어 이때의 손실액은 700만원이 된다.

6) 일일 정산

선물거래는 투자자에게 유리한 방향으로 크게 움직이면 단기간에 고수익을 올릴 수 있지만, 만일 불리한 방향으로 크게 움직인다면 손실의 폭이 커지기 때문에 결제불능 상태에 빠질 수도 있다. 이러한 결제불능 상태를 예방하기 위하여 선물시장은 일일정산 제도를 두고 있다. 즉 전매도나 환매수를 하지 않은 미결제 약정에 대해서도 당일의 포지션을 정산하여 수익금을 투자자의 계좌에 입금시키거나 손실금을 인출하여 타인의 계좌에 입금시킨다. 그러나 일일 정산을 해서 투자자가 손실이 발생하여 예탁금이 유지증거금인 10%를 밑돌 경우 증권사에서는 증거금을 15%까지 납부하도록 요구한다. 이를 마진콜(Margin Call)이라 한다.

7) 투기거래

위험을 회피하기 위한 수단으로서가 아니라 선물가격의 등락을 이용하여 그

차익을 얻을 목적으로 네이키드(Naked)포지션을 취하는 것을 말한다. 일반 투자자들이 현물투자의 신용, 미수거래보다 더 큰 레버리지 효과를 가져올 수 있게 하는 투자방법이다.

8) 헤지거래

현물주식의 하락으로 인한 위험을 회피하기 위하여 선물투자와 연계하여 현물에서 큰 손실이 나더라도 선물에서 만회할 수 있다.

(2) 옵션

1) 옵션거래의 기초개념

옵션거래는 실물자산이나 금융상품 자체를 사고파는 것이 아니라 그 상품에 붙은 프리미엄만 사고파는 것이다. 예를 들면 부동산 거래에서 아파트 자체를 매매하려고 하면 큰 돈이 들어야 하지만 우선 급한 대로 분양권에 붙는 프리미엄만 주고 아파트를 한 채 사서 나중에 준공되면 들어가 살던가, 아니면 중도에 전매하여 차액만 챙길 수도 있는 것이다.

여기서 주목해야 할 것은 프리미엄 자체는 제멋대로 움직이는 것이 아니라는 점이다. 부동산 시세가 프리미엄 시세를 좌지우지한다. 부동산 시세가 급등하면 프리미엄도 급등하고 부동산 시세가 내리면 프리미엄도 덩달아 내린다는 점이다.

이때 가격변동을 주도하는 부동산 시세를 기초자산이라고 한다. 옵션의 가격을 움직이는 기초자산은 선물과 마찬가지로 KOSPI 200 지수이다. KOSPI 200 지수가 오르면 프리미엄도 오르고 내리면 프리미엄도 내린다.

선물이나 옵션은 주식이나 채권 등 유가증권으로 발행되는 것이 아니고 아무런 실체가 없는 숫자를 사고파는 숫자놀음에 불과한 것이다. 파생상품은 원래 인간의 힘으로는 어찌할 수 없는 장래의 위험을 회피하고자 하는 헤지 기능에다가 인간이 내재적으로 가지고 있는 투기욕구를 가미함으로써 탄생하였다. 경제활동의 확장이라는 미명하에 가상적인 머니게임을 권장하고 있는 셈이다.

선물, 옵션과 같은 파생상품의 영역은 지속적으로 확장될 것이다. 2001년에는 코스닥 선물시장과 옵션시장이 개장되고 그리고 나아가 개별 종목에 대한 파생상품 예를 들면 삼성전자 선물, 한전 옵션과 같은 가상적인 상품이 선보이게 될 날도 멀지 않았다.

옵션의 만기일은 선물이 일 년에 4번 있는 것과 달리 매월 한 번씩 있다. 옵션의 상품은 80.00부터 77.25, 77.50, 77.25, 77.00, 67.25, 65.00, 62.50, 60.00과 같이 2.5 포인트 단위로 콜 9종목, 풋 9종목의 투자자가 사고 팔 수 있는 상품이 있다. 이는 KOSPI 200 지수를 2.5포인트 단위로 쪼개어 행사가격별로 분류해 놓은 것이다.

옵션의 시세변동을 나타내는 것으로 종가, 전일대비, 시가 등이 있는데 이것이 바로 투자자가 사고파는 옵션의 시세를 나타내는 것이다. 투자자는 바로 이 옵션의 프리미엄만 사고파는 것이고 이 프리미엄이 바로 옵션의 시세이다. 옵션의 시세는 기초자산인 KOSPI 200 지수의 시세에 따라 오르락내리락 하며 움직인다. 쉽게 말하자면 개별상품 즉 80.00 혹은 77.50, 77.25, 77.00 등은 아파트라고 생각하면 되고 투자자는 아파트를 통째로 사고파는 것이 아니라, 이 아파트에 붙은 프리미엄만 사고파는 것이다. 프리미엄 시세는 1포인트 당 10만 원이다. 프리미엄(즉 옵션시세)은 부동산 시세(KOSPI 200 지수)와 연동되어 움직이므로 투자자는 이 프리미엄을 낮은 가격에 사서 비싼 가격에 전매하거나, 비싼 가격에 팔아서 싼 가격에 환매하면 수익을 올릴 수 있는 것이다.

콜 옵션은 KOSPI 200 지수가 오르면 오를수록 프리미엄이 상승하고, 풋 옵션은 KOSPI 200 지수가 내리면 내릴수록 프리미엄이 상승한다. 따라서 주가가 오르면 콜 옵션을 사는 게 좋고 주가가 내리면 풋 옵션을 사는 게 좋다.

결론적으로 옵션의 상품을 크게 나누면 KOSPI 200 지수가 행사가격 이상으로 오르면 수익이 나는 옵션 (즉 지수가 오르는데 투자하는 옵션)이 있고, KOSPI 200 지수가 행사가격 이하로 내리면 수익이 나는 옵션 (즉 지수가 내리는데 투자하는 옵션) 두 종류가 있는데 전자를 콜 옵션, 후자를 풋 옵션이라 한다.

요약: 옵션에는 크게 '콜'과 '풋'이 있으며, 2.5 포인트 단위로 행사가격별 상품이 있다.

옵션 투자를 하려는 투자자는 때로는 투자금 전부를 잃을 수도 있다는 각오로 투자에 임해야 한다. 옵션 시세는 만기일을 앞두고 주가가 폭등하거나 폭락할 경우에는 그 시세가 하루에 10배 이상 폭등하거나 혹은 10분의 1로 폭락하기도 한다. 특히 만기일을 앞두고 주가가 며칠씩 폭등하거나 폭락할 경우 옵션 시세는 100배 이상 폭등하기도 하지만, 시세를 거꾸로 타게 되면 100분의 1토막이나 투자금 전체를 잃을 수도 있다. 옵션 투자는 어떤 면에서는 복권이나 마권과 유사한 점이 많다. 복권이나 마권은 당첨되지 않으면 휴지조각에 불과하다.

그러나 옵션투자가 복권이나 마권과 다른 점은 그 투기성이 상존함에도 불구하고 승부를 걸 수 있다는 점이다. 또 중간 중간에 언제든지 전매하거나 환매하여 이익을 챙길 수도 있고 손절매 할 수도 있다. 따라서 옵션 투자는 투기도 노름도 아니며 시장의 흐름을 읽고 한판의 승부를 거는 것이다.

2) 콜 옵션

어떤 사람, 즉 A씨가 콜 옵션 75라는 상품 240계약을 프리미엄 0.5포인트에 매수했다는 것은 KOSPI 200 지수가 75포인트 이상 오를 것으로 보고 계약 당 5만원(0.50포인트×10만원 = 5만원)의 프리미엄을 주고 240 계약을 매수했다는 뜻이다. 즉 프리미엄 5만원인 콜 옵션 240계약을 1200만원에 샀다는 뜻이다.

여기서 기초자산인 KOSPI200 지수가 오르자 옵션시세(프리미엄)도 0.95포인트까지 오르게 되어 1계약 당 0.45포인트(4만 5,000원)라는 차익이 발생했다는 것이다.

만약 0.5포인트에 산 콜 옵션의 시세가 0.3포인트 하락하여 0.2포인트에 손절매 하였다면 이때 A씨의 손실은 0.3×10만원×240계약 = 720만원의 손실을 보게 된다.

3) 풋 옵션

KOSPI 200 지수가 하락할 것을 예상하여 선물을 매도하여 수익을 취하듯이 주가가 내리는데 투자하는 풋 옵션이 있다. 위의 A 씨가 KOSPI 200 지수가 하락할 것으로 예상하고 풋 옵션을 0.6 포인트에 매수하였다. 풋 옵션의 매수자는 지수가 많이 내리면 많이 내릴수록 더 많은 수익을 보게 된다. 그러나 예상과 달리 지수가 오르면 A 씨는 손실을 보게 된다. 만약 지수가 급락하여 풋 옵션의 시세가 0.9포인트 까지 상승했다면 0.3포인트×10만원×350계약 = 1,050만원의 수익이 발생하게 된다.

요점 : 콜 옵션 매수인은 선물시세가 상승할수록, 풋 옵션 매수자는 선물시세가 하락할수록 수익이 증가한다.

4) 콜 옵션 매매의 구조

콜 옵션 매수자는 주가가 아무리 내려도 그가 지불한 프리미엄 이상의 책임은 지지 않는다. 만약 1000만원의 프리미엄을 주고 콜 옵션을 매수했으면 아무리 주가가 내려도 매수자의 최대 손실은 1000만원에 그친다. 반대로 주가가 폭등이라도 한다면 그 수익은 엄청니다.

한편 콜 옵션 매도자는 주가가 아무리 내려보았자 최대이익은 1000만원에 그치고 만다. 그러나 주가가 거꾸로 폭등하면 그 손실은 엄청나다. 결론적으로 콜 옵션 매수자는 손실은 한정되어 있으면서 수익 가능성은 무한대이고, 콜 옵션 매도자는 수익은 한정되어 있으면서 손실 가능성은 무한대이다.

요약 : 콜 옵션 매수자는 KOSPI 200 지수가 "행사가격(구매가격)+프리미엄" 이상으로 상승해야 수익이 발생한다.

5) 풋 옵션 매매의 구조

풋 옵션 매수자는 주가가 아무리 올라도 그가 지불한 프리미엄 이상의 책임은 지지 않는다. 매수자가 1000만원의 프리미엄을 지불했다면 최대 손실액은 1000만원에 그친다. 그러나 거꾸로 주가가 폭락이라도 한다면 그 수익은 엄청나다.

한편 풋 옵션 매도자는 주가가 아무리 올라도 최대이익은 1000만원에 그치고 만다. 그러나 거꾸로 주가가 폭락한다면 그 손실은 엄청나다.

풋 옵션 매수자는 손실은 한정되어 있으면서 수익 가능성은 무한대이고, 풋 옵션 매도자는 수익은 한정되어 있으면서 손실 가능성은 무한대이다.

Point : 옵션 매수자는 손실은 제한되어 있는데 반해 수익은 이론상 무한대까지 날 수 있으며, 옵션 매도인은 수익은 한정되어 있는데 반해 손실은 이론상 무한대까지 날 수 있다.

반대로 콜이든 풋이든 매도인의 최대수익은 매수인이 지불한 프리미엄에 한정되고, 손실액은 매수자가 취한 수익만큼 지불해야 한다. 얼핏 보면 매도자는 매우 불리한 입장에 있는 것 같다. 그러나 현실은 반드시 그렇지만은 않다. 왜냐하면 특별한 호재나 악재가 터지지 않는 한 만기일을 앞두고 주가가 폭등하거나 폭락하는 일은 드물다. 매수한 후 주가가 크게 움직이지 않고 박스권에 머물게 되면 매수자에게 매우 불리하게 돌아가게 된다. 이때 매도인은 주가가 움직이지 않은 덕택에 1000만원의 프리미엄을 가만히 앉아서 그저 먹게 되는 것이다. 선물·옵션은 이처럼 제로섬 게임이기 때문에 양자가 대립되는 손익구조를 갖게 되는 것이다.

6) 매도인의 특별의무

거래소는 매수인에게는 이미 지급한 프리미엄 이상의 손실은 있을 수 없고 또한 증거금이 이미 출금되었으므로 일일정산 제도를 채택하지 않는다. 하지만 매도인에게는 손실이 무한대로 커질 수 있는 점을 고려하여 일일정산 등 안전장치를 마련하고 있다. 그것은 옵션 매도 증거금을 예치하게 하는 것이다. 즉 주가가 매도인의 의사와는 반대로 급변하여 손실이 크게 날 수도 있으므로 증권사는 고객에게 옵션 가격 증거금과 예비 증거금의 보증을 요구한다.
여기서 옵션 가격 증거금이란 현재의 시장 상황에서 옵션을 청산하는데 소요되는 비용을 말하는 것이고, 예비증거금이란 옵션의 가격이 매도자에게 최대한 불리하게 전개될 때를 가정하여 이를 해소할 수 있는 추가적 청산비용을 말한다. 따라서 매도자는 만에 하나 주가가 폭등할 것도 고려하여 선물 매수포지션으로 헤지를 한다. 이때 증거금은 내려간다. 즉 파생 금융상품을 어떻게 조합하느냐에 따라 증거금은 달라지며, 증권사마다 기준을 따로 정해놓고 있다. 옵션의 매도는 거액의 증거금이 소요되므로 개인보다는 주로 기관투자자들이 많이 이용하고 있으며 개인투자자들은 아무래도 옵션 매수거래를 많이 이용하는 편이다.

기관 투자자들이 옵션 매도를 애용하는 이유는 짭짤하고 안정적인 금융수입을 올릴 수 있기 때문이다. 개인 투자자들이 옵션 매수에서 잃은 프리미엄을 가만히 앉아서 야금야금 먹을 수 있기 때문이다.

Point : 옵션 매도자는 매매거래를 할 때 매매대금을 받게 되나, 소정의 증거금과 예비증거금을 예치할 의무가 있다.

옵션은 보험과 매우 유사하다. 보험회사는 옵션의 매도인이고 보험 가입자는 옵션의 매수인이다. 옵션 매도인인 기관투자자는 보험계약 체결과 동시에 매수인이 지불한 프리미엄(보험료)을 먼저 받지만, 옵션 매수인인 P씨가 1년 이내에 사고라도 내어 보험사에 권리행사(보험료 청구)를 하면 기관투자자(보험사)는 1억이고 2억이고 무한대로 물어주어야 한다.
그러나 아무런 사고가 없이 1년이 경과하면 보험료(100만원)는 보험사의 소유로 돌아간다. 만기가 된 옵션 시세가 행사가격에 못 미치면 '꽝'이 되어 옵션 매도인이 프리미엄을 몽땅 챙기는 것이다.

보험회사인 옵션 매도인의 최대수익은 매수인이 지불한 보험료에 한정되지만 손실가능성은 무한대이다. 그럼에도 불구하고 보험회사는 짭짤한 수익을 올리고 있다. 여기에서 중요한 것이 무한책임을 진 보험회사는 1년 만기가 다가올수록 아무런 사고 없이 보험료를 그냥 챙길 수 있는 확률이 높아진다는 사실이다. 이를 보험가입자의 입장에서 보면 아무런 사고 없이 시간이 경과하면 할수록 보험 수혜를 받을 확률은 낮아지고 따라서 보험료의 시간가치가 점차 소멸되어간다는 의미로 해석할 수 있다. 옵션 만기일은 매월 한 차례씩 돌아온다. 전월의 만기일이 끝나고 새로운 달이 시작되면 투자자들은 한 달 동안 주가가 폭등 또는 폭락의 방향으로 크게 변동할지 모른다는 기대감을 갖게 된다. 주가는 아무도 예측할 수 없기 때문이다. 그래서 그러한 기대감을 가지고 매수인들이 줄을 서서 옵션을 사려고 하니까 옵션 시세가 높게 형성될 수밖에 없는 것이다. 그러나 만기일이 다가오면서 그러한 기대감이 점차 줄어들면 일종의 버블과 같은 옵션의 시간가치는 점차 소멸되고 내재가치만 남게 된다. 즉 현재 청산하여 돈을 건질 수 있는 내가격 옵션만 내재가치가 살아있게 된다.

만기일이 다가오면 다가올수록 옵션의 시간가치는 매수인들의 희망과 기대를 저버리면서 가속도를 내며 감소하게 되어 매수인의 희망은 산산조각이 나고, 매도인의 기대수익은 점점 높아지게 된다.

그러나 반대로 만기일을 앞두고 갑작스럽게 주가가 급변하면 휴지조각에 불과하던 옵션시세가 폭등하여 매수인은 졸지에 횡재를 하고, 매도인은 벼락을 맞게 되는 것이다. 마치 보험 만기일을 며칠 앞두고 대형사고가 터져 보험사가 엄청난 보험료를 물어주어야 하는 것과 마찬가지이다.

7) 선물·옵션에 대한 기본적인 분석방법

선물, 옵션시장을 움직이는 것은 200개 상장기업을 지수화 한 KOSPI 200 지수이다. 이 200개의 기업들은 우리나라를 대표하는 국가대표 선수와 마찬가지이다. 이들 대표기업들은 곧 우리나라 경제 그 자체라고 할 수 있으며, 이들 기업의 경영실적이 하나하나 모여 KOSPI 200 지수를 만들고 이 지수는 선물, 옵션가격에 영향을 미치는 것이다. 따라서 이러한 기업들의 경영에 영향을 미치는 거시적이고 기본적인 경제 환경을 분석한다는 것은 곧 우리나라 경제의 현주소를 진단하는 것과 마찬가지라 하겠다.

선물이나 옵션은 현물투자처럼 개별기업에 대한 분석을 필요로 하는 것이 아니라, 우리나라 경제 전체에 영향을 미칠 수 있는 거시적 변수, 즉 경제성장률, 금리, 환율동향, 물가, 정부정책, 국제수지, 해외시장동향 등을 분석하여야 한다. 이들 지표들은 우리나라 경제가 흘러가는 큰 방향을 제시해 주는 것이므로 종합주가지수만을 보고 판단하는 것은 숲보다 나무를 보는 것과 마찬가지이다.

Chapter 4 국제기업의 문화적 환경

<제 1 절> 문화의 개념

"문화(culture)란 무엇인가"하는 물음에 한 마디로 대답하기란 쉬운 일이 아니다. 학자마다 문화를 다르게 정의하고 있는데 문화에 대한 다양한 견해와 정의를 종합하여 다음과 같이 정리할 수 있다. 문화란 "특정 인간집단을 다른 집단과 구별시켜 주는 사고방식이나 가치체계로서 개인과 집단의 행동방식을 지배하는 삶의 방식(Way of Life)이다. 문화는 학습을 통해 세대 간에 전래되나 시간의 변화에 따라 또는 다른 문화와의 접촉을 통해 변화되기도 한다. 개인의 행위 뿐만 아니라 사회적 규범으로서 어느 정도의 강제력을 가지며 기업의 국내외 활동을 결정짓는 기초적 환경요인 중의 하나"이다. 문화는 구성원 상호 간에 의사소통을 쉽게 해주며, 타인의 행동을 예측할 수 있게 해주고, 가치판단의 기준, 필요한 지식과 기술을 제공해주며, 비슷한 문화적 배경을 갖는 사람들을 구별할 수 있게 해준다.

여기에서 중요한 것은 문화가 선천적인 것이 아니라 후천적으로 학습된 행위(learned behavior)라는 점이다. 만일 문화가 선천적인 것이라면, 다국적기업은 국제경영활동을 수행하는데 있어 문화적 환경의 차이를 극복하는데 많은 어려움에 직면하게 될 것이다. 그러나 문화는 후천적으로 학습된 것이기 때문에 다국적기업은 스스로 타국의 문화에 적응할 수도 있고 타 문화권에 속한 종업원을 교육을 통해 자국문화에 적응시킬 수도 있는 것이다.

국제생산이나 국제마케팅활동과 같은 국제경영활동에 참여하는 사람에게 있어 문화적 차이를 어떻게 이해하고 극복하느냐 하는 것은 대단히 중요한 과제이다. 첫째로 국제경영활동에 참여하는 사람이 기본적으로 이해해야만 하는 것은 문화란 서로 다를 뿐 그 우위를 논할 수는 없다는 점이다. 우리는 흔히 선진공업국의 문화는 우월한 것이고 후진개도국의 문화는 열등한 것이라는 선입견을 가지기 쉬운데 이는 잘못된 편견에 지나지 않는다. 선진국과 후진국의 문화, 곧 생활방식은 서로 다른 것일 뿐 반드시 선진국의 문화가 우월하다고 할 수는 없다. 둘째로 다국적기업이 활동하는 해외 현지의 문화, 즉 생활방식을 존중하되 기업 활동의 효율성과 생산성을 높이기 위해 현지인에 대한 교육을 통해 그들의 사고방식이나 행동양식을 점진적으로 변화시켜 나가야 한다는 점이다. 현지 문화에 대해 이해하려고 하는 자세를 가지지 않을 때 문화적 충돌이 일어나며 현지 문화를 주어진 변수로서 이해하고 있는 그대로 받아들인다면 기업의 성과에 부정적인 영향을 미칠 수 있다.

< 제 2 절 >
문화의 구성요소

구체적으로 문화를 설명하기 위해서는 문화의 구성요소(cultural elements)를 살펴보아야 한다. 문화의 구성요소란 인체의 세포와 같이 문화를 구성하는 요인들이다. 문화에 대한 정의가 다양하듯 문화를 구성하는 요소에 대해서도 학자마다 주장하는 바가 다르다. 여러 차원에서 문화의 의미를 파악할 수 있겠지만 기본적으로 문화는 다음과 같은 성격을 가지고 있다. 첫째, 문화는 개인의 정신과 마음속에 존재한다. 둘째, 여러 민족의 문화는 서로 상당히 다르다. 셋째, 문화는 여러 측면에서 서로 다르지만, 반면에 유사성도 갖고 있다. 넷째, 문화는 일단 학습되어 수용되면 지속되는 경향이 있다. 다섯째, 모든 문화는 천천히 지속적으로 변화해 간다. 여섯째, 같은 사회의 모든 사람들이 비록 같은 문화요소를 지니고 있다 하더라도 각 개인은 상황에 따라 다르게 행동할 수 있다. 일반적으로 중요한 문화의 구성요소는 언어, 종교, 사회제도, 가치체계, 미적 감각, 물질문명 등이다.

1. 언어

세계 각국의 복잡하고 다양한 언어구조는 국제경영활동을 어렵게 만드는 제약요인이 되고 있다. 무엇보다도 국제기업이 일차적으로 직면하는 문제는 다른 문화권에 있는 소비자들이나 현지 정부 책임자들과의 의사소통인데 현지 언어에 대한 충분한 이해 없이 성공적인 국제경영활동을 기대할 수 없다. 따라서 국제기업의 경영자는 진출 대상국 언어를 이해하고 있어야 하며, 가능하다면 그 언어의 내면에 깔려 있는 고유의 사고방식까지도 이해할 수 있어야 한다.

2. 종교

종교는 민족정서의 근간을 형성하는 중요한 요소이다. 종교가 경제성장에 미치는 영향은 바로 기업성장에도 유사한 영향을 미친다는 점을 감안하여 국제기업의 경영자는 종교와 관련된 악영향을 미리 제거할 수 있는 방안을 연구해야 한다. 종교적 신념은 소비패턴에 영향을 미친다. 이러한 이유로 인하여 국제기업의 경영자는 명시적인 금지 상품 이외에도 사용이 배제될 가능성이 있는 것들에 대해 사전에 예측하고 준비해야 한다.

3. 가치체계

가치체계(value system)란 태도나 가치관 등을 포괄하는 개념이다. 삶의 보람과 만족을 어디서 찾는가 하는 문제나 일이나 돈에 대한 태도, 직업을 통해 얻고자 하는 것이 무엇인가 등을 포함한다. 이러한 가치체계는 교육, 종교 등과 같이 인간의 사회화과정을 통하여 학습된 것이다. 기업의 경영활동에 영향을 미치는 가치관으로는 시간에 대한 태도, 일에 대한 태도 및 성취욕구, 부에 대한 태도, 변화에 대한 수용성 등이 있다.

4. 사회제도

사회제도란, 인간이 조직 내의 다른 구성원과 맺는 관계를 말한다. 사회제도(social institution)의 구성내용에는 사회조직(social organization), 정치구조(political structure) 및 교육이 포함된다. 사회조직은 가장 기본적인 사회집단이라 할 수 있는 가족으로부터 지역집단, 특수이익집단, 여성단체, 연령집단, 종교단체 등으로 나눌 수 있다. 이러한 사회조직의 구성내용은 시장세분화를 결정하는 가장 기본적인 기준이 된다. 사회조직의 구성내용에 따라 시장세분화의 정도가 다를 수 있으며, 제품의 소비대상도 다르게 결정될 수 있다.

한편, 정치구조는 국제기업의 운영과 의사결정에 매우 중요한 영향을 미치는 요소이다. 경제활동에 대한 정부의 역할 및 형태, 경제 및 정치이념, 다른 국가와의 외교관계, 기업과 정부의 관계 등이 이에 속한다고 할 수 있다.

교육은 정규교육기관 및 직업교육 전문기관을 포함하는 각종의 교육제도, 문맹률, 학생 수, 여성에 대한 교육 여부 등을 말하는 것으로써 제품의 복잡성 정도와 광고 등에 큰 영향을 미친다.

5. 물질문명

물질문명은 한 사회가 경제활동을 영위하여 가는 방법과 관련되며 한 사회의 발전수준을 판단하는 기준이 되기도 한다. 이러한 물질문명은 수요의 정도, 제품의 형태와 질, 제품의 기능, 제품의 생산방법 및 유통방법 등 국제기업의 총체적인 기업 활동 전반에 영향을 미친다. 물질문명은 크게 경제와 기술이라는 두 가지 측면으로 나누어 고찰해 볼 수 있다.

1) 경제

경제(economics)에는 인구, 인구증가율, 인구분포, 국민총생산, 1인당 국민소득, 부존자원, 사회간접자본, 인플레율 등 경제활동과 관련된 여러 항목이 포함된다. 무엇보다도 경제적 요인은 국제경영활동과 관련하여 시장의 규모, 형태, 성장성 등에 주로 영향을 미치는 요인이다.

2) 기술

기술(technology)이란, 재화를 창조하거나 재화의 가치를 높이기 위하여 사용되는 노하우를 총괄하는 것으로써, 생산의 효율성과 관련된 생산기술, 조직을 능률적으로 관리하는 관리기법 등이 이에 포함된다.

선진국시장에 판매하고자 하는 제품의 기술수준과 개발도상국에 판매하고자 하는 제품의 기술수준은 다를 수밖에 없다. 그러므로 국제기업전략도 이에 상응하여 차별화 된다. 즉, 동일한 제품이라 할지라도 판매시장에 따라 선진국에서는 편리함과 더불어 인간다움을, 개발도상국에서는 전통적 규범을 따르면서도 생활의 질적 향상을 도모할 수 있는 각기 다른 제품의 이미지를 부각시켜야 할 것이다.

6. 미적 감각

미적 감각(aesthetics)이란 미에 대한 감각과 사물에 대한 선호경향에 대한 생각이라고 할 수 있으며, 색채와 형상에 대한 음미(appreciation)와 관련성이 크다. 국가별 또는 지역별로 나타나는 이러한 미적 감각의 차이는 다음과 같은 측면에서 중요한 의미를 지닌다.

국제기업은 현지국 소비자의 미학적 기호와 구미에 맞도록, 그리고 국민적 정서에 부합되도록 제품이나 포장을 디자인해야 하며, 이는 결국 표준화(standardization)와 현지화(localization) 정도의 결정이라는 문제로 귀착된다.

일반적으로 세계시장에서는 흰색, 회색, 금색 등을 고급스런 색으로 삼고 있다. 그렇지만 문화권에 따라서는 여러 색채에 대한 음미, 기호, 뜻과 더불어 감정적인 반응이 서로 다르다. 동양에서는 흰색이, 서양에서는 검정색이 상(喪)을 뜻하는 것과 같이 문화에 따라 색채에 대한 의미와 감정적 반응이 다른 것은 미적 감각의 영향 때문이다.

<제 3 절>

문화적 환경 분석모형

1. 클라크혼의 모형

클라크혼(F. Kluckhohn)과 스트로드백(Strodebeck)은 문화들 간의 차이점을 명백히 하기 위해 인간이 지니는 여섯 가지 속성에 관한 기본명제와 관련된 질문을 제시하고, 이 질문에 대한 답변의 방향을 기준으로 문화를 구분하였다. 여기서 여섯 가지의 기본명제는 ① 인간의 본성, ② 인간과 자연의 관계, ③ 인간관계, ④ 인간의 행동양식, ⑤ 시간관념, ⑥ 공간관념으로 구성되어 있는데 클라크혼 부부는 이를 기초로 하여 다음과 같은 다섯 개의 기본질문을 제시하였다.

① 인간의 본성은 기본적으로 선한가, 악한가?
② 인간과 자연의 관계는 어떠한가?
③ 삶의 준거시점이 과거인가, 현재인가, 미래인가?
④ 사람의 활동양식은 정적인가, 동적인가?
⑤ 인간관계는 개인주의적인가, 그룹 중심적인가, 권위주의적인가?

1) 인간의 본성

서구인들은 인간의 본성에는 선과 악이 혼재한다고 생각하였다. 그 결과 교육과 훈련을 통해 혼재하는 선악 중 어느 극단으로 인간의 본성을 변화시킬 수 있다고 보는 것이다. 이러한 사고를 바탕으로 미국 기업들은 종업원들이 스스로의 능력을 개발하고 맡은 바 소임을 완수할 수 있도록 학습기회를 제공하고 잘 짜여진 훈련계획을 실행하는 것이다. 이에 반하여 동양적 문화지향성 하에서는 인간의 본성이 선과 악의 양극단 중 어느 하나의 형태로 존재하는 것으로써 이를 변화시키는 것이 매우 어렵다고 본다. 따라서 처음부터 선하고, 직무에 적합한 사람을 선발하는 것에 관심이 집중되었다.

2) 인간과 자연의 관계

서양인들은 대개 인간이 자연을 지배할 수 있다고 생각한다. 그러나 동양적 사고방식은 인간과 자연은 조화를 이루는 존재로서 양자의 조화로운 결합만이 큰 하나를 형성하는 것으로 간주된다. 자연에 대한 신념과 태도의 변화는 기업경영자에게도 유사하게 적용된다. 만약 경영자가 서구적 사고방식을 지니고 있다면 기업을 둘러싼 여러 가지 외부환경에 대하여 공격적이고 적극적인 전략을 통해 이를 극복해 나가는 노력을 행하게 되고, 동양적 사고방식을 지니고 있다면 방어적이고 수동적인 전략을 택하게 될 것이다.

3) 인간관계

흔히 미국인을 비롯한 서양인들은 개인주의적이라고 한다. 개인주의적이라는 말은 의사결정의 주체가 바로 자신이며 자신의 이익과 복지 증진을 위해 스스로의 능력을 사용한다는 의미로 파악된다. 개인주의사회에서 기업을 운영하기 위해서는 종업원 채용에서 조직형태에 이르기까지 구성원들이 지니는 개인주의 성향을 충분히 반영하여야만 한다. 즉, 종업원을 채용하는 경우에는 개인의 능력과 업무의 전문성을 고려하여 최적자를 선발해야 하고, 해당업무의 범위 내에서는 자율적인 권한을 행사할 수 있도록 해야 한다. 또한 종업원이 담당하는 업무의 영역과 책임의 한계를 기술한 직무표 등을 통해서 개인이 조직 내에서 차지하는 위치를 분명히 해야 한다.

집단주의사회의 경우에는 의사결정의 주체가 구성원이 소속된 집단이며 집단의 이익과 복지증진이 최우선과제가 된다. 따라서 집단주의사회에 속한 기업은 인사관리 측면에서 자신이 소속된 집단, 예를 들어서, 학연·지연·혈연 등을 중심으로 채용 및 배치전환이 이루어지며, 경영체제도 족벌위주 또는 친족위주의 경영체제를 채택하게 된다.

개인주의와 집단주의 성향은 기업 내의 의사결정과정에도 영향을 미친다. 개인주의적 성향을 지닌 기업조직 내에서는 개인의 의사결정에 대해 조직의 다른 구성원들의 동의를 구하는 방식으로 의사결정이 이루어진다. 그러나 일본과 같이 집단주의적 성향이 강한 기업조직 내에서는 다수의 조직구성원이 의사결정과정에 참여하는 집단적 의사결정이 이루어지게 된다.

4) 인간행동양식

전술한 인간의 본성, 인간과 자연의 관계 및 인간관계에서 서구적 문화지향성을 보이는 경우에는 인간의 행동이 동적(動的)이고 적극적으로 나타나게 될 것이라는 것을 유추할 수 있다. 종업원들은 자신의 만족과 목표달성을 위해 맡은 바 업무에 전념하게 되며 경영자들은 승진, 임금 인상, 보너스 및 기타 수당지급을 통해 종업원의 사기를 북돋움으로써 경영 효율성을 증진할 수 있다.

그러나 비서구적 문화지향성을 지닌 경우에는 인간의 행동양식을 정적(靜的)인 것으로 파악하여 종업원들은 오로지 자신에게 주어진 일만을 수동적으로 수행한다고 인식된다. 따라서 경영자의 입장에서 보면 승진, 임금 인상 등의 여러 가지 인센티브들이 효력을 제대로 발휘하지 못하기 때문에 오히려 업무를 보다 과중하게 부과하고 지속적으로 관리·감독하는 방법이 효율적일 수 있다.

5) 시간관념

서구적 문화지향성의 관점에서는 미래에 초점을 둔다. 그러나 비서구적 문화에서는 과거로부터 축적된 전통을 중요시한다는 점에서 과거중심적이라고 말할 수 있다. 흔히 서구식 경영을 행하는 기업의 경우에 기업의 정책적 목표는 장기적으로 10년 혹은 20년의 계획 달성에 두지만 실제로는 아주 짧은 기간, 예를 들어 한 달, 두 달 혹은 분기와 같은 단기적인 목표달성을 통해 장기적 정책목표를 향해 나아가는 전략을 추구한다. 따라서 기업의 인사정책도 단기적인 목표달성을 고려하여 이루어지기 때문에 종업원이 목표를 달성하지 못하면 해고하거나 승진에서 누락시키고 목표를 달성하는 경우에는 업적 또는 성과에 해당하는 만큼의 급여를 더 지급하는 성과급 제도를 활용한다.

그러나 비서구적 문화지향성을 지닌 경우, 기업의 정책적 목표가 장기적으로 설정되지만 이를 달성하기 위해서는 과거의 기업정책의 성공·실패 여부를 감안하여 기존의 기업전략이 크게 변화되지 않는 범위 내에서 수정과 보완과정을 반복하게 된다.

6) 공간관념

물리적인 공간을 공유하는가 아니면 개인의 독점영역을 인정하는가 하는 문제에 대해서도 서양식 사고방식과 비서구적 사고방식에 차이가 있다. 예를 들어, 대출을 받기 위해서 한국계 은행과 미국계 은행을 각각 방문할 경우 한국계 은행에서는 대출을 담당하는 모든 직원들이 공개된 장소에서 서로 얼굴을 마주보고 근무하는 반면, 미국계 은행에서는 행원들마다 자리가 칸막이로 나누어져 있고, 마주 대하고 있는 책상 사이마저도 칸막이를 설치하는 경우를 목격하게 된다. 이러한 현상은 개인주의적인 인간관계 속성에 따른 것으로 공간에 대한 가치체계의 차이를 반영하는 것이다.

| 표 4-1 | 클라크혼 모형의 요약

기 준	행위 및 사고유형		
인간의 본성*	기본적으로 악함	선과 악이 혼합됨	기본적으로 선함
자연과의 관계	자연에 복종	자연과의 조화	자연을 정복
삶의 태도	과거지향적 (전통적)	현재지향적 (찰나적)	미래지향적 (목표 지향적)
활동양식**	정적(靜的)	내면적인 성장	동적(動的)
인간관계	권위주의적 (상하관계)	그룹중심적 (공존관계)	개인주의적 (동등한 관계)

*인간의 본성은 가변성이냐 불변성이냐를 기준으로 분류할 수도 있다.
**정적 : 인생에 꼭 무엇인가를 달성해야 되는 것은 아니고, 존재하는 것만으로 충분하다.
내면성장 : 인간의 존재이유는 내면적인 성장에 있다.
동적 : 인간이 노력하면 거기에 대한 대가는 받게 되며, 사람은 일을 성취하기 위해서 존재한다.

자료 : Florence Kluckhohn and Fred Strodbeck(1961), *Variation in Value Orientation*, Evanston, III : Row, Peterson & Co.

공간적인 분할을 통해 사적인 독점영역을 확보하려는 서구기업에서는 회의를 개최할 경우 별도의 밀폐된 공간에서 회의에 필요한 사람만이 참가하여 회의를 진행한다. 반면, 공간을 공유하는 문화권에서는 공개적인 장소-대개는 별도의 회의실이 아니고 사무실 자체내-에서 모든 직원들이 참가하여 회의를 진행한다.

| 표 4-2 | 클라크혼 모형의 적용

문 화 권	아랍문화권	일본문화
인간의 본성	선악 혼합	선악 혼합
자연과의 관계	자연에 복종 자연을 정복	자연과 조화
삶의 태도	과거지향적	과거지향적 미래지향적
활동양식	정적	정적 동적
인간관계	권위주의적	권위주의적 그룹중심적

| 표 4-3 | 문화지향성이 기업경영에 주는 시사점

항 목	서구적 문화지향성	대비적 문화지향성
인간의 본성	•인간본성은 선과 악이 혼재함 •인간의 본성은 변화함 – 교육과 훈련을 통해 인간의 본성을 바꿀 수 있음	•인간은 본래 선하거나 악함 •인간본성은 불변임 – 교육훈련으로는 인간성이 변하지 않으므로 초기에 적절한 사람을 선발해야 함
인간과 자연의 관계	•인간은 자연을 지배함 – 인간의 편리함을 위해 댐, 도로, 항만 등 자연조건을 변화시킴	•인간과 자연은 조화를 이룸 – 자연을 유지·보전하면서 인간의 욕구를 충족시킴
인간관계	•개인주의적임 – 개인이 의사결정의 주체 – 전문경영제의 도입 – 능력 위주의 직원 선발	•집단주의적임 – 집단이 의사결정의 주체 – 족벌 및 친족위주 경영체제 – 친족 위주의 직원 선발
인간행동양식	•동적 – 종업원은 자기만족과 목표달성을 위해 업무를 수행	•정적 – 종업원들은 단지 자신에게 주어진 일만을 수행함
시간관념	•미래중심적 •단기적 기업정책추구 – 정책목표는 10, 20년 장기계획으로 하지만 실제로는 단기적 목표달성을 위한 기업정책의 확신과 탄력성을 강조함 – 단기적인 인사정책	•과거중심적 •장기적 기업정책 추구 – 과거에 수행하였던 기업정책을 근거로 미래의 계획을 수립하며, 기업정책의 변화를 원하지 않음. – 장기적인 인사정책
공간관념	•사적 독점 – 경영자는 보통 중요한 회의에 밀폐된 장소를 이용함. 직원들 간에도 칸막이 등을 이용하여 독점적 장소 제공	•공적 공유 – 경영자는 보통 개방적인 장소에서 공개적인 회의개최, 직원들 간에도 칸막이가 없이 서로 노출되어 있음

자료 : N. J. Adler(1984), *Women's Androgynous Managers : A Conceptualization of the Potential for American Women in International Management*, Pergamon Press.

클라크혼은 첫째, 인간의 본성은 기본적으로 선한가 악한가? 둘째, 인간과 자연과의 관계는 어떠한가? 셋째, 삶에 대한 태도가 과거 지향적인가 현재 지향적인가 미래지향적인가? 넷째, 사람의 활동양식이 정적인가 동적인가? 다섯째, 인간관계가 개인주의적인가 단체 중심적인가 권위주의적인가? 하는 다섯 가지 질문에 대한 대답을 통하여, 한 문화권 내에 있는 사회구성원들의 공통적 가치관과 사고방식을 찾아내고, 이를 문화권별로 비교함으로써 각 국가 간의 문화적 차이를 알 수 있다고 주장하였다.

앞서 제시한 물음에 대한 해답을 앞의 표에서 찾을 수 있는데, 이를 아랍문화권과 일본에 적용시켜 보면 두 문화권의 차이를 간단하게 비교할 수 있을 것이다. 그러나 이 모형은 문화의 여러 측면 중 일부 항목만을 비교한 것일 뿐, 문화 전체를 완전히 이해할 수 없다는 단점을 가지고 있다.

2. 홀의 모형

문화적인 차이를 이해하는 데 도움이 되는 또 하나의 비교문화적인 분석 방법으로 홀의 모형을 들 수 있다. 홀(Edward T. Hall)은 각국의 문화를 고맥락 문화(high-context culture)와 저맥락 문화(low-context culture)로 이분화하였다. 여기서 맥락(context)이란 일과 생각을 받아들이고 느끼는 방법의 하나로 각국의 문화를 평가하는 데 중요한 역할을 한다. 고맥락 문화는 맥락 혹은 배경, 즉 삶의 정황이 보다 중요한 역할을 수행하는 문화이고, 저맥락 문화는 상황적인 요인보다는 구체적으로 표시된 문장, 서식, 문서 그 자체가 중요한 역할을 하는 문화이다. 이를 좀 더 구체적으로 살펴보자.

우선, 고맥락 문화에서는 의사소통을 함에 있어 사회적 배경이나 개인과 개인의 관계 속에서 이루어지기 때문에 명백한 부호와 문장으로 표시할 필요가 없다. 다시 말해서 의사전달자의 배경, 연상, 기본적인 가치관 등 의사소통의 맥락 속에 더 많은 정보가 포함되어 있기 때문에 실제 공식적으로 나타난 메시지에는 정보가 더 적게 포함되어 있다. 또 전반적으로 책임과 신뢰가 중요한 가치로서 공유되고 있기 때문에, 개인이 하는 말 한 마디 한 마디는 그 자체만으로도 확실한 보증서 역할을 하게 된다. 따라서 사회 전체적으로 영향력 있는 개인의 책임과 명예 등이 법률적인 서류보다 더 큰 의미를 갖게 된다. 또한 책임소재는 주로 고위층에 있고 집단지향적인 성격이 강하다. 이는 오랜 세월 동안 동일한 공간 안에서 생존해오면서 서로가 서로를 너무나 잘 알고 있으며 전통을 중시하는 비 서구사회에서 주로 일어나는 현상이다.

한편, 저맥락 문화는 구체적이고 분명한 대화를 통하여 정보교환이 이루어지고, 명백한 문장으로 기술된 법률적인 서류가 보증서 역할을 하게 된다. 따라서 합의내용이 법률적인가 아닌가 하는 것은 매우 중요한 의미를 가진다. 그리고 조직에서 책임소재와 관런

된 문제가 발생했을 때, 대체로 책임과 직접 관련된 최하위층에게로 책임이 전가된다.

이러한 차원에서 볼 때 중국, 일본 및 아랍문화는 고맥락 문화에 속하며, 미국 또는 독일문화는 저맥락 문화로 분류된다. 국제협상 시 미국기업의 경영자들은 일본기업의 경영자들이 협상주제의 핵심을 정확하게 밝히지 않는다고 불평하며 협상을 파국으로 몰고 가는 경우가 종종 있는데, 이는 앞서 설명한 문화적인 차이에서 기인한 것이다.

홀은 고맥락 문화와 저맥락 문화를 구분하는 기준의 하나로 경쟁 입찰, 협상 등의 예를 들고 있다. 고맥락 문화에서는 작업을 가장 잘 수행할 수 있고, 입찰자가 쉽게 통제할 수 있는 응찰자에게 일거리를 주는 반면, 저맥락 문화에서는 낙찰자가 특정요건을 위반하지 못하게 입찰요건을 명시하여 작업을 수행하도록 한다. 이상에서 살펴본 고맥락 문화와 저맥락 문화의 기본적인 속성을 정리하면 표 4-4와 같다.

이 외에도 홀은 저맥락 문화를 지닌 국가의 사람들보다 고맥락 문화를 지닌 사람들이 더 집단주의적이며 조직을 위해 개인을 희생한다고 주장하였다.

| 표 4-4 | 고맥락 문화와 저맥락 문화

문 화 권	고맥락 문화	저맥락 문화
법률 또는 법률가	덜 중요하다.	매우 중요하다.
개인의 말	매우 중요시하며 개인의 비공식적인 의사표시가 보증서 역할을 한다.	서면으로 보증한다.
공간개념	서로 어울리는 공간을 중요시 여긴다.	개인적 공간을 중요시하며 침해받는 것을 싫어한다.
실책에 대한 책임	최고위층이 책임진다.	최하위층에게로 돌린다.
시간관념	시간관념이 분명하지 않다.	'시간은 돈이다'라는 관념이 매우 강하다.
협　　상	오래 끄는 것이 보통이다. 협상목적을 모든 당사자들이 서로 충분히 이해하여 저절로 해결되도록 한다.	매우 신속히 진행된다.
경쟁입찰	드물다.	일반적이다.

자료 : W. J. Keegan(1984), Multinational Marketing Management, 2nd ed, Englewood Cliffs, N. J. : Prentice-Hall, Inc., p. 110.

< 제 4 절 >

국제기업과 문화적 환경

이 장의 서두에서도 논한 바와 같이 국제경영활동에 참여하는 사람에게 있어 문화적 차이를 어떻게 이해하고 극복하느냐 하는 것은 대단히 중요한 과제이다. 국제기업의 관리자들 중에는 후진개도국의 문화는 열등한 것이라는 편견을 가지고 현지에 파견되어 문화적 충돌에 따른 문제를 일으키는 경우가 많다. 그러므로 다국적기업의 관리자들이 반드시 알아야 할 사항은 선진국과 후진국의 문화, 곧 생활방식은 서로 다른 것일 뿐 반드시 선진국의 문화가 우월하다고 할 수는 없다는 점이다. 따라서 국제경영 관리자들은 현지국의 문화를 이해하고 존중할 줄 알아야 한다. 그러나 동시에 중요한 것은 현지의 문화를 존중하되 그러한 문화가 기업 활동의 효율성과 생산성을 높이는데 장애요인으로 작용한다면 현지 직원에 대한 교육을 통해 그들의 사고방식이나 행동양식을 점진적으로 변화시켜 나가야 한다는 점이다. 이는 현지문화를 이해하려고 하는 자세를 가지지 않을 때 문화적 충돌이 일어나며 현지문화를 주어진 변수로서 그대로 수용한다면 기업의 성과에 부정적인 영향을 미칠 수 있기 때문이다. 이러한 맥락에서 국제기업의 현지문화 관리문제가 대두되는 것이다.

1. 현지문화 관리의 중요성

문화는 한 국민이나 민족 집단에 널리 공유된 인식으로서, 여러 세대를 거치면서 제도화된 법률, 규칙, 관습 등으로 나타난다. 따라서 기업 활동이 특정국가에 국한되어 있다 하더라도 그 나라의 문화적 전통에 대한 이해가 필요하다. 나아가 기업 활동이 여러 국가에 걸쳐 있는 경우에는 각기 다른 시장이 안고 있는 고유한 문화적 특성은 국제기업의 모든 경영활동과 그 중에서도 특별히 마케팅 분야와 현지인에 대한 노무관리에 매우 큰 영향을 미치게 된다. 특히 현지 종업원의 가치관과 행동방식은 현지 자회사의 경영효율성에 큰 영향을 미치게 되므로 현지 문화에 대한 깊은 이해를 바탕으로 교육을 통해 점진적으로 교정해나가야 한다.

국제계약을 체결할 경우 각국의 문화적 차이를 충분히 고려하여 상담하고 계약을 체결하여야 한다. 화교 상인들은 전통적으로 말로써 맺은 약속을 중시하는 데 비해 서양에서는 문서화된 계약에 의존하는 경우가 많다. 특히, 미국에서는 중요한 상거래에 변호사가 개입된 경우가 많은데, 국제거래 빈도가 꾸준히 증가하고 있음을 고려할 때 한국 기업의 경영자들은 이 점에 각별히 유의해야 한다.

2. 국제기업의 이문화(異文化) 관리

국제기업 입장에서는 다음과 같은 전략적 대안을 통해 문화적 차이를 극복하기 위한 노력을 전개하는 것이 바람직하다.

첫 번째 대안은 피투자국 현지의 문화에 일치하도록 기업전략을 세우는 '현지국 문화에의 일치전략'이다. 이러한 전략은 현지국과의 마찰이 가장 적다는 장점이 있지만 기업의 기본적인 목표 및 전략과 상충될 수 있는 가능성이 있다.

두 번째는 '문화의 변화를 유도하는 전략'으로 기존의 피투자국 현지문화를 국제기업의 기업목표에 걸맞도록 적절한 변화를 유도하는 적극적인 방법이다. 이는 문화의 구성요소 중 혁신을 유도하는 요소와 갈등을 일으키는 요소를 파악하여, 변화를 유도할 수 있도록 갈등유발 요소를 전환시키려는 전략이다. 이 경우 피투자국 현지문화와의 갈등을 최소화하기 위한 특별한 노력이 필요하다.

문화적 지식의 내용은 문화권에 따라 상당한 차이를 보이고 있으며, 이문화(異文化)와의 접촉이 이루어질 때마다 점진적인 변화를 일으킨다. 문화의 변화는 다른 문화권에서 몇 가지 특징적인 것들을 도입하여 사용하는 문화의 차입에서부터 시작된다. 문화의 변화가 때로는 큰 저항을 초래하기도 한다. 문화의 특성에 따라 차이는 있지만 기존 문화에 대한 파괴가 클수록, 전통문화에 대한 침해가 클수록 문화적 변화에 대한 저항이 크게 된다. 그러므로 신제품을 통하여 새로운 문화를 국제시장에 소개하고자 하는 경영자는 이러한 저항의식을 최소화할 수 있는 전략대안을 수립하여야 한다.

문화적 변화의 중개인으로서 국제기업의 역할은 긍정적인 면과 부정적인 면을 동시에 갖고 있다. 국제기업이 국제경영활동을 통해 이전하는 신상품, 새로운 인사관리제도, 마케팅기법, 기타 현대적인 지식은 현지국 정부가 바람직한 것으로 평가하는 경우가 많다. 그러나 경우에 따라서는 불필요한 소비를 조장한다든가, 전통적인 가치관을 파괴한다든가 해서 비난을 받기도 한다. 하지만 국제기업의 문화전파활동이 긍정적으로 평가되는가 아니면 부정적으로 평가되는가의 문제는 현지국 정부관계자나 엘리트들의 정치이념과 가치관에 의해서 많은 차이를 가져온다고 할 수 있다.

국제기업은 상이한 문화적 환경을 배경으로 활동하기 때문에 문화적 위험에 노출되기도 하지만, 이러한 위험은 제대로 관리할 경우 오히려 훌륭한 기회를 제공하기도 한다. 따라서 국제기업의 경영자는 피투자국 문화에 대하여 이해해야 할 뿐 아니라, 피투자국 문화에 적응할 수도 있어야 하며, 전략경영 차원이나 운영관리 차원 모두에서의 문화적 차이를 관리하는 노력이 충분히 반영될 수 있도록 해야 할 것이다.

부록 ▸▸

I. 국내 가전업계 문화적 특성 고려한 글로벌 전략

[조선일보 2001/7/2]

대우전자가 중동 지역에 수출하는 냉장고에는 자물쇠가 달려있다. 대우전자 냉장고 사업부 이성 상무는 "이 지역에선 자물쇠가 없는 제품은 아예 팔리지 않는다"고 말했다. 자물쇠를 채우는 이유는 그 안에 시원한 물을 보관하기 때문이다. 사막과 태양의 땅에서 물은 곧 생명이다. 가장 소중한 것을 보관하는 창고에 자물쇠가 없다면 오히려 이상한 일이다.

LG전자가 유럽에 수출하는 냉장고는 과일, 야채를 넣는 냉장실이 위쪽에, 얼음을 얼리는 냉동실이 아래쪽에 있는 제품이 많다. 유럽인들은 허리를 구부리기 싫어하기 때문에 자주 여닫아야 하는 냉장실을 위에 배치했다. 유럽인들은 아시아 지역에서 팔리는 냉장고에 냉동실이 모두 위에 있다는 것을 오히려 신기하게 생각한다.

지구촌 시대 가전제품 제조업체들은 오히려 지역과 국가에 더 집착한다. 지역과 국가의 특성을 알지 못하면 글로벌 경쟁에서 살아남기 힘들기 때문이다. 중동 수출용 TV를 시청한 사람들은 소리가 너무 크다는 느낌을 받는다. LG전자 디지털영상사업부 윤상한 상무는 "중동지역에서는 TV 보급률이 낮아 동네 사람들이 TV가 있는 집에 모인다"고 설명했다. 사운드 출력을 높이지 않으면 사람들이 떠드는 소리에 묻혀 TV 소리가 들리지 않는다. 또 중동 지역 가옥은 천장이 높고 방이 넓다. 기본적으로 소리가 크지 않으면 들을 수가 없는 것이다.

국가와 문화에 따라 선호하는 색깔도 다르다. 대우전자는 97년 노란색 냉장고를 내놓은 다음 영국 소비자를 사로잡는 데 성공했다. 영국 사람들은 노란색을 좋아한다. 영국 왕실을 상징하는 색깔도 노란색이다. 이성 상무는 "단지 냉장고 색깔을 바꾸는 것만으로 매년 수출이 30% 늘었다"고 말했다. 현재 이 회사가 영국으로 수출하는 제품의 55%가 노란색이다. 사우디 사람들이 가장 좋아하는 색상은 녹색이다. 사우디 국기도 녹색이다. 당연히 가전제품도 녹색이 가장 인기다.

가전업체들은 해외에서 인기를 끈 제품을 국내 시장에 출시하기도 한다. 최근 인기를 끌고 있는 양문 여닫이 냉장고는 550ℓ 이상 대형 제품으로 거주 공간이 넓은 미국 시장에서 먼저 인기를 끌었다. 지난 97년 삼성전자가 이 제품을 '지펠'이란 상표로 국내 시장에 내 놓았다. 또 LG전자와 대우전자도 뒤를 따랐다.

이 제품의 특징은 한꺼번에 많은 음식을 보관할 수 있는 것이다. 맞벌이 부부들이 주말에 일주일치 먹거리를 구입해 넣어 두었다가 일주일 내내 꺼내 먹기에 제격이다. 지난해 이 제품 국내시장 규모는 22만대, 가전 업체들은 올해 40만대 정도가 팔릴 것으로 예상하고 있다. 이제 국내 냉장고 시장의 15%가 양문형이다. 생활방식이 서구식으로 변해 서구형 제품이 국내에서 인기를 얻은 셈이다.

해외에서 통하는 제품이 국내에선 실패한 경우도 있다. 96년 삼성전자와 LG전자는 유럽식 상냉(上冷)하동(下凍) 냉장고를 국내 시장에 출시했다. 그러나 국내 소비자들은 익숙지 않은 제품을 외면했다. 두 회사는 곧 생산을 중단할 수밖에 없었다. 서구 문화가 만들어 낸 제품이 국내에서 환영받는 경우도, 버림받는 경우도 있는 셈이다. LG전자 어플라이언스 사업본부 김쌍수 사장은 "가전제품 국제화란 전 세계에서 같은 제품을 판매한다는 의미가 아니다"라고 말했다. 오히려 "각국의 문화와 생활을 이해하고 거기에 맞는 제품을 만드는 것"이라는 설명이다. 심지어 문화와 생활습관도 끊임없이 변한다. 글로벌 경쟁에서 살아남기 위해서는 그야말로 세상이 돌아가는 것을 알아야 하는 시대다.

II. 국제경영활동과 와인

(1) 와인 즐기는 재계 주요 CEO

[이상재 기자(sangjai@joongang.co.kr)]

"와인은 새로운 문화 코드입니다. 독주(毒酒)를 마실 때처럼 상대방을 곤란하게 만드는 언행이 발생하지 않고, 항상 기분 좋은 말로 대화할 수 있는 분위기를 만들어주지요." 이희상(59) 대한제분 회장이 말하는 와인 예찬론이다. 최훈(68) 보르도 와인 아카데미 원장도 비슷한 말을 한다. "애주가들한테는 속을 상할 부담이 거의 없다. 편안한 분위기 때문에 거친 말투가 줄어든다"며 "게다가 비용은

2만~3만원이면 되는데 와인을 좋아하지 않을 이유가 없다"는 것이다. 재계에는 소문난 와인 마니아들이 많다. 1960년대 해외 유학을 거친 2세 경영인들이 와인 문화를 심었다면 지금의 2, 3세들은 거의 와인 마니아라고 봐도 된다. 점심식사 자리에 와인을 한잔 곁들이는 것은 물론이고 저녁 모임도 와인을 1차로 시작하는 것이 보통이다.

"와인 좋아 사업도"

와인 마니아 가운데 대표적인 인물이 전국경제인연합회장을 맡고 있는 강신호(77) 동아제약 회장이다. 칠순이 넘은 고령이지만 강 회장은 저녁식사 때면 빠짐없이 레드 와인 한두 잔을 곁들인다. 의학박사 출신답게 "부르고뉴 레드 와인은 소화불량에 좋고, 가벼운 이뇨작용을 위해서는 화이트 와인을 권한다"며 와인과 건강 이야기를 술술 풀어놓는 것으로도 유명하다. 이렇게 와인 소믈리에(전문가)로 유명하다 보니 가끔 '과외 일'도 생긴다. 지난 5월에는 아시아나항공 기내 와인 품평회에 고객 패널로 참석하기도 했다.

한편 강 회장은 와인사업을 벌이기도 했다. 지난 1987년 '파라다이스 애플 와인'을 인수해 과실주 사업에 뛰어들었던 것. 강 회장은 '메이드 인 코리아' 와인에 강한 애정을 보이면서 충남 보령의 20만평 부지에 포도밭을 개발하기도 했다. 또 당시 국내 1위였던 '마주앙'에 맞서 '위하여'라는 독자 브랜드를 직접 만들기도 했다.

김영호(60) 일신방직 회장도 와인이라면 빠지지 않는다. 특히 이탈리아 와인에 관심이 많다. 지인들 사이에서는 주요한 모임에는 양손에 와인을 들고 나타나는 '귀한 손님'으로 통한다. 프랑스 부르고뉴지방에서 나오는 '피노누와'(포도의 품종이름) 와인을 특히 좋아한다고. 김 회장은 91년 ㈜신동을 통해 일찌감치 와인 비즈니스를 시작했다. 김 회장이 와인사업을 시작하게 된 것은 영국 소더비 경매에서 와인을 여섯 박스 구입한 것이 계기가 됐다. 김 회장은 "통관 절차를 제대로 밟고는 들여올 수가 없어 아예 수입면허를 받고 와인사업에 나섰다"고 말했다.

이희상 한국제분 회장은 '와인기사'로 통한다. 그만큼 세계적으로 유명한 와인 마니아이다. 그는 지난해 11월 프랑스 부르고뉴지역으로부터 '콩프레리 데 슈발리에 뒤 타스트뱅'(Confrerie des Chevaliers du Tastevin) 기사 작위를 받았다. 이전에도 이 회장은 메독·보르도에서 기사 작위를 받은 적이 있어 3개의 와인 기사 자위를 수상한 최초의 한국인이 됐다.

이 회장이 와인에 입문한 것은 15년 전. 당시 미국에 머물면서 선배로부터 와인 즐기는 법을 배웠다고. 이 회장은 "단순히 마시는 것이 아니라 와인에게 감사하는 법을 배웠다"고 말했다. 한 알 한 알 포도를 정성스럽게 돌보는 와인 메이커의 모습에서 경영의 의미를 배운다는 것이다.

이 회장 역시 "보다 넓은 계층에 와인 문화를 전파하고 싶다"는 생각에 97년부터 와인 수입업체 나라식품을 설립해 주로 캘리포니아 와인을 수입하고 있다. 이 회장은 캘리포니아의 유명 와인산지들을 직접 방문해 가며 수입계약을 따낸 것으로 유명하다.

철도청장을 지낸 최훈(68) 씨도 국내의 대표적인 와인 예찬론자. 행정고시 합격 후 주로 교통부에 근무한 최씨는 67년 프랑스에서 연수를 받으면서 와인을 접했다. 현지에서 와인을 경험한 와인 1세대인 셈이다. 철도청장 시절 사무관급 이상을 대상으로 진행한 '청장님의 와인강좌'는 지금도 회자된다.

"국제경영을 하려면 와인을 먼저 이해하라"

최 씨는 공직에서 물러나면서 2000년 7월 '보르도 와인 아카데미'를 열었다. 정희영 천마산스키장 회장 · 이종순 위동항운 사장 등이 공동 출자한 보르도 와인 아카데미는 국내 최초의 본격적인 와인스쿨로 꼽힌다.

최 원장은 "미술관 옆의 창고를 빌려서 사무실로 사용할 만큼 빠듯하게 살림하고 있다"면서도 "그러나 현지의 와인 전문가를 초빙해 정통 코스의 와인스쿨을 운영하고 있다"고 소개했다. 최 원장은 "요즘 기업의 CEO는 경영도 잘해야 하지만 와인 즐기는 것도 9단(段)이 돼야 한다"고 강조한다.

"국내 굴지의 금융회사 프랑스 파리지점장이 하루아침에 본사로 '소환'된 적이 있어요. 회장이 파리지점을 방문했을 때 와인을 내놓았는데, 이것이 화근이었지요. 레드 와인을 내놓으면서 잔은 화이트 와인용을 내놓은 거였습니다. '기본도 모르면서 와인의 나라 프랑스에서 제대로 사업을 할 수 있겠느냐'며 소환령을 내린 거지요."
술을 별로 즐기지 않는 이건희(62) 삼성그룹 회장도 중요한 모임에는 꼭 와인을 챙겨나간다.

지난해 전경련 회장단 회의에서도 프랑스 특급 레드 와인인 '라피트 로췰드'(미국명 로스차일드)를 내놓아 화제가 됐다. 자녀나 조카들의 결혼식에는 '동뻬리뇽

샴페인'과 생테밀리옹의 레드 와인인 '샤토 피작'을 내놓아 색다른 분위기를 연출하기도 한다고.

이 회장은 임직원들에게 "세계를 정복하려면 와인을 먼저 배우라"고 강조한다. 와인도 비즈니스맨이 배워둬야 할 중요한 문화 요소라는 것이다. 그러다 보니 삼성에서는 와인 학습 열기가 가장 뜨겁다. 삼성에서 해외 근무를 하기 전에는 와인스쿨을 이수하고 나가는 것이 정해진 코스로 돼 있다.

이 밖에도 재계에는 남승우(52) 풀무원 사장이 와인 마니아로 손꼽힌다. 계열사로 이탈리아 레스토랑 '아란치오'를 운영하고 있는 남 사장은 일주일에 두 차례 정도 이곳에 들려 이탈리아 와인인 '바롤로'를 자주 찾는다. 남 사장은 또 지난 99년 경복고 동창들과 함께 '와인을 사랑할까 생각하는 사람들' 모임을 만들기도 했다.

우남균(55) LG전자 사장은 자신의 홈페이지에 '와인 향기 같은 남자'라고 자신을 소개할 만큼 와인에 애정이 많다. 프랑스지사 근무 시절 모아둔 와인이 3,000병이 넘는다고. 회식 자리에서도 폭탄주보다는 와인을 즐긴다.

의료기기 · 의료 소모품 분야의 세계적 기업인 비 브라운의 김해동(51) 한국지사장도 와인이라면 빠지지 않는다. 사무실 바로 옆에 와인 냉장고를 비치해 뒀는데, 냉장고에는 세계 각국의 포도주가 가득 채워져 있다.

이들 말고도 장잠태(69) 롯데호텔 사장, 임승남(66) 롯데건설 사장, 서영태(53) 현대오일뱅크 사장, 이장우(48) 이메이션코리아 사장 등이 와인을 즐겨 마신다. 서 사장은 최근 한 와인스쿨에서 교육을 받아 눈길을 끌었다. 이사장은 와인 코르크를 모으는 취미가 있다. 자신의 방 유리병에 수 백 개가 쌓여 있다고 한다.

(2) 와인의 얼굴 : 와인 레이블(Label)

와인의 레이블은 생각만큼 복잡하고 어렵지 않다. 오히려 소비자들에게 자신에 대한 정확한 정보를 주려고 노력한다고 할 수 있다.

첫째로, 와인 생산자명. 우리나라에서는 실제로 와인 생산자(Winery) 이름을 와인명으로 사용하고 있다. 하지만 보다 정확하게 샤또 마고(Chateau Margaux), 샤또 라투르(Chateau Latour) 등은 제조자 명이다.

두 번째는, 생산지역명. 생산지역이라고 하면 그 와인에 사용된 포도가 재배된 지역 또는 국가 명을 의미한다. 생산지역명은 프랑스 보르도처럼 넓은 지역일 수도 있고, 보르도의 세부지역인 마고(Margaux)일 수도 있다. 미국의 경우에는 그냥 캘리포니아라고 명시되는 경우도 있고 Nappa Valley라는 세부 지역명이 사용되는 경우도 있다. 그러나 마음대로 지역 명을 표시할 수 있는 것은 아니다. 대부분의 국가들은 생산지역명 표시를 법률로 규제하고 있다. 일반적으로 특정 지역 명을 사용하려면 그 지역의 와인 85%를 사용해야 한다. 이 조건을 지킨 경우에만 AOC(佛) 또는 DOC(伊)와 같은 사항을 레이블에 표시할 수 있다.

셋째, 와인등급. 와인의 품질 구분을 보여준다. 프랑스에서는 지역 명 표시가 와인의 품질과 밀접하게 관련되어 있기 때문에 AOC를 하나의 등급으로 사용하고 있지만, 이 등급만 있는 것은 아니다. 또한 각 국가마다 같은 등급 기준과 명칭들을 사용하고 있는 것이 아니다.

넷째, 빈티지. 와인에 사용된 포도가 재배된 해를 의미한다. 따라서 여러 해의 포도로 생산된 와인을 블랜딩 해서 쓰는 것은 빈티지가 명시되지 않는 것(non-vintage)도 이러한 이유 때문이다. 따라서 빈티지를 와인의 출고년도 또는 와인이 병입된 해로 잘못 이해하면 안 된다. 와인의 재료가 된 포도가 재배되던 해의 기후 조건이 좋았으면 와인의 품질도 좋다. 그래서 이와 같은 좋은 해(great years)의 포도로 생산된 와인은 다른 해의 와인보다 가격이 높다.

다섯째, 포도 품종. 와인생산에 사용된 포도 품종을 표시한다. 그러나 품종표시는 모든 레이블에 다 명시되는 것은 아니다. 대부분의 프랑스와 이태리 와인 레이블들은 포도품종을 표시하지 않는다. 그 이유는 각 지역마다 재배되는 포도 품종이 법적으로 규정되어 있기 때문에 지역명이 곧바로 특정 포도 품종과 연결지어지기 때문이다. 예로, 보르도에서는 까베르네 소비뇽, 까베르네 프랑, 멜로, 쁘띠 베르도와 말벡 품종만을 재배하기 때문에 보르도라는 지역명칭 내지는 보르도의 세부지역이 표시된 경우에는 이 품종들이 사용되었음을 알 수 있다.(미국의 경우에는 75% 이상, 유럽과 호주에서는 85% 이상으로 규정하고 있다.)

여섯째, 사용된 포도의 숙성도에 의한 구분. 모든 와인 레이블에 표시된 경우는 아니지만, 독일과 오스트리아의 레이블에서는 포도의 숙성정도와 이 포도로 만든 와인들의 품질을 나타내는 용어들을 표시하게 되어있다. 예로, 독일 레이블에서 볼 수 있는 Kabinett, Spatlese, Auslese, Beerenauslese, Trockenbeerenauslese 들이 이에 해당한다.

일곱째, 포도원 병입 여부 및 생산자 주소 등. 'Estate Bottled', 'Mis en bouteille(s) au Chateau(佛)', 'Gutsabfullung' 또는 'Erzeugerabfullung(獨)'은 모두 와인 생산자가 직접 포도를 재배하고 이를 양조 병입했다는 것을 의미한다. 포도원에서 직접 병입하지 않는 경우에는 달리 'Mis en Bouteille par(佛)' 내지는 'Bottled by' 등으로 표시된다.

여덟째, 기타 요구되는 정보. 국가에 따라 달리 요구되는 필수 사항들. 독일의 경우에는 'Amptliche Prufungs Nummer (AP Number)'를 표시할 것을 의무화하고 있다. 이 번호는 국가공인시음위원회가 그 와인을 시음할 때 부여하는 번호이다. 프랑스 와인의 경우에는 세부 등급 분류를 표시해 줄 수 있다. 예로, Premier Cru, Grand Cru 또는 Cru Bourgeois 등이다. 그리고 미국의 경우에는 레이블 또는 back 레이블에 아황산염이 들어가 있다는 것과 알코올 섭취가 태아에 미칠 수 있는 영향과 운전신경을 둔화 시킬 수 있다는 경고문을 명시하도록 규정하고 있다.

이 외에도 레이블에서 확인할 수 있는 다른 사항은 병 크기(거의 750ml)와 알코올 도수가 있다.

(3) 양조용 주요 포도품종

양조용 포도는 과립이 작고 당분 함량은 높고, 산미가 매우 높다.

1) 레드 와인용 포도 품종

▸ 대표적인 4대 품종

(1) 까베르네 쏘비뇽(Cabernet Sauvignon)--*King of Red Wine*

레드 와인의 왕관자리를 차지하고 있는 포도품종으로 가장 인기가 있고, 전 세계적으로 널리 재배된다. 예전엔 주로 보르도 메독 지역에서 재배되었으나 지금은 세계 각국에서 재배되고 있다. 까베르네 쏘비뇽의 장점 중의 하나가 다양한 기후와 토양에 적응을 잘 하는 것인데, 이런 장점으로 더욱 더 인기 있는 품종이 되었다. 까베르네 쏘비뇽은 질병과 냉해에 저항력이 강하다. 또한 자체적으로 숙성 능력도 뛰어나다.

까베르네 쏘비뇽은 두꺼운 껍질, 작은 포도알, 높은 탄닌 성분을 가지고 있다. 탄닌 성분이 많아 쓴 맛이 강하기 때문에 항상 부드러운 메를로나 까베르네 프랑과 함께 블렌딩을 한다. 미디엄/풀바디이며, 구조가 견고하고, mouth-drying finish를 가지고 있다. 더운 지역에서 잘 자라는 품종으로 초콜릿, 블랙체리, 계피, 그린벨 페퍼, 민트, 아스파라거스, 삼나무, 유칼리나무, 커피, 담배, 타르의 향 등 수많은 향을 가지고 있다. 메를로, 시라, 삐노누아와 함께 레드 와인을 만드는 4대 품종 중의 하나이다.

아래에 나오는 그림과 설명문은 미국의 와인 관련 사이트 (www.appellationamerica.com)에서 퍼온 그림과 설명문이다.

"임금님 만세 !!! 그러나 임금님은 젊잖은 신사는 아닙니다. 젊은 시절의 당신은 성질 사납고 두꺼운 껍질에 쌓인 풋내기로서 쓴 맛을 감추고 있지요. 고귀한 분위기는 어두운 지하 저장고에서 10년 이상의 유배생활을 마치고 나야 나타나게 되지요. 프랑스 보르도의 당신 추종자들은 당신의 강한 탄닌 성분에 대해 경고했지만 캘리포니아의 와인 양조자들은 당신의 감추어진 장점을 찾아내는데 성공하였지요. 캘리포니아의 양조자들은 오랜 세월 동안 수많은 실패를 거듭한 끝에 당신의 강한 탄닌 맛을 통제하는데 성공하였지요. 보르도 사람들의 충고를 참고하여 캘리포니아 양조업자들은 까베르네 프랑(Cabernet Franc)을 첨가하여 우아한 맛을 만들어 내었고 당신의 프랑스 동반자인 메를로(Merlot)를 첨가하여 성숙한 맛을 개발해 내는데 성공하였답니다. 이제 마침내 당신의 시대가 도래하였습니다. 왕자다운 품격을 지니고 당신은 Meritage라고 불리는 궁전에서 북아메리카를 다스리고 있습니다."

(2) 메를로(Merlot) - *Madame Merlot* -

보르도 뽀므롤과 쌩떼밀리용 지역의 주품종으로 전 세계적으로 널리 재배되고 있으며 부드럽고, 과일향이 풍부하고, 까베르네 쏘비뇽보다 탄닌 성분이 적은 적포도 품종, 주로 까베르네 쏘비뇽과 블렌딩을 한다. 가격이 저렴하고 마시기 쉬워서 점차 인기를 얻고 있다. 그러나 까베르네 쏘비뇽보다 재배하기는 어려운 편이다. 질병에 더 약하고, 특별한 기후와 토양에서만 재배된다. 그럼에도 불구하고 세계 여러 나라에서 재배되고 있다. 메를로의 특징은 미디엄/풀바디, 서양자두와 체리향이 나며, 블랙커런트, 담배, 초콜릿, 바닐라, 민트의 향도 조금씩 난다. 더운 지역에서 자란 멜로는 조금 더 스파이시(매콤한 후추 맛)하며 꽃향기가 나고, 추운 지역에서는 조금 더 가볍고 허브향이 난다.

"메를로 부인, 당신은 부드럽고 탐스런 피부의 키가 큰 여인입니다. 우리 모두는 당신의 매력을 찬미합니다. 그러나 당신은 단순히 보르도 출신의 미인 그 이상의 존재이십니다. 당신은 언제나 당신의 나이보다 더욱 성숙한 자태를 뽐내지요. 아마도 당신의 친절하고 관대한 성질이 성질 사나운 까베르네 쏘비뇽의 완벽한 동반자가 될 수 있도록 한 것이겠지요. 당신은 성숙되지 아니한 까·쏘의 강한 맛을 부드럽게 하여 상류사회에 진출할 수 있을 정도로 만들어주었지요. 당신의 신세계 진출은 조금 뒤 늦은 감이 있지만 그럼에도 불구하고 당신은 미국 동부의 롱 아일랜드로부터 서부의 캘리포니아 나파벨리까지 당신의 위치를 확고하게 하였지요."

(3) 삐노누아(Pinot Noir) --

와인 제조자들이 가장 까다로워하는 포도품종이다. 얇은 껍질을 가지고 있어서 껍질이 단단한 까베르네 쏘비뇽이나 샤르도네보다 재배 및 양조가 훨씬 어렵다. 부드럽고 섬세하며, 아주 다양한 향을 가진 고급 레드 와인을 만들어낸다. 또한 샹파뉴 지방에서 blanc de noir 샴페인을 만들기 위해서 블랜딩되는 품종이기도 하다. 연한 적색이기는 하지만 풀 바디이며 알코올 함량도 높다. 산도는 높고, 탄닌의 양은 많은 편이 아니다. 스트로베리, 라즈베리, 레드커런트 같은 과일향이 난다. 프랑스 부르고뉴의 꼬뜨도르 지역, 샹파뉴 지역에서 많이 재배되며, 미국, 오스트레일리아, 뉴질랜드에서도 재배된다. 우수한 빈티지일 경우 40년 이상 숙성시킬 수도 있다. 일반적으로 까베르네 쏘비뇽보다 탄닌과 산도가 적기 때문에 더 빨리 숙성되는 경향이 있다. 로마네 꽁띠 같은 최고의 와인을 만드는 품종이기도 하다.

"삐노 누아.. 당신은 아름다운, 그러나 변덕스러운 여신입니다. 당신을 사랑하는 것은 바람난 요부를 숭배하는 것과 같지요. 당신은 당신의 고집스런 방식으로 너무나 자주 우리를 실망시켜왔기에 당신은 언제나 우리를 거부하는 것처럼 보여 왔지요. 그러나 당신의 너무나 매혹적인 아름다움과 우아함은 우리로 하여금 어쩔 수 없이 당신의 모든 변덕을 용서하게 만들고 말았습니다. 당신은 버건디(부르고뉴)의 황금언덕(Cote d'Or)이 아닌 외국의 그 어떤 곳도 거부해왔지요. 그러나 우리는 신세계(미국 오레곤)의 해변의 미풍과 언덕배기에서 바라보는 멋진 풍경을 가지고 당신의 까탈스러운 성격을 누그러뜨리는데 성공하였답니다. 이제 오랜 세월동안 부르고뉴 사람들을 사로잡았던 당신의 모든 매력과 아름다움을 우리들에게도 누릴 수 있는 은총을 베풀어 주시기 바랍니다."

(4) 쉬라/쉬라즈(Syrah/Shiraz) -- 강한 남자 -

쉬라, 쉬라즈, 프랑스 론 지방에서 생산되는 유명한 와인, Cote-Rotie와 Hermitage의 원료가 되는 적포도 품종, 오스트레일리아 사람들은 쉬라즈(Shiraz)라 부른다. 두꺼운 껍질을 가진 거무스름한 포도알이 열린다. 만들어지는 와인의 타입은 진하고, 풍부하고, 농축되어 있고, 미디엄/풀바디의 와인이다. 또한 후추 향, 체리, 블랙커런트, 블랙베리의 과일향이 난다. 알콜 함량은 높은 편이고, 산도는 적당하거나 약간 낮은 편이다. 때때로 가죽, 타르, 구운 견과류의 향이 나는 것도 있다. 너무 많이 익은 포도로 만든 와인은 잼 같이 달다. 탄닌 성분이 강한 편이며 오랜 기간 동안 숙성이 필요하며, 맛이 매우 강건한 와인이다.

"로마제국 시절 당신은 페르시아에서 포로로 잡혀와 골(프랑스)지방으로 옮겨져 검투사가 되었습니다. 당신은 론 계곡의 북쪽지방에서 점점 유명하게 되었지요. 당신은 강한 탄닌 성분 그 이상의 무엇인가를 가지고 있었지만 로마인들은 당신의 진정한 가치에 대해서는 별로 아는 게 없었지요. 겉으로 드러나는 얼얼하고 강한 향신료 맛 뒤에는 진정한 지도자로서의 당신의 모습이 감추어져 있지요. 로마제국이 멸망한 뒤에도 당신은 에르미따쥬(Hermitage)의 언덕위에서 오늘날까지도 론 계곡을 지배해오고 있지요. 그러나 당신의 진정한 승리는 호주로 진출하여 와인들 중의 제왕에 등극한 것이라고 할 수 있지요. 당신은 호주에서의 승리에 안주하지 않고 아메리카 대륙으로 진출하였습니다. 당신이 "Rhone Ranger" 군단을 이끌고 아메리카 대륙에서의 승리를 이끌어내는 것은 단지 시간 문제일 뿐이라고 보입니다."

▶ 기타 주요 품종

(1) 진판델(Zinfandel) 미국 토착 품종

미국 캘리포니아에서 가장 많이 재배되는 적포도 품종. 이탈리아에서는 Primitivo라 부른다. 포도알이 굵고, 검푸른 색이며 달콤하고 즙이 많다. 1970년대에는 White Zinfandel이라고 불리는 라이트 바디의 달콤한 와인을 생산했으나 지금은 만들지 않는다. 그러나 요즘엔 'Big Zins'이란 이름으로 체리향을 가진, 밸런스 좋은 와인을 다시 만들고 있다. 포트 와인처럼 진한 스타일, 클라렛 와인처럼 약간 가벼운 스타일, 두 가지 스타일 모두 생산 가능하다. 일반적으로 진판델 와인은 풍부하고 강하며(robust), 블루베리와 블랙체리 향이 진하게 난다. 또한 감초와 라즈베리향도 나며, 후추향도 난다. 당도가 높기 때문에 알콜 도수가 높은 편이다. 주로 캘리포니아 북쪽에서 재배되는데, 서늘한 해안 지역에서 좋은 품질의 와인이 많이 만들어진다. 가벼우면서 산뜻하며, 레드, 화이트, 로제 와인 모두에 쓰인다.

(2) 산지오베제(Sangiovese)

이탈리아의 토스카나 지방에서 널리 재배되는 품종으로, 이탈리아 레드와인 Chianti, Vino Nobile de Montepulciano, Carmignano의 주재료이다. 다양성을 지닌 품종이라 신선하고 라이트한 와인을 만들 수 있고, 힘 있고, 풀바디 한 와인을 만들 수 있다. 시큼한 블랙체리 또는 라즈베리향이 나며, 흙냄새도 난다. 산도와 수렴성 또한 인상적이다. 오크통에 숙성시키면 좀 더 깊고 풍부한 맛을 얻을 수 있다. 캘리포니아에서도 블랜딩용으로 많이 재배되며, 아르헨티나의 Sangiovese wine도 유명하다.

(3) 네비올로(Nebbiolo)

이탈리아 피아몬테 지방. 특히 Barolo나 Barbaresco에서 주로 재배되는 적포도 품종으로 이탈리아 피에몬테 최고의 와인을 만든다. 두꺼운 껍질과 짙은 보라색을 가진 이 포도는 수확이 늦은 편이다. 탄닌, 산이 많은 미디엄-풀/풀 바디의 와인을 생산한다. 또한 힘 있는 와인으로 롱피니시를 준다. 블랙체리, 아니스, 감초의 향이 난다. 오랜 숙성을 필요로 하는 포도 품종으로써, 최소한 6년 이상은 숙성시켜야 먹을 수 있다. 질 좋은 Barolos나 Barbarescos는 20년 이상 숙성시킬 수도 있다. 남아메리카나 캘리포니아에서도 재배되지만 이탈리아 북부에서 생산되는 것이 가장 질이 좋다. '스파나(Spanna)'라고도 한다.

(4) 뗌쁘라니요(Tempranillo)

스페인 리오하 와인을 만드는 주요 적포도 품종, 주로 스페인 리오하 지방에서 재배되어 그르나쉬(Grenache)품종과 블랜딩 된다. 척박한 환경에서도 잘 자라며, 수확이 빠른 품종이다. 진홍색의 적당한 산도를 지닌 미디엄/풀 바디의 와인을 생산한다. 스트로베리, 레드커런트, 정향 등의 붉은 과일류의 향을 지녔으며, 흙냄새, 가죽 같은 향도 가지고 있다. 향은 그다지 우수하지 않기 때문에 향이 좋은 그르나쉬와 블랜딩된다. 과일향이 풍부한 영한 상태에서 마실 수 있는 와인, 오랫동안 오크통에서 숙성시킬 수 있는 와인, 두 가지 타입 모두 생산 가능하다.

(5) 가메(Gamay)

보졸레 와인을 만드는 포도품종. 주로 부르고뉴 보졸레 지방에서 재배된다. 밝은 색의 레드와인이 되며, 신선하고, 과일 맛이 풍부하고, 적당한 산도를 가지고 있다. 탄닌과 알콜 함량은 낮은 편이다. 특히 보졸레 누보로 유명하다. 프랑스 루와르 계곡, 캐나다 미국 나파밸리에서도 잘 자란다. 미국에서는 '나파 게메이(Napa Gamay)'라고도 한다.

(6) 까베르네 프랑(Cabernet Franc)

까베르네 쏘비뇽과 유사하지만 색이 훨씬 밝고, 탄닌이 적게 들어 있다. 주로 보르도 지역과 루와르 지역에서 많이 재배된다. 까베르네 쏘비뇽, 멜로와 함께 블렌딩하여 보르도 와인을 만든다. 까베르네 프랑은 미디엄/풀 바디이고, 향이 매우 좋다. 알콜과 산도는 중간정도이다. 허브 향 같은 아로마와 부케가 좋고, 삼나무향, 약한 담배향, 블랙커런트, 계피향, 스트로베리향이 나며, 블랙베리의 뒷맛이 특징이다. 전 세계적으로 널리 재배되는 품종 중의 하나이다. 최근엔 미국 나파나 소노마에서도 많이 재배된다.

(7) 까르메네르(Carmemere)

까르메네르는 18~19세기에 프랑스 오리지널 보르도 와인을 제조할 때 꼭 들어갔던 품종이다. 하지만 유럽의 포도밭을 황무지로 만든 포도 질병 필록세라가 나돌 때 전멸되었다. 한데 1970년대 초, 우연히 보르도의 유명한 학자에 의해 칠레에서 발견되어 화제를 모았다. 필록세라가 전세계 포도밭을 휩쓸었으나 칠레만은 유일하게 영향을 받지 않은 것. 까르미네르는 진하면서 부드러운 맛이 메를로와 비슷하다. 그러면서 오랜 여운과 힘을 지녀 남미 여인의 정열을 떠올린다. 특히 코끝을 자극할 정도로 스파이시한 향미는 순간 움찔할 정도로 강하다. 하지만 입안에서 한 바퀴

굴리고 나면 깊고 부드러운 질감이 감미롭게 혀끝을 감싼다. 칠레 특유 진흙모래의 충적토가 만들어내는 촉촉하고 진한 맛이 그대로 배어 있되, 향은 여느 품종과 확연히 다르다.

(4) 주요국의 와인 등급체계

1) 와인의 종주국, 프랑스

▸ 프랑스는 전 세계 와인 생산량의 4분의 1에 해당하는 550만 톤 정도를 매년 생산한다. 프랑스 와인이 세계적으로 유명한 것은 일찍부터 품질관리체제를 확립하여 와인을 생산했기 때문이다. 프랑스의 와인제조는 지방정부의 법률에 의해 규제를 받는데 이것이 유명한 A. O. C. 제도이다. 이 제도는 1900년부터 시작하여 1935년에 확립되어 프랑스 고급와인은 모두 A. O. C.의 규제를 받고 있다.

▸ A. O. C. 규정은 사용되는 포도품종, 재배방법, 수확 및 수율, 최소 알코올 농도, 각 지역별 와인제조 방법 등에 대해 규정하고 공식적인 분석과 테이스팅을 거치도록 강제하고 있다.

▸ 프랑스는 전통적으로 이름 있는 포도원의 역사적 배경과 기후, 토질 등을 바탕으로 등급을 정한 경우가 많고 또 각 지역별로 사용하는 포도의 품종, 양조방법이 정해져 있어서 라벨에 품종을 표시하지 않고 생산지명과 등급을 표시하는 경우가 많다. 따라서 각 생산지역의 특징을 파악하고 품종에 대한 지식이 있어야 한다.

▸ 프랑스 와인 4등급 분류(실제로는 3등급으로 통용된다)

(1) A.O.C.(Appellation d'Origine Controlee) : 원산지 통제명칭 와인 : 프랑스 와인 중에서 가장 높은 단계로서 품질관리가 철저한 등급의 와인이다. 토양 및 경작지 위치, 사용하는 포도품종, 포도재배 관리와 양조 및 숙성에 대한 법률적 규정이 있다.(프랑스 와인 생산의 약 35%) Vin de Bordeaux Controlee, Vin de Medoc Controlee, Vin de Margaux Controlee 등등에 대해 규정하고 공식적인 분석과 테이스팅을 거치도록 강제하고 있다.

(2) VDQS(Vins Delimites de Qualite Superieure) 우수품질 범위 제한 : 품질관리는 거의 A. O. C.와 비슷한 통제를 받는데 보통 A. O. C.로 올라가기 위한 단계로 프랑스 와인의 2% 밖에 되지 않는다.

(3) Vins de Pays(뱅드 뻬이)지방명칭 와인 : 〈뱅드 뻬이〉 뒤에 원산지 명을 붙여서 사용한다. 예컨대 "Vin de Pays d'Oc"인 경우 프랑스 남쪽 와인 생산지인 랑그독(Langue d'Oc)지방의 와인을 의미한다. 또한 프랑스에서 한 가지 포도품종으로 생산하여 라벨에 포도품종이 기재된 경우 이 와인은 뱅드 뻬이 급 와인이다.(전체 와인의 15%)

(4) Vins de Table(뱅 드 따블) : 테이블 와인 : 특별한 어느 원산지명과 생산연도를 갖지 않은 와인으로 흔히 프랑스 여러 지방의 와인을 섞어 만드는 일상적인 와인이다.(전체의 38%)

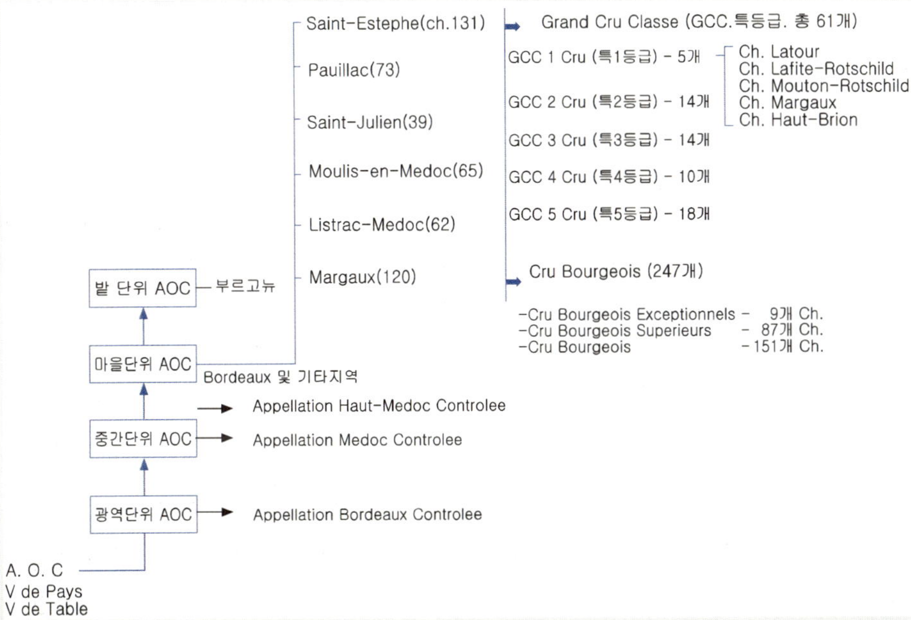

2) 이태리 와인의 등급

1963년에 와인의 품질관리를 위한 법령이 제정되었다.

(1) D.O.C.G.(Denominazione di Origine Controllata e Garantita) : 생산통제법에 따라 관리되고 보장되는 원산지 와인: D.O.C.와 같이 동일한 품질 와인 생산을 위해, 수확되는 포도산지 지역이 생산 통제법에 정해져 있어야 하며 포도의 수확이 이루어지기 전에 조사기관의 검증을 거쳐 보증을 받아야 한다. 24개의 와인이 해당된다.

(2) D.O.C.(Denominazione di Origine Controllate) 생산지 통제법에 따라 관리받는 원산지 표기 와인 : 동일한 품질 와인 생산을 위해 수확되는 포도 산지 구역이 생산 통제법대로 정해져 있는 경우.

(3) I.G.T.(Indicazione Geografica Tipica) 생산지 표시 와인 : 중요한 와인 산지의 테이블 와인을 나타낸다. 매우 넓은 와인 생산 지역의 이름을 표시하며, 다른 포도 품종을 추가할 수 있다.

(4) Vino da Tavola(Table Wine) 테이블 와인 : 테이블 와인으로서 상표에는 와인의 색깔, 즉 레드, 화이트, 로제를 표시한다. 이 등급 와인들은 품질이 좋아지면 새로운 심사를 거쳐 D.O.C.나 D.O.C.G.카테고리에 들어갈 수 있다.

3) 미국 캘리포니아 와인의 등급

(1) 메리티지 와인(Meritage Wine) : 보르도 재배 품종을 적당한 비율로 섞어 만든 와인. 상표에 품종을 표시하는 버라이어탈 와인이 되려면 그 품종을 75% 이상 섞어야 하는데 보르도 스타일의 와인을 만들려면 주 품종이 75% 이하가 되고 그러면 제너릭 와인으로 취급받게 된다. 그래서 Merit + Heritage를 합성하여 Meritage라는 등급표시용 상표를 만들어냈다.

(2) 버라이어탈 와인(Varietal Wine) : 포도품종을 상표로 내건 고급와인. 포도품종을 기재할 경우 그 품종을 75% 이상 사용해야 한다.

(3) 제네릭 와인(Generic Wine) : 포도품종명을 기재하지 않은 대중적 와인

4) 호주 와인의 분류

(1) 버라이어탈 블렌드 와인(Varietal Blend Wine) : 고급 포도품종을 섞은 와인으로서 사용된 품종이 배합비율이 높은 것부터 표시된다.

(2) 버라이어탈 와인(Varietal Wine) : 상표에 포도품종을 표시하는 와인

(3) 제너릭 와인(Generic Wine) : 여러 와인을 섞어 만든 대중적 와인

포도 품종을 상표에 표시하는 경우 그 품종을 85% 이상 사용해야 하며 산지명, 빈티지를 표시할 때도 85% 이상이어야 한다.

(5) 와인의 시음

와인을 시음할 때는 일정한 규칙이 있다. 이것은 일종의 예절(에티켓)이라고 할 수 있다.

1) 눈으로 와인 보기

적포도주 : 분홍색부터 밝은 빨강, 짙은 빨강, 자주색, 짙은 자주색까지 다양한 색깔이 있다.

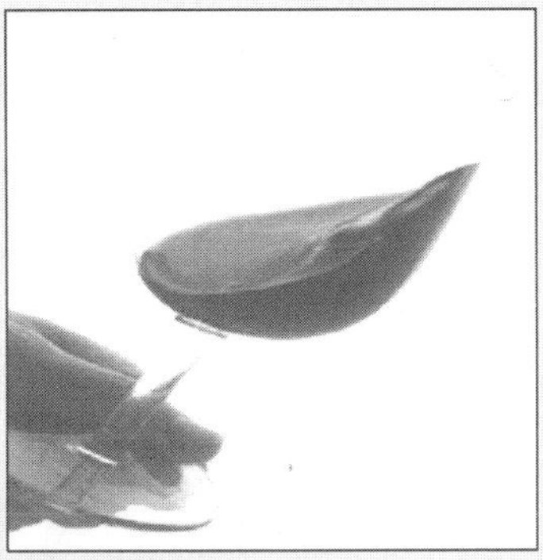

2) 코로 향 맡기

와인이 든 잔을 천천히 돌리면 와인이 산소와 접촉하여 더욱 진한 향과 맛을 내게 된다.

아로마 : 포도 자체의 향과 발효과정에서 생긴 향으로서 신선한 과일 향, 꽃 향, 풀 향이 풍부하다.

부케 : 오크통에 담겨져 숙성과정에서 아로마는 점점 사라지고 대신에 좀 더 복잡하고 중후하며 품위 있는 부케 향기가 생겨난다.

3) 입으로 와인 맛보기

- 와인을 입안에 머금고 입안 구석구석을 충분히 적셔 보라. 이렇게 하면 와인이 혀의 미뢰 곳곳을 자극하여 와인의 맛과 향을 더 잘 음미할 수 있다.
- 드라이(Dry), 미디엄 드라이(Medium Dry), 스위트(Sweet) : 와인의 단 맛은 신맛, 탄닌 맛과 함께 3대 와인 맛 중의 하나이다.
- 균형(Balance) : 단맛, 신맛, 탄닌(떫은 맛)의 세 가지 맛이 적절하고 조화롭게 균형을 이루어야 한다. 와인을 입안에 머금었을 때 거칠지 않고, 전체적으로 조화롭고 부드럽게 느껴진다면 균형이 잘 잡힌 와인이라고 할 수 있다.

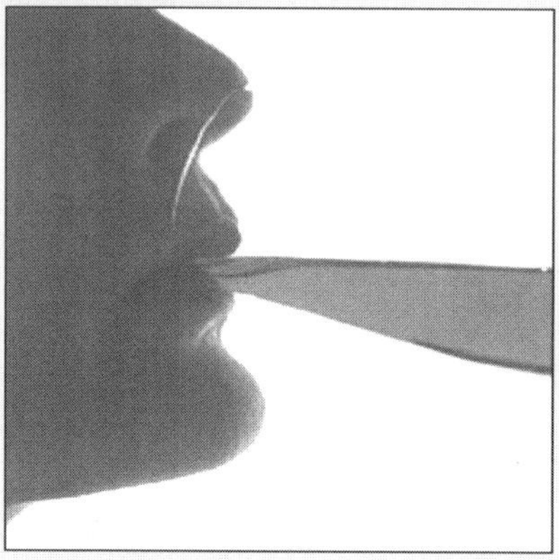

Chapter 5

한국경제의 세계화

한 나라의 경제가 세계경제에 편입되는 것은 무역거래, 해외 직접투자 및 간접투자를 통하여 이루어진다. 한국경제의 세계경제에의 편입과정은 일찍이 1960~70년대에는 주로 상품 수출을 통하여 이루어져 오다가 1980년대 후반 들어 한국기업의 적극적인 대외진출에 따라 본격화되었다. 한국에 대한 외국인 투자는 1990년대 들어 증가하기 시작하여 1997년 말 외환위기 이후 한국 정부가 국내 기업 및 금융권의 구조조정을 가속화하는 하나의 방편으로 외국자본의 국내진출에 대한 다양한 유인정책을 도입하면서 본격화되기 시작하였다. 한국경제의 세계화(Globalization of Korean Economy)는 한국 기업 및 자본의 대외진출과 외국기업 및 외국자본의 국내시장 진출이라고 하는 두 가지 관점에서 조망될 수 있다.

< 제 1 절 > 한국의 해외 직접투자

| 표 5-1 | 한국의 해외 직접투자 동향 (건, 억 USD)

년 도	투자건수	투자금액
1980	352	1.45
1985	38	1.12
1990	269	5.7
1995	1,332	31
2000	2,082	50.7

| 표 5-1 | 계속

년 도	투자건수	투자금액
2001	2,153	51.6
2002	2,490	37
2003	2,809	40.6
2004	3,764	60
2005	4,389	65.6
2006	5,185	107
합 계	33,346	694.6

자료 : 수출입 은행

한국의 해외 직접투자 현황을 살펴보면 1990년 들어 5억 달러 수준을 돌파하고 1995년에는 31억 달러, 2000년에는 50억 달러, 2006년에는 100억 달러를 돌파하는 모습을 보이고 있다. 이러한 현상은 한국경제가 세계경제에 급속히 통합되어 가고 있음을 잘 보여주고 있다. 2006년 연말 기준으로 누적투자액은 694억 달러에 달해 멀지 않은 장래에 해외 직접투자 1,000억 달러 돌파가 예상된다고 볼 수 있다.

표 5-2와 표 5-3은 지역별 해외 직접투자 동향을 보여주고 있다. 주목할 것은 아시아 지역에 대한 투자가 건수 기준으로 68.3%, 금액기준으로는 46.9%를 차지하면서 한국의 해외 직접투자가 아시아 지역으로 몰리고 있음을 잘 보여주고 있다. 아시아 지역 내에서는 중국에 대한 투자가 1만 5909건에 투자금액은 169억 8천만 달러에 달해 미국을 제치고 한국의 최대 투자대상국이 되었다. 이는 아시아 지역에 대한 투자가 중국 중심으로 이루어지고 있는 것을 잘 보여주고 있다고 하겠다.

| 표 5-2 | 지역별 해외 직접투자 동향 (건, 억 USD)

지 역	투자건수	투자금액	비율(건)	비율(금액)
아시아	22,769	325.6	68.3%	46.9%
중동	160	13.9	0.6%	2%
북미	7,408	179	22%	25.8%
중남미	669	47.4	2%	6.8%
유럽	1,257	102.7	3.8%	14.8%
아프리카	199	11.6	0.7%	1.8%
대양주	884	14.6	2.6%	2.1%
합 계	33,346	694.6	100%	100%

자료 : 수출입은행

| 표 5-3 | 10대 국가별 투자현황(2006년 말) (건, 억 USD, %)

	투자건수	투자금액	총투자건수 대비 비율	총투자금액 대비 비율
중국	15,909	169.8	47.7	24.4
미국	7,068	167.3	21.2	24
베트남	1,023	21.7	3.1	3.1
인도네시아	858	23.9	2.6	3.4
홍콩	831	30	2.5	4.3
오스트레일리아	356	9.7	1.1	1.4
네덜란드	86	24.2	0.3	3.5
영국	175	19.7	0.5	2.8
캐나다	340	11.5	1	1.6
싱가포르	237	14.6	0.7	2.1
전체투자대비 비율	80.7%	71%	80.7%	70.6%

자료 : 한국수출입은행

미국을 포함한 북미지역은 건수 기준으로 22%에 지나지 않으나 금액기준으로는 25.8%를 차지하여 아시아 지역에 비해 상대적으로 건당 규모가 큰 투자가 이루어지고 있음을 알 수 있다. 미국에 대한 투자는 7,068건에 167억 3천만 달러로서 중국에 이어 한국의 두 번째 투자대상국임을 잘 보여주고 있다. 표 5-3을 보면 중국에 대한 투자는 전체 투자 건수의 47.7%이고 투자 금액은 전체 투자의 24.4%에 지나지 않는다. 한편 미국에 대한 투자는 투자 건수의 경우 전체의 21.2%이며 전체 투자금액 대비 24%에 달해 앞에서 본 바와 같이 건당 투자금액이 큰 것으로 나타나고 있다. 아시아 지역에서 중국에 이어 베트남이 새로운 투자 대상국으로 나타나고 있다. 2006년 연말 현재 베트남에 대한 투자는 1,023건에 21억 7천만 달러에 달하고 있다.

| 표 5-4 | 업종별 해외 직접투자 누계(2006년 말) (단위: 건, USD)

업 종	투자건수	투자금액	비율(건수)	비율(금액)
농림어업	601	5.62	1.8	0.8
광 업	278	50.8	0.8	7.3
제조업	19,037	366.6	57.1	52.8
건설업	828	17	2.5	2.4
도소매업	5,285	137	15.8	19.7
운수창고업	602	6.3	1.8	0.9
통신업	247	18.15	0.7	2.6
금융보험업	37	14	0.1	2.0
숙박음식점업	2,035	16.6	6.1	2.4
서비스업	4,033	44.9	12.1	6.5
부동산업	355	17.5	1.1	2.5
기타	8	0.031	0	0
합계	33,346	694.6	100	100

자료 : 한국수출입은행

한편, 업종별 투자 누계를 살펴보면 2006년 연말 현재 제조업이 19,037(전체의 57.1%)건에 투자 금액은 366억 6천만 달러로서 전체의 52.8%를 차지하고 있다. 제조업에 이어 도소매업에 대한 투자가 137억 달러, 광업 50억 달러, 서비스업 45억 달러, 통신업 18억 달러, 부동산업 17억 5천만 달러, 건설업 17억 달러의 순으로 전개되어 왔다. 그러면 제조업 투자는 어떻게 전개되어 왔는지 살펴보자.

제조업의 해외 직접투자도 2003년 이후 급격하게 증가하기 시작하였다(표 5-5 참조). 지역별로는 아시아, 북미 및 유럽에 대한 해외 직접투자 금액 비중이 높은 것으로 나타나 전체 해외 직접투자와 유사한 모습을 보이고 있다. 2006년 중 제조업의 해외 직접투자를 나라별로 분류하면 전체 투자금액의 53.1%인 27억 달러가 중국에 투자되어 중국이 최대 투자국이 되었다. 중국에 이어 미국(3억 5천 만 달러), 베트남(2억 9천만 달러), 슬로바키아(2억 9천 만 달러), 폴란드(2억 3천만 달러) 순으로 한국의 해외 직접투자가 이루어졌다.

| 표 5-5 | 제조업부문의 지역별 해외 직접투자 추이(1997~2006) (단위: 천 달러, 건수)

	97 ~ 00		01 ~ 04		05	06
	4년 누계	연 평균	4년 누계	연 평균		
아시아	3,877,792 (2,426)	969,448 (606)	6,387,380 (6,156)	1,596,845 (1,539)	2,818,210 (1,867,210	3,529,210 (1,991)
유럽	977,725 (98)	244,431 (24)	2,489,087 (127)	622,271 (32)	392,692 (59)	872,025 (1,991)
북미	2,070,929 (381)	517,732 (95)	1,968,040 (474)	492,010 (119)	237,202 (124)	382,289 (158)
중남미	374,814 (59)	93,703 (15)	233,496 (58)	58,374 (15)	187,629 (124)	215,829 (26)
중동	29,950 (3)	6,737 (1)	16,347 (10)	4,086 (3)	15,178 (4)	35,657 (6)
대양주	42,012 (36)	10,503 (9)	11,610 (35)	2,902 (9)	8,129 (13)	30,805 (8)
아프리카	92,974 (19)	23,243 (5)	12,172 (13)	3,043 (3)	488 (4)	1,425 (4)
합계	7,463,196 (3,022)	1,865,799 (755)	11,118,132 (755)	2,779,533 (1,718)	3,659,528 (2,098)	5,067,230 (2,261)

주 : ( )내는 건수
자료 : 한국수출입은행

국내 투자자의 제조업에 대한 해외 직접투자 동기를 살펴보면 2006년 중 수출을 촉진하기 위한 투자의 비중이 전체 투자 금액 대비 28.1%로 가장 높았다(표 5-7). 다음으로는 저임금 활용(13.7%), 원자재 확보(3.5%), 자원개발(3.1%), 보호무역타계(3.1%), 선진기술 도입(1.4%)의 순으로 나타났다.

한편, 강두용 외(2002, 2004)는 산업자원부와 산업연구원이 국내 제조업체를 대상으로 2002년과 2004년에 해외 직접투자와 관련하여 실시한 조사를 발표하였다. 국내기업의 해외 직접투자의 동기는 해외 시장점유율 확대가 2002년과 2004년에 각각 56.5% 및 37%로 가장 높은 비중을 차지하였다. 다음으로 생산비용 절감 비중도 높게 나타났으나 용이한 부품조달, 수출 감소에 대한 대응 등의 비중은 10%를 하회하였다. 이는 국내 제조업체가 투자대상국의 시장성, 저렴한 생산요소 등을 목적으로 해외에 직접 투자하고 있다는 점을 명확하게 해준다.

| 표 5-6 | 제조업부문의 해외 직접투자 동기 (단위: 천 달러, 건수)

	1997 ~ 2,000		2001 ~ 2004		2005	2006
	4년 누계	연 평균	4년 누계	연 평균		
수출촉진	4,153,736 (1,252)	1,038,434 (313)	5,997,226 (2,488)	1,499,307 (622)	1,165,160 (622)	1,422,427 (645)
저임 활용	699,380 (1,004)	174,845 (251)	1,517,208 (2,428)	379,302 (607)	708,251 (806)	659,374 (746)
원자재 확보	156,830 (108)	39,208 (27)	120,967 (240)	30242 (60)	105,979 (83)	179,308 (109)
자원개발	280,410 (48)	70,103 (12)	250,799 (108)	62,700 (27)	165,570 (49)	157,515 (55)
보호무역타개	794,767 (68)	198,692 (17)	680,211 (156)	170,053 (39)	180,365 (34)	156,103 (36)
선진기술 도입	166,022 (100)	41,506 (25)	257,974 (132)	64,494 (33)	82,717 (38)	69,344 (50)
기타	1,212,051 (444)	303,013 (111)	2,293,747 (1,324)	573,437 (331)	1,251,486 (466)	2,423,159 (620)
합계	7,463,196 (3,024)	1,865,799 (756)	11,118,132 (6,872)	2,779,533 (1,718)	3,659,528 (2,098)	5,067,230 (2,261)

주 : ( )내는 건수
자료 : 한국수출입은행

대한상공회의소는 2006년 해외에 직접 투자한 300개 제조업체를 대상으로 "외국과 비교한 국내 투자여건 만족도"를 조사하여 발표하였다. 조사결과를 보면 외국에 투자한 기업의 52.3%가 국내투자를 포기하고 해외에 투자한 것으로 나타났다. 또한 해외에 투자한 기업들의 54.1%가 국내의 불안정한 노사관계를 이유로 대답하였으며 국내의 열악한 입지 및 공장 설립 여건 미비(22.8%), 금융 여건 미비(10.3%)로 나타났다. 또한 조사대상 기업은 국내 투자 여건에 대한 만족도를 100점 만점으로 평가한 58.5점으로 평가한 반면, 해외 투자 여건에 대해서는 70.8점으로 평가하였다. 국내의 경우 노사 여건, 입지 및 행정 여건 등의 면에서 해외보다 상대적으로 열악한 것으로 나타났다.

| 표 5-7 | 외국과 비교한 국내 투자여건 만족도 조사결과 (단위: %)

	노사 여건	입지, 공장 설립여건	금융 여건	행정 여건	조세 여건
국내투자를 해외투자로 대체한 원인(1)	54.1	22.8	10.3	6.0	5.0
국내투자여건 만족도(2)	58.7	57.3	64.6	59.6	59.9
해외투자여건 만족도	73.5	71.0	64.9	64.9	64.4

주: 1) 국내투자를 해외투자로 대체한 응답자 중 비율 (%)
2) 100점 만점에 대한 점수
자료: 대한상공회의소(2006)

< 제 2 절 >
한국기업의 해외투자 실패원인 분석

산업연구원의 연구결과에 따르면 해외투자사업의 실패요인은 크게 투자결정상의 오류와 사업운영상의 애로로 구분될 수 있다. 이를 좀 더 자세히 살펴보면 다음과 같다.

1. 투자계획 입안 단계에서의 오류

우리나라 기업의 해외투자사업 결정시 투자결정에 소요되는 기간이 짧고 이 기간 중의 사전준비도 치밀하지 않은 경우가 많다. 즉, 해외 투자결정이 현지 투자 여건 및 해당 투자사업 실행과정에서 발생할 수 있는 잠재적 문제점 등에 관한 세밀한 타당성에 기초하기보다는 최고경영자가 한 두 차례 현지 방문을 통해 형성된 주관적 판단에 의해 투자가 결정되는 경우가 많다. 이는 상명하복식(top drive형: 上命下腹式)이 강한 우리 기업에서 특히 두드러지게 나타난다. 이에 따라 투자결정 이후 추진과정에서 사업이 취소되는 경우가 발생하며, 투자 실행 이후 예견하지 못했던 문제가 발생하여 경영을 악화시키기도 한다.

투자결정에서 가장 중요한 사항은 투자지역의 선정인데 한국 기업들은 종종 'band-wagon' 식, 즉 동종업계의 경쟁기업들의 행동을 모방하여 투자지역을 선정함으로써 투자가 특정지역에 과도하게 집중되는 문제를 발생시킨다. 이는 투자유치국 및 파트너기업과의 협상과정에서 투자조건의 불리함을 감수하게 되며 또는 정상 조업 후에도 한국기업 간의 과당경쟁을 야기하게 된다. 한편 투자업종을 선정하는데 있어서도 전혀 경험이 없는 업종을 단지 '수익성이 높을 것'이라는 예상만으로 참여하는 경우가 많다. 동일업종을 국내에서 오래 경영한 경험이 있는 경우에도 국내에서 쌓은 기술력이나 경영노하우의 우위를 과신하고 현지국에서의 동일업종 경영과 관련된 특성을 무시함으로써 사업이 실패에 이르는 사례도 종종 있다.

투자규모를 결정하는 과정에서도 많은 오류가 발생한다. 투자기업들은 사전에 적정한 예비비를 포함하여 정확한 투자비용을 산출하고 이에 따른 자금조달방안을 수립해야 하는데 실제 투자기업들은 정상화까지 가는데 자주 발생되는 투자금액의 추가 요인을 고려치 않고 투자규모 및 자금조달 계획을 수립함으로써 사업계획 자체가 변경되거나 무리한 자금조달로 조업 전부터 재무상태의 악화를 경험하게 되는 경우가 많다. 이밖에 투자 파트너를 선정할 때 외형이나 파트너의 정치·사회적 배경에 지나치게 치중하고 파트너의 사업능력을 간과한다든지 또는 계약협상 및 관련 서류 점검을 소홀히 하여 투자 관련내용을 상당부분 인지하지 못한 채 투자에 임함으로써 정상 조업 후 사소한 문제 발생 시 문제 해결에 많은 기간과 경비를 소요하게 되는 경우도 많다.

2. 현지법인 운영상의 애로사항

해외 투자사업의 정상 조업 후에도 우리 기업들은 현지법인을 운영하면서 여러 가지 어려움을 겪고 있는 것으로 알려져 있다. 이러한 애로점은 투자지역에 따라 차이가 있는데 설문조사에서 기업들이 주로 지적하고 있는 사항을 보면 투자대상국에서의 도로, 전력, 통신 등 사회간접자본 미비가 전체의 22.7%를 차지하여 가장 높았으며 현지금융조달의 어려움(19.4%), 원부자재 확보의 어려움(17.0%), 파견 직원의 현지적응 문제(15.0%) 순으로 나타나고 있다. 사회간접자본의 미비를 제외한 나머지 사항은 현지화와 관련된 문제로서 우리 기업들이 현지법인 경영에 있어서 심각한 문제 중의 하나가 현지화의 미흡이라는 사실을 반영해 주고 있다.

투자대상 국가별 투자 애로 요인을 살펴보면 중국의 경우 현지의 법제(17.7%)가 가장 큰 어려움으로 지적되었으며 이어 해외 파견인력의 부족(13.6%), 현지의 세제(12.9%)가 뒤를 잇고 있다. 중국은 외국인투자 관련법규가 수시로 변경되고 법적용이 현실과 많은 차이가 있으며 애매한 규정이 많은 등 법제 면에서 문제가 큰 것으로 알려져 있다. 한편 최근 투자유망지역으로 부상하고 있는 베트남의 경우 양질의 현지인력(관리직) 부족(17.2%), 현지에서의 자금조달 어려움(15.6%) 등이 주요 애로사항으로 지적되었으며 인도의 경우는 사회간접자본 미비(19.0%), 양질의 노동자 부족(16.6%) 등이 문제점으로 나타나고 있다. 이처럼 개도국에서는 저렴한 노동력의 확보가 가장 중요한 투자동기이면서 동시에 사업운영 시 현지의 노동력과 관련된 문제가 커다란 애로사항이 되고 있다.

이상으로 한국기업의 해외 직접투자의 특징과 성과에 관해 간략히 살펴보았다. 한국기업의 해외 직접투자의 특징 중 하나는 지역적으로는 중국, 동남아시아, 북미 등에, 그리고 업종별로는 조립금속(전기 · 전자), 섬유 · 의복 등 제조업부문에 편중되는 현상을 들 수 있다. 그러나 이러한 특정 지역이나 업종에 대한 투자편중은 투자위험을 관리하는 측면에서나 우리 기업 간의 과당경쟁을 초래할 수 있다는 측면에서 바람직하지 못하므로 투자지역의 다변화와 업종의 다각화를 추진해야 할 것이다. 잠재적인 투자 유망국가를 적극 발굴하기 위해서 기업들은 시장조사를 강화하고 정부는 투자보장협정 및 이중과세 방지협정의 확대를 계속 추진하여 기업의 해외진출여건을 개선해 주어야 할 것이다. 또한 수출입은행과 같은 해외투자 유관 기관들은 기업들에게 각국의 해외투자환경과 관련된 정보제공 서비스를 강화함으로써 우리 기업들의 투자위험을 감소시키는데 힘써야 할 것이다.

또한 해외 직접투자의 동기가 여전히 저임노동력 활용에 치우쳐 있는데 특정지역에서의 저임노동력 활용 이점은 단기적으로밖에 향유할 수 없다는 사실을 염두에 두고, 보다 장기적 측면에서 기술, 경영, 상표 등의 경쟁적 우위를 확보할 수 있도록 본사와 현지법인의 연계노력이 강화되어야 할 것이다.

해외투자사업의 성과 면에서는 본사의 대현지법인의 수출탄력도가 높게 유지되는 것으로 보여 수출증대 효과는 인정되고 있다. 그러나 본사의 생산설비 및 원자재 공급을 통한 수출증대는 오래 지속될 수 없으며 장기적인 수출증대 효과를 갖기 위해서는 직접투자로 현지 마케팅이나 서비스 등 수출 보완적 영업활동을 강화하고 제품에 대한 인지도를 현지시장과 인근시장에까지 제고시켜 그 수요가 증대될 수 있도록 노력해야 할 것이다.

일부에서 우려하는 해외 직접투자로 인한 국내 산업생산의 위축문제는 아직까지 우리의 해외생산비율이 크게 낮아 우려할 단계는 아니다. 오히려 해외 직접투자가 급증하였던 기간 중에 국내설비투자의 증가율이 더 높고 최근 해외 투자가 활발하게 일어나고 있어 해외 투자로 인한 수출증대효과 및 비교우위산업 이전 등이 국내 산업생산에 긍정적으로 작용하고 있는 것으로 평가된다. 그러나 대기업들이 단순히 국내 고비용 구조를 탈피하는 수단으로 주력산업의 해외이전을 가속시킨다면 국내 산업생산이 위축되는 부작용을 낳을 수 있다. 따라서 국내의 사업 환경 개선으로 기업들의 무분별한 해외이전을 방지하고 아울러 해외 투자사업과 국내 산업부문 간의 유기적인 분업체제 구축 등을 통해 해외투자가 국내 산업생산을 활성화하는데 도움이 되도록 유도해야 할 것이다.

해외 투자기업의 경영성과를 보면 수익성, 성장성 측면에서 아직까지 만족할 만한 수준은 아닌 것으로 보인다. 특히 대선진국 투자의 경우 수익성이 낮은 바 이는 선진국에서 우리 기업들이 경쟁적 우위를 점한다는 것이 상대적으로 어렵다는 사실을 입증하고 있다. 따라서 대선진국 투자 시 선진기업들과의 전면적인 경쟁보다는 틈새시장을 목표로 하는 등 보다 철저한 시장분석과 투자전략이 요구된다 하겠다. 대개도국 투자는 저임의 노동력 확보가 투자의 중요한 동기가 되면서도 현지 인력관리상 많은 문제가 야기되고 있는 것으로 나타나고 있어 인력의 현지화 제고 노력이 매우 중요한 사안이 되고 있다.

한편 우리나라 해외 투자사업이 종종 실패하는 요인 중의 하나로 투자계획 단계에서의 오류가 지적되고 있다. 즉, 투자결정이 치밀한 사업타당성 조사를 근거로 이루어지기보다는 최고경영자의 직관이나 경쟁기업의 진출을 모방하는 식으로 이루어져 조업 개시 전에 이미 사업실패의 가능성을 갖고 있는 경우가 많은 것으로 나타나고 있다. 이러한 오류는 특히 중소기업들에게 많이 발생되는 사항으로 중소기업들에 대해서는 해외 투자계획 수립단계에서부터 해외 투자유관기관들의 적극적인 지원이 요구되고 있다.

한국의 해외 직접투자는 국내경기의 침체로 예년에 비해 감소세를 나타내고 있다. 그러나 향후 해외 직접투자는 세계적인 추세나 기업의 국내외 경영환경을 감안할 때 지속적인 증가가 불가피하다. 이러한 상황 속에서 해외 직접투자가 투자기업과 국가경제의 경쟁력 강화수단으로 활용되기 위해서는 무조건적인 양적 팽창을 지양하고 경영성과를 높일 수 있는 질적 개선에 기업, 정부, 은행 모두 보다 큰 관심을 기울여야 할 것이다.

<제 3 절>

한국에 대한 외국인 투자 동향

1. 외국인 주식투자 현황

1992년 자본 시장 개방 이후 외국인의 상장주식 투자는 지속적으로 증가하여 외국인 투자비중이 2004년 말 유가증권시장 42%, 코스닥시장 15.4%까지 확대되었다. 이후 주가 상승에 따른 차익 매물 실현 등으로 2005~2006년은 다소 감소하였으나 2007년 다시 증가하여 2007년 2월 말 현재 유가증권시장 38%, 코스닥시장 15.7%를 차지하고 있다.

유가증권시장에 대한 투자는 1992년 4.9%, 1997년 14.6%, 2001년 36.6%, 2004년 42%, 2006년 37.3%로 변화해 왔다. 한편 코스닥 시장에서는 1997년 4.5%, 2001년 10.4%, 2004년 15.4%, 2006년 14.6%로 그 비중이 꾸준히 높아져 왔다.

| 표 5-8 | 외국인 투자자의 시가 총액 비중 현황(2007년 2월 말) (단위: 억 원, %)

구 분		유가증권	코스닥	계
시가 총액		6,960,397	730,456	7,690,853
외국인	보유금액	2,642,299	114,768	2,757,067
	지 분 율	38.0	15.7	35.8

자료: 금융감독위원회

외국인은 98년 이후 2007년 2월까지 40.1조원을 순매수하는 등 외환위기 이후 증시회복을 견인하였으며, 2005~6(13.6조원 순매도)을 제외하고 한국시장에서 순매수 기록을 유지해 왔다.

외국인 투자 수는 외국인 주식투자한도 폐지('98.5) 이후 계속 증가하고 있으며 국적별로는 미국, 일본 및 영국 등 3개국이 53.1%를 차지하고 있다. 투자자등록수를 보면 1998년 8,480명, 2000년 11,747명, 2002년 14,128명, 2007년 2월 현재 20,937명으로 나타나고 있다. 한편 국적별로 살펴보면 미국인이 37.1%, 일본 8.2%, 영국 7.8%, 케이만 아일랜드 6.5%, 캐나다 5.5%로 나타났다

한편 세계시장의 외국인 주식투자현황을 보면 세계 33개국 주식시장의 외국인 주식보

유 비중은 평균 29.8%이며, 선진국 및 신흥시장 외국인 비중은 각각 33.4% 및 25.5%에 이르고 있다. 국가별로는 헝가리가 77.7%로 가장 높고, 네덜란드 74.0%, 핀란드 50.1%, 멕시코 45.1% 순으로 나타났다. 한국은 37.3%(유가증권시장 기준)로 33개국 중 9위이며, 신흥국 내에서는 헝가리, 멕시코에 이어 3위를 차지하고 있다.

세계 33개국 주식시장의 총 외국인 주식투자규모는 9.7조$이며, 선진국에 8.7조$, 신흥국에 1.0조$를 투자하고 있다, 한국의 외국인주식투자규모는 2,824억$로 33개국 중 9위이며, 신흥국 중 1위를 차지하고 있으며 대만의 외국인 투자는 2,059억$로서 한국과 대만이 신흥국의 절반을 차지하고 있다.

2. 외국인 주식투자의 증시 영향

유가증권시장을 기초로 분석한 결과 1998년 이후 외국인 비중이 증가하는 동안 시장의 주가 변동성은 지속적으로 감소한 것으로 나타났다. 다만 IT 거품 붕괴로 주가가 급락했던 2000년은 예외적으로 주가가 1,059포인트에서 504포인트로 급락하였다.

| 표 5-9 | 외국인 시가 총액 비중 및 주가변동성

	1998	1999	2000	2001	2002	2003	2004	2005	2006	2007
외국인비중	18.0	21.7	30.2	36.6	36.0	40.1	42.0	39.7	37.3	38.0
주가변동성	2.85	2.51	2.86	2.14	2.04	1.63	1.48	1.05	1.15	0.98

자료 : 금융감독위원회

이는 한국시장에 투자하고 있는 외국인 투자자가 국내 투자자에 비해 상대적으로 매매회전율이 낮고, 장기투자를 하는데 기인한 것으로 보인다. 1998년 이후 유가증권시장의 회전율(시가총액기준)은 평균 210.5%에 달하고 있으나 외국인 투자자의 매매회전율은 평균 81.1%에 불과한 것으로 나타났다. 2005년부터는 간접투자의 증가 및 투자자의 투자경향 변화(단기투자 → 장기투자) 등도 주가변동성 감소에 상당히 기여한 것으로 보인다. (http://www.fsc.go.kr)

3. 외국인 국내시장 직접투자

외국인의 국내 직접투자 현황을 살펴보면 다음 표와 같다.

| 표 5-10 | 외국인의 국내시장 직접투자 현황 (단위: 억 USD)

2000		2004		2006		2007		전체 누적합계	
건수	금액	건수	금액	건수	금액	건수	금액	건수	금액
4,145	152	3,077	127.9	3,107	112	1,694	33.6	32,956	1,230

자료 : 산업자원부

외국인의 국내 직접투자는 2000년대에 들어서 꾸준히 증가하고 있다. 2000년에는 4,145건에 152억 달러, 2001년에는 3,341건에 112억 달러, 2002년에는 2,410건에 90,9억 달러, 2003년에는 2,569건에 64,7억 달러, 2004년에는 3,077건에 127.9억 달러, 2005년에는 3,667건에 115억 달러, 2006년에는 3,107건에 112억 달러, 2007년 2월말 현재 1,694건에 33억 6천만 달러에 달하고 있다.

| 표 5-11 | 국가별/산업별 외국인 국내 직접투자(2007년 6월) (단위: 억 USD)

	전체 결과		미주지역		아주지역		구주지역		조세회피지역	
	건수	금액	건수	금액	건수	금액	건수	금액	건수	금액
전체결과	24,101	810.6	5,222	299.4	14,434	234.2	3,188	275	389	9.04
농축산, 수산업	80	0.4	12	0.1	64	0.3	4	0.14	5	837
제조업	5,151	285.2	1,609	88.1	2,618	98.3	948	98	122	4.1
서비스업	18,425	478.3	3,506	174.8	11,619	129.2	2,116	169.8	261	4.9
전기, 가스	354	46.6	95	31.2	133	6.4	120	7.4	1	0.05

자료 : 산업자원부

표 5-11에 의하면 한국에 대한 외국인 직접투자는 누계로 810억 달러가 투자되었다. 이를 투자국별로 보면 미국이 중심이 된 미주지역이 299억 달러로 전체 외국인 투자액 중 37%를 차지하고 있다. 그 다음으로는 유럽이 275억 달러로 34%를 차지하고 있으며 일본이 중심이 된 아주지역은 234억 달러로 29%를 차지하고 있다.

산업별로 보면 서비스업에 대한 투자가 가장 많은 것을 알 수 있다. 서비스업은 전체 투자액 중 478억 달러를 차지하고 있으며 이는 국내로 유입된 외국인 투자금액의 약 60%를 차지하고 있다. 그 다음 제조업에 대한 외국인 투자액은 285억 달러로서 전체의 35%를 차지하고 있으며 그 다음으로는 전기/가스업이 뒤를 이어가고 있다.

부록 ▶▶

I. 너무 높은 외국인 비중이 한국증시 불안 키운다.

[매일경제 2007년 8월 25일]

미국 연방준비제도이사회(FRB)의 전격적인 재할인율 인하 조치로 외국인 매도 공세에 변화가 나타날 것이란 기대가 커지고 있다. 2007년 7월 이후 한국 증시에서 외국인은 썰물처럼 빠져나갔다. 증시 패닉현상이 벌어진 2007년 8월 16일 유가증권시장에서 1조 326억 원 순매도에 이어 17일에는 8729억 원을 또다시 팔았다. 외국인의 매도는 하루 이틀 현상은 아니지만 최근 미국발 금융시장 불안 속에 그 매도 강도가 이전과는 비교할 수 없을 정도로 커져 "너무한 것 아니냐"는 반응이 나온다.

▶ 한국 · 대만 등 동반 매도

| 신흥시장의 외국인 순매매 동향 | (단위: 백만 달러)

구 분	한국	대만	인도	태국	남아공
2006년 누적 순매매	-22,265.3	20,258.5	17,469.7	4,898.6	18,496.5
2007년 누적 순매매	-10,768.1	2,833.0	9,530.0	2,830.7	8,245.8
2007년 7월 이후 누적 순매매	-10,462.8	-5,029.6	3,824.9	-103.9	2,269.0
서브프라임모기지 사태 이후 (7월 25일 이후)	-8,169.4	-7,993.4	-888.8	-1,205.2	1,438.5

기준 = 8월 16일까지

2007년 8월 19일 한국증권 분석에 따르면, 7월 이후 8월 16일까지 한국 증시에서 외국인의 순매도 금액은 총 104억 6280만 달러다. 특히 미국 발 서브프라임 모기지 사태가 본격화된 7월 25일 이후 순매도 누적액은 81억 6940만 달러로 나타나 최근 20여 일 사이 매도가 집중됐다.

다른 신흥시장에서도 외국인은 팔고 있다. 대만의 경우 지난 7월 이후 50억 2960만 달러를 순매도했다. 신용위기가 불거진 2007년 7월 25일 이후 순매도액은 79억 9340만 달러로 오히려 커졌다. 태국 역시 매도액이 커지고 있고, 인도에서도 그동안 매수에 열을 올리던 외국인이 매도로 돌아선 모습이 확연하다.

유동성 경색 속에 자금 확보가 필요한 외국인들이 위험자산으로 분류되는 신흥시장에서부터 발을 빼고 있는 게 그 배경이다. 특히 한국에서의 매도세가 더 강하다. 박종현 우리투자증권 리서치 센터장은 "2007년 6월까지는 장기 투자해 온 유럽계 자금이 차익 실현을 위해 매도를 했다면 최근에는 미국계 헤지펀드들이 물량을 집중적으로 쏟아내는 것으로 파악된다."고 설명했다.

▸ 외국인 매도 영미계 자금

| 주요 국가 외국인 주식 비중 | (단위: %)

국 가	비중
한 국	33.5
미 국	13.5
캐나다	19.0
영 국	35.7
프랑스	40.1
독 일	20.1
일 본	26.7
대 만	34.6
인 도	13.5
멕시코	45.1
브라질	11.7

한국은 2007년 6월 말 유가증권・코스닥 평균, 대만은 2006년 말, 인도・독일은 2005년 말, 미국・캐나다・영국・프랑스는 2006년 9월 말, 일본은 2006년 3월 말, 멕시코 2006년 10월 말, 브라질은 2006년 11월 말 기준. 자료=각국 거래소, 국제금융센터

2007년 들어 국내 시장의 외국인 누적 순매도는 2006년의 전체 순매도 규모를 뛰어넘었다. 증권선물거래소에 따르면 유가증권시장에서 올해 들어 8월 17일까지 10조 915억 원의 누적 순매도를 기록했다. 이는 2006년의 10조 7534억 원을 훌쩍 뛰어넘는 규모다.

외국인 매도 세력은 영국과 미국계가 주를 이루고 있다. 금융감독원에 따르면 외국인 투자자들은 2007년 7월 중 유가증권시장에서 4조 7331억 원어치를 순매도해 월별 기준으로 올해 들어 가장 큰 규모 순매도를 기록했다. 국적별로는 미국, 스위스, 영국, 싱가포르 등의 자금을 가장 많이 매도했다. 미국 국적 자금이 2조 4913억 원 순매도해 가장 많이 빠져나갔으며 스위스와 영국 자금도 각각 9296억 원, 9050억 원 순매도했다.

▶ 높은 외국인 비중이 증시 변동성 확대

최근 국내 증시의 낙폭이 다른 국가에 비해 큰 것은 외국인 주식비중이 너무 높기 때문이라는 지적도 제기된다. 국내 증시의 외국인 비중은 2006년 말 37.3%에서 2007년 6월 말에는 33.5%까지 떨어졌다. 올해 들어 외국인이 대규모 매도했지만 추가 매도여력이 있다. 수치상으로 국내 증시 시가총액이 약 1000조원이므로 외국인이 지분을 1% 포인트 줄이려면 약 10조원을 매도해야 한다. 즉 외국인 주식비중이 높은 국내 증시는 외국인의 동향에 따라 증시가 출렁일 수 있다.

신흥국 가운데 대만이 34.6%(2006년 말)로 우리와 비슷하지만 인도네시아 21.2%(2005년 말 기준), 인도 13.5%(2005년 말), 브라질 11.7%(2006년 11월 말) 등은 외국인 주식비중이 우리보다 낮았다.

▶ 이머징마켓도 반등 기대

FRB의 재할인율 전격 인하 이후 폭락세이던 미국과 유럽 증시는 급반등했다. 그동안 한국을 비롯한 아시아 증시에서 외국인 매도가 미국, 유럽 증시와 금융시장이 점차 불안해지면서 그 강도가 커져 왔다는 점을 고려하면, 재할인율 인상 직후 선진국 증시 반등은 향후 외국인의 태도 변화의 전조로 해석할 수 있다.

황창중 우리투자증권 투자전략팀장은 "외국인 매도의 배경이던 금융시장 불안을 가라앉히는 조치가 나왔기 때문에 앞으로 외국인의 매도 규모가 줄어들 것으로 예상할 수 있다"며 "더구나 이미 한국의 경우 PER(주가/주당순이익)가 11배까지 하락해 외국인이 추가로 대량 매도할 합리적인 근거도 부족하다"고 말했다.

[이상훈 기자 / 한예경 기자]

6 해외 직접투자에 대한 이론적 고찰

Chapter ......

해외 직접투자이론은 연구목적에 대한 접근방법이 서술적인 동기이론(motivation theory)과 분석적인 분석이론(analytic theory)으로 나눌 수 있다. 동기이론은 기업이 해외 직접투자를 하는 투자 동기 및 투자의 구체적 목적에 대한 직접적 조사를 통하여 정리·요약한다. 분석적 이론은 일정한 분석 모형이나 기준을 가지고 연구목적에 대한 체계적 설명을 한다. 분석이론은 다시 시간의 경과와 기업성장 등을 고려하는 동태이론과 이를 고려하지 않는 정태이론으로 나눈다.

동기이론은 1970년대 초반까지 활발하게 전개되었으나 1960년대 이후 본격적으로 대두된 분석이론에 밀려 더 이상 발전하지 못하고 소멸되고 말았다. 오늘날 대부분의 해외 직접투자이론은 미시적 관점에서 주요 영향변수가 기업이나 거래상황 등 관리가능변수로 구성되는 정태적 미시이론 위주로 전개되어오고 있다. 정태적 미시이론에는 기업 특유의 독점적 우위이론, 내부화이론, 거래비용이론, 절충이론 등이 있다. 정태적 거시이론에는 이자율격차이론, 자본시장 불완전이론, 간접투자 대체이론 등이 있다. 동태적 이론은 해외 직접투자를 통한 다국적기업의 생성, 유지, 발전 등을 시간의 흐름에 따라서 설명하고 있는데 국제상품수명주기이론과 기업성장이론 등이 있다.

정태적 미시이론으로서의 근대적 국제기업이론은 하이머(Hymer)에 의하여 처음 제시되어 해외 직접투자이론의 획기적 발전계기를 이루게 되었으며 1970년대 후반에 크게 발전하였다.

< 제 1 절 >

보상적 기업우위이론

하이머는 그의 박사학위논문에서 직접투자를 간접투자와 구별하여야 하며, 불완전시장의 전제 위에서만 존재한다는 것을 기업이론(theory of the firm) 중 코즈(Coase)의 시장결함(market failure)이론과 경제이론 중에서는 베인(Bain, 1929)의 진입장벽(entry barrier)이론에 근거하여 설명하고 있다. 하이머의 이론을 소개하면 다음과 같다.

첫째, 외국시장에 진입하는 기업은 현지국 기업에 비하여 여러 가지 면에서 불리한 점을 가지게 된다. 외국기업에 불리한 투자환경은 투자기업에게 외국비용을 유발시킴으로써, 투자기업에게 외국시장 진입장벽(foreign market entry barrier)을 구축하게 된다. 이러한 외국비용의 원천에는 여러 가지가 있는데, 그 중 대표적인 것은 현지국 기업에게 유리한 경제, 사회, 법률제도, 사회적 관습, 소비자의 기호, 교통 및 통신의 비용과 현지국의 주민 또는 공공기관으로부터 받는 차별대우, 현지국 시장환경에 대한 정보부족 등을 들 수 있다.

둘째, 이러한 외국시장 진입장벽에도 불구하고, 해외 직접투자를 통하여 투자기업이 살아남기 위해서는 외국비용을 상쇄하고도 남는 보상적 기업우위요소를 보유하고 있어야 한다. 이러한 기업 특유의 요소로는 일반적으로 저렴한 자본조달비용, 상표, 기술에 관한 노하우, 마케팅 능력, 경영관리기술 및 규모의 경제 등이 있다.

셋째, 이러한 보상적 기업우위요소는 특정기업에 한정적으로 보유되며, 불완전시장에서만 존재가 가능해진다. 특히, 보상적 기업우위요소는 독과점 시장상태에서 많이 존재한다.

넷째, 이러한 보상적 기업우위요소를 계약 등 시장거래방식으로 이전시키는 것은 여러 가지 시장결함 때문에 어렵기 때문에, 투자기업은 직접투자를 통해서만 이전이 가능해진다. 즉 코즈의 시장결함이론에 의하면, 기업특유의 우위요소와 같은 무형재는 계약방식 등 시장거래에 의한 교환행위가 여러 가지 이유로 비효율적이며, 이러한 비효율성 때문에 기업들은 교환행위를 내부화한다고 주장하고 있다.

< 제 2 절 >

독점적 기업우위이론(Monopolistic advantage theory)

하이머의 보상적 기업우위이론은 그의 지도교수였던 킨들버거(Kindleberger, 1969, 1976)에 의하여 더욱 체계화되었는데, 하이머의 여러 주장중 특히 두 번째 주장을 중심으로 보상적 기업우위의 원천과 유형을 규명하는데 초점을 맞추고 있다. 킨들버거의 이론에 의하면, 직접투자가 가능한 것은 시장의 불완전성을 기초로 한 독점적 우위 때문이며, 이러한 독점적 우위의 원천을 제품시장의 불완전경쟁, 생산요소시장에서의 불완전경쟁, 규모의 경제, 정부의 간섭 등 네 가지 요인에서 찾고 있다. 하이머-킨들버거에 따른 독점적 우위이론은 그 후 독점적 우위의 구체적 요인이 무엇인가를 규명하려는 다수의 학자들에 의해 더욱 구체화되었는데 그 대표적인 내용들은 다음과 같다.

우선, 존슨(Johnson, 1970, 1975)은 독점적 우위의 원천을 지식(knowledge) 또는 기술(technology)의 우위에서 찾고 이러한 지식 내지 기술은 공공재(public gooods)의 성격을 갖는다고 이론화하였다. 한편, 맥마너스(Mcmanus, 1972)와 울프(Wolf, 1977)는 해외시장진출을 통한 기업활동규모의 확장은 기업의 잠재적 경영기술 및 조직능력(managerial skills and organizational ability)과 같은 기업의 경영능력이 독점적 우위로서 작용한 결과임을 주장하였다. 그리고 케이브스(Caves, 1971, 1974)는 투자기업의 국내시장상황, 즉 과점적 시장에서 배양된 기업들의 제품차별화능력을 독점적 우위의 원천으로 설명하고 있다.

| 표 6-1 | 독점적 기업우위의 요인

요 인	구체적인 예
제품시장의 불완전성	제품차별화, 마케팅 기술, 재판매 가격제도
요소시장의 불완전성	특허, 미 공개기술, 자본조달상의 우위, 경영자 자질
규모의 경제	수직적 통합요인으로서의 외부경제, 수평적 통합요인으로서의 내부경제
정부의 규제	조세, 관세, 금리, 환율, 수출입 규제

자료: Kindleberger, 1969.

<제 3 절> 과점적 대응이론(Oligopolistic reaction theory)

하이머의 초기이론은 산업조직론의 과점경쟁모형을 따라 더욱 구체화되어 과점적 대응이론으로 발전하게 된다. 과점적 대응이론은 하이머의 세 번째 주장에 따라 그의 이론을 보다 행동적인 전략이론으로 확장시켜, 해외 직접투자를 과점적 경쟁기업 간의 대응진출 및 상호경쟁의 결과로 설명하고 있다. 과점적 산업에 속하는 기업들은 경쟁기업의 행동에 극히 민감하게 대응하며, 기업들 간의 상호의존성은 과점적 경쟁이라는 특수한 형태의 기업행태를 발생시킨다.

예를 들면 일본 자동차 산업의 경우 시장을 선도하고 있는 도요타와 닛산은 거의 같은 나라에 거의 비슷한 시기에 매우 유사한 형태로 진출하고 있는 모습을 볼 수 있다. 이렇게 과점관계에 있는 경쟁기업이 신 시장을 개척하기 위해 외국에 진출하면 다른 경쟁기업(들)은 이에 상응하여 동일한 시장에 진출하게 된다. 그렇지 않을 경우 선도기업에 비해 시장지배력이 약화되고 결과적으로 경쟁력이 약화되어 국내시장에서의 입지마저 약화될 우려가 있기 때문이다. 이러한 경우 기업의 해외 직접투자는 이윤의 극대화가 아니라 기업간 균형유지가 최고의 목표로 바뀌게 된다. 니커보커(Knickerboker, 1974)는 " Follow the leader"라는 표현으로 기업들 간 해외시장에서의 상호견제활동에 따른 해외투자 집단화현상을 설명하고 있으며, 그라함(Graham, 1978)은 'Exchange of threats hypothesis'라는 표현으로 이런 현상을 설명하고 있다.

<제 4 절> 내부화이론(The Internalization Theory)

내부화이론은 버클리와 캐슨(P. J. Buckley and M. Casson) 그리고 러그만(A. M. Rugman) 등에 의해 주장되고 발전되어 왔다. 내부화 이론을 다음과 같이 정리할 수 있다.

첫째, 어느 기업이 외국시장에 진입할 때 라이센싱 등과 같은 계약방식이나 직접투자를 통한 방식 중에 선택할 수 있다. 여기서 계약방식은 경제학에서 시장방식(market transaction)을 의미하며, 직접투자방식은 기업방식(firm transaction)이라고 한다. 둘째, 자연적 이유나 인위적 이유 때문에 시장이 불완전해지고 이때 기업이 재화나 용역의 이전을 위하여 시장방식을 택하는 것이 불가능해질 수 있다. 셋째, 이러한 시장결함이 나타날 때, 기업은 시장을 통하지 않고 해외 직접투자를 통하여 재화나 용역의 이전을 기업 내 거래로 내부화(internalization)함으로써 본사와 자회사 간에 시장기능을 창조하게 된다. 넷째, 이렇게 기술이나 주요 재화의 국가 간 이동을 내부화하기 위해서는 해외 직접투자가 불가피하며 결과적으로 기업은 내부화를 통해(혹은 내부화를 위해) 국제기업으로 생성, 발전하게 된다. 여기에서 시장거래(arm's length transaction)란 거래가 외부시장에서의 소유권의 교환을 통해 이루어지는 거래를 의미하며, 이와 대조적으로 기업 내부의 내부시장에서 소유권이 이전되지 않는 개념상의 거래를 내부거래(internal transaction)라고 한다.

한편, 다국적기업이 해외 직접투자를 통해 내부화하는 유형은 크게 세 가지로 구분하여 살펴볼 수 있다.

첫째, 다국적기업은 중간재시장을 내부화하기 위해서 수직적 통합(vertical integration)을 추구한다. 중간재시장은 효율적이지 못하고 불완전하기 때문에 다국적기업은 이러한 불완전성을 이용하기 위하여 혹은 불완전성 때문에 중간재시장을 내부화하게 된다. 중간재의 내부화는 기업이 그 생산라인에 원료를 공급하는 후방통합을 하거나, 또는 기업이 자사가 생산한 제품이나 반제품을 사용하거나 판매하는 공정을 다른 국가에 설립하는 전방통합을 하는 것을 의미한다. 원자재 및 부품공장 등 중간재를 조달하기 위한 모든 해외 직접투자는 이 범주에 속한다고 할 수 있는데, 다국적기업은 수직적 해외 직접투자를 통해 비용이 저렴한 원자재를 장기적·안정적으로 확보할 수 있으며 내부화가 이루어지면 외부시장을 이용하는 경우보다 위험이 훨씬 감소된다.

둘째, 다국적기업은 지식시장을 내부화하여 수평적 통합(horizontal integration)을 추구한다. 지식은 기업이 오랫동안 많은 비용을 지출하여 축적해 놓은 하나의 기업자산으로서, 기업이 이러한 지식을 생산이나 마케팅에 도입시키는 데는 많은 시간과 비용이 소요된다. 그러나 지식이나 기술은 일단 그것이 개발되면 기업 내부에서는 일종의 공공재(public goods)가 되어 이러한 지식을 기업 내부적으로 활용하는데 있어 추가적인 비용의 지불이 필요하지 않게 된다. 따라서 다국적기업은 지식이나 기술상의 우위를 독점적으로 사용할 수 있도록 지식시장이나 기술시장을 내부화하여 이것들을 중간재로 사용하는 완제품을 생산하고 이를 독점함으로써 초기 연구개발에 소요된 비용에 대한 수익을 극대화시킬 수 있다.

셋째, 다국적기업은 국제자본시장이 불완전하기 때문에 자본시장 기능을 내부화하여 다각적 통합(conglomerate integration)을 추구한다. 즉, 다국적기업은 자체 내의 효율적인 내부시장을 활용하여 자원을 효율적으로 배분하기 위해서 국경을 넘어 수익이 높은 곳에 투자를 하게 되는데, 이때 다국적기업은 다각적 해외 직접투자를 통하여 위험을 분산시키고 안정적인 소득흐름을 확보할 수 있다. 레써드(D. R. Lessard)는 다국적기업들은 자본시장이 불완전할 경우 자본시장기능을 내부화 함으로써 기존의 국내생산시설과 상이한 생산시설을 해외에 확대하여 다양한 사업활동을 수행하며, 이러한 해외 직접투자를 통해 영업활동을 분산시킴으로써 위험을 극소화하고 수익의 안정성을 확보할 수 있다고 주장한다. 다국적기업은 이와 같이 국제적인 자본시장의 불완전성에 직면하여 위험분산효과를 제공해주는 자본시장의 기능을 내부화하게 된다.

내부화이론이 기업의 해외 직접투자와 관련된 구체적 동기를 제시하는데 그치고 있으나 내부화이론에서 출발한 거래비용이론은 내부화 결정에 따른 이익과 비용을 거래비용의 관점에서 체계적으로 정리함으로써, 직접투자와 관련된 의사결정을 일관된 모형에 의하여 설명하고 있다. 첫째, 직접투자를 통한 내부화결정에 직접적으로 영향을 주는 것은 시장불완전성 그 자체가 아니라 시장불완전성에도 불구하고 시장을 통한 계약거래를 추진하는데 소요되는 비용, 즉 거래비용이다. 둘째, 거래비용은 이전되는 기술 등 재화의 속성뿐만 아니라 거래 당사자 간의 관계 등 거래상황에 의해서도 결정된다. 셋째, 시장거래 등 외부거래 뿐만 아니라 내부화, 즉 내부거래에도 거래비용은 발생한다. 넷째, 기업은 구체적으로 외부거래비용이 내부거래비용보다 많이 들 때는 내부화하고 내부거래비용이 외부거래비용보다 많이 들 때는 외부거래를 선택하게 된다.

<제 5 절>

절충이론(The Eclectic Theory)

지금까지 설명한 해외 직접투자 이론들은 주로 세 가지 문제에 초점을 맞추고 있다. 첫째, 해외진출기업이 어떻게(how) 현지 기업들과의 경쟁에서 이길 수 있는가? 둘째, 그들은 왜(why) 직접투자의 방식을 선택하는가? 셋째, 국제생산이 이루어지는 현지국은 어디(where)인가? 그리고 앞에서 설명한 해외 직접투자 이론들은 세 가지 질문들 중의 하나 혹은 두 가지 문제에 대하여 설명하고 있을 뿐이다. 이러한 한계성을 극복하기 위하여 더닝(Dunning)은 그동안 제시된 해외 직접투자이론들을 종합하여 포괄적인 설명력을 가지는 일반이론을 제시하고자 노력하였다. 더닝에 의하면 첫째, 기업이 해외시장을 개척하는데 있어 수출, 직접투자, 라이센싱 중에서 가장 적합한 전략을 선택하게 된다. 둘째, 기업의 해외생산에 영향을 미치는 요소는 기업 특유의 우위요소, 외국에서 생산하는데 따르는 장소 특유의 우위요소, 내부화 특유의 우위요소 등 세 가지이다. 셋째, 이러한 세 가지 요소의 집합에 의하여, 직접투자, 수출, 라이센싱 중에서 가장 적합한 해외시장 진출 전략을 채택하게 된다. 이때 ① 기업 특유의 우위가 있고 외국에서 생산할 만한 장소 특유의 우위가 없으면, 이때 기업들은 본국에서 생산하여 수출하게 된다. ② 기업 특유의 우위와 장소 특유의 우위가 있는데 내부화를 할 특유의 우위요인이 없으면 기술라이센싱을 통하여 외국기업에게 기술을 공여하여 대리 생산을 하게 되며 ③ 기업 특유의 우위요소, 장소특유의 우위요소, 내부화 특유의 우위요소가 모두 있을 때 기업들은 내부화하여 직접투자를 통하여 외국현지에서 직접생산을 하게 된다.

이렇게 내부화이론은 기업 내부적 관점에서 기업 특유의 우위요인, 국제 분업적 관점에서 장소특유의 우위요인을 종합하여 절충이론이라고 지칭하고 세 가지 우위요인의 머리글자를 따서 「O.L.I. 패러다임」이라고 호칭되기도 한다.

더닝의 절충이론의 O.L.I. 요소

ⓐ 기업 특유의 우위요인(ownership-specific advantages): 기업은 자기만이 일정기간 배타적으로 이용할 수 있는 기업 특유의 우위요소를 소유해야만 그것을 이용하여 해외 직접투자를 수행할 수 있다.

- 기업규모, 다양성, 독점적 지위
- 특허, 상표권 등 전유적 무형재 및 관련 능력
- 생산, 조직, 마케팅 시스템, R & D 능력, 인적자원, 경험
- 각종 자원 및 제품시장에 대한 배타적, 차별적 접근능력
- 정부의 보호

ⓑ 장소 특유의 우위요인(location-specific advantages): 기업 특유의 우위요소와 내부화 조건이 충족되고 나면 다음에는 이 요소들을 해외현지국의 생산요소와 결합하는 것이 국내생산보다 더 유리할 때에만 기업이 수출 대신에 해외 직접투자를 선택하게 된다. 이때에 영향을 미치는 입지적 요인을 보면 다음과 같다.

· 생산요소비용
· 운반비, 통신비, 인프라 비용
· 관련 인프라 및 관련 기업능력
· 정부간섭 및 규제(수입규제, 투자유인, 투자환경)
· 경제하부구조
· 정치적 안정감
· 국제문화적 거리감

ⓒ 내부화 특유의 우위요소(internalization-specific advantages) : 기업은 자사가 보유하고 있는 우위요소를 내부화함으로써 얻는 이익이 여타 대안적인 방법에 의한 이익보다 더 큰 경우에만 해외 직접투자가 발생할 수 있다. 내부화에 따른 이익에는 다음과 같은 것들이 있다.

· 거래 당사자 탐색, 협상, 조정비용 회피
· 독점적 권리의 보호
· 매매자 불확실성 제거
· 외부적 가격차별화 불인정/내부시장능력
· 제품품질 유지
· 거래 및 공급의 안정성 유지
· 쿼터, 관세 등 정부간섭 및 규제 회피
· 전략적 상호보조 등 경쟁전략의 우위요소

<제 6 절>

제품수명주기이론(The Product Life Cycle Theory)

버논(R. Vernon), 웰즈(L. T. Wells) 등에 의해 주장된 제품수명주기이론은 제품의 수명주기단계에 따라 매출액 및 수익, 목표시장, 경쟁, 생산비 등이 변화되어 가는 현상을 가지고 공산품의 해외 직접투자를 규명하려는 이론이다.

제품의 수명주기는 통상 신제품단계(new product stage), 성숙제품단계(growth stage), 표준화제품단계(maturing stage) 등의 과정을 거치게 되는데 신제품단계는 주로 해외생산의 초기입지, 성숙제품단계는 새로운 시장이 수출에 의해 공급되느냐 또는 해외 직접투자에 의해 공급되느냐 하는 문제, 표준화제품단계는 현지기업과 비교한 해외생산의 경쟁력에 초점을 맞추고 있다.

제품수명주기의 각 단계별 특징과 각 단계에서 해외 직접투자가 이루어지게 되는 과정을 살펴보면 다음과 같다.

1) 신제품단계(new product stage)

통상 새로운 제품이나 새로운 비용절감형 공정 등은 미국과 같이 기술적으로 우위를 점하고 있거나 또는 높은 소득수준 및 광활한 시장 등 수요 측면의 제반 여건이 구비된 국가에서 가장 빨리 개발되는 경향이 있다.

일단 신제품이 개발되면 이러한 제품은 먼저 소득이 높은 선진국 내의 고소득층에 의해 소비되고 국내수요가 충족되면서 점차 해외수요도 창출되게 되는데, 이때 원혁신국 기업인 미국기업은 기술격차를 이용하여 처음에는 통신비용이 적게 소요되고 경제, 문화, 소득면에서 동질성이 가장 높은 유럽의 여타 선진국에 제품을 수출한다.

이 단계에서는 제품을 계속적으로 적응하거나 디자인 및 제품기술을 개선해야 하기 때문에 제품이 쉽게 표준화되지 못한다. 그리고 이 시기에는 생산과 마케팅간의 의사소통이 빈번히 이루어져야 하기 때문에 제품을 시장이 가까운 곳에서 생산하는 것이 중요하게 된다. 그리고 이 단계에서는 경쟁기업이 소수에 불과하고 생산비가 약간 높은 것이 특징이다.

2) 성숙제품단계(growth stage)

제품이 성숙단계에 접어들면 경험효과에 힘입어 비효율적인 제품디자인과 생산방법이 사라지고 융통성이 줄어들며 제품형태는 점차 안정되게 된다. 또 구매자의 지식이 증가하고 수요는 가격탄력적이 되며 기업은 생산비에 훨씬 많은 신경을 쓰게 된다. 기술이 안정되었기 때문에 신제품단계에 비해 시장에 근접한 곳에서 제품을 생산하는 것이 그리 중요하지 않게 되며, 소득이 증대되고 규모의 경제를 이용할 수 있는 기회가 나타날 때 시장이 확대된다.

한편, 성숙단계에서는 점차 혁신기업 이외의 여타 국내기업들도 기술을 쉽게 이용하거나 모방할 수 있게 되어 제품생산이 가능해지고 동 제품에 대한 해외수요도 점차 증가하게 된다. 또 일정기간 후 세계시장에서의 수요증가와 더불어 유럽의 여타 선진국기업들도 동일한 제품을 생산할 수 있게 되며 점차 미국에서의 수입을 대체하기에 이른다. 하지만 미국기업은 국내에서의 한계생산비와 한계수송비의 합이 해외에서의 평균생산비를 상회하지 않는 한 여전히 수출형태의 해외시장 공급이 가능하다.

그러나 원혁신국기업은 본국과 해외현지국 간의 노동비용의 차이 때문에 결국은 현지에서의 해외 직접투자가 훨씬 유리하게 된다. 이 시기에 유럽의 선진국들은 자국의 유치산업을 보호하기 위하여 미국으로부터 수입되는 제품에 관세 및 비관세장벽 등을 구축하게 되는데, 이때 미국기업들은 이와 같은 현지의 보호조치에 따른 기존 해외시장의 상실을 우려하는 한편, 유럽생산제품의 미국내 역수입으로 인한 국내시장의 상실을 방어하기 위하여 수출보다는 유럽이나 여타 선진국에 자회사를 세워 해외생산을 개시하게 된다.

한편, 유럽의 여타 선진국들도 점차 기술을 습득하고 생산을 개시할 수 있게 됨으로써 동 제품을 자급자족하게 되고 점진적인 기술개발과 수출시장의 확대, 규모의 경제실현에 의한 원가 인하 등에 힘입어 경쟁력을 갖추게 된다. 그 결과 유럽국가에 대한 미국의 수출은 점차 비교우위를 상실하게 된다.

그러나 미국은 후진국에 대한 수출에 있어서는 여전히 원혁신국으로서의 기술수준과 원가상의 우위 때문에 얼마간 이익을 향유할 수 있다. 하지만 점차 대후진국 수출도 점진적으로 유럽국가들이 공급하기에 이른다. 이와 같이 후진국시장의 분할과 규모의 경제 저하에 따라 미국기업은 결국 국내시장만을 공급하게 되며 시장점유율은 점차 하락하게 된다.

3) 표준화제품단계(maturing stage)

표준화단계에 이르면 제품 및 생산기술이 전 세계적으로 표준화됨에 따라 가격경쟁이 심해지고 유럽선진국들도 점차 후진국의 기술습득과 저임금 및 수출 드라이브정책 등 때문에 경쟁에서 뒤지게 된다. 따라서 후진국에 대한 수출, 더 나아가서는 유럽시장 뿐만 아니라 미국에 대한 수출까지도 후진국이 담당하게 된다.

이 시점에서 원혁신국기업은 본국에서의 시장지위를 방어하기 위하여, 후진국이 가격경쟁을 이용하여 제품을 원혁신국에 역수출하기 이전에 생산비가 저렴한 후진국에 생산시설을 미리 이전시켜 놓고 거기에서 제품을 생산하고 이것을 역수입하게 된다. 이때 후진국에 대한 원혁신국의 해외 직접투자가 이루어지게 된다.

이상에서 살펴본 제품수명주기이론은 무역 및 투자가 이루어지는 현상을 시간의 흐름에 따라 동태적으로 파악하고 있다는 점에서 그 의의가 있다. 그리고 이 이론은 제2차 세계대전 이후 여타 선진제국에 대한 미국의 제조업투자를 설명하는 데 어느 정도의 설득력을 가지고 있다. 하지만 버논(R. Vernon) 자신도 지적한 바와 같이 전세계 시장을 대상으로 동시에 제품을 개발하고 범세계적으로 마케팅을 계획하고 집행하는 수많은 다국적기업이 활동하고 있는 상황 하에서는 기술수준 및 수요형태의 차이에서 발생하는 모방 갭(imitation gap)이 존재하지 않기 때문에 이 이론의 한계가 있다.

< 제 7 절 > 거시경제적 접근이론

고지마(K. Kojima)는 지금까지의 해외 직접투자이론은 모두 이윤극대화 내지 시장점유율확대를 그 목표로 하는 미시적·개별기업적 관점에서 다루어져 온 결과, 다국적기업이 거시적 경제단위인 피투자국과 마찰을 빚는 등 역무역지향적인 영향을 유발시키게 된다고 주장하면서 해외 직접투자를 거시적인 국민경제적 관점에서 설명하고 있다.

즉, 해외 직접투자는 투자국과 피투자국 간의 잠재적 내지는 현시적 비교생산비를 기초로 하여, 투자국에서는 비교열위상태에 있으나 피투자국에서는 비교우위에 있는 산업에서 이루어져야만 양국 간의 충돌을 피할 수 있고 균형있는 발전이 이루어지게 되며 무역이 증대된다고 주장한다. 곧 이 이론은 해외 직접투자를 국제분업의 원리에 입각하여 추진해야만 양국의 산업구조가 고도화되고 경제효율이 제고되며 국민후생이 향상된다는 점을 강조하고 있다.

그는 이 이론을 전개함에 있어서 직접투자를 미국형과 일본형으로 구분하여 설명하고 있는데, 미국의 해외 직접투자는 독점적 우위를 확보하거나 무역장벽을 회피하기 위한 역무역지향형 투자로서 미국의 비교우위를 약화시키고 고용감소를 유발하게 된다고 주장한다. 이에 반해 일본의 해외 직접투자는 국민경제활동의 일환으로서 첫째, 국내에서 불가결한 자원의 확보 둘째, 개도국에 비해 비교우위를 갖는 기계설비 · 반제품 등 생산재의 수출촉진 셋째, 노동력 부족과 고임금 등으로 비교우위를 상실해가는 일본의 섬유 · 잡화산업 등을 개도국에 이전하는 등 무역지향형 동기에 의해 이루어지고 있다는 것이다.

오자와(T. Ozawa)도 일본의 해외 직접투자는 생산요소의 희소성, 환경적 제약증대 및 자원공급에 대한 불확실성 증대 등과 같은 거시적인 요인에 의해 이루어진다고 주장하고 있다.

이상과 같이 거시경제적 접근이론은 해외 직접투자가 미시적 관점에서 무역 지향적이어야 하며 이렇게 함으로써 투자국과 피투자국이 공히 이익을 누릴 수 있다는 점을 강조하고 있다.

< 제 8 절 >
자본시장접근이론

1) 통화지역이론(Currency-Area Phenomenon)

알리버(R. Aliber)는 통화지역이론에서 외국기업이 현지기업에 대해 가지고 있는 우위는 어떤 개별기업 특유의 우위가 아니라 특정 통화지역에 위치하는 모든 기업이 외국경쟁기업에 대해 공통적으로 갖는 우위라고 주장하고, 투자국기업은 환율이나 통화가치의 차이 등에 있어서 피투자국 기업보다 우위를 점하고 있기 때문에 자본조달 등의 면에서 훨씬 유리하다는 점을 강조하고 있다.

즉, 투자기업은 통상 강세통화국 기업이고 강세통화는 장래 그 가치가 오를 것으로 예상되기 때문에, 국제금융시장에서 자본을 조달하는 경우 약세통화국의 피투자기업보다 훨씬 낮은 이자율로 차입이 가능하며, 이와 같이 차입비용이 적게 소요되기 때문에 해외 직접투자에 있어서도 우위를 누릴 수 있고 동시에 보다 높은 순현가(net present value)를 기대할 수 있다는 주장이다.

반면, 약세통화국 기업은 미래의 불확실한 환위험(exchange risk)에 대해 투자가들에게 일정한 통화 프리미엄(currency premium)을 지불해야 하기 때문에 그만큼 강세통화국 기업보다 차입비용이 많이 소요된다는 것이다. 여기에서 통화 프리미엄이란 상이한 통화로 표시된 고정가격의 자산에 대한 이자율의 차이가 예상 환율변화를 상회하는 경우 그 차이를 의미한다.

또한 자본화율(capitalization rate)에 있어서도 강세통화지역 기업, 즉 투자기업의 소득은 피투자기업의 소득보다 훨씬 높은 율로 자본화될 수 있기 때문에 더욱 우위를 확보할 수 있게 된다. 이러한 자본화율의 차이는 상이한 통화로 표시된 소득의 흐름에 대해 시장이 각기 다른 자본화율을 적용하려고 하기 때문에 발생한다. 투자기업은 대부분 자본화율이 높은 국가에 소재하는 기업이며 피투자기업은 그 반대에 해당된다.

이 이론은 1950~60년대의 미국기업의 유럽기업 인수, 그리고 60년대 후반에서 70년대 초반에 이르는 일본기업의 동남아시아기업 인수 등을 설명하는데 어느 정도 설득력이 있다. 그러나 해외 직접투자를 단순히 환율만을 가지고 설명하려고 한다는 점과 동일 통화지역 내의 해외 직접투자(예: 미국기업의 달러지역에 대한 투자)와 통화지역간의 상호교차투자(cross-hauling investment) (예: 미국기업의 대유럽투자와 동시에 유럽기업의 대미투자)에 대한 설명이 불가능하다는 점이 그 한계로 지적되고 있다.

2) 자본시장불완전이론

라가지(R. Ragazzi)의 자본시장불완전이론은 해외 직접투자의 요인을 통화의 안정성보다는 오히려 자본시장 자체의 불완전성에서 찾으려는 접근방법이다. 즉, 그는 완전경쟁적 조건하에서는 모든 국제자본이동이 증권투자의 형태를 취할 것이므로 직접투자의 결정요인은 이러한 가정을 뛰어넘어 분석되어야 한다고 보고 있다. 이를 위해 그는 직접투자와 증권투자의 상호관련을 통하여 직접투자의 결정요인을 찾고자 한다.

자본시장 불안정의 전형적인 예로서 통화의 과대평가를 들 수 있다. 특정국가에서의 현 환율에 의한 교역재의 생산비가 평균적으로 여타 국가에서보다 높을 때 특정 통화가 과대평가되었다고 정의한다. 이와 같이 통화가 과대평가되면, 외환시장에서 다시 균형이 이루어지는 경우 자본수익을 실현할 수 있다는 기대로 인해서 저평가된 통화로 자산을 소유함으로써 이익창출기회가 생기게 된다. 그동안 국제교역제품의 생산을 저평가통화국에 위치시키고 과대평가된 자금으로 소득창출자산을 구매하고자 하는 동기가 생기게 된다. 이때 중요한 사실은 환율이 균형되게 되면 해외 직접투자 흐름이 중지된다고 하는 것이다. 더 더욱 외국투자자는 해외자산을 판매하여 이익을 획득하고 국내생산으로 돌아오게 된다.

해외 직접투자는 평균수익률이 높은 지역에서 이루어지게 된다. 이것이 자본시장 불안정가설인데, 일정수준의 위험하에서 자산에 대한 수익률은 증권시장의 비효율성 때문에 증권자본흐름에 의해서 국제적으로 균등화되지 않음을 의미한다. 따라서 실물자산에 대한 수익률이 균형을 이룰 수 있는 유일한 방법은 직접투자흐름을 통하는 길 뿐이다. 즉 각국의 금융 및 증권시장이 완전하다면 해외 직접투자가 이루어질 필요가 없지만, 현실적으로는 자본이동에 대한 국제적인 제약, 증권시장의 비효율성이 존재하므로 투자가들은 이와 같은 비효율적인 증권시장을 이용하기보다는 그 대안으로서 직접투자를 선택하여 위험을 회피한다는 것이다. 따라서 이러한 비효율적인 증권시장 때문에 간접투자의 방법으로는 외국투자가 불리하므로 자본시장이 잘 발달되어 있는 국가는 자본시장이 불완전한 국가에 직접투자를 하고, 반대로 자본시장이 잘 발달되어 있지 않은 국가는 자본시장이 잘 발달되어 있는 국가에 간접투자를 하게 된다는 것이다.

< 제 9 절 >
국제자원이동론

페이어웨더(J. Fayerweather)는 국제무역이론에서의 자원개념을 전통적 생산요소인 입지, 자원, 노동 등의 세 가지 요소에 기술, 경영기법, 기업가능력을 더하여 훨씬 광의의 개념으로 확장하고, 국가 간에는 이들 자원의 수요와 공급 간에 차이가 있기 때문에 이들

제자원이 국제적으로 이동하게 되고, 경영자원의 국제적 이동이 다국적기업에게 사업기회를 제공해준다고 주장하고 있다.

통상 기업은 그 성장과정을 통해 각종 비용을 지불하고 있는데, 이 비용은 생산의 효율성, 조직능력, 판매 등의 분야에서 그 기업의 경영자원으로 축적되며 직접투자는 다국적기업이 경영주체로부터 쉽게 분리되지 않는 이러한 경영자원을 국경을 넘어 활용함으로써 이윤을 극대화하게 된다. 그런데 경영자원은 한계생산력이 낮은 지역으로부터 높은 지역으로 이동하기 때문에 이에 따라 직접투자가 발생한다고 본다.

또 그는 자원수급상의 차이에 대해 정부의 조치나 정책 등이 자유로운 경제력에 의해 결정된 자원수급상의 차이를 왜곡시키거나 다국적기업에게 실질적인 기회를 제공하는 방향으로 전환시키게 되며, 이러한 사업기회에 부합하기 위해 이동자원의 종류, 국가의 선정, 이동방법의 선택 등이 특정 다국적기업의 특성과 전략에 따라 달라지게 된다고 주장한다. 종합컨대 세 가지 요소, 즉 자원의 차이, 정부의 조치, 기업의 특성 등이 국제자원 이동에 있어서의 다국적기업의 활동방향을 결정하게 된다고 본다.

이 이론은 국제무역이론과 투자뿐만 아니라 기업의 행동모형도 광범위하게 포괄하고 있으며, 과점적 우위를 광의의 기술자원에 포괄시킴으로써 과점적 요소를 해외 직접투자의 자극요인으로 인식하고 있다. 그리고 또 정부가 자원수급상의 차이와 외국기업의 진입여건에 영향을 미치는 행동을 취함으로써 국제경영활동에 영향을 미친다고 보고 있다. 또한 동 이론은 다국적기업의 자원이동 역할이 국내 기업의 자원이동 역할과 두 가지 점에서 명백히 다르다고 보고 있다. 즉, 다국적기업은 범세계적인 시야를 가지고 있어서 국가 간의 자원의 차이에 관심을 갖게 되며, 특히 국가 간의 자원이동에 영향을 미치는 각국의 제도적인 제약요인을 중요시한다는 것이다.

또 다른 특징으로서 동 이론은 기술적인 독점력의 존재가 경영자원의 한계생산력에 큰 영향을 미치기는 하지만, 그러나 그것을 해외 직접투자의 필요조건으로 보지는 않고 있다.

따라서 소규모기업에 의한 직접투자도 설명이 가능하며, 또한 동일 분야에 있어서 두 나라 간 해외 직접투자의 상호교류 현상도 설명될 수 있다. 즉, 투자방향은 국제 간의 평균이윤율에 의해 결정되는 것이 아니며 투자기업은 피투자국의 당해 산업의 평균이윤율이 투자국에 있어서의 평균이윤율보다 낮다고 하더라도 경영자원의 차이에 의해 높은 이윤을 실현할 수 있다면 직접투자를 하게 된다는 것이다.

하지만 이 이론은 기업의 독점적 요소를 배제하고 있는 것은 아니며, 또한 다른 생산요소의 부존상황, 무역장벽, 세제상의 차이, 통화가치의 차이 등도 해외 직접투자에 커다란 영향을 준다는 것을 부정하지는 않고 있다. 이 이론에 있어서 가장 중요한 점은 이러한 것들이 존재하지 않는다고 하더라도 해외 직접투자는 기업의 국제 간 경영자원 배분과정에서 생성된다고 하는 점이다.

< 제 10 절 >
행동과학적 접근방법

아하로니(Y. Aharoni)는 기업의 해외 직접투자는 기업 내부적인 동기와 기업 외부적인 동기에 의해 이루어진다고 보고 있다. 이때 기업 내부적인 동기로는 기업 내 최고경영자의 강한 이해를 들고 있고 기업 외부적인 동기로는 첫째, 외국정부나 자기 기업 제품의 유통업자, 기업의 고객 등과 같은 외부적인 원천으로부터의 제안, 둘째, 시장상실의 위험, 셋째, 밴드웨건 효과(band wagon effect), 넷째, 해외로부터의 본국시장에 대한 강력한 경쟁 등을 들고 있다.

이와 같이 해외 직접투자는 반드시 경제적이고 합리적인 동기에 의해서만 이루어지는 것이 아니라, 최초 투자는 해외시장에 대한 체계적이고 합리적인 조사에 의해서라기보다는 어떤 외부적인 자극에 의해서 이루어지게 되며, 기업의 해외진출에 대한 내부 의사결정에 있어서도 최고경영자가 개인적인 승진이나 이익에 부합되도록 투자를 결행하는 방향으로 의사결정을 유도해 간다는 이론이다.

이 이론은 일반적으로 경영자는 자기들에게 익숙한 기업환경에 안주하려는 경향이 강하게 나타나는데 이때 전술한 외국정부나 고객의 제안, 경쟁기업의 해외진출, 국내시장의 경쟁심화 등 외부의 자극이 생기게 되면 외국투자를 위한 투자안을 작성하게 되고, 투자안이 작성되면 그것을 평가하는 데 관련된 정보를 수집하기 시작한다는 것이다. 일단 이러한 외부적 자극에 의해서 해외투자가 착수되면 이제는 해외투자의 타당성을 조사하는 과정에서 그 일에 대한 깊은 관심과 이해를 느끼게 되며 곧바로 자신의 승진과 이익을 위해서 그 일이 성사될 수 있는 방향으로 결론을 유도하게 된다는 것이다.

행동과학적 접근방법은 해외 직접투자가 발생하는 동기 및 과정을 지나치게 단편적으로 파악하고 있는 점에서 비판을 면할 수 없으며, 해외 직접투자에 대한 이론이라기보다는 오히려 외국투자를 위한 하나의 의사결정과정에 대한 이론으로 볼 수 있다.

<제 11 절>

신 제국주의적 견해와 종속이론

신 제국주의적 견해와 종속이론은 세계경제를 독특한 시각에서 관찰하고 직접투자를 정치경제학적 견지에서 설명하고 있다는 점에서 그 의의가 있다. 이러한 견해들은 그 내용이나 관점에 따라서 내용에 약간씩 차이가 있지만 통상 크게 구분하여 신 제국주의적 견해와 종속이론으로 나눌 수 있다.

먼저, 신 제국주의적 견해에 의하면 기업의 국제화 및 다국적기업은 자본주의 기업이 피할 수 없이 택해야 할 숙명의 길로 보고 있으며 선진자본주의 기업은 다국적기업을 통하여 해외착취활동을 수행한다고 보고 있다. 즉, 자본주의 기업의 특성은 개별기업을 끊임없이 확대하도록 강요하며 이와 같은 확대로 인해 자본이 축적되고 점차 자본이 소수의 지배하에 놓이게 된다고 하는 것이다. 투자확대와 자본의 소수지배는 세계시장 확대와 더불어 다국적기업만이 수행할 수 있는 시장여건을 만들어 낸다고 한다. 이렇듯 폐쇄된 자본주의 경제는 유효수요의 부족과 불충분한 사업기회로 인해 부득이 해외시장을 개척해야 하고 직접투자는 이러한 잉여자본의 출구로서의 수단이 되며 동시에 피투자국을 착취하는 수단이 된다는 주장이다.

종속이론에서는 해외 직접투자를 경제적 종속의 범세계적 지배체계의 결과인 동시에 원인이라고 보고 있다. 즉, 길핀(R. Gilpin) 등에 의하면 국제경제시스템은 일종의 계층적 구조로서 지배적인 중추(core)와 종속적인 주변(periphery)으로 구성된다고 보고 있다. 중추는 세계경제에 있어서 국제은행의 역할, 국제무역 메커니즘을 창설하고 조직하는 역할, 자본의 제공에 의해 국제경제시스템의 발전을 촉진하는 역할을 하며, 이러한 역할을 수행하기 위하여 중추는 힘이나 성장기회 제공 등을 통해 주변국가에 일정한 규칙을 준수하도록 강요한다는 것이다. 19세기 영국과 식민지 국가와의 관계, 그리고 오늘날의 미국을 그 예로 들 수 있으며, 중추국들은 해외 직접투자를 통하여 자본적·기술적·경영적 지배를 유지하면서 자원산업이나 제조업에서는 그 중심을 주변국가로 이동시킨다고 한다. 그리하여 중심-주변 양 경제는 불공평한 종속관계를 이루게 되며 해외 직접투자는 이러한 종속관계를 유지하는 하나의 연결고리 역할을 하게 된다고 보고 있다.

이상의 이론들은 해외 직접투자를 정치경제학적인 관점에서 관찰하고 해외 직접투자가 반드시 경제적 요인에 의해서만 이루어진다기보다는 정치·사회적 제 요인에 의해 복합적으로 영향을 받는다고 보는 점이 특징적이다. 하지만 최근에 이르러서는 사회주의국가 이외에서 활동하는 구소련 및 동구권 기업들이 증가하고 있고, 또 자본주의국가의 다국적기업들이 사회주의국가에 진출하는가 하면 중국이 외국인직접투자 유입을 개방하는 등 사회주의국가들의 실용주의 노선 채택에 따라 그 설득력이 약화되어가고 있다.

>> 사례분석 논문 <<

기업 특유의 우위요인과 일본 자동차산업의 국제화 전략

이 강 용

〈 차 례 〉

제 1 장. 서 론

일본경제는 1980년대 중반 이후 급격히 국제화되고 있으며 특히 제조업 분야는 생산기지의 해외이전을 통하여 생산과 판매, 제품기획과 설계, 연구개발, 마케팅 등의 전반적인 기업 활동을 범세계적인 차원에서 조직, 수행하고 있다.

일본 기업들은 2차 대전 이후 미국식 경영기법을 적극적으로 받아들여 이를 일본의 전통과 관습에 맞는 일본식 경영방식으로 개선하여 일본 내에서뿐만 아니라 국제경영에서도 성공적으로 활용하고 있다.

자동차 산업이 일국 경제 내에서 차지하는 역할과 비중은 매우 크다. 20세기에 들어와 미국의 Ford, Taylor, Sloan 등의 연구와 노력에 의하여 지속적으로 발전해 온 대량생산방식은 자동차 산업뿐만 아니라 전 산업에 파급되었으며 자본주의 경제 내의 대표적인 생산방식으로 기능하여 왔다. 1980년대에 이르러 도요타 생산방식을 적용하고 있는 일본 자동차산업은 전통적인 대량생산방식을 고수하고 있는 미국, 유럽의 경쟁자들을 물리치고 전 세계시장에서 확고한 경쟁우위를 확보하게 되었다.

일본 자동차산업은 본격적인 수출이 시작된 1960년대에 이미 개도국시장을 중심으로 라이센싱, 합작생산, 단독투자 등을 통한 초기 국제화단계를 거쳐 1980년대에 이르러 북미, 유럽 등지에서의 본격적인 해외생산을 시작하게 되었다. 또한 시장규모가 작고 관련 산업이 발달되지 못한 동남아 지역에서는 부품의 생산을 국제적으로 분산 · 배치하면서 각국 내에 조립공장을 유지하는 생산의 Globalization전략을 추진하면서 부품생산과 자동차 조립, 연구개발과 판매 등을 범세계적 차원에서 결합하는 Global Network전략을 추진하고 있다.

90년대에 들어와 자동차의 총생산에서 차지하는 해외생산의 비중이 급격히 증가하였다. 90년에 21.4%이던 것이 94년 33.2%, 95년 36%로 높아졌다. 이에 따라 일본 메이커들은 해외생산을 국내생산에 대한 보완적 역할로부터 탈피하여 해외부문을 국내부문보다 우선하는 전략으로 전환하고 있다. 또 부품과 완성차의 생산, 연구개발활동 등을 범세계적인 차원에서 가장 효율적으로 조직하기 위한 Global 최적화전략을 수행하고 있다.

일본 자동차산업 전체의 해외조립 및 생산대수는 83년 최초로 100만대 수준에 이른 후 80년대를 통하여 지속적으로 증가하여 95년에는 572만대에 달하였다. 95년의 국내생산대수가 1,029만대 수준이었기 때문에 국내외를 합친 총생산대수는 1,602만대에 이르렀고 총생산대수 대비 해외생산 비중은 36%에 달하였다.[1)]

이러한 일본 자동차 산업의 성공적인 국제화 전략은 자동차산업의 역사가 오래된 유럽의 자동차 기업들이 미국이나 캐나다에서의 현지생산전략에 실패한 것과 대조를 이룬다.

독일의 Volkswagen은 60년대와 70년대 초반까지 미국내의 소형차 시장을 석권해 왔으며 이를 기반으로 1978년에는 외국기업으로서는 최초의 미국내 현지공장을 설립하여 미국시장공략에 나섰으나 1988년에는 이 공장을 폐쇄하고 멕시코로 철수하였다. 프랑스

1) 기아경제연구소; 자동차경제, 96. 8. 20. pp. 21.

의 르노 자동차회사는 수출을 통하여 미국시장에서 성공할 가능성이 보이지 않자 미국내의 소형업체인 American Motor Corporation(AMC)사를 인수하여 본격적인 미국시장 진출을 시도하였다. 그러나 결과적으로 엄청난 손실을 기록하고 미국시장으로부터 철수하였다. 이에 따라 미국시장에 교두보를 마련하는데 실패한 유럽 자동차업체들은 멕시코, 남미, 아프리카, 지중해 연안국가, 중국 등의 주변시장에 진출하는데 만족하고 있다.

미국 자동차업체들은 이미 1920년대와 30년대에 유럽에 진출한 이래 오늘날까지 유럽시장에서 확고한 위치를 확보하고 있다. 그러나 일본시장에 대해서는 직접진출은 없이 일본자동차 회사에 자본참여를 통하여 미국자동차의 일본 내 판매를 대행시키거나 협력관계를 긴밀히 유지하는 것으로 만족하고 있다.

유럽 자동차 업체가 진출에 실패한 미국과 캐나다에 확고한 거점을 마련하여 북미지역의 시장점유율을 착실하게 늘려가고 있으며 영국을 중심으로 유럽에서의 현지생산전략을 성공적으로 수행하고 있는 일본 자동차업계의 성공요인은 무엇인가?

우리는 가장 중요한 성공요인을 Stephen H. Hymer가 주장한 기업 특유의 우위요인(Firm Specific Advantages)[2]에서 찾으려 한다. 주지하는 바, Hymer는 기업은 특유의 우위요소를 해외현지기업에게 라이센스 하거나 그 우위요소를 활용하여 해외에서 직접생산 활동을 한다고 하였다.[3]

미국 자동차산업이 1920년대와 30년대에 유럽 진출에 성공할 수 있었던 것은 당시의 Ford 사나 GM사가 유럽 기업에 비해 우월한 대량생산방식을 활용하고 있었기 때문이다. 1980년대에 일본 자동차기업들이 미국 진출에 성공한 것은 미국 자동차업체들보다 우수한 생산방식인 린(Lean) 생산방식(혹은 도요타 생산방식)을 활용할 수 있었기 때문이다. 도요타 자동차회사에서 개발된 린(Lean) 생산방식은 일본의 전체 자동차기업에 보급되었다. 이에 따라 일본시장에서 열위(劣位)에 있는 자동차업체들도 미국 내 생산거점 확보에 성공하였다. 반면 유럽의 대표적인 Volkswagen과 Renault 자동차 회사가 미국 내 현지 생산거점 확보에 실패한 것은 미국이나 일본 업체에 비해 이렇다 할 경쟁우위요인을 갖지 못했기 때문이다.

기업이 특유의 우위요인이 있다고 해서 반드시 해외 직접투자에 의해 현지생산을 하지는 않는다. 가능하다면 수출을 통해 그 우위요인을 독점적으로 활용하려고 한다. 하지만 경우에 따라 그 우위요인을 외국기업에게 라이센스 해 주기도 한다.

2) Stephen Herbert Hymer, The International Operations of National Firms; A Study of Direct Foreign Investment. MIT Press. 1976.

3) Hymer; p. 41.

일본 자동차산업의 경우 미국에서의 현지생산은 대단히 위험한 것으로 인식되었다. 따라서 일본 자동차기업들은 가능하면 미국에서의 현지생산을 피하고 싶어 했다. 오히려 일본 자동차기업의 미국 현지생산을 요구한 것은 미국 쪽이었다.

본 논문에서는 일본 자동차회사들이 기업 특유의 우위요인을 이루는 일본식 경영방식과 린(Lean) 생산방식을 어떻게 활용하여 미국과 유럽에서의 현지 생산활동을 성공적으로 수행하고 있는지를 살펴보고자 한다.

제 2장에서는 일본 자동차산업의 국제화 사례를 설명할 수 있는 해외 직접투자 관련이론들을 검토해 본다.

제 3장에서는 일본 자동차산업 국제화 전략의 성공적 수행에 결정적 요인이 되는 린(Lean) 생산방식에 대해 알아본다.

제 4장에서는 일본 자동차회사들이 미국 현지생산전략을 성공적으로 수행하기 위해 린(Lean) 생산방식을 어떻게 활용하였는지 알아본다.

제 5장에서는 결론 및 시사점으로서 일본 자동차산업의 국제화 과정에서 나타난 특성과 그것이 이제 본격적인 국제화 단계에 돌입하고 있는 한국 자동차산업에 시사하는 바가 무엇인지를 결론으로서 제시하고자 한다.

제 2 장. 해외 직접투자이론과 일본자동차 산업의 국제화

기업의 해외 직접투자활동을 이론적으로 체계화하기 위해 많은 학자들이 노력해 왔다. 그러나 지금까지의 모든 이론은 시간적·공간적 한계를 극복하지 못하고 있다. 지역별, 국가별로 기업들의 해외투자동기와 행태가 다르며 후발개도국 기업들의 해외 직접투자 행태는 선진국기업과 같지 않다.

일본자동차산업의 해외 직접투자 특히, 대선진국(對先進國) 투자행태를 설명하는 데는 Hymer의 기업특유의 우위이론, Knickerbocker의 독과점적 대응이론, Dunning의 절충이론 중 장소특유의 우위이론들이 일정한 정도의 설명력을 가지고 있다.

내부화 이론은 일본 자동차 산업의 대선진국 현지생산전략을 설명하는 데에는 현실적 합성이 떨어진다고 판단된다. 그 이유는 일본자동차업체들이 미국, 캐나다, 영국 등에서의 현지생산전략을 추진함에 있어 미국의 Big-3와 영국의 Rover사와의 합작생산을 통해 일본기업특유의 우위요인이라 할 수 있는 일본식경영방식과 린(Lean)생산방식을 적극적으로 이전하였기 때문이다. 도요타는 GM과 합작으로 NUMMI를, 미쓰비시는

Chrysler와 합작으로 Diamond Star 사를, 마쯔다는 Ford와 합작으로 Auto Alliance International 사를, 쓰즈끼는 GM과 합작으로 캐나다 CAMI 사를 각각 설립하였거나 마쯔다의 경우 단독 투자 후 합작생산으로 전환하여 운영하고 있다. 이들 합작사는 모두 일본 측이 경영책임을 맡았었거나 아직까지 맡고 있다. 따라서 시장기능인 합작투자를 통해 기업 특유의 우위요인을 해외시장에서 활용하고 있다고 볼 수 있다.

I. Hymer의 기업 특유의 우위이론(Firm Specific Advantages)

Hymer는 특정산업 내의 기업들 간의 능력은 결코 동일하지 않고 어떤 기업들은 상당한 정도의 우위를 가진다고 본다. 이러한 우위요인의 보유가 그 기업으로 하여금 해외시장에 진출하도록 유도한다(The possession of advantages as a cause of international operation). 즉 그 우위요소들을 외국기업에게 라이센스하거나 직접생산활동을 하기도 한다.

기업 특유의 우위요인은 상품의 제조와 판매에 관련된 여러 분야에서 나타날 수 있는데 구체적으로 다음과 같은 형태로 이루어진다.[4)]

1) 경쟁자보다 싼 값에 생산요소들을 획득할 수 있다.
2) 보다 효율적인 생산 방법에 관한 지식이나 관리방법을 알고 있다.
3) 보다 효율적인 유통망을 보유하고 있다.
4) 차별화된 제품을 가지고 있다.

국내기업(National Firm)은 외국기업에 대해 자기 나라의 경제, 언어, 법률, 정치 등 제반 측면에 대한 정보의 획득에 있어 일반적으로 우위를 가진다. 외국기업에게 있어 이들 정보를 획득하는 데는 상당한 비용이 든다. 다만 이들 비용은 고정비로서 현지 진출을 통해 일정기간 이 비용을 지불하고 나면 현지 기업과 동등한 조건이 된다.[5)]

이 비용을 외국비용(cost of foreignness)이라 한다. 그러므로 어떤 기업이 외국에 진출하여 현지 기업과의 경쟁에서 성공하기 위해서는 외국비용을 상쇄할 수 있는 그 기업 특유의 우위요소들을 보유하고 있어야만 한다.

Hymer가 언급한 기업특유의 우위요인들은 J. S. Bain(1956)의 이론에서 원용한 것이

4) Hymer, p. 41.
5) Hymer, p. 34.

다.[6] Bain은 일국 내 시장에서 기존의 기업(Established Firm)이 새로운 경쟁자(Potential Entrant)에 대해 가지는 경쟁우위 요인을 분석하였다. 그는 20개 산업 분야에서 기존 기업의 경쟁우위 요인이 어떻게 작용하는가를 분석하였다. 그런데 이런 실증분석이 국제경영분야에서는 이루어지지 못했으며 Hymer도 그의 논문에서 이러한 실증분석을 하지 못한 점에 대해 아쉬워하고 있다.[7]

어떤 기업이 국내의 경쟁자에 대해 가지는 우위요인은 외국의 경쟁자에 대해 가지는 우위와는 다를 수 있다. 그 기업이 보유한 비교우위의 힘은 국내에서보다 외국에서 약하다. 그러나 다른 이유 때문에 특정 기업의 우위는 국내에서보다 외국에서 더욱 강력할 수 있다. 예컨대 미국 내에서 특정 기업은 똑같은 조건으로 기술인력이나 자본 등의 생산요소들을 조달할 수 있는 수많은 경쟁기업들과 경쟁해야만 한다.[8] 그러나 외국의 경우(특히 개도국의 경우) 기업가나 기술인력이 부족하고 자본시장이 발달되어 있지 않다. 게다가 현지기업은 미국이나 기타 선진국에서 기술인력이나 자본을 조달할 수 없는 경우가 많다. 따라서 특정 기업의 우위요인은 경쟁자가 국내의 경쟁자인가, 타 선진공업국의 경쟁자인가, 후발개도국의 경쟁자인가에 따라 다르게 나타난다.

기업특유의 우위요소를 Licensing하느냐 혹은 그것을 활용하여 해외에서 직접생산활동을 수행하느냐 하는 것은 시장의 불완전성의 정도에 따라 결정된다. 만약 시장이 불완전하면 시장거래를 통하여 충분한 보상을 받을 수 없기 때문에 기업은 직접투자를 실행한다.[9]

Hymer에 의해 제기되고 Kindleberger에 의해 체계화된 기업 특유의 우위이론은 일본 자동차산업의 국제화를 설명하는데 아주 적절한 이론이라고 생각된다. 도요타 자동차사에 의해 개발된 린(Lean) 생산방식은 조금씩 다른 형태로이긴 하지만 모든 일본 자동차 생산업체에 채택되었다. 일본 자동차업체들은 린(Lean) 생산방식을 활용하여 고품질의 자동차를 생산하여 세계 자동차시장에서 확고한 위치를 점하게 되었다. 또 이를 활용하여 미국, 캐나다, 영국 등의 선진국시장에 확고한 현지일괄생산체계를 구축하는데 성공하였다. 일본 자동차메이커들의 해외시장진출형태를 선진국과 개발도상국으로 나누어 고찰해 보면 선진국의 경우는 단독투자에 의한 현지생산체제의 구축을 위주로 하고 있는 반면 동남아, 아프리카, 남미의 시장규모가 적은 후발개도국에 대한 진출은 주로 라이센싱 형태를 취하고 있다.

또 동남아시아의 태국, 말레이시아, 인도네시아, 필리핀이나 남미의 브라질, 베네주엘라와 같은 시장규모가 비교적 큰 개도국의 경우에는 대부분 현지기업과의 합작투자에 의

6) Bain, J. S. Barriers to competition, Cambridge. Mass. Harvard University Press. 1956.
7) Hymer, p. 43.
8) Bain, p. 42.
9) Hymer, p. 26.

한 진출을 선호하고 있다. 이는 주로 시장특성에 따라 진출형태가 달라진다는 점을 말해준다 하겠다.

Hymer가 주장한 바와 같이 선진국 기업이 후발개도국에 진출하는 경우 기업 특유의 우위요인이 다른 선진국에 진출할 때처럼 중요한 역할을 하지는 않는다. 일본 자동차업체들이 개도국이나 일본보다 기술수준이 뒤떨어지는 선진국에 진출하는 경우 현지기업에 대해 오히려 비교우위를 가질 수 있기 때문에 이때에는 기업 특유의 우위요인이 현지생산 전략의 성공을 위한 필수조건은 아니다. 따라서 일본 자동차업체들은 린(Lean) 방식이 확립되기 전인 1960년대에도 개도국 시장에 현지생산거점을 성공적으로 구축할 수 있었다.

또 한 가지 지적되어야 할 것은 개도국이나 시장규모가 작은 선진국의 경우 현지에 프레스, 용접, 도장, 조립 등 일괄생산체제를 갖추지 않고 완성부품을 들여다가 현지에서는 최종 조립 공정만을 실시한다. 이러한 KD생산의 경우 자동차업체의 진정한 경쟁우위가 문제되지는 않는다. 이때에는 오히려 공급되는 부품의 품질이나 가격 또는 현지에서의 마케팅 능력이 완성차 업체의 경쟁력을 좌우한다고 볼 수 있다.

따라서 일본 자동차업체들의 해외진출에 있어 그 성공 여부가 중요한 의미를 가지는 것은 일괄생산체제를 갖추고 진출하는 선진국시장의 경우라 하겠다. 그 중에서도 세계 최대의 단일시장인 미국에의 진출이 중요한 분석의 대상이 된다.

본래 기업 특유의 우위이론은 특정기업의 해외진출에 관한 이론이다. 이 이론을 가지고 일본 자동차산업 전체의 해외 직접투자 행위를 분석하는 것은 모든 일본 자동차업체들이 조금씩 다른 형태로이긴 하지만 린(Lean) 생산방식을 채택하여 해외진출에 성공적으로 활용하고 있기 때문이다.

일본 자동차업체들의 대미진출성공을 설명하는데 있어 기업 특유의 우위이론이 설명력을 가지는 것은 유럽의 자동차 생산업체들 중 미국에 생산거점을 확보했다고 볼 수 있는 업체가 아직까지 하나도 없다는 점에서 더욱 그러하다.[10] 특히 유럽 자동차산업의 대표라 할 수 있는 독일의 Volkswagen이나 프랑스의 전통있는 자동차 생산업체인 르노(Renault) 자동차사가 모두 미국 진출 10년 이내에 철수하였다는 사실은 이들이 외국비용을 상쇄할 수 있는 기업 특유의 우위요인을 확보하지 못했다는 사실을 나타낸다.

우리나라의 현대자동차가 캐나다 진출에 실패한 것도 여러 가지로 설명이 가능하겠지만 가장 중요한 요인은 역시 기업 특유의 우위요인이 없었기 때문이라고 볼 수 있다.

또한 유럽 업체나 한국 업체들이 개도국 시장에서는 KD 생산방식에 따라 나름대로의

10) 독일의 고급차 생산전문업체인 BMW가 1995년부터 미국 내에서 현지생산을 시작하였지만 아직까지는 그 성공 여부를 판단할 수 없다.

경쟁력을 가지는 것은 앞에서 설명한 바와 같이 기업 특유의 우위요인이나 경쟁우위요인이 절대적 조건은 아니라는 점을 보여준다 하겠다.

II. 독과점적 대응이론(Oligopolistic Reaction Theory)

닉커보커에 따르면 과점산업에 있어서는 소수의 거대기업들이 시장을 지배하고 있기 때문에 해외 직접투자는 경쟁기업 상호 간의 작용과 반작용(Action-Reaction)에 의해 상호의존적으로 이루어진다. 과점기업이 경쟁상의 우위, 성장의 기회, 시장점유율 확대를 위해 해외시장에 진출할 경우, 경쟁기업이 즉시 반작용을 보이게 된다. 과점기업은 이윤 극대화보다는 성장의 극대화, 시장점유율의 극대화를 추구하기 때문에 자사의 시장점유율을 위협하는 경쟁기업의 행동에 즉각적으로 반응하게 되는 것이다.[11)]

일본 자동차산업의 해외진출을 지역별 시기별로 분석해 보면 Knickerbocker의 이론이 타당하다는 사실을 알 수 있다.

일본 자동차산업 내에서 1위와 2위를 다투고 있는 도요타와 닛산은 상대방이 진출한 나라에 같은 시기에 같은 형태로 진출하여 치열한 작용과 반작용의 상호의존적 관계를 극명하게 보여준다. 이러한 관계를 간략히 살펴보면 다음과 같다.

표 1. 도요타와 닛산의 독과점적 대응 현황

국 명	도 요 타			닛 산		
	공장가동	진출형태	생산차종	공장가동	진출형태	생산차종
포르투갈	1968	J V	T	1968	L	T
페 루	1967	J V	C, T	1966	J V	C, T
에콰도르	1986	L	T	1987	L	T
트리니다드토바고	1971	L	C, T	1970	L	C, T
케 냐	1977	L	C, T	1978	L	C, T
남 아 공	1962	L	C, T	1963	L	C, T
짐바부에	1981	L	C, T	1981	L	C, T
태 국	1964	J V	C, T	1962	J V	C, T
인 도	1985	J V	T	1985	J V	T

약자 : J V(Joint - Venture) : 합작투자　L(Licensing) : 기술이전
C (Passenger Car) : 승용차　T(Truck) : 트럭
자료 : Kumon. p.83의 표에서 재작성.

11) Knickerbocker F. T. Oligopolistic Reaction and Multinational Enterprise. Harvard University press. Boston, 1973. CH. 3.

진출 시기는 달라도 도요타와 닛산은 상대방이 진출해 있는 나라에는 대부분의 경우 같은 형태로 진출해 있다.

III. 절충이론

Dunning은 일정시점에 있어 다국적기업이 소유하고 통제하는 해외현지시장의 자산의 총액(Stock of Foreign Assets)은

첫째, 현지의 국내기업에 대해 다국적기업이 가지는 경쟁우위의 성질과 정도에 따라서
둘째, 이러한 다국적기업의 경쟁우위를 더욱 증대시킬 수 있는 현지국의 자원이나 시장의 성질과 크기에 따라서
셋째, 다국적기업의 경쟁우위를 외국기업에게 이전하는 대신 얼마나 잘 내부화할 수 있는가 하는 정도에 따라서 결정된다고 보았다.[12)]

절충이론 중 장소특유의 우위요소에 대한 이론은 일본 기업의 대미국, 대영국 진출전략을 적절히 설명해 줄 수 있다. 미국에 진출한 일본 자동차기업들이 도요타의 NUMMI 공장(California)과 마쯔다의 Flat-Rock공장(Michigan)을 제외하고는 모두 일리노이(미쓰비시), 오하이오(혼다), 테네시(닛산), 켄터키(도요타), 인디아나(수바루) 등 미국의 중서부(Midwest) 및 남부지역에 위치해 있다.

일본 업체들이 이들 지역을 선호하는 이유는 다음과 같다.

첫째, 이 지역은 미국의 농업지대로서 공업기반이 취약한 곳이기 때문에 각 주정부는 상대적으로 유리한 우대조치를 제공하였다.
둘째, 이 지역에는 자작농 위주의 백인들이 많이 거주하고 있으며 이들의 노동의식과 직업윤리가 매우 건전하다.
셋째, 이 지역은 미국자동차노조(UAW)나 기타 노동조합의 영향력이 적은 곳이다.

또 일본 자동차메이커들이 유럽에 진출하면서 도요타, 닛산, 혼다가 모두 영국을 선택한 것은 영국 정부의 전통적인 개방정책과 우대조치에 더하여 언어소통의 문제 등을 고려하였기 때문이다.

12) Dunning J. H. The Globalization of Business; The Challenges of the 1990s. Routledge. London & New York. 1993. pp. 81.

제3장. 기업 특유의 우위요인으로서의 린(Lean) 생산방식

I. 린(Lean) 생산방식

오늘날 린 생산방식(Lean Production System)이라고 불리는 생산방식은 원래 일본의 도요타 자동차에서 확립된 도요타 생산방식을 말한다. 이를 미국 MIT대학 국제자동차 산업연구프로그램(International Motor Vehicle Program : IMVP)의 연구팀이 그들의 연구결과를 "생산방식의 혁명(원제; The Machine that changed the world)"이란 저서를 통해 소개하면서 린 생산방식이라고 부르기 시작하였다.[13)]

이 생산방식은 일본식 경영관리방식의 특징 중 "3종의 신기"라 불리는 종신고용제, 연공서열제, 사내노조제를 바탕으로 하여 2차 대전 종전 후 일본 자동차산업이 당면하였던 여러 가지 어려운 상황을 헤쳐나가기 위한 해결책을 강구하는 가운데 성립된 것이라고 할 수 있다. 2차 대전 이후의 일본 경제는 전쟁으로 인해 파괴된 가운데 자본과 외환이 극도로 부족한 상황이었으며, 국내 자동차시장은 극히 소규모의 수요만이 있을 뿐이었다. 게다가 그 수요는 정부의 관용차, 상품수송을 위한 대형트럭, 소형트럭, 좁은 도로와 휘발유 가격에 부응하는 소형 승용차 등으로 매우 다양하였다. 또한 일본의 고용관행이나 미국 점령군에 의해 강화된 노동자 보호 법안에 따라 미국식의 대량 해고는 불가능한 상황이었다. 이러한 제반 상황에서 다품종 소량생산체제에 적합한 매우 경제적이고 효율적인 생산방식이 도요타 자동차사의 생산기술 책임자인 오노 다이이치(大野耐一)에 의해 창안되었다.[14)]

도요타 생산방식의 주요목적은 원가절감으로 이익을 증대시키는 것이다. 즉 과잉재고와 과다한 노동력을 철저히 제거하는 것이다. 원가를 절감하기 위해서는 생산에서 여러 종류의 불필요한 낭비를 없애고 시장의 수요변동에 신속하고 유연하게 대처해야 하는 것이다. 이러한 목표는 필요한 제품을, 필요한 양만큼, 필요한 시기에 생산하는 JIT생산방식에 의해 달성된다.[15)]

이를 위해 도요타에서는 前공정에서 後공정으로 밀어내는 방식(Push)이 아니라 최종 조립공정에서 거슬러 올라가며 後공정이 前공정에서 "필요한 물품을 필요한 때에 필요한 양만큼 인수해 나가는 잡아당기기(Pull)방식"을 채택하고 있다.

13) J. Womack 外 : 생산방식의 혁명, 현영석 역, 기아경제연구소, 1990
14) 오노 다이이찌(大野耐一) : 도요타 생산방식, 강명한 역, 21세기 북스, 1991.
15) 門田安弘 : 新 도요타 시스템, 송한식 역, 기아경제연구소, 1993.

또 도요타자동차의 기술체계에서 중요한 특징의 하나는 인(人)변이 붙은 자동화(自働化)로서 이는 로봇 등의 자동화기술을 도입하되 생산의 주체는 어디까지나 인간노동력이라는 관점에서 기계가 인간작업자를 대체하는 것이 아니라 기계와 인간작업자의 최적의 결합을 추구하는 것을 말한다.

도요타 생산방식은 자동차 조립업체가 중심이 되어 부품업체와 딜러·고객 등 전후방의 관련업체와의 긴밀한 협조제제를 유지하며 조립업체 내에서는 연구개발, 생산, 판매 등 여러 부서 간의 긴밀한 상호협력을 중시한다. 그리고 무엇보다도 생산현장의 근로자들의 역할을 중시한다는 것이 과거의 대량생산방식과는 다른 것이라고 할 수 있다.

부품업체와의 관계에서 중요한 것은 적기생산방식(適期生産方式, Just-In-Time)으로서 이를 도요타에서는 간판방식(看板方式)이라 부른다. 이는 대량생산방식업체에서 일주일 이상씩의 여유재고를 확보하는 것과는 달리 도요타 일본 공장의 경우 2시간 분의 재고만을 확보하며 하루 수차례씩 부품회사의 트럭이 필요한 부품을 자동차 조립라인으로 직접 공급하는 것을 말한다. 이에 따라 조립업체나 부품업체는 재고부품의 확보에 따르는 인적, 물적 비용을 절감할 수 있다. 부품업체는 조립업체의 신차개발 단계에서부터 부품설계를 위해 참여하며 조립업체는 부품업체에 대해 기술적 금융적 지원을 아끼지 않는다.[16)]

재고의 완충지대가 대단히 협소한 상황에서 생산의 흐름을 제대로 유지하기 위해서는 불량의 가능성을 근원부터 제거하며 작업과정 자체에서 품질을 만들어 넣는 것이 필요하다. 도요타에서는 현장작업에서 적극적인 품질관리 활동이 이루어지도록 하고 있으며 이를 위해 QC써클이 조직되어 있다. 품질관리 활동은 생산현장 뿐만 아니라 전사의 모든 부문이 함께 참여하는 전사적 품질관리(TQC)가 이루어지고 있으며 부품업체나 딜러까지도 품질관리활동에 직·간접적으로 참여시킨다.

자동차 딜러 및 고객과의 관계도 일회성이 아닌 지속적인 관계 속에서 고객의 욕구는 영업사원에 의해 파악되어 신차개발 시 반영되며 고객의 주문사항을 반영하여 생산하고 이를 2주 내에 인도하는 주문생산제도가 확립되어 있다. 따라서 딜러와 고객은 자동차회사와 긴밀한 관계를 지속적으로 맺으며 흔히 가족관계로 일컬어진다.

린(Lean) 생산방식의 주요 구성요소로서 정리정돈의 운동, 직무순환과 다능공화, 품질관리조와 TQC, 전사적 설비관리(TPM; Total Preventive Management), JIT 또는 간판방식 등을 열거할 수 있다. 린 생산방식이 성공적으로 운영되기 위한 기본 전제조건으로서 일본 자동차업계의 독특한 부품하청체계와 합리적인 인사·노무관리제도 및 원만한

16) 생산방식의 혁명, pp. 189~225.

노사관계를 들 수 있다.[17]

부품 하청체계의 중요성은 도요타, 닛산 등 주요업체의 외제율(外製率)이 70% 이상이며 이들이 품질과 가격에서 높은 경쟁력을 유지할 수 있는 비결은 부품업체들로부터 비롯되고 있다는 사실을 통해 알 수 있다.[18]

도요타의 경우 200여개의 1차 하청업체들하고만 거래할 뿐 나머지 수천 개의 중소부품업체들은 2차 내지 3차 하청기업으로 계층화되어 있다. 완성차업체와 부품업체 간의 거래는 장기적이며 활발한 인적교류와 기술지도, 기업관리지도 등이 이루어지고 있다. 이러한 장기적·계속적인 거래관행 및 완성차업체에 대한 특정부품발주가 복수업체에 대해 이루어지기 때문에 부품업체들은 지속적인 품질향상, 가격인하 노력을 게을리 하지 않고 있다.

외주기업의 수를 축소시키는 선별화와 재편성은 지금도 계속되고 있다. 특히 외주기업에 발주품목을 특정화하는 것이 중요한 추세이다. 동시에 유니트 발주(한 단위씩 발주), 집중발주(소수의 외주업체에 집중 발주하는 것), 창구의 단일화 등을 통해 부품하청업체를 정리, 선별해 가고 있다. 그 선별의 기준은 고품질, 낮은 원가, 납기의 단축이다. 일본의 가공조립산업의 국제경쟁력은 기본적으로 부품업체들로부터 나온다. 1차 하청업체의 경우 공정의 자체설계, 신기술의 자체개발, 금형의 자체제작, 전용기계의 자체제작, 자사의 독자적인 기술을 모기업에 제공하는 업체들이 많다.[19]

그 다음 합리적인 인사, 노무관리제도 및 원만한 노사관계에 대해 살펴본다. 합리적인 인사, 노무관리제도는 복지기업 자본주의로 불리울 정도로 철저한 복리후생제도를 포함하여 장기고용과 연공서열제 등 일본의 독특한 역사와 전통 속에서 발전해온 제도들을 꼽을 수 있다. 노동조합과 관련해서는 생산직과 사무직을 망라하여 단위 기업 내 단 하나만의 노조를 인정하는 단일 노조제를 바탕으로 원만한 노사관계가 린 생산방식의 성공적 수행을 위한 전제조건이라 할 수 있다.[20]

17) 원인성, "일본적 생산방식의 국내도입 및 활용현황 그리고 그 정착의 가능성과 한계", 일본적 생산방식과 작업장체제, 서울노동정책연구소, 서울, 샛길신서, 1995, pp. 149~207.
18) 임천석, 일본자동차산업의 경쟁력강화와 하청분업생산의 역할, 대외경제정책연구원, 1993.
19) 門田安弘, pp. 515~516.
20) 원인성. pp. 194~195.

II. 린(Lean) 생산방식에 대한 평가

1970년대 말까지만 하더라도 일본의 경쟁력은 정부의 지원과 노동자의 희생 위에서 가능한 것이라는 것이 서구의 학자나 관련업계의 일반적인 시각이었다. 그러나 1980년대에 이르러 일본 기업에 대한 연구가 본격화되면서 일본 기업의 경쟁력의 원천은 독특한 경영관리방식으로부터 나온다고 하는 사실이 알려지기 시작하였다.

1984년 도요타-GM 간 50대 50 합작으로 이루어진 NUMMI(New United Motor Manufacturing Inc.)의 경영을 도요타에게 맡긴 것은 일본 자동차산업에 대한 미국업계의 시각이 바뀌었음을 증명하는 좋은 예이다. 이 공장은 격렬한 노사분규와 생산성의 하락으로 1982년에 폐쇄된 GM의 공장이었다. 도요타가 경영책임을 맡은 후 일본으로부터 시설과 장비를 도입하고, 과거 GM시절의 근로자들을 재교육하여 도요타생산방식을 적용하여 불과 몇 년 만에 GM공장들 중 가장 높은 생산성과 품질수준을 자랑하게 되었다. 그 후에 이루어진 미·일 자동차 회사 간의 합작회사들도 모두 50대 50의 동등지분이지만 일본측이 경영을 책임지게 되는 것은 일본식 경영관리방식의 우월성을 인정하고 이를 배우고자 하는 미국 Big-3의 적극적인 자세를 보여준다 하겠다.

학계의 린 방식에 대한 평가는 다양하다. IMVP의 Womack, Jones, Roos 등은 린 생산방식은 대량생산방식과는 질적으로 다른 새로운 생산방식으로서 전 세계의 모든 자동차회사들이 서둘러 도입해야만 한다고 주장한다. Kenney와 Florida는 육체노동과 지적 노동, 혁신과 생산을 결합시킬 수 있는 새로운 산업사회에 가장 잘 맞는 생산방식을 혁신매개형 생산방식(Innovation-Mediated Production)이라고 명명하면서 현재까지는 린 생산방식이 이에 가장 근접한 것이라고 주장한다.[21] Jurgens, Malsh, Dohse 등은 린 방식은 경영권을 전혀 제약받지 않는 상황에서 포드주의 조직원리를 단순하게 적용한 것에 불과하다고 비판하면서도 린 방식의 높은 생산성을 근거로 대량생산방식을 대체할 수 있는 방식이라고 본다.[22] Fucini 부부는 린 방식이 노동자들에게 엄청난 노동 강도를 강요하는 비인간적인 것이며 린 방식에서의 치밀하게 계산된 작업동작은 Taylor의 과학적 관리방식과 본질적으로 같은 것이며 미국 내 마쯔다 공장에서의 노동자 참여는 허구에 불과하며 개선(Kaizen)활동은 노동자들에게 더욱 큰 작업부담으로 돌아온다고 주장한다.[23] 또

21) M. Kenney & R. Florida: Beyond Mass Production, New York, Oxford, Oxford University Press, 1993.

22) U. Jurgens, T. Malsh, K. Dohse : Breaking from Taylorism, Cambridge, New York, Cambridge University Press, 1993.

23) J. Fucini & S. Fucini : Working for the Japanese : Inside Mazda's American Auto Plant, New

JIT에 의거한 과도한 효율성의 추구는 인원감축으로 연결되며 이에 따라 노동자들의 작업강도는 계속해서 높아지게 되며 따라서 피곤해진 노동자들의 사고가 빈발하고 있다고 비난한다.[24] 그러나 이들도 린 방식의 높은 효율과 생산성은 부인하지 않는다.

최근에는 일본 내의 극심한 교통난, 노동력 부족, 지나친 제품다양화, 신차개발을 위한 여유자금의 부족과 같은 문제들이 린 방식의 수정보완을 강요하고 있으며 일본 자동차업체들의 경영실적이 저하하면서 린 방식의 한계에 대한 논의도 진행되고 있다.[25] 또한 린 생산방식이 포스트 포드주의적 생산체계라고 하는 것은 과대평가라고 하는 주장이 대두되고 있다. 즉 린 생산방식도 여전히 콘베이어 벨트를 이용하여 대량생산을 하며 높은 생산성과 품질향상을 위해 근로자들에게 엄청난 스트레스를 가하고 있다는 비판도 제기되고 있다.[26]

따라서 린 생산방식(도요타 생산방식)은 전통적인 테일러주의적 작업조직이나 포드주의적 대량생산방식의 여러 가지 문제점을 개선하여 노동자들의 참여를 통해 생산성 향상 및 품질향상을 이루어 내며 적기생산방식(JIT)의 도입을 통해 낭비와 비능률을 제거함으로써 원가절감을 이룩하며, 부품업체와 딜러와의 긴밀한 협력체제를 통하여 자동차 산업 전체의 효율을 극대화하는, 대량생산방식을 근간으로 하면서도 이를 한 단계 더 발전시킨 그러한 생산방식이라고 하는 것이 적절한 평가라고 생각한다. 이러한 관점에서 「컨베이어 벨트를 활용하여 제품을 대량생산하고 있다는 점에서는 포드주의이지만, 노동자들의 지식과 숙련을 최대한 동원함으로써 기업환경변화에 유연하게 대응할 수 있는 능력을 제고시키는 작업조직편성에 기반하고 있다는 점에서 "경직적 포드주의"와는 달리 "유연적 포드주의"라고 할 수 있다」라는 이영희의 주장은 타당한 것으로 생각된다.[27]

제 4 장. 미국현지생산과 린 생산방식의 활용

일본 기업들이 해외시장에서 경쟁우위를 확보하기 위해서는 일본식 경영방식이나 일본식 생산방식을 적용해야만 한다.

York,. The Free Press, 1990, pp. 147~171.
24) J. Fucini & S. Fucini, pp. 172~191.
25) M. Cusumano: "The Limits of Lean" Sloan Management Review, Summer, 1994. pp. 27~32.
26) M. Parker & J. Slaughter : Choosing Sides : Unions and the Team Concepts, Boston, South End Press, 1988.
27) 이영희 : 포드주의와 포스트 포드주의, 한울아카데미, 서울, 1994.

그러나 법률과 제도, 경영관행과 상관습 등 문화적 배경이 다른 해외 현지에서 일본식 경영관행을 그대로 적용할 수는 없고 현지 사정에 맞도록 적응해야만 한다. 그러므로 일본 기업들이 국제화과정에서 부딪히게 되는 중요한 문제는 일본식 경영방식을 어느 정도로 또 어떻게 적용할 것이냐 하는 것이다. 이러한 일본방식의 적용과 현지 환경에의 적응 간에 갈등이 발생하게 된다. Kumon 교수는 이를 "적용과 적응 간의 갈등모델(Application-Adaptation Dilemma Model)"이라고 부른다.[28)]

일본학자들로 구성된 일본 다국적기업연구회는 "적용과 적응 간의 갈등모델"을 이용하여 북미에서 조업 중인 일본 자동차회사 11개 공장의 현지 경영실태를 분석하였다.[29)]

현재 북미의 캐나다, 미국, 멕시코 3개국에서 조업 중인 11개 일본 자동차 공장의 기본적인 특성은 다음과 같다.[30)]

첫째, 진출형태에 있어 7개 회사는 단독투자에 의한 진출이며 3개사는 미국의 Big-3와 합작으로 진출하였으며 나머지 1개는 일본 회사들끼리의 합작투자에 의한 진출이다. 미국 기업과의 합작에 의해 설립된 3개사의 경영책임은 일본 측이 맡고 있으며 이는 일본식 경영방식을 배우기 위한 미국 기업들의 전략적 목표에 따라 그렇게 되었다.

둘째, GM과 Toyota 간의 합작에 의해 설립된 NUMMI사를 제외하고는 나머지 공장들은 모두 신규 설립되었으며 프레스, 용접, 도장, 조립 등 자동차 제작에 관련된 전 공정을 포함하고 있다. 이들 공장은 모두 연간 생산규모가 20만대를 넘는 일관생산체제 공장으로서 고용인원은 3천명 내외이다.

셋째, 1966년에 설립된 멕시코의 닛산공장을 제외하면, 나머지 미국과 캐나다 소재 공장들은 모두 80년대 전반기와 후반기에 진출하였다. 혼다, 닛산, NUMMI공장은 각각 80년대 전반기에 가동을 시작하였으며 나머지는 80년대 후반에 공장가동을 시작하였다. 혼다와 닛산을 제외한 나머지 회사들은 대미 수출자율규제조치에 따라 비자발적으로 북미현지진출을 결정하였다.

넷째, 현지공장의 위치는 대개의 경우 미국의 중서부 및 남부의 농촌지역을 선택하였

28) H. Kumon : "Multinationalization of Toyota Motor Corporation", Journal of International Economic Studies, 1992, No. 6. The Institute of Comparative Economic Studies, Hosei University, Tokyo.
29) Abo T. edi., Hybrid Factory. The Japanese Production System in the United States. New York, Oxford, Oxford University Press. 1994.
30) Abo. pp. 124~138.

다. 여러 가지 요인이 있지만 가장 중요한 핵심적 고려사항은 현지 근로자들의 노동윤리와 근무태도였다. 캐나다 소재 공장들도 모두 농촌지역에 설립되었다. 예외가 있다면 캘리포니아 주에 위치한 NUMMI 공장과 미시간 주의 전통적인 공업지대인 Flat - Rock에 위치한 마쯔다의 AAI 공장이라고 하겠다.

다섯째, 일본식 인사, 노무관리제도 및 생산관리방식의 적용과 일본제 시설, 장비와 활용이 린 방식의 성공적 적용을 위한 전제조건이라 할 수 있다.

일본 다국적기업 연구회의 조사결과에 의하면 북미 소재 일본 기업들의 경우 전반적으로 린 방식을 적용하고 있는데 기업별로 그 적용방식이 다르다. 일본식을 그대로 적용하는 경우를 5점으로, 미국식을 그대로 따르고 있는 경우를 1점으로 평가하였는데 11개 기업 전체의 평균은 3.5점으로 나타나 적용에 가깝다고 할 수 있다[31]. 여러 항목 중 적용의 점수가 높은 것을 살펴보면, 직무구분(4.8), 일제장비의 사용 정도(3.9), 품질관리방식(4.0), 일본부품업체의 활용 정도(3.8), JIT방식의 활용(3.0), 정보의 공유(4.4), 종업원이 느끼는 회사와의 일체감(4.6), 일본식 고용정책(4.3), 고용보장(4.9) 등이다. 이에 반해 적응에 가까운 항목들을 살펴보면, 임금체계(2.1), 현지부품사용정도(2.3), QC소집단 활동(2.7) 등이다. 전체적으로 보아 린 방식의 중요요소들이 현지사정에 따라 어느 정도 변형되긴 했지만 적용되고 있다고 볼 수 있다.[32]

I. 일본기업의 단독투자 사례

우리는 혼다사의 미국 진출 사례분석을 통하여 미국에 단독 투자한 일본 자동차 업체들이 미국에서 어떻게 린 방식을 성공적으로 적용하였는지에 대해 알아보고자 한다.

1977년 모타싸이클 공장을 미국에 설립할 때 혼다는 많은 고심을 하였다. 당시 입지선정에 있어 주요 고려대상은 교통, 통신 등 사회간접자본시설, 부품업체의 발굴을 위한 공업기반, 우수노동력의 조달가능성, 노조의 활성화 정도 등이었다. 결국은 오하이오주 메리스빌을 공장입지로 선정한 것은 이 지역 주민들의 높은 노동윤리와 직업의식을 고려한 결정이었다.

이 지역은 흑인 및 기타 소수민족이 적고 주로 독일 이민의 후예들이 많이 거주하는데

31) Abo. p. 129.
32) Abo. p. 124.

이들은 가족과 지역공동체를 중시하며, 종교의식이 강하고 노동을 귀하게 여기는 보수적인 백인 중심의 사회를 형성하고 있다.[33] 직원채용은 여러 차례의 면접을 통하여 공장근무경험이 없는 남자를 우선하여 팀 구성원으로서의 자질이 매우 중시되었으며 고등학교 시절의 출석상황을 확인하는 등 성실한 근무태도를 매우 중시하였다. 혼다는 초기에 흑인, 여성, 여타 소수민족 구성원들을 가능한 채용하지 않았기 때문에 관계당국으로부터 주의 조치를 받았으며 그 후 이를 시정하였다.[34]

혼다의 노조설립 봉쇄정책은 설립 초기부터 현재까지 일관되게 지켜지고 있다. 혼다는 미국에 진출하면서부터 미국 내에서 1930년대 이래로 노조가 없는 최초의 자동차 조립공장을 설립하기로 결정하였다. UAW는 1985년에 이르러서 혼다의 근로자들을 상대로 노조설립운동을 전개하기 시작하였다. 그러나 노조설립 여부에 대한 찬반투표를 두 차례나 연장해 가면서까지 노력했음에도 불구하고 노동자들의 호응이 부족하자 1986년에는 스스로 노조설립운동을 포기하고 말았다.

UAW의 노조설립 시도가 실패로 끝난 이유를 살펴보면 다음과 같다.[35]

- 우선 혼다의 합리적인 노무관리정책이 주효하였다. 혼다는 노동자의 채용, 교육훈련, 배치에 세심한 배려를 하였으며 Big-3공장에 준하는 임금수준을 유지하였다. 특히 UAW의 캠페인 기간인 1985 - 86 기간에는 임금이 큰 폭으로 상승하였다.
- 미국 제조업 노동자의 평균임금수준을 100으로 할 때 혼다의 임금지수는 1980년에 109, 1985년에 123, 1990년에 135 수준이다.[36] 또 혼다의 임금정책은 직종에 관계없이 단일 수준의 시간급을 지급하는 것이다. 이는 1985년 기준 13.5불 수준으로 미국 제조업 평균인 10.5불보다 높은 수준이다.[37] 여기에 경영성과에 따른 연말 보너스가 지급되며 결근 없는 근로자에 대한 보상으로 보너스가 지급된다.
- 노·사 간의 다양한 의사소통 채널이 확보되었다. 노무담당 경영팀이 상시로 노동자들의 애로사항을 파악하여 즉시 해결하였다. 근로자들로 구성된 직원 상벌심사위원회를 설립·운영하였다. 관리자들의 권위주의적 태도가 없었다.
- 생산량이 증가함에 따라 신규 근로자가 끊임없이 채용되어 노조지지자의 숫자는 상

33) Mair A.: Honda's Global Local Corporation, New York, St. Martin's Press, 1994, p. 149.
34) Abo, pp. 183.
35) Mair, pp. 173~174.
36) Mair, pp. 163.
37) Mair, pp. 165.

대적으로 감소하였다.

– 혼다 경영진은 반노조 캠페인을 통해 UAW가 활동하고 있는 Big-3에서 대규모 감원사태가 발생한 사실을 상기시키면서 UAW를 회사나 근로자의 이익과는 관계없는 제 3자 혹은 국외자(outsider)로 몰아붙였다.

노조설립시도가 실패로 끝남에 따라 혼다사는 일본식 생산방식을 적용하는데 별 어려움이 없었다. 일본식 생산방식을 성공적으로 적용하는데 또 다른 중요한 요인인 부품공급체계를 살펴보자. Kenney와 Florida는 미국에 진출한 일본 부품업체의 운영 실태에 대해 조사하였다.

일본 자동차산업이 해외시장에서 경쟁우위를 확보하기 위해서는 일본식 경영방식을 적용해야만 한다. 그러나 초기에 부품공급을 Just In Time 방식에 따라 해줄 수 있는 미국 부품업체는 거의 없었다. 그러므로 미국에서 JIT방식으로 부품을 공급받기 위해서는 일본 부품업체의 동반진출이 필수적이라 하겠다. 일본 완성차 메이커는 거래관계에 있는 일본 부품업체의 해외진출을 적극 종용하고 이를 위해 여러 가지 지원을 아끼지 않았다.

일본 자동차 조립업체를 지원하기 위해 미국에 진출한 부품업체수는 1991년 말 현재 322개로 집계되었다. 그 중 오하이오주(혼다)에 65개 업체가, 미시간주(마쯔다)에 44개, 켄터키주(도요타)에 42개, 인디아나주(수바루-이스즈)에 41개, 일리노이주(미쓰비시)에 28개, 테네시주(닛산)에 30개 업체가 위치하고 있다. 그리고 캘리포니아주(NUMMI)에 9개 있을 뿐 그 어느 주도 4개 이상의 일본 부품 업체가 몰려 있는 곳은 없다.[38] 일본 완성차메이커를 중심으로 부품 업체들이 집중되어 있는 미국 중서부 지방을 일본해외공장 회랑지대(Transplant Corridor)라 부른다.

미국에 진출한 부품 업체들은 일본에서와 마찬가지로 완성차 메이커 가까운 곳에 자리잡는다. Kenney와 Florida 조사에 의하면 응답 업체들 중 조립업체의 공장을 중심으로 반경 50마일 이내에 위치한 업체들이 전체의 27.9%로 가장 많고, 50마일 이상 100마일 이내에 위치한 업체가 12.5%, 100마일 이상 200마일 이내가 21.2%, 200마일 이상 400마일 이내가 25%, 400마일 이상 떨어진 곳에 위치한 부품업체는 13.5%에 달한다.[39] 조립업체와 부품업체간의 거리는 일본에서보다 더 멀리 떨어져 있으나 미국의 편리한 고속도로 사정을 고려할 때 이러한 거리상의 위치는 JIT방식을 적용하는데 커다란 장애요인으

38) M. Kenney and R. Florida; p. 136.
39) Kenney and Florida. p. 140.

로 작용하지는 않는다.

Kenney와 Florida의 조사에 대한 응답 업체의 80%가 JIT스케줄에 따라 부품을 공급하고 있는 것으로 나타났다. 즉 조립공장으로부터 2시간 이내 거리에 위치하고 있는 약 40%의 부품업체와 8시간 이내 거리에 있는 38.9% 정도의 부품업체들이 JIT방식에 따라 부품을 공급하고 있다. 실제로 켄터키주 조지타운에 위치한 도요타 공장에 부품을 공급하는 니폰덴소(Nippon denso)란 부품업체는 트럭으로 7시간 정도 떨어진 거리에 위치하고 있으며 도요타 공장은 컴퓨터 온라인 망을 통하여 매시간 필요한 부품을 주문하고 있다. 이에 따라 니폰덴소(Nippon denso)는 매시간별로 주문 받은 부품을 공급하고 있는데 매시간 출발하는 트럭은 1/4이나 1/2 정도의 짐만 싣고 떠난다.

이러한 JIT방식의 적용은 완성차 메이커에 직접 부품을 공급하는 1차 하청업체와 이들에게 필요한 원부자재를 공급하는 2차 하청업체 사이에도 적용되고 있으나 그 비율은 응답 업체의 43%에 불과하다.[40]

한편, Mair의 조사에 의하면 혼다 부품업체의 경우 92%가 JIT방식으로 부품을 공급하고 있다.[41] 그러나 JIT의 실시방법은 일본에서와는 달리 변형된 형태를 띠고 있다. 즉 부품의 크기나 종류에 따라 매 30분 단위로 공급하는 경우로부터, 매 두 시간, 하루 두 차례, 이틀에 한 차례 등 다양한 방식으로 부품공급이 이루어지고 있다. 테네시나 캔터키주에 위치하여 도요타나 닛산에 주로 공급하는 부품업체들의 경우 혼다에 대한 부품공급은 거리관계상 혼다 공장 가까운 곳에 부품창고를 설치하여 이 부품창고로부터 JIT방식으로 부품을 공급한다. 혼다의 1차 부품업체와 2차 부품업체 간에도 JIT방식이 적용되는데 실시비율은 47%이다.[42]

노동조합이 배제된 가운데 노동력 활용에 있어 유연성이 확보되고 있으며 변형된 형태로나마 부품공급이 JIT방식으로 이루어지고 있는 상황에서 생산현장에서는 린 생산방식이 얼마나 적용되고 있는지 알아본다.

직무구분은 일본에서처럼 단순화되어 혼다에는 정비직과 생산직 두 가지의 직무로 구분되어 있다. 노동자들은 수행하는 업무의 성격에 따라 4~20명으로 구성된 Team에 소속되어 있으며 팀 내에서 동료 간에 원칙적으로 매 두 시간마다 직무순환(Job Rotation)을 실시한다.[43] 근로자들은 작업장 주변을 정리정돈 한다거나 기계에 대한 가벼운 정비 등의 관리책임을 맡고 있으며 문제발생시 생산라인을 멈출 수 있는 라인스톱제(Line -

40) Kenney and Florida, p. 142.
41) Mair, p. 134.
42) Mair, p. 135.
43) Abo, p. 130.

Stop)도 실시되고 있다.[44] 그러나 일본에서와는 달리 생산라인의 요소요소에 별도의 품질검사요원이 배치되어 있다. 전체적으로 일본식의 유연생산체제(Flexible Manufacturing System)가 적용되고 있다.

제안제도는 개인차원이나 팀 차원에서 이루어지고 있으나(QC 써클 활동과 Kaizen 활동), 근로자들의 참가는 그리 활발하지 않다. 근무시간 외에 자율적으로 이루어지는 품질관리분임조(Quality Control Circle)활동에 참가하는 근로자의 참가비율은 25% 수준에 지나지 않는다.[45]

II. 미·일 자동차회사 간의 Joint Venture

미국의 Big-3와 일본 자동차메이커간의 합작투자에 의해 미국과 캐나다에 설립된 회사로서 NUMMI(New United Motor Manufacturing Inc.), AAI(Auto Alliance International), CAMI(Canadian Automobile Manufacturing Inc.)의 3가지 사례가 있다.

NUMMI는 GM과 도요타 간의 50 : 50의 합작회사이며 AAI는 원래 마쯔다의 단독투자에 의해 설립되었으나 1992년에 Ford가 50%의 지분을 인수하였으며, CAMI는 GM과 스즈끼간의 50 : 50의 합작회사이다.

세 회사의 중요한 사항은 표 2에 나타난 바와 같다.

NUMMI는 미국현지생산 경험을 축적하고자 하는 도요타와 린 생산방식의 경영 Know-How를 알아내고자 하는 GM과의 합작에 의해 1984년 설립된 회사이다. NUMMI의 경영체제는 크게 보아 일본식과 미국식의 혼합경영체제라 할 수 있다.[46]

작업조직과 생산관리 등 린 방식의 일부 핵심적 내용은 일본방식을 적용하고 있고 생산입지의 선정이나 노동조합의 인정, 경영자의 역할에 있어서는 미국방식을 일본방식보다 더 많이 채택하였다.

이는 크라이슬러와의 합작으로 출발하였다가 크라이슬러가 철수에 따라 단독투자로 전환한 미쓰비시(Mitsubishi Motor Mfg.) 사나 스즈끼의 CAMI 사의 경우도 비슷하다. 다만 포드사가 지분참여만 하였을 뿐 경영참여는 하지 않는 마쯔다의 AAI의 경우는 오히려 일본 단독투자기업의 사례에 더 가깝다고 하겠다. NUMMI 사의 경영을 책임지게 된 도요타사는 린 생산방식을 성공적으로 적용하기 위해서는 안정적인 노사관계가 절대

44) Mair, p. 187.
45) Abo, p. 189.
46) Abo, p. 186.

적이라는 인식 아래 이를 위해 철저히 대비하였다.

표 2. 미·일 기업 간 합작 투자

회 사 명	도 요 타	스 즈 끼	마 쯔 다
진입형태	합작투자	합작투자	단독투자 후 합작투자
현지회사명	New United Motor Manufacturing Inc.,(NUMMI)	CAMI Automotive Inc.,	Auto Alliance International Inc.,(AAI)
설립일자	1984. 2	1988. 10	1985. 1
지분 소유현황	도요타 50% GM 50%	Suzuki 50% GM canada 50%	Mazda 50% Ford 50%
공장위치	Fremont, California	Ingersol Ontario, Canada	Flat-Rock Michigan
생산되는 차종 및 품종	Prizm, Corolla 소형트럭	Cultus Escudo	MX-6,626 Ford Probe
생산개시일	1984. 12	1989. 4	1987. 9
연간 생산능력	300,000대	200,000대	240,000대
직원수	3,600	2,400	3,500
투자액	11억5000$	6억 1500만 C$	5억 5,000만$
계열연구소 및 디자인센터	Toyota Technical Center U. S. A. Inc., Calty Design Research. Inc.		Mazda R&D North America Inc.

UAW와의 원만한 협상을 위해 미합중국의 전직 노동부장관을 고문으로 영입하였으며 오랜 협상 끝에 결국은 노사 간 상호신뢰를 바탕으로 모든 문제를 대화를 통해 풀어 간다는 원칙과 직무구분의 단순화, 다능공 양성을 위한 직무순환제의 채택, 팀제의 도입 등에 합의하였다. 6명의 시간급 근로자로 구성된 팀은 생산조직의 기본단위로서 기능하게 되었다.[47] NUMMI의 주요시설은 과거 GM시절의 것을 철거하고 도요타가 사용하고 있는 일제시설이나 장비를 대폭 도입하였다.

공장 입지가 Califorinia에 위치하고 있었기 때문에 초기에는 필요한 부품을 현지에서 조달할 수가 없어서 일본이나 Detroit에서 실어 와야만 했다. 따라서 NUMMI에서 JIT방식은 점진적으로 실시되어야만 했다.[48]

47) Toyota, A History of The First 50 Years, 1988. Toyota, pp. 332~333.
48) Toyota, p. 334.

UAW와의 합의에 따라 NUMMI의 근로자는 과거 GM시절의 근로자 가운데서 선별적으로 채용되었다. Team Leader와 Group Leader 등 핵심요원들은 일본으로 보내어져 도요타 공장에서 OJT훈련을 받았으며 노사 간 신뢰관계 구축을 위한 다양한 조치가 취해졌고 상시 운영되는 노사 간 의사소통 채널이 설립되었다.

NUMMI에 파견된 일본인 관리자 수는 34명으로 전체 직원 2800명의 1.2%에 해당된다. 이는 혼다와는 다른 전략이라 할 수 있다. 미국인에 의한 일본식 생산방식의 적용이라 할 수 있는 닛산의 수준에는 미치지 못하지만 도요타는 미국인 관리자에 의한 일본식 생산방식의 적용을 성공적으로 수행하였다. 닛산의 경우가 예외적인 것이라고 본다면 NUMMI 방식은 그 후에 설립된 일본자동차 회사들에게 본보기가 되었다고 할 수 있다.[49]

제 5 장. 결론 및 시사점

기업들의 해외 직접투자 동기를 시장불완전성에 근거하여 설명하는 경제학적 접근법보다는 시장환경변화에 대처하면서 기업의 지속적인 성장을 추구하는 과정에서 나타나는 전략적 대응으로 보는 경영학적 접근법이 더 설득력이 있는 것처럼 보인다. 이는 일본 자동차산업의 국제화과정을 분석하는 가운데 얻을 수 있는 결론이다.

일본 자동차산업의 국제화는 매우 효과적으로 추진되었고 또 1950년대부터 1980년대까지 꾸준히 지속적으로 전개되었다. 이를 시기적으로 구분하면 1980년 이전과 이후의 두 단계로 나누어서 살펴볼 수 있다. 1980년 이전 단계에서는 아시아, 남태평양, 라틴아메리카, 아프리카 등 주로 후진국을 중심으로 현지기업과의 합작투자나 현지기업에게 기술과 상표를 제공하는 가운데 부품을 수출, 조립하는 Knock-Down 방식이 주류를 이루었다.

1980년 이후에는 미국, 유럽 등과의 무역마찰이라는 환경변화에 대응하면서 지속적인 성장을 추구하기 위해 미국, 캐나다, 영국 등지에 주로 단독투자에 의해 현지에 일괄생산체제를 구축하는 데 주력하였다. 또한 이 시기에는 일본 자동차산업이 린 생산방식을 중심으로 하는 독특한 경영방식과 우월한 기술수준을 바탕으로 하여 그 경쟁력을 세계자동차시장에 유감없이 드러내 보였다. 따라서 린 생산방식이야 말로 일본자동차산업의 성공적인 국제화를 가능케 한 결정적인 요인이었다. 도요타에서 개발된 린 생산방식은 일본자동차산업 전체를 위한 특유의 우위요인으로서 기능하였다.

49) Abo, p. 187.

이와는 대조적으로 기업 특유의 우위요인을 확보하지 못한 유럽 자동차업체들의 경우 미국 진출에 실패하였다. 일본 자동차 시장 내에서 열위에 있는 스즈끼, 이스즈, 후지 중공업 같은 업체들도 미국에 생산거점을 확보하는데 성공한 반면 유럽의 대표적 자동차 업체인 Volkswagen과 Renault가 미국 진출 10년도 못되어 철수한 것은 강력한 경쟁자가 존재하는 해외 현지국에 진출하는데 있어 기업 특유의 우위요인이 얼마나 중요한 성공요인인지를 잘 보여준다 하겠다.

이러한 일본 자동차 업체들의 성공으로부터 한국 자동차업체들이 얻을 수 있는 교훈은 무엇인가?

첫째, 미국, 캐나다, 서유럽 등과 같이 강력한 경쟁자가 존재하는 지역에 진출하기 위해서는 무엇보다도 기업 특유의 우위요인의 확보가 필수적이라는 점이다. 한국 자동차 업체들에게 있어 일차적 과제는 현재 가장 효율적인 생산방식이라고 인정되고 있는 린 생산방식을 도입하여 이를 확실하게 소화하는 것이 급선무라고 하겠다. 그 다음 단계에서 일본의 린 생산방식보다 우월한 생산방식을 창안해 내어야 할 것이다. 최소한 일본 자동차 메이커와 대등한 정도의 생산효율성이 확보되고 마케팅이나 기타 가치사슬상의 어떤 분야에서 핵심역량이 확보된 다음에 북미나 서유럽 지역에서의 현지생산을 통해 미국 일본 유럽 기업들과 경쟁해 나갈 수 있을 것이다.

둘째, 한국기업 특유의 우위요인이 확보되지 않은 상황에서는 선진국 기업과의 정면대결을 피할 수 있는 지역을 중심으로 현지 진출을 시도하는 것이 하나의 전략적 대안이 될 수 있을 것이다. 이러한 전략은 60년대와 70년대에 일본 기업들이 채택한 전략이다. 현재 한국자동차 업체들이 동남아, 중동, 우즈베키스탄, 동유럽, 중국 등 미국이나 일본 기업들과의 정면대결을 피할 수 있는 지역중심으로 진출하고 있는 것은 적절한 전략적 선택이라고 생각된다. 이러한 관점에서 볼 때 현대가 1989년에 이렇다 할 경쟁우위도 갖추지 못한 상태에서 미국의 Big-3와 일본의 도요타, 혼다 등이 버티고 있는 캐나다에 진출한 것은 너무 성급한 결정이었다고 할 수 있다.

셋째, 진출형태에 있어 시장규모가 상대적으로 적고 현지에 이미 선진국 업체들이 진출해 있는 개도국 시장에 진출할 경우 위험부담을 줄이면서 동시에 현지기업의 대정부 교섭력이나 현지의 유통망 등을 활용하기 위해 현지기업과의 합작투자 형태로 진출하는 것이 바람직하다고 하겠다.

넷째, 현지에 일괄생산체제를 구축하는 것보다는 개도국 시장에 있어서는 당분간 KD 생산방식으로 진출하는 것이 바람직하다고 하겠다. 이는 대규모 투자에 따르는 위험부담을 줄이면서 이익을 극대화 할 수 있기 때문이다. 그러나 중, 장기적으로는 현지부품의 의무적 사용(Local Content) 규제에 대비하기 위하여 한국 부품업체의 동반 진출이 적극적으로 추진되어야 하겠다.

다섯째, 장기적으로 한국 자동차산업은 후발주자로서의 불리함이나 좁은 내수시장의 한계, 기술력이나 경영관리기법상의 열세, 불안정한 노사관계 등의 여러 가지 문제점을 극복하기 위해 연구하고 노력하는 가운데 일본을 능가할 수 있는 새로운 기술이나 생산관리 방식을 개발해 내어야만 한다. 이와 관련하여 현재 한국의 자동차 업체들의 현실을 보면 많은 문제점들을 안고 있다. 문제가 되는 것은 린 방식의 기본철학이나 원칙을 도외시한 채 린 방식의 극히 일부분이나 단편적인 방법만을 도입하는 데 그치고 있다는 점이다. 린 방식이 일본의 고유한 문화적 배경 속에서 형성되었기 때문에 한국에 일본방식을 그대로 도입하는 데에는 무리가 따를 수 있다. 따라서 중요한 것은 린 방식의 기본원리나 철학을 도입하되 이를 한국적 현실에 맞도록 바꾸어서 적용하려는 노력이 필요하다 하겠다. 또한 린 방식의 전제가 되는 합리적인 인사 노무관리와 그 결과로서의 원만한 노사관계, 동반자관계 위에서 실천 가능한 조립업체와 부품업체간의 긴밀한 협력관계 등이 이루어지지 않은 상태에서 린 방식을 부분적으로 또는 파편화된 형태로 실시함에 따라 기대한 만큼의 효과가 나타나지 않는다. 결론적으로 대량생산방식의 원칙과 관행을 그대로 유지한 채 또 린 방식의 각종 합리적 관리방식이나 효과적인 생산관리 원리는 무시하면서 린 방식의 부분적 적용만을 통해 린 방식의 바람직한 결과들을 기대하는 어리석음을 범하고 있는 게 아닌가 생각된다.

Chapter 7

국제라이센싱 전략

<제 1 절>

국제라이센싱에 의한 해외시장진출

1. 우선적 진입방식으로서의 국제라이센싱

1) 국제라이센싱의 개념

국제라이센싱이란 한 국가의 기업, 즉 공여기업(licensor)이 로열티·수수료 등의 대가를 목적으로 다른 국가의 기업, 즉 수혜기업(licensee)에게 특허·거래비밀·노하우·상표·상호 등의 무형자산(intangible assets)을 제공하기로 하는 계약협정을 말한다. 통상적으로 무형자산 및 소유권의 국제적 이전에 있어서는 이들의 올바른 사용법을 지도하기 위한 기술서비스가 수반된다.

미국 국세청(IRS; Internal Revenue Service)의 무형소유권에 대한 분류[1)]는 다음과 같다.

① 특허, 발명, 공식, 공정, 디자인, 패턴(patterns)
② 저작권·문학·음악 등의 예술적 작품
③ 상표, 상호, 브랜드명
④ 프랜차이징 및 라이센싱 계약
⑤ 공법(methods), 프로그램, 절차, 시스템

1) Contractor, F. J. *International Technology Licensing*, Lexington Books, 1981.(인용: 권영철, 『국제경영관리론』, 무역경영사, 1994, p. 211)

2) 국제라이센싱의 동기

① 국내에서 이미 사용한 기술에 대해 추가적인 수익을 올리고자 하는 경우
② 교차 라이센싱(cross-licensing)에서처럼 라이센싱의 대가로 외국 수혜기업의 연구결과를 도입·활용하고자 하는 경우
③ 특정국에서 자사의 특허·상표 등의 무단사용을 방지하기 위한 차선책으로 활용
④ 과실송금에 대한 규제가 강한 국가에 있는 현지 자회사들로부터의 자금송출을 용이하게 하기 위하여
⑤ 무역장벽과 외국인 소유권 규제에 대응하기 위한 차선책
⑥ 가장 근본적인 동기는 해외시장진출

3) 국제라이센싱의 장단점

(1) 장점

① 관세·쿼터 등의 무역장벽을 회피할 수 있다.
: 현지국의 무역장벽으로 수출이 어렵거나 치열한 경쟁으로 수출채산성이 맞지 않는 경우나 현지국 통화가 지속적으로 평가절하 될 경우, 또는 높은 수송비로 가격경쟁력이 떨어지는 경우에 유리하다.

② 해외 직접투자보다 정치적 위험(political risk)에 적게 노출된다.
: 현지국에 대한 자본투자가 적거나 없어 현지국 정부의 국유화·재산수용 등 정치적 위험으로부터 회피할 수 있다. 그리고 대부분의 현지국, 특히 개도국들은 기술취득의 수단으로 라이센싱을 장려하고 있다.

③ 특정 제품의 경우 현지국의 수입규제 또는 외국인 투자규제 대상이 되어 라이센싱만이 가능한 진입방식일 수도 있다.
: 방위산업·통신산업 등 국가의 기간산업에 대해 현지국 정부가 자국기업에 대한 기술이전을 목적으로 자국기업과의 라이센싱만을 허락하는 경우가 있다.

④ 기타 기업의 내적 요인
: 서비스산업에 속해 있는 대부분의 기업들은 속성상 라이센싱을 통해서만 해외진출이 가능하다. 또한 현지 소비자들의 기호에 맞추기 위해 제품수정이 불가피한 경우 제품수정비용과 투자위험을 낮출 수 있으며, 현지국의 시장잠재력이 미약한 경우에 매우 유용한 해외진입방식(특히, 중소기업에게 보다 적합)이라 할 수 있다.

(2) 단점

① 공여기업이 현지 시장에서 수혜기업의 마케팅 계획과 프로그램을 통제하기 어렵다.

② 수출 또는 해외 직접투자에 비해 예상소득의 절대 규모가 낮다.

③ 미래의 경쟁사를 양성할 수 있다.

: 정치적 위험은 낮은 반면 상업적 위험(commercial risk)은 매우 높다. 그러므로 공여기업은 수혜기업의 판매지역을 제한하거나 계약 만료 후 공여된 기술의 사용을 금지하도록 하는 조치 등에 의하여 상업적 위험을 어느 정도 감소시킬 수 있다. 그러나 이러한 조치는 현지국 정부에 의해 규제되거나 독과점금지법 등에 위배되기 쉬우므로 상당히 조심할 필요가 있다.

④ 수혜기업이 계약 위반을 했을 경우 법적인 조치를 취하는데 많은 시간과 비용이 소요된다.

: 공여기업의 기술을 수혜기업이 의도적으로 제3자에게 노출시킬 경우에는 상업적 위험이 매우 크다.

2. 해외시장에서의 공업소유권 보호

현지국에서의 공업소유권(industrial property rights)에 대한 법적 보호장치가 마련되어 있어야만 해외시장진입방법으로 라이센싱이 유효하다. 그러나 공업소유권에 대한 법적 보호 장치가 국가마다 상이하므로 라이센싱을 체결할 때는 반드시 전문가의 법률적 자문을 구하는 것이 바람직하다.

1) 특허권의 취득

특허(patent)란, 정부가 특정의 발명, 실용신안 및 의장 등의 원천적 소유자에게 일정기간동안 이들에 대한 독점적인 사용 및 판매 권한을 공인해 주는 증서를 말한다. 그러나 본국에서 공인된 특허가 외국에서도 반드시 같은 비중으로 보호되는 것은 아니다. 각국의 특허제도는 독창성의 기준, 특허기간(보통 5년에서 20년 사이), 특허대상 범위, 재연장, 상업적 시효기간 등이 서로 다르다. 일부 국가에서는 특허가 일정 기간 내에 상업화되지 못할 경우 원천소유자의 특허권이 상실되는 경우도 있다. 그러므로, 여러 국가에서 동시에 특허권을 보호받기 위해서는 해당 국가마다 특허출원을 해야 한다. 이러한 특허출원 업무를 용이하게 해주는 국제협정에는 여러 가지가 있는데, 이중 파리조약(Paris Union), 즉 ICPI(International Convention for the Protection of Industrial Property) 하에서는 특허의 원천소유자에게 다른 회원국가에서의 1년 동안 특허출원에 대한 우선적 권리를 인정하고 있으며 1년이 지나면 특허출원의 우선적 권리가 자동으로 상실된다. 그리고 특허협력조약(Patent Cooperation Treaty)과 유럽특허조약(The European Patent Convention)은 특허권의 국제적 보호를 어느 정도 인정하고 있다.

국제특허출원과 관련하여 기업은 자신이 소유하고 있는 발명지식을 영업기밀(trade secret)로 유지할 것인가, 아니면 국제특허출원 방안을 강구할 것인가의 문제에 직면하게 된다. 특허출원을 하지 않고 영업기밀로 유지하는 경우 독점사용권은 보장되지 않지만 발명기술을 보다 효과적으로 통제할 수도 있다. 그리고 특허권의 취득, 관리 및 상업화에 대한 불확실성이 높을 경우에도 상기밀로 유지하는 것이 바람직하다. 반면에, 특허출원을 할 경우에는 특허취득에 의해 일정기간 독점사용권이 보장되지만 영업기밀이 외부에 공개된다. 그 이유는 일국에서 인가된 특허는 그 내용의 복사본이 다른 국가의 특허관리기관에 보내지는 것이 상례이기 때문이다. 그러므로 영업기밀이 외부에 의해 쉽게 모방될 수 있는 것이라면 특허출원이 유리하다.

특허된 기술을 라이센싱 할 경우에는 높은 로열티를 받을 수 있다. 따라서 특허출원을 결정한 경우에는 어느 국가에 특허를 출원할 것인가를 결정하여야 할뿐만 아니라 가급적 신속히 국제적 특허를 취득하는 것이 바람직하다.

2) 상표의 보호

상표(trademark)란, 생산자 또는 판매자가 자신의 제품을 경쟁자 등의 다른 제품과 구별하기 위하여 사용하는 표식으로서 이름, 도안, 심벌 등을 포함한다. 이러한 상표는 특허와 마찬가지로 등록되어 있어야 독점사용권이 보장되며, 최초로 등록한 사업자에게 법적 소유권이 부여된다. 등록상표의 유효기간은 일반적으로 7년에서 25년 사이지만, 특별한 하자가 없는 한 얼마든지 재연장이 가능하다. 그러므로 국제기업은 현재 진출하고 있거나 장래 진출하고자 하는 국가 모두에게 상표를 등록하는 것이 바람직하다.

대부분의 국가에서는 상표의 상업적 사용이 입증될 때에만 보호를 받을 수 있다. 즉, 기업들은 본국에서 상표가 사용되고 있음을 입증해야 하고 등록상표의 존속을 위해서는 상표를 사용한 제품이 시장에서 판매되고 있어야 한다. 랜햄조약(Lanham Act)은 가입국가 간에 법적인 보호를 받을 수 있는 심벌, 이름 등의 상표표식과 아울러 상표등록의 절차를 명시하고 있다. 그러나 상표등록을 의무적으로 규정하고 있지는 않으며, 상표등록을 마쳤다고 하여 각국에서 전적으로 그 소유권을 인정하는 것도 아니다.

파리조약(Paris Union)은 모든 상표의 소유권자는 자국에서 상표를 등록한 후 6개월 이내에 외국에서 그 상표를 등록하여야만 상표를 보호받을 수 있다고 규정하고 있다. 그럼으로, 가입국들 간에는 상표 및 상호의 보호가 자동적으로 이루어지기보다 안전한 보호를 위해서는 각국의 관련기관이나 법원의 등록소에 상표와 상호를 등록하는 것이 바람직하다.

3) 영업비밀의 보안

영업비밀(trade secret)이란, 업계에 알리지 않고 기업 내부에서 비밀로 다루고자 하는 노하우(know-how)를 말하며, 제조공정과 방법 및 기술, 입안서, 디자인, 형태, 공식, 사업정보, 제품 등 그 범위가 매우 광범위하다. 영업비밀은 특허권과 등록상표와 같이 공인된 보호는 받지 못하지만 국가에 따라서는 기밀유지조건하에 영업비밀의 소유권을 법적으로 인정하기도 하며, 일반적으로 종업원들에 의한 영업비밀의 유출과 이에 대한 경쟁업체의 사용을 불법으로 간주하고 있다. 그러나 영업비밀의 소유권만으로는 경쟁업체들의 유사한 노하우 개발·사용을 제한하기 어렵다.

3. 라이센싱 사업의 수익성 분석

대부분의 국제기업들은 해외시장 진출 시 수출이나 해외 직접투자가 용이하지 않은 경우 라이센싱을 고려하게 된다. 라이센싱 사용에 대한 결정은 수출이나 해외 직접투자의 결정과는 달리 예상 수익이나 비용에 근거한 사업타당성 평가를 소홀히 하는 경향이 있다. 이렇게 해외시장 진입방식의 결정에 있어서 수익성 분석을 행하지 않는 것은 장기적 계획 하에 해외시장 진출 전략의 의사결정을 내린다고 하기보다는 단기적이고 임기응변적인 측면에서 의사결정을 내린 결과를 초래하게 된다.

이러한 경우, 국제기업은 다음의 두 가지 실수를 범하게 된다.

① Underlicensing : 라이센싱을 통한 해외시장 진출이 가장 유리한 상황임에도 불구하고 다른 진입방식을 선택하는 실수

② Overlicensing : 라이센싱을 통한 해외시장진출이 최적의 방식이 아님에도 불구하고 라이센싱을 선택하는 실수

그러므로 수출이나 해외 직접투자의 예상수익을 라이센싱의 예상수익과 비교한 후 기업에게 최대이익을 가져다주는 최적의 진입방식을 선택하는 합리적인 의사결정이 요구된다. 이러한 태도는 선택 가능한 모든 대안들에 대해 기대되는 수익과 비용을 보다 자세히 파악하게 함으로써 라이센싱 협상을 보다 유리하게 이끌도록 도와준다. 또한, 계약기간의 매 연도마다 예상되는 수익과 비용이 차이날 수 있으므로 수익의 정도는 순현재가치(net present value)로 평가하는 것이 바람직하다.

1) 추가적 수익의 평가

공여기업의 수익성 분석을 위해서는 라이센싱 계약기간에 예상되는 추가적 수익과 비용에 대한 평가가 필수적이다. 라이센싱의 수익 정도는 예상되는 증분수익에서 증분비용을 공제하여 평가하게 된다. 또한, 라이센싱의 수익은 계약기간동안 라이센스된 제품(licensed product)을 제조·판매하는 수혜기업의 능력에 따라 달라질 수 있다.

공여기업이 라이센스된 제품의 시장잠재력을 평가하는 과정은 다음과 같다.

① 해외시장조사를 통하여 유력한 수혜대상기업을 파악하여야 한다.
② 라이센싱에 의해 경쟁적인 제품을 생산할 수 있는가의 수혜대상기업 생산능력을 분석한다.
③ 수혜대상기업의 판매 잠재력을 평가한다.
④ 총 판매액의 일정비율로 산정되는 수익성의 평가기준을 마련한다.

라이센싱을 통한 수익증가분의 총규모를 평가하기 위한 수익원에는 전액 일시불 로열티, 기술 자문료, 엔지니어링 또는 건설 수수료, 수혜기업과의 지분 공유, 수혜기업의 자본소유에 따른 이익배당, 수혜기업에 대한 판매 이익(기계, 장비, 원재료,

부품 등), 수혜기업으로부터의 제품 반입을 통한 재판매 이익, 수혜기업을 위한 구매 및 판매 수수료, 수혜기업으로부터의 제품 및 부품의 공급을 통한 생산비용 절감, 수혜기업에 대여한 장비나 기계 등의 임대료, 경영관리 수수료(management fees), 수혜기업으로부터 되돌려 받는(grant-back) 특허 · 상표 · 노하우 등이 있다.

2) 추가적 비용의 평가

라이센싱의 수익성 분석 이후에는 계약기간동안 수혜기업이 부담하여야 할 추가적 비용을 평가하여야 한다. 여기서 라이센싱된 기술의 개발비용은 공여기업의 증분비용 산정에 포함시키지 말아야 한다. 라이센싱된 기술패키지의 개발비용은 공여기업이 라이센싱 계약을 체결하기 이전에 이미 국내 판매 시 전가시켰기 때문이다.

수혜기업이 부담하는 추가적인 비용은 크게 기회비용, 착수비용, 유지비용으로 분류된다. 기회비용(opportunity costs)이란 라이센싱으로 인하여 손실되거나 앞으로 손실될 수 있는 수익을 말하는데, 주로 기존 수출 또는 여타 순수익의 손실(대체효과), 미래 수익의 상실 등을 포함한다. 착수비용(startup costs)이란 라이센싱 사업(licensing venture)을 시작하는데 있어서, 즉 라이센싱된 기술을 바탕으로 제품을 생산 · 판매하는데 있어서 발생되는 모든 이전비용(transfer costs)을 말하는데, 여기에는 현지시장조사, 수혜대상기업의 선정, 현지국에서의 특허/등록상표 취득, 라이센싱 계약을 위한 협상, 설계도 · 도면 · 여타 서류 작성, 수혜기업이 사용할 수 있도록 기술의 수정, 수혜기업의 종업원 훈련, 엔지니어링 · 건설 및 공장 설치 서비스, 수혜기업에게 기계 · 장비 및 재고 공여 등이 포함된다. 또한, 유지비용(ongoing costs)이란 보통 5년에서 10년 사이의 계약기간동안 계약의 유지를 위해 공여기업이 부담하여야 할 비용을 말하는데, 여기에는 정기적 교육 및 훈련, 현지국에서의 특허 · 등록상표 관리비용(소송비용 포함), 품질 감독 및 심사, 감사와 검사(auditing and inspection), 마케팅 · 구매 · 기타 서비스, 경영자문, 수혜기업과의 거래관계 유지, 분쟁해결, 그리고 라이센싱과 관련된 인적자원 관리 등이 포함된다.

4. 라이센싱의 계약협상

1) 유망한 수혜대상기업의 발굴

수혜대상기업을 발굴하기 위한 심사과정은 다음과 같다.

(1) 수혜대상기업의 프로필(profile) 결정

제품계열, 기술력, 생산시설, 품질관리, 유통시스템, 경영관리, 사업평판, 재정능력, 사업규모, 소유권, 신용 등을 기준으로 수혜기업의 자격요건을 선정하고, 공여기업의 해외시장진출 목적과 수익성분석을 토대로 가장 중요시해야 할 가격요건 선정기준을 결정한다.

(2) 유망한 수혜대상기업의 선정

대부분의 경우 라이센싱은 외국기업으로부터 뜻하지 않은 제의에 의한 경우가 많으나 공여기업 자신이 자격요건을 갖춘 수혜대상기업을 적극적으로 찾아 나서는 것이 바람직하다. 대상국의 선정방법은 무역공보에 게재된 외국회사들의 광고, 산업협회나 조합의 대표자, 은행, 정부기관, 무역박람회 등을 통하거나, 외국의 현지시장에 수출을 하고 있는 경우에는 자사의 대리점이나 유통업자를 선정할 수도 있지만 가장 직접적인 방법은 수혜대상기업에게 직접 문의하는 방법이다.

(3) 대상기업들의 비교평가

(4) 가장 유망한 수혜기업 선정

2) 협상 절차

국제라이센싱 협상은 직접 면담을 통해 이루어지는 것이 바람직하다. 평균 협상시간은 법률적 구비서류의 준비기간을 포함하여 보통 6개월~1년 정도 소요되는데, 국제협상에서는 문화적 차이로 인한 상호간의 이해부족으로 결렬되는 경우도 잦다.

국제라이센싱 협상에서는 이전되는 기술패키지[2)]에 대한 가격협상이 가장 중요한 사항이다. 협상가격(bargaining price)의 범주는 이전되는 기술패키지에 대한 기술공여기업 매도가격(offer price) 범주와 기술수혜기업 매입가격(bid price) 범주 간의

2) 기술패키지란 계약에 근거하여 공여기업이 수혜기업에게 제공하는 공업소유권, 기술자문 및 여타 자산과 서비스 등을 모두 포함하는 것.

공통부분으로 한다. 여기서 기술공여기업의 매도하한가는 공여기업의 기회비용과 기술패키지 이전비용이 되며, 기술공여기업의 매도상한가는 수혜기업에게 이전된 기술패키지를 사용하여 창출해 낼 수 있는 수익정도를 가치화한 것으로 한다. 이때 기술 공여기업은 가능한 한 상한가로 계약이 타결되도록 노력하게 된다. 또한, 기술수혜기업의 매입하한가는 공여기업의 기술이전비용에 대한 수혜기업의 자체평가액[3]이며, 기술수혜기업의 매입상한가는 ① 이전된 기술패키지 사용으로 인한 예상증분이익, ② 유사한 기술패키지에 대한 다른 공급업자의 제안가격, ③ 수혜기업이 비슷한 수준의 기술패키지를 자체 개발할 때 소요되는 예상비용[4] 등 세 가지 평가액 중 최저치가 된다.

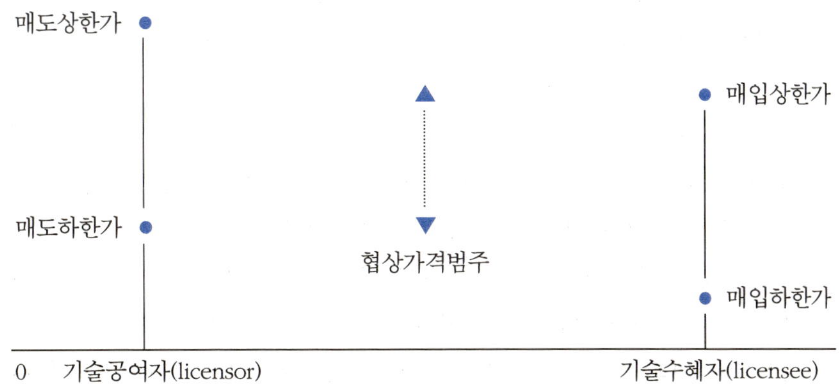

| 그림 7-1 | 라이센싱에서의 협상가격 결정

기술패키지의 라이센싱 가격협상 시 고려할 사항에는 다음의 다섯 가지를 들 수 있다. 첫째, 기술패키지의 내용 즉, 특허권, 상표, 노하우, 서비스의 양적·질적 수준 등이며, 둘째는 기술패키지의 사용조건인데, 그 이유는 협상가격의 범주가 이전될 기술패키지의 내용과 사용조건에 따라 유동적으로 결정되기 때문이다. 셋째로는 이전되는 기술패키지에 대한 결제방식을 고려해야 하는데, 여기서는 일반적으로 일시불, 정기적으로 일정한 액수, 양방식의 혼합방식 중에서 결정을 하게 되며 기타 서비스 및 기술자문 등에 대한 수수료도 결정하게 된다. 넷째는 계약기간이며, 다섯째는 제안된 라이센싱의 사업위험(business risk) 및 정치적 위험을 고려해야 한다.

3) 기술수혜자는 기술이전에 따른 기술공여자의 기회비용을 협상가격에 반영시키지 않으려 함.
4) 기술을 자체 개발하는데 소요되는 비용과 시간이 라이센싱을 통하여 기술을 이전받는 비용 및 시간보다 많이 소요되는 것이 일반적임.

3) 라이센싱 계약의 체결

(1) 지역권

현지국에서 공여기업의 특허 및 상표 소유권은 수혜기업에게 생산 및 판매 권한을 부여하는 독점적 라이센싱(exclusive licensing)의 법적 근거가 된다. 그러므로 독점적 라이센싱 하에서 공여기업은 수혜기업에게 라이센싱한 기술패키지를 자신이나 제3의 기업이 수혜기업의 영업지역 내에서 사용하지 않겠다는 것을 보장하여야 한다. 공여기업이 독점적인 라이센싱 계약을 체결할 것인가의 여부는 공여기업의 해외진출 목표 및 수혜기업과의 협상력(bargaining power)에 따라 달라진다. 공여기업은 일반적으로 장래에 현지국에서 자신이 특허·상표 등을 직접 사용할 수 있도록 하기 위하여 가능한 한 비독점적인 라이센싱을 원한다. 반면에, 수혜기업은 자국에서 공여기업 또는 제3자가 동일한 특허나 상표의 사용을 금지시킬 수 있는 독점적 라이센싱을 원한다.

독점적 라이센싱에 공여기업은 수혜기업이 판매지역권 밖의 다른 지역으로 특허나 상표를 유출시키는 것을 어떻게 효과적으로 제지하느냐에 관심을 가진다. 이것은 특허권과 등록상표의 보호가 개별 국가적 차원에서 이루어지는 것이 일반적이기 때문이며 또한 이를 제지하지 못할 경우에는 공여기업의 기회비용이 증대되기 때문이다. 그러나 수혜기업이 자국 외에 다른 국가에 라이센싱된 제품을 판매할 수 있는 권리가 있는가의 여부는 본국과 현지국의 공정거래법 및 관련법규에 따라 달라질 수 있다.[5] 수출금지조항으로 인한 법률적 문제를 회피할 수 있는 가장 확실한 방법은 비독점적 라이센싱 계약을 체결하는 것이다. 이러한 경우에는 기술이전에 대한 가격이 낮아지므로 이 또한 기회비용이 발생한다.

5) 현재 많은 국가들이 자국의 수출을 증대시킬 목적으로 라이센싱 계약의 수출금지조항을 인정하지 않는 실정이다. 미국의 경우 자유경쟁을 저해시키는 수출금지행위는 독점금지법에 의해 규제되고 있다.

| 표 7-1 | 라이센싱 계약 시 고려해야 할 주요 사안

기술패키지	· 라이센싱된 공업소유권의 실체 (특허, 상표, 노하우)	· 이전 방법 · 원재료 · 장비 · 중간재의 공급
사용조건	· 라이센싱된 기술의 사용분야 · 생산 및 판매 지역권 · 서브라이센싱(sublicensing) 권리 · 영업기밀 유지 · 특허와 상표의 도용 방지 · 경쟁적 제품의 취급 배제	· 경쟁적 기술의 취급 배제 · 제품수준 유지 · 이행요구 사항 · 신제품 · 신기술에 대한 수혜기업의 권리 · 공여기업의 감사 · 조사 권리 · 수혜기업의 보고의무 사항
보 상 (compensation)	· 결제통화 · 현지국의 조세에 대한 의무 · 기술 설명 수수료 · 정기적 로열티 · 일시불 로열티	· 기술 자문료 · 수혜기업에게 판매 또는 수혜기업으로부터의 구매 · 신제품에 대한 부가적인 수수료 · 수혜기업에 의한 품질 향상
기타 사항	· 준수할 계약 법규 · 계약기간 및 연장 · 계약취소 및 종료	· 분쟁해결절차

(2) 이행 의무사항

라이센싱 사업의 성공 여부는 수혜기업의 의지와 능력 및 역할에 따라 달라진다. 이것은 협약된 품질수준으로 제품을 생산하고 현지국의 시장잠재력을 최대한 개발하는 책임을 수혜기업이 가지고 있기 때문이다. 그러므로 공여기업은 생산과 판매에 관한 수혜기업의 이행의무사항을 계약에 명시할 필요가 있다. 여기에는 품질수준 유지, 생산을 감독하고 심사하기 위한 공여기업의 기술진 활용, 특정 원자재 · 장비 · 중간재 등의 사용을 포함시켜야 한다. 또한 수혜기업이 이행의무사항을 준수하지 못할 경우 공여기업이 배상금을 물리거나 계약을 취소시킬 수도 있도록 해 놓아야 한다. 그리고 판매와 관련해서는 수혜기업의 최저판매량, 최저 마케팅비용 한도 등을 규정하고, 경우에 따라서는 최저 로열티 지불액의 한도 지정도 필요하다.

(3) 분쟁해결

계약 당사자들이 분쟁을 피하는 가장 확실한 방법은 계약내용을 명확히 하고 계약의 이행에 상호간 신축성을 가지는 것이라 할 수 있다. 만일 분쟁이 발생할 경우에는 계약내용을 토대로 상호 간의 의견 조정을 통하여 내부적으로 해결하는 것이 가장 바람직할 것이다. 그러나 내부적 조정이 이루어지지 않을 경우에는 외부적 중재가 필요하게 되는데 이러한 법적 소송은 많은 시간과 비용이 요구되므로 피해야 한다.

소송을 방지하기 위해서는 계약체결 시 미리 분쟁해결조항, 즉 분쟁발생 시 양측은 상호 간에 협약된 중재규정에 의거하여 분쟁을 해결한다는 내용을 명시하는 것이 바람직하다.

(4) 수혜기업과의 협력

라이센싱 계약이 체결되면 공여기업과 수혜기업은 공동목표를 충족시켜 줄 수 있는 라이센싱 벤처(licensing venture)를 설립하는데 서로 협력을 기울여야 한다. 이때 수혜기업은 자국시장에서 라이센싱된 제품의 판매 잠재력을 개발하는데 공여기업으로부터 지속적인 기술조력을 필요로 하게 된다. 따라서 라이센싱 벤처는 공동의 목표를 추구하는 데 있어서 양측의 강점을 최대한 살리고자 하는 비자본 합작회사(non-equity joint venture)의 성격을 띤다.

라이센싱은 해외진출 시 단독으로 사용될 수도 있지만 다른 진입방식들과 병행되어 사용될 수도 있다.[6] 라이센싱의 대가로 공여기업은 라이센싱 벤처의 자본을 소유하게 되거나 후에 라이센싱 벤처를 자본합작회사로 전환시킬 수 있다는 권리를 계약조건으로 달아 놓아 직접투자와의 한계를 명확히 규정하기 어려운 경우도 있다. 그러므로 라이센싱은 기업의 장기적인 해외시장진출전략 차원에서 이루어져야 한다.

6) 실제로 라이센싱은 자본합작 또는 단독투자와 결합되어 사용되는 수가 많다.

< 제 2 절 >
기타 국제계약에 의한 해외시장진출

1. 국제프랜차이징

1) 국제프랜차이징(International franchising)의 개념

국제프랜차이징이란 사업본부 측, 즉 프랜차이저(franchiser)가 독립된 다른 기업이나 개인, 즉 가맹점이라 할 수 있는 프랜차이지(franchisee)에게 사업시스템이나 그 밖의 다른 소유권을 공유해 주는 활동을 말한다. 이때 프랜차이저와 프랜차이지의 국적이 다를 때 이를 국제프랜차이징이라 한다. 라이센싱의 한 유형으로, 사업본부측은 가맹점들이 사업본부의 상호와 경영방식에 의거하여 사업 활동을 조직화하고 관리할 수 있도록 도와주는 대가로 이들로부터 수수료, 운영 로열티(running royalty) 및 여타 보상금을 받는다. 프랜차이징은 1960년대 미국에서 급성장 하였으며, 현재 다양한 사업 분야에서 활발히 추진되고 있다.[7)]

기업이 수출로 진출시키기 힘든 제품을 소유하고 있거나 현지국에 자본투자를 원하지 않는 경우, 그러나 자사제품의 생산방식이나 경영시스템을 쉽게 제3자에게 이전시킬 수 있는 경우에 매우 유용한 해외시장진출방식인 프랜차이징은, 적은 자본투자와 낮은 기술성이 요구되는 소비서비스재(consumer service products)에 가장 적합하다. 그러나 높은 자본투자가 요구되거나 고도의 경영관리 및 기술성이 요구되는 생산 분야의 제품들에 대해서는 적합하지 않다.[8)]

프랜차이징은 기업이 처음으로 해외에 진출할 때 많이 활용하게 되는데 특히, 미국의 많은 기업들은 일단 프랜차이징을 이용하여 외국시장에 진출한 후 현지국의 시장잠재력이 큰 경우 일정기간을 거쳐 합작 또는 단독투자 형태로 전환시키는 방법을 많이 쓰고 있다.

7) 싱거소잉머신(Singer Sewing Machine), 코카콜라, 펩시콜라, 힐튼호텔, 홀리데이인(Holiday Inn), 맥도널드, 켄터키 프라이드 치킨, 아비스(Avis) 등은 프랜차이징을 통하여 전 세계에 알려진 미국기업들이다.

8) 예를 들면 복잡한 기술수준이 요구되는 서비스분야, 즉 광고업, 회계법인, 은행, 보험, 경영자문 등은 프랜차이징이 어렵다.

2) 국제프랜차이징의 장단점

▷ 장점

① 적은 자본비용으로 해외시장에 신속히 진입

② 독특한 이미지 구축과 표준화된 마케팅 프로그램 사용

③ 의욕적인 가맹점 확보

④ 낮은 정치적 위험

▷ 단점

① 제한된 이익

② 가맹점의 영업에 대한 전면적 통제의 한계

③ 예비 경쟁자 양성의 가능성

④ 프랜차이징에 대한 현지국 정부의 규제

3) 국제프랜차이징 시스템 관리

프랜차이징 시스템을 외국시장에 설립하는 절차는 라이센싱과 유사한데, 먼저 현지시장의 판매잠재력을 평가한 후, 적합한 가맹점을 발굴한다. 그리고 그 발굴된 가맹점과 프랜차이징 계약을 위한 협상을 시도하여 협상의 타결과 함께 가맹점과의 파트너십(partnership)을 구축하게 된다.

프랜차이징은 가맹점들의 영업에 어느 정도 강력한 통제를 가할 수 있다는 점에서 라이센싱과 구별된다. 프랜차이징 계약에서는 가맹점들이 준수해야만 하는 영업지침(operating manual)을 명시하게 된다. 일반적으로 가맹점들이 협약된 규정이나 실적을 준수하지 못할 경우에는 사업본부 측이 계약을 종료시킬 수 있게끔 계약을 체결하는 것이 상례로 되어 있다. 즉, 사업본부 측이 가맹점의 모든 업무를 감독할 수 있는 권한과 제품이나 서비스의 이미지를 해치는 가맹점에 대해서는 영업활동을 금지시킬 수 있는 권한을 가지게 되는 것이 통상적인 것이다.

사업본부 측이 가맹점의 영업활동을 지속적으로 지원하지 않는다면 프랜차이징 시스템은 유지되기 어렵다. 사업본부 측의 지원업무에는 장비, 표지 및 간판, 판촉소재, 제품 및 그 밖의 가맹점이 필요로 하는 물품 등의 보급 등이 포함된다. 이 이외에도 가맹점들의 영업성과를 일정수준으로 유지시키는데 필수적인 교육훈련, 재정 및 기술지원, 회계, 거래 및 일반적 영업관리 등을 지원하며 가맹점들의 판매촉진과 광고활동도 지원해야 한다.

때로는 현지국의 정치적 · 경제적 · 사회문화적 환경에 적합하도록 사업본부 측이 프랜차이징 패키지를 수정 · 보완하는 경우도 생기게 된다.[9] 한 연구보고에 따르면 프랜차이징의 사업본부 측 3분의 1 이상이 현지 시장에서 자신들의 로고(logo), 판매촉진, 색상주제(color themes) 및 디자인을 수정하여 사용하고 있는 것으로 나타났다.

2. 계약제조

계약제조(contract manufacturing)란, 특정 기업이 외국의 다른 기업에게 생산 및 제조기술을 제공하면서, 동시에 특정 제품의 생산을 주문하고, 주문 생산된 제품을 공급받아 현지 시장이나 제3국 시장에 재판매하는 방식으로 라이센싱과 해외 직접투자의 중간 형태라고 할 수 있다.

장점으로는 자본 등 기업자원이 적게 개입된다는 것과 외국시장으로의 신속한 진출이 가능하다는 것, 현지국에서의 소유권 문제를 회피할 수 있고, 라이센싱과는 달리 마케팅 및 판매 후 서비스에 대한 통제가 가능하다는 점과 현지 시장의 규모가 직접투자로 진출하기에 너무 협소하거나 수출을 통한 진출이 무역장벽으로 어려울 때 매우 유용하다는 점이다.

단점은 라이센싱의 단점과 유사하여, 적합한 현지생산업체를 발굴하기 어렵다는 점과 일단 적합한 생산업체를 발굴하였다 하더라도 일정 수준의 생산량과 품질수준 유지를 위한 상당한 기술적 지원이 요구되며 미래의 경쟁자를 양성시킬 수 있는 위험이 내포되어 있다는 것이다.

3. 턴키건설계약

턴키건설계약(turnkey construction contracts)이란 특정의 프로젝트와 관련하여 모든 설비가 가동되는 상태로 소유주에게 인도키로 하는 일괄수주계약을 말하며, 여기에서 파

9) 켄터키 프라이드치킨(Kentucky Fried Chicken) 사의 경우 미국산 식용유가 서독 보건당국이 사용을 금지시키고 있는 성분을 내포하고 있어 미국으로부터 수입하여 사용할 수 없었으며, 결국 음식 맛을 변화시키는 결과를 초래하였다. 또한 오스트레일리아에 진출한 미국의 패스트푸드 체인점인 Beef-A-Roo사는 Roo가 오스트레일리아인 들에 의해 경멸 시 되는 캥거루(Kangaroo) 고기를 뜻하고 있어 상호를 Beef-Ranch로 변경시켰다.

생된 계약방식이 턴키플러스(turnkey plus)방식으로 이는 설비시설이 완료된 후 소유주가 프로젝트를 수행할 수 있도록 경영관리 및 종업원 훈련 등의 제반 서비스를 제공하기로 하는 계약방식을 말한다.

턴키프로젝트는 규모가 방대하여 상당한 자본과 시간의 투입이 요구된다. 이 계약의 체결에서는 전문적인 법률적 자문을 받는 것이 바람직하며 시설 및 장비, 양측의 의무와 책임, 자연재해의 범위, 계약위반 시의 법적 조치 및 분쟁해결절차 등이 주요 사안으로 다루어진다. 그러나 이 계약은 현지국 정부에 의한 계약 취소, 강압적인 재협상, 일방적인 은행보증 요구 등의 정치적 위험에 노출되기 쉽다. 계약상 특별한 하자가 없음에도 불구하고 현지국 정부의 일방적인 사업 중지 요청과 대금결제방법의 변경, 현지국의 정치적 불안정으로 인한 사업수행 곤란 등이 빈번히 발생하게 된다.

게다가, 일시불이 아닌 일정기간별 분납결제조건 하에서는 현금흐름위험(cash flow exposure)에 노출되기 쉽다. 비록 양호한 현금결제조건이라 하여도 정치적 위험 등으로 턴키계약이 취소될 경우 하청업자들에 대한 배상, 은행 보증액 및 여타 계약 취소에 따르는 총 예산 손실이 총 계약 금액보다 클 수도 있다. 그러므로 계약 체결 시 분쟁해결방안을 명시해 놓거나, 컨소시움(consortium)방식을 택하거나, 정부 및 관련기관이 제공하는 보험에 가입하여 어느 정도 현금흐름위험을 커버할 수 있다.

4. 국제경영관리계약

국제경영관리계약(international management contracts)이란 특정 국가의 기업이 일정기간 다른 국가에 있는 기업의 경영업무를 대신 맡아 관리해주고 그 대가를 받는 계약으로, 이 계약 하에서의 대리경영관리는 일상적인 업무에만 국한되며, 신규투자 · 장기차입 · 배당 · 소유권 등 주요 결정사안에는 관여하지 않는 것이 일반적이다. 이는 적은 위험부담으로 해외시장에 참여할 수 있는 반면 수입면에서는 일정기간 동안 일정액의 수수료로 한정된다.

이 계약은 독자적으로 성립되기보다는 주로 합작투자 또는 턴키프로젝트 등과 결합되어 사용되는 것이 일반적이며, 합작기업에 있어서 경영관리 수수료는 총수입의 극히 일부분을 차지하게 되지만, 턴키프로젝트에서는 총수입의 중요 부분을 차지하게 된다.

5. 구상무역

구상무역(countertrade)이란 국제거래 대가의 일부 또는 전부를 물품으로 받는 계약을 총칭하는 개념으로, 무역, 라이센싱, 해외 직접투자 및 금융거래가 합성된 국제계약에 의거한 해외시장진입방식 모두를 포함한다. 이 방식은 개도국 진출을 시도하는 국제기업에게 매우 유용한 진입방식이다.

구상무역의 형태에는 물물교환과 대응구매, 보상 또는 환매, 상계가 있는데, 먼저 물물교환(barter)은 화폐의 개입 없이 제품이나 서비스를 상호 교환하기로 하는 계약을 말하며, 대응구매(counterpurchase)란 수출업자가 수출대금의 전부 또는 일정비율 만큼 수입업자 또는 수입업자가 지정한 제3자로부터 제품을 구매하기로 하는 계약이고, 보상 또는 환매(compensation or buy-back)는 산업설비의 수출업자가 자신이 수출한 설비로 생산한 제품을 구입하기로 하는 계약, 상계(offset)는 수출업자가 수출품의 생산에 소요되는 부품·중간재 등을 수출대금의 일정비율 만큼 수입업자 또는 수입업자가 지정하는 제3자로부터 구매하기로 하는 계약을 말한다.

사례분석 ▶▶

1. 전자업계 해외투자패턴 변화

[조선일보 2005년 8월 5일자]

과거 최대의 해외투자 업종이던 전자업계의 해외투자 방식이 바뀌고 있다. 종래의 해외 직접투자에서 개도국 전략시장을 상대로 유력한 현지업체와 제휴를 맺은 뒤 이들에게 플랜트 및 필요부품을 공급하고 현지업체는 한국업체 브랜드로 제품을 생산, 자신들이 직접 판매하는 방식이다.

삼성전자는 최근 콜롬비아에 냉장고 공장을 건설했다. 예전 같으면 투자진행을 위해 수많은 자금과 시간을 쏟아 부어야 했으나, 현지 유니램사와 수출계약을 맺는 것으로 모든 것은 끝났다.

삼성측은 4백 *l* 급 냉장고의 생산기술과 생산설비를 이전하고 기술수수료로 1백만 달러 이상을 받기로 했다. 또 핵심부품 공급계약도 체결, 앞으로 3년간 5백만 달러어치의 부품 공급권도 확보했다.

삼성 측은 유니램 사가 만든 냉장고를 삼성전자 브랜드로 공급받아 콜롬비아-칠레-페루 등지에서 냉장고를 판매하게 됐다. 물론 유니램 측도 자체 「챌린저」 브랜드로 제품을 생산-판매하게 된다.

삼성전자는 올해 이란과 팔레스타인 업체와도 비슷한 계약을 맺었다. 이 회사 최진배(崔鎭培) 상무는『우리는 투자를 하나도 하지 않은 상태에서 삼성전자 브랜드로 제품을 만들어 투자비를 줄이고 현지시장에 우리 브랜드로 진출하는 효과가 있다』고 밝혔다. 무분별한 해외투자로 인한 위험을 원천적으로 없애겠다는 전략이다.

대우전자도 지난 달 이란 파스사와 컬러TV 및 기술수출계약을 체결했다. 1년간 컬러TV 3개 모델 40만대를 CKD(완전 현지조립생산) 방식으로 공급받고, 생산 및 품질관리의 기술이전료로 2백만 달러를 받기로 했다.

이달부터 파스사 현지기술자 10여명이 국내에서 3개월간 기술연수를 받고, 대우 직원 12명도 현지에서 1년간 현장지도를 하게 된다. 굳이 공장을 직접 세우지 않아도 효과는 똑같다는 분석이다.

LG전자도 4년 전 이런 방식을 한 번 시도한 적이 있으나「적극적인 시장공략 의지의 결여」를 이유로 포기했다가, 다시 이런 방식을 검토하기 시작했다.

전자업체들은 당분간 투자여력이 없는 상태여서 투자비를 들이지 않고도 투자비용을 빼는 이런 투자방식을 선호할 전망이다.

II. 삼성전자의 기술수출

[한국경제신문 2005년 8월 24일자]

삼성전자가 기술수출에 본격적으로 나선다. 삼성전자는 수익성을 높이기 위해서는 제품수출 못지않게 로열티(기술이전료) 수입을 확대하는데 중요하다고 판단, 기술수출을 담당할 사장 직속의 기술이전 전담팀을 구성했다고 23일 밝혔다.

삼성은 이 전담팀을 중심으로 기술수출에 적극 나서 로열티 수입을 올해 5백억 원(추정치)에서 2005년에는 7천억 원으로 확대, 기술수지가 균형을 이루도록 할 계획이다.

삼성의 기술이전 전담팀은 선진기업을 벤치마킹한 것으로 팀장(구본국 부사장)과 임원 1명을 포함, 모두 5명으로 구성됐다. 이 팀은 기술, 반도체, 정보통신, 정보가전 등 총괄사업부 및 연구소 산하 전담조직과 공동으로 이전대상 기술의 분류, 시장가치분석 등 기술이전 전략을 수립하게 된다.

삼성은 해외지점과 해외현지연구소 등을 통한 기술이전 대상업체 발굴 및 세일즈활동도 적극 전개하기로 했다.

해외조직은 국내와 이전기술의 데이터베이스(DB)를 공유토록 하는 네트워크를 구성할 방침이다. 효율적 마케팅을 위해 해외의 기술이전 전문 컨설팅기관인 CTI, BTG, PWC, CDC 등을 활용한다는 계획도 세워놓고 있다. 일반기술은 인터넷 홈페이지나 테크노마트 등을 통해 홍보하기로 했다.

삼성전자가 이처럼 해외로 기술이전에 적극 나서기로 한 것은 가전, 반도체, 통신, 컴퓨터 등 분야의 보유특허가 국내 2만3천건, 해외 7천건 등 3만건에 이르러 선진기업수준에 올라섰다는 판단에서다. 특히 D램, CDMA(부호분할다중접속) 등 분야에서는 차세대 기술표준을 제시해도 괜찮을 정도로 우수성을 인정받고 있어 수요는 충분하다고 삼성은 설명했다.

삼성은 미래 경쟁력 확보에 지장이 없는 정보가전, 반도체, 통신 등 전 분야의 기술을 이전받기 원하는 해외업체에 제공키로 했다. 또 정보, 가전 등 세트제품 관련기술은 설비 및 부품과 연계시켜 제공하는 프로젝트성 수출을 추진키로 했다.

삼성의 기술수출은 지금까지 크로스라이선스나 이전 요청을 받는 건에 대해서만 기술을 이전해주는 보수적 수출전략을 펴왔다.

8 국제 전략적 제휴

Chapter ......

< 제 1 절 >

전략적 제휴의 개념과 유형

1. 국제 전략적 제휴의 개념

전략적 제휴란 기업들 간에 자원, 능력, 핵심역량 등을 서로 공유함으로써 상호 간의 이익을 추구하고자 하는 기업 간 동반자 관계를 말한다. 이러한 전략적 제휴를 체결하는 이유는 신규시장에의 접근, 신산업에의 진출, 무역장벽의 극복, 상호 파괴적인 경쟁의 회피, 추가적인 자원에의 접근, 자원, 기술, 자본의 풀링(Pooling), 위험의 분담, 연구개발 비용의 분담 등이다. 이러한 전략적 제휴는 국경을 넘어 다국적 기업들 간에도 활발히 이루어지고 있는데 국제 전략적 제휴(International Strategic Alliance)에는 다양한 형태가 있다.

세계의 주요 대기업들 간 전략적 제휴가 가장 많이 이루어지는 것이 연구개발 제휴 또는 기술제휴이다. 기업들 간 더욱 긴밀한 제휴관계를 맺게 되면 합작투자(Joint Venture)가 되는데 합작투자는 기업들의 지분참여도가 높고 제휴 당사자들 간에 참여(Commitment)하는 정도가 높은 제휴의 형태이다. 합작투자도 크게 보아서 전략적 제휴의 하나의 유형이라고 볼 수 있다. 이러한 전략적 제휴는 1990년대 이후 활발하게 이루어져 왔다. 그 이유는 세계 단일시장의 성립과 급격한 기술혁신에 따른 제품의 수명주기 단축에서 찾을 수 있다. 즉 세계 단일시장의 성립에 따라 아무리 세계적인 대기업일지라도 독자적으로 세계 각국의 다양한 고객층을 모두 만족시킬 수 있는 다양한 제품(Product Mix)을 공급할 수 없게 되었으며 또 급격한 기술발전에 따라 독자적으로 엄청난 연구비를 감당할 수 없게 되었을 뿐만 아니라 기술개발의 실패에 따른 위험부담을 독자적으로 감당할 수도 없게 되었다.

2. 기능별 또는 업무별 국제제휴

기능별 제휴(Functional Agreement)는 대체로 지분참여 없이 그 기업이 수행하는 여러 가지 업무 분야의 일부에서 외국기업과 협조관계를 갖는 것이다. 이러한 제휴관계는 구체적인 기능별 분야, 즉 마이클 포터가 제시한 부가가치사슬 상의 연구개발, 생산, 마케팅, 라이센싱, 유통 등의 분야에서 공동프로젝트를 협조하여 수행하는 것이다. 이런 기능별 제휴에서는 합작투자와 같은 새로운 조직이 창출되지 않고 제휴의 영역 역시 제한적이다. 주요한 기능별 제휴형태를 보면 다음과 같다.

1) 연구개발 제휴

연구개발 제휴는 첨단산업분야에서 많이 이루어지고 있다. 기업들 간 특정 주제를 공동으로 연구하는 것이 일반적이지만 일부 컨소시엄은 정부에 의해 전적으로 또는 일부를 보조받는 경우도 있다. 세계항공기산업에서 잘 알려진 에어버스(Airbus)는 영국, 프랑스, 독일 등의 기업들이 공동 출자한 컨소시엄 형태의 기업이다. 또한 반도체, 통신 등의 첨단산업에서는 세계 각국의 다국적기업들이 참여한 컨소시엄이 많이 나타나고 있다.

| Michael Porter의 가치사슬(Value Chain) |

<table>
<tr><td colspan="5">인적자원 관리</td></tr>
<tr><td colspan="5">연구 · 개발 (R & D)</td></tr>
<tr><td>물 류
투 입</td><td>제 조
공 정</td><td>물 류
산 출</td><td>마아케팅</td><td>A/S</td></tr>
<tr><td colspan="5">기획 · 홍보 · 대정부 관계</td></tr>
<tr><td colspan="5">재무 · 회계</td></tr>
</table>

2) 국제기술 제휴

기술제휴 또는 기술 라이센싱은 대체로 한 기업이 다른 국가의 기업에게 생산기술을 공여하거나 자신의 기술을 기반으로 하여 신제품을 개발할 수 있는 권리를 부여하는 것을 의미한다. 이러한 기술제휴와 제품개발 라이센스는 대체로 매출의 일부분을 지속적으로 로열티로 지불하게 되는데 주로 신제품개발과 생산의 위험과 비용을 절감하는 것이 주된 목적이라고 할 수 있다. 특히 기술제휴 또는 기술제휴 라이센싱(technology licensing)이 국제적인 전략적 제휴의 주요한 형태가 되는 이유 중의 하나는 교차 라이센싱(cross-licensing)에서 살펴볼 수 있다. 교차 라이센싱은 기업들끼리 서로 기술을 주고받는 형태이다. 예를 들어서 삼성전자는 일본의 소니(Sony)와 LCD분야에서 서로 교차 라이센싱을 맺고 양사가 각자의 특허를 상대방 기업이 사용할 수 있도록 하고 있다. 또한 삼성과 소니는 한 걸음 더 나아가 LCD 생산을 위한 합작회사인 S-LCD를 설립하여 공동으로 운영하고 있다. 이와 같이 기업 간에 필요한 기술을 서로 주고받음으로써 제휴관계를 맺는 것은 제휴관계 이외의 기업들에 대하여 더 높은 경쟁우위를 확보할 수 있는 좋은 방법이 된다.

3) 국제생산 제휴

국제생산 라이센스(production license)는 규모의 경제를 활용하고 유휴생산시설을 활용하기 위한 방법으로 둘 이상의 기업이 공동생산을 할 수 있는 라이센스를 보유하거나 자체수요를 위해 직접 특허기술을 라이센스 받아 생산하는 방법이다. 의류산업이나 운동화산업 등의 경우 선진국 기업들이 디자인이나 신 모델 개발에 전념하고 생산은 동남아시아 여러 나라 기업들이 전담하고 있다. 이러한 하청생산도 일종의 생산계약의 형태로, 선진국 기업들이 기술과 디자인을 제공하고, 개도국의 하청업자가 생산을 전담하여 공급하는 국제적인 전략적 제휴관계로 파악할 수 있다.

4) 국제제품 스왑

국제제품 스왑(product swap)은 판매제휴를 의미한다. 제품스왑이나 판매제휴의 유형은 타사의 생산품에 자사의 브랜드를 붙여 마치 자사의 생산품인 것처럼 판매하는 방식이다. 주문자 상표부착생산방식(Original Equipment Manufacturing: OEM)이 대표적인 생산방식의 하나이다. 2007년 현재 미국의 GM은 한국의 대우자동차가 생산한 자동차에 GM의 상표를 붙여 세계시장에서 판매하고 있다. 한편, 르노삼성 자동차는 일본의 닛산자동차의 모델을 들여와 SM3, SM5, SM7 등의 브랜드를 사용하여 자동차를 판매하고 있다. 자동차 산업 분야에서는 다양한 제품을 만드는 데 소요되는 비용을 절감하기 위하여 일부 차종과 부품을 서로 OEM으로 공유하며 그 대신 자신이 경쟁우위를 갖고 있는 분야에 집중투자를 하는 전략적 제휴의 한 유형이다.

이상에서 살펴본 바와 같은 기능별 제휴는 기업이 수행하는 여러 활동 중에서 제한된 일부 기능에서만 일어나기 때문에 많은 경우 기업들은 지분참여를 하지 않고서도 가능하다. 그러나 이런 기능별 제휴에서도 상호 유대관계를 높이기 위해서 주식을 교환하기도 한다. 실제로 많은 기업들은 주식을 서로 교환함으로써 양자 간의 유대관계를 더욱 공고히 하고 있고, 따라서 이런 상호주식교환이 기능별 제휴의 성공 가능성을 더욱 높일 수 있다고 믿고 있다. 예를 들어 과거 Daimler-Chrysler는 현대자동차 주식의 15% 가량을 소유하고 있다. 이러한 지분 참여를 통하여 양 기업은 상호보완적인 핵심역량을 더욱 잘 활용할 수 있고, 제휴관계를 더욱 확대할 수 있다. 또한 이러한 지분참여는 일부 사업 분야에 국한된 제휴관계를 더 넓은 제휴관계로 그 폭을 확장할 수 있는 가능성을 제시하여 주기도 한다.

3. 국제합작투자

이상과 같이 국제연구개발 제휴, 국제기술 제휴, 국제생산 제휴, 국제제품스왑과 같은 경우는 기업들의 지분 참여 없이 기업 간의 국제 간 계약과 거래에 의하여 이루어지는 것이 보통이다. 그러나 전략적 제휴관계가 그 기업의 전략에 중요한 역할을 하게 되고, 제휴를 통해 보다 높은 시너지 효과를 창출하기 위해서 합작투자(joint venture)의 형식으로 발전하게 된다. 국제합작투자는 외국기업과 연구개발, 판매, 생산에서 이루어질 수 있으며 더 나아가서는 자신의 핵심 사업 분야 자체를 합작투자화 하는 경우도 발생하고 있다.

일부 기능에만 국한된 기능별 제휴와 달리 국제합작투자는 법률적으로 모기업으로부터 독립된 기업을 만드는 것이다. 이러한 합작투자방식은 기능별 제휴처럼 한 기능이나 한 업무분야에 국한되어 있기보다는 연구개발, 생산, 마케팅, 유통 등과 같이 여러 분야에 걸친 종합적인 협력관계가 필요할 때 실행하는 경우가 많다. 대부분의 합작투자의 경우 투자기업들이 50대 50으로 투자를 하는 경우가 많으나 한 기업이 51대 49와 같이 지분을 더 많이 소유한 경우나 더 불균등하게 소유한 경우도 있을 수 있다.

지분율은 각 파트너의 기여도 및 교섭능력에 따라 좌우된다. 예를 들어 합작투자에 자신의 독특한 기술을 제공하는 기업은 그 대가로 많은 지분을 요구할 수도 있다. 또한 지분율은 협상단계에서 뛰어난 협상력을 가질수록 더욱 높아지는 경향이 있다. 이와 같이 지분율은 합작투자에 양 기업이 공여할 수 있는 핵심역량을 누가 더 많이 갖고 있는가와 더불어 궁극적으로 양자 간의 교섭능력에 따라서 결정이 된다.

50대 50의 합작투자의 맹점은 두 회사가 의견이 다를 때 이를 신속하게 해결하여 줄 수 있는 구조적인 해결책이 없다는 것이다. 즉 양 기업이 모두 동등한 의사결정권을 갖고 있기 때문에 양 기업의 갈등을 합리적으로 해소할 수 있는 방법이 원천적으로 없다. 이러한 문제점은 1980년부터 1992년까지 50대 50의 합작투자였던 대우자동차와 GM의 합작투자과정에서 살펴볼 수 있다. 균등한 지분율을 갖는 대우와 GM의 합작투자는 의사결정이 신중한 GM측과 소수의 최고경영자들에 의해 신속하게 의사결정을 내리는 대우 측의 경영방식의 차이로 인해 많은 의견대립이 발생하였다. 이러한 경영방식의 차이는 자금지원이나 시장진출결정에 있어서의 의견충돌을 조정하는데 많은 걸림돌이 되었다.

< 제 2 절 > 국제 전략적 제휴의 동기

| 표 8-1 | 전략적 제휴의 산업별 현황

	제휴의 주목적(전체 중에 차지하는 비중 : %)							
	제휴의 건수	위험 분산	금융자원의 부재	산업기술 표준화	신제품 개발속도	연구개발투자의 공동부담	시장 접근	시장진입을 위한 기술획득
생화학	847	1	13	35	31	10	13	15
신소재	430	1	3	38	32	11	31	16
정보통신	1,660	4	2	33	31	3	38	11
컴퓨터	198	1	2	28	22	2	51	10
사무자동화	278	-	3	41	32	4	31	7
전자공학	383	3	3	33	33	5	52	6
소프트웨어	344	1	4	38	36	2	24	11
통신	366	11	2	28	28	1	35	16
기타정보통신	91	1	-	29	28	2	35	24
자동차	205	4	2	27	22	2	52	4
항공/방위산업	228	36	1	34	26	-	13	8
화학	410	7	1	16	13	1	51	8
가전	58	2	-	19	19	-	53	9
식품	42	1	-	17	10	-	43	7
중전기	141	36	1	31	10	4	23	11
정밀측정장치/의료제어	95	-	4	35	40	2	28	10
기타	66	35	-	9	6	0	23	8

출처 : *Economist*, 1998. 3. 27. p. 16.

기업 간의 국제적인 전략적 제휴는 1980년대 이후 두드러지게 증가하였다. 표 7-1은 주요한 산업 기술 분야에서 전략적 제휴가 일어나는 빈도와 이러한 제휴의 목표가 무엇인지를 보여준다. 표 8-1에서 보는 바와 같이 전략적 제휴가 가장 활발히 이루어지는 산업은 대체로 우리가 첨단산업이라고 부르는 산업이다. 예를 들어 컴퓨터와 통신을 포괄하는 정보통신산업에서 이러한 전략적 제휴가 가장 두드러지게 나타나고 있으며, 그 다음으로 생명공학산업(biotechnology), 신소재산업, 자동차, 항공, 화학 그리고 중전기분야에서 전략적 제휴가 활발히 이루어지고 있다. 또한 표 8-1은 시장진입, 상호보완적인 기술의 활용, 신규기술개발에 필요한 시간과 자본을 줄이려는 것이 제휴의 주요 목적이라는 것을 알 수 있다. Volkswagen의 중국 합작투자는 시장진입목적으로 행한 제휴의 한 대표적인 사례이다. 본 절에서는 세계적인 기업들이 단독으로 사업을 하기보다는 전략적 제휴를 선호하는 이유를 살펴보기로 한다.

1. 현지국 정부의 규제

다국적기업들이 해외진출을 할 때 현지 기업과 합작투자를 많이 하는 이유는 현지국 정부의 각종 규제가 존재하기 때문이다. 아직도 많은 개발도상국에서는 다국적기업의 진출에 대해서 현지기업과 합작투자의 형태로만 가능하도록 법적으로 규제하고 있다. 이와 같은 경우에 합작투자는 기업의 전략적인 선택이라기보다는 현지국 정부에 의해서 강요된 성격이 강하게 나타난다.

그러나 합작투자가 현지국 정부의 정책에 따른 것이라 하더라도 다국적기업은 현지파트너로부터 도움을 받을 가능성이 있다. 현지 파트너는 현지에서 자금을 조달함으로써 투자비용을 줄여주고, 그만큼 외국파트너가 부담하는 위험을 감소시킨다. 또한 현지 파트너가 보유한 현지국의 문화와 경영환경에 대한 이해, 그리고 인적 네트워크, 고객, 은행, 정부 관료와의 협상능력, 또한 현지에 맞는 경영, 생산, 마케팅기술 등에서 많은 도움을 줄 수 있다. 특히 중국에서는 꽌시(關係)라고 불리는 개인 간의 관계가 특히 중요하다. 중국에서 사업을 하기 위해서는 정부의 관리, 고객들과 밀접한 관계를 정립하는 것이 중요하다. 외국기업들이 이러한 관계를 스스로 창출할 수 없기 때문에 현지파트너의 도움은 중국에서 사업을 하는 데 큰 도움을 줄 수 있다.

현지국 정부가 강요하는 경우라도 현지국 정부가 소개하는 합작파트너를 그대로 받아들이는 것은 큰 낭패를 볼 가능성이 있다. 즉 합작투자가 강요되는 경우에도 그 중에서 자신에게 가장 도움이 될 수 있는 파트너들의 능력, 즉 정부를 상대로 교섭할 수 있는 능력과 개인적인 네트워크, 그리고 그들이 가진 기술이나 브랜드, 유통력 등에 대한 객관적인 평가를 기초로 파트너를 선정하여야 할 것이다.

2. 자원공유를 통한 투자위험 감소

현지국 정부가 합작투자를 강요하지 않더라도, 외국기업은 현지 파트너를 가짐으로써 자신이 충분히 갖지 못한 경영자원을 확보하거나, 투자의 위험을 줄일 수가 있다. 다국적 기업들은 해외진출을 할 때, 많은 경우 가능하면 100% 자회사의 형태로 진출하기를 원한다. 그러나 단독투자의 형태로 해외에 진출할 때 모든 시장에서 경쟁기업보다 경쟁우위를 가질 수 있을 만큼 충분한 경영자원을 확보하는 것은 어려운 일이다. 따라서 기업들은 보완적인 제품, 유통망, 그리고 생산기술을 가진 다른 경쟁기업을 찾아 전략적 제휴를 하는 경우가 많다. 특히 최근 들어 거의 모든 산업에서 연구개발투자가 더욱 중요해지고 생산시설이 자동화됨에 따라서 예전에 비해 연구개발투자와 생산시설투자에 소요되는 비용은 막대해졌다.

예를 들어 일본 최고의 기업인 도요타(Toyota)는 GM과 미국에서의 NUMMI 자동차 회사에 대한 합작투자를 아직까지 2007년 현재까지 계속하고 있다. 그리고 GM은 일본의 이스즈(Isuzu), 다이하쓰(Daihatsu)와 소형자동차부문에서 제휴를 하고 있고 로봇제작회사인 일본의 파낙(Fanuc)과도 자동차 생산용 로봇을 합작생산하고 있다. 역시 연구개발투자가 중요한 항공기 산업에서도 미국의 보잉(Boeing)은 일본의 미쓰비시(Mitsubishi)중공업과 긴밀한 제휴관계에 있으며, 보잉(Boeing)의 가장 큰 경쟁사인 에어버스(Airbus) 사는 보잉(Boeing) 사에 효과적으로 대응하기 위하여 영국과 프랑스, 독일의 항공산업 기업들의 컨소시엄(consortium)형태로 만들어진 기업이다. 이와 같은 연구개발투자와 생산비용이 큰 산업에서의 전략적 제휴는 높은 고정비용과 위험을 낮추는 효과를 갖고 있다.

국제적 합작투자나 전략적 제휴를 통해 얻고자 하는 경영자원은 현지국 경영관습 및 환경에 대한 지식일 수도 있다. 해외진출 시 많은 기업들이 실패하는 이유는 현지시장에 대한 정보가 부족하기 때문이다. 합작투자나 제휴 시 현지파트너는 현지국의 정보를 제공함으로써 투자위험을 감소시킨다. 예를 들어 외국기업이 한국에 진출하려고 할 때 역시 가장 크게 느끼는 어려움은 한국의 복잡한 유통구조를 어떻게 파고들 것인가의 문제이다. 한국기업이 외국에 진출할 때에도 현지의 유통망을 구축하는 것은 매우 어려운 과제이다. 또한, 외국에서의 가격설정, 매장선정 및 제품진열 등 현지국시장의 성격에 따라서 각기 다른 마케팅 활동을 벌여야 한다. 이와 같은 유통구조 및 현지국시장의 정보를 합작투자 파트너로부터 얻을 수 있다면, 해외진출위험을 크게 줄이고 성공 가능성을 높이게 될 것이다.

3. 시장진입의 시간단축

신제품개발의 초기단계로부터 시장에서 제품화되는데 소요되는 시간은 경쟁이 심화됨에 따라 1980년대 이후 비약적으로 단축되어 왔다. 특히 경쟁기업에 비해서 더 빠르게 제품을 내어놓는 기업일수록 이로 인한 높은 수익을 보장받을 수 있고 여러 가지 초기진입자(first mover's advantage)의 우위를 누릴 수 있다.

이렇게 **시간에 의한 경쟁우위**가 중요해짐에 따라, 모든 기업들이 갖고 있는 고민은 어떻게 하면 경쟁자보다 빨리 신제품을 개발하여 시장에 먼저 출시할 수 있는가와 동시에 어떻게 하면 경쟁기업이 진입하기 전에 새로운 시장에 먼저 진입할 것인가의 문제이다. 기업들이 가진 공통적인 문제점은 시장진입의 시간단축에 필요한 모든 경영자원을 보유하고 있지는 못하다는 것이다. 특히 컴퓨터, 무선통신, 반도체, 등의 첨단산업분야에서는 제품의 수명주기가 급격히 짧아지고 있기 때문에 시장에 빨리 진입하는 것이 매우 중요한 과제가 되었다. 따라서 개별기업이 모든 경영자원을 가지고 있다 하더라도 여러 기업들이 자원을 공유하였을 경우가 단독으로 개발하는 경우에 비해 훨씬 빨리 시장에 진입할 수 있다는 이점이 있다.

그리고 기업들이 필요한 모든 경영자원을 보유하고 있지 못한 상태에서 신규 사업에 진출하려고 할 경우, 이러한 전략적 제휴의 필요성은 더욱 높아진다. 예를 들어 1982년 미국의 통신과 컴퓨터시장에서는 그동안 상호시장간 진입을 금지해 왔던 법적 규제조치가 철폐되어 컴퓨터 업체들과 통신업체들은 상대방 시장에 진출할 수 있게 되었다. 이 시기에 IBM과 AT&T 등의 대기업들은 기업인수의 형태로 새로운 시장에 진출하였다. IBM은 Rohm이라는 통신 전문업체를 인수하였고 AT&T는 컴퓨터 사업부문에서 NCR사를 인수합병 하였다. 이에 비해 IBM이나 AT&T와 같이 대형기업이 아닌 기업들은 인수합병에 필요한 자금이 없으므로 전략적 제휴를 통하여 신규사업진출을 시도하였다.

예를 들어 1983년 스웨덴의 Ericsson 사와 미국의 Honeywell 사는 통신 분야에서 합작투자를 하였다. 스웨덴의 Ericsson 사는 전 세계적으로 통신 분야에서는 강한 기술력을 보유하고 있었으나 미국시장에서는 다른 기업들에 비해 상당히 열세에 놓여 있었다. 한편, 미국의 Honeywell 사는 컴퓨터와 자동제어 쪽에 강한 기술력을 갖고 있었으나 지금까지의 통신산업과 컴퓨터산업의 분리규제로 통신 산업에 대한 기술이 전혀 없었다. Ericsson과 Honeywell은 사설전자교환기(Private Branch Exchanger: PBX) 분야에서 합작투자를 하여 미국에 공동기술개발연구소를 설립하였다. 이를 통해 Ericsson은 통신 하드웨어기술을 Honeywell에게 이전하고, Honeywell은 미국에서 통신장비를 판매하는 데 필요한 소프트웨어 디자인기술을 Ericsson에게 제공하였다. 이 합작투자는 1983년에서 1987년까지 4년간의 공동연구개발이 끝난 이후 소멸되었으나, Ericsson과 Honeywell은 모두 이 PBX 분야에서 뛰어난 능력을 보유하게 되었다. 합작투자 종료 후 Ericsson과 Honeywell은 미국시장에서 치열한 경쟁을 하였지만, AT&T나 IBM과 같이 기업인수합병을 하지 않고서도 적은 비용으로 신제품을 개발하여 IBM과 AT&T에 대해 효과적으로 경쟁할 수 있었다.

4. 산업표준의 선택

글로벌경쟁시대의 국제합작투자와 전략적 제휴는 그 기업의 글로벌전략의 차원에서 이루어지기도 한다. 많은 산업에서 전략적 제휴나 국제합작투자가 일어나는 이유 중의 하나는 특정 첨단산업에서 기술의 표준화를 이루는 것이다.

1980년대에 VCR산업에서 일본의 Sony와 Matsushita가 산업표준화를 위해 경쟁하다가 Sony가 실패한 사례는 산업표준이 얼마나 중요한가를 알려 주는 사례이다. Sony는 베타(β)방식의 기술을 개발하였고 이 기술은 Matsushita의 자회사인 JVC가 개발한 VHS기술에 비해서 화면의 색상과 품질 면에서 훨씬 더 뛰어난 것으로 알려졌다. 그러나 Sony는 자사의 베타(β)방식이 훨씬 기술적인 우위가 있다고 믿고 다른 회사들에게 라이센스를 제공하는 것을 기피하였다. 이에 비하여 기술적으로 열위에 있는 JVC는 VHS방식을 채택하려는 회사들에게 자유롭게 라이센스를 허용하여, 그 결과 가전산업의 모든 기업들이 VHS방식을 채택하게 되었다. 따라서 Sony는 자사의 β방식의 품질이 뛰어남에도 불구하고 VCR산업에서 시장점유율이 낮아지게 되었고 결국은 β방식을 포기하기에 이르렀다. 왜냐하면 비디오용 영화제작사의 입장에서는 화질도 중요하지만 시장점유율이 낮은 Sony의 β방식으로 비디오테이프를 제작하기보다는 더 많은 비디오테이프 구매자들이 있는 VHS방식을 선호하였기 때문이다.

이와 같이 산업표준이 확립되지 못한 경우에는 기업과 소비자 모두가 혼란을 겪기 때문에 기업들은 산업표준에 맞는 신제품을 만들기 위해서 전략적 제휴를 맺는 경우가 많다. Sony는 β방식에서 실패한 쓰라린 경험을 토대로 하여 그 이후 Compact Disk기술을 개발하면서 Philips와 교차라이센스(cross-license)를 함으로써 이 CD기술을 전 세계 표준으로 만드는 데 성공하였다. 1995년에는 CD로 영화를 볼 수 있는 디지털 비디오디스크(Digital Video Disk) 개발에서 Sony와 Philips 간의 제휴그룹과 Matsushita, Hitachi, Toshiba 간 제휴그룹이 서로 자신이 개발한 기술을 산업표준으로 하기 위하여 경쟁하다가 결국 막바지에 타협을 하여 Sony와 Philips가 개발한 기술을 서로 융합하여 하나의 통일된 산업표준을 만드는 데 성공하였다.

전략적 제휴를 통하여 산업표준을 결정하는 것은 기술개발이 매우 빠르고 산업표준이 가장 중요한 역할을 하는 산업에서 기업이 취할 수 있는 핵심적인 전략적 선택이다.

5. 기업의 유연성 확보

최근에 특히 국제합작투자와 전략적 제휴가 중요하게 된 또 한 가지 이유는 기존의 자신의 사양 산업에서 탈퇴하는 데에도 유용하기 때문이다. 예를 들어, 미국의 Corning은 점차 수요가 성숙화 되고 국제경쟁이 심화되는 TV브라운관을 만드는 사업을 일본의 Asahi와의 합작투자로 전환하였다. 이는 Corning이 공장 문을 닫고 TV브라운관사업에서 완전히 철수하기보다는 합작투자로 전환함으로써 사업여건이 호전되면 언제든지 합작투자를 기반으로 하여 다시 사업을 계속할 수 있다는 계산에서 나온 것이다. 마찬가지로 한국에서 경쟁력이 없어져 가는 일부 사양 산업을 합작투자의 형태로 개발도상국에 이전하게 되면 그 사업에서 완전히 철수하는 것에 비해 투자가치를 보존할 수 있으며, 또한 그 산업의 전망이 좋아지면 언제든지 다시 진출할 수 있는 가능성을 갖게 된다.

예를 들어, 한국기업들이 중국에 진출하는 많은 사업 분야, 특히 노동집약적 산업인 의류, 텐트, 조명, 신발 등의 산업은 이미 한국의 인건비가 비싸져서 경쟁력이 없어진 산업이다. 이러한 산업에서의 중국합작투자는 그 사업에서 완전히 철수하기보다, 중국으로 공장을 이전하여, 중국시장을 공략하거나 또는 중국에서 생산하여 다른 나라로 수출하는 목적의 투자이다. 이러한 합작투자형태의 투자는 만일 그 사업전망이 나빠질 경우는 중국 측 파트너에게 매각을 할 수 있고, 사업전망이 호전되면 확장을 하여 100% 소유의 자회사로 탈바꿈할 수 있는 유연성을 갖고 있다.

즉 전략적 제휴를 통하여 사양화된 사업을 합작투자로 전환하는 것은 사업의 전망이 다시 좋아지면 이 합작투자를 기반으로 하여 언제든지 사업을 확장할 수 있는 선택권을 갖는 것이고 전망이 나빠지면 합작투자파트너에게 지분을 팔고 쉽게 철수할 수도 있다. 결국 기업이 시장에서 퇴거할 때에도 전략적 제휴는 기업에게 전략선택의 유연성을 준다. 또한 전략적 제휴를 통하여 기업은 자신의 핵심역량이 아닌 주변 활동이나 기능을 외부기업들에게 외주(outsourcing)를 줌으로써, 자신의 설비비용을 크게 줄이고 보다 유연한 비용구조를 가질 수 있게 된다.

<제 3 절>
성공적인 국제 전략적 제휴의 운영기법

1. 파트너 선정상의 유의점

국제합작투자와 전략적 제휴에서 성공하기 위해서는 제일 먼저 좋은 파트너를 선정하는 것이 가장 중요한 조건이다. 성공적인 파트너를 선정하는 데 가장 중요한 기준으로 양립성(compatibility), 능력(capability), 몰입성(commitment)의 3C가 강조된다. 이와 같은 3C가 존재하는 경우 제휴에 참여한 파트너들은 서로 성공할 확률이 높다.

1) 양립성

국제 간의 합작투자나 제휴를 실제로 경험해 온 중역들은 제휴기업들 간의 양립성(compatibility)을 매우 중요한 성공요인으로 여기고 있다. 국제 전략적 제휴에 참가하는 기업들의 능력이 아무리 뛰어나다고 하더라도 파트너들이 서로 협력할 수 없다면 이러한 전략적 제휴는 아무 쓸모가 없기 때문이다. 이러한 양립가능성은 양 기업의 전략, 기업문화, 경영관리시스템의 측면에서 고려하여야 한다.

첫째로, 국제 전략적 제휴에서 살펴보아야 할 중요한 점은 과연 양 기업의 전략이 서로 모순되거나 이해가 상반되지 않는가 하는 점이다. 제휴에 임하는 양 기업의 전략이 모순되거나 상반되면, 그 합작투자나 제휴는 많은 갈등을 겪고 소기의 목적을 달성할 수 없을 것이다. 우리는 다음과 같은 관점에서 제휴 파트너의 전략을 검토하여야 한다.

- 제휴 파트너가 이 국제합작투자나 제휴에 참여하는 목적과 동기는 무엇인가?
- 제휴 파트너가 기여할 수 있는 주요 경영자원은 무엇인가?
- 제휴 파트너의 전략이 우리 기업이 추구하는 전략과 배치되지 않는가?

둘째, 기업문화의 양립성은 국제간 제휴의 중요 성공요인이다. 모든 기업들은 독특한 기업문화를 가지고 있다. 더욱이, 국제적인 제휴나 합작투자는 국가 간의 문화적 차이 때문에 사고방식과 가치관 면에서 더욱더 큰 차이를 보인다. 따라서 제휴나 합작투자에 참여하는 기업들은 기업문화의 차이가 어느 정도이며 이러한 기업문화의 차이가 제휴의 목적달성에 걸림돌이 되지 않는가, 또는 기업문화의 차이를 극복할 수 있는지를 알아보아야 한다.

셋째, 경영관리시스템의 차이 역시 국제 제휴의 양립성의 주요 요소이다. 모든 경영에 있어서 공통되는 진리지만, 기업에 있어서 가장 중요한 요소는 사람이다. 사람들이 조직을 이루고 또한 이러한 사람들의 접촉과 정보교환에 의하여 조직이 관리되므로 제휴에 임하는 사람들이 서로를 믿지 못하고 상호간에 많은 갈등이 생기면 그 제휴는 성공적일 수가 없다.

예를 들어 파트너기업의 조직구조가 얼마나 중앙집권화 되어있는가 또는 얼마나 분권화되어 있는가는 제휴에 문제가 발생하였을 때 쉽게 갈등이 해소될 수 있는가 또는 조직의 누구와 갈등을 해결해야 하는가를 찾는 데 중요한 요인이다. 제휴파트너가 중앙집권적인 의사결정구조를 가지고 있을 때, 모든 의사결정은 최고경영자와 상의하여야 한다. 그러나 한 기업은 중앙집권화 되어 있고 다른 기업은 분권화되어 있다면 제휴파트너와 의사결정이나 의견조정을 할 때에 많은 시간이 소비되고 갈등을 일으킬 소지가 많다.

또한 경영관리시스템의 차이는 생산, 마케팅, 유통, 재무관리의 기능별 분야에서도 발생한다.

2) 파트너의 능력

국제적인 전략적 제휴를 고려할 때 우리는 파트너가 갖고 있는 경영자원과 핵심역량을 정확하게 파악하여야 한다. 이를 위해서 우리는 먼저 그 기업의 강점과 약점을 분석하여 보아야 한다. 즉 그들이 갖고 있는 핵심역량은 무엇인가, 어느 측면에서 강점을 갖고 있는가, 즉 그 기업이 보유하는 기술 그리고 생산능력과 유통망 등은 어느 정도인가, 그리고 이 기업이 시장에서 선도자 역할을 하는지 아니면 경쟁에서 밀리는 추세인지를 고려하여야 한다.

국제적인 합작투자나 제휴에서 우리가 상대편 기업의 능력과 핵심역량을 평가하는 것은 제휴를 통해서 우리 기업이 갖고 있는 약점을 보완하고 자신의 강점을 강화하는 것이 필요하기 때문이다. 핵심역량의 관점에서 합작투자나 제휴를 본다면 두 회사가 각기 자신의 취약한 분야에서 파트너가 강한 핵심역량을 가지고 있는 것이 바람직하다. 기술면에서도 두 기업이 비슷하고 마케팅이나 유통 면에서도 비슷하여 서로의 부족한 점을 보완할 수 없을 때, 이런 합작투자나 제휴는 무의미하다. 파트너의 능력 면에서 국제적인 합작투자나 제휴에 임하는 기업들의 규모와 핵심역량은 비슷한 수준이어야 한다. 예를 들어 IBM과 같은 많은 다국적 기업들은 제휴의 성공요인으로서 기업의 능력과 규모면에서 동등한 파트너를 선정하는 것이 중요하다는 사실을 강조한다.

3) 제휴의 몰입성

합작투자 파트너나 국제적인 제휴파트너가 핵심역량과 경영자원을 갖고 있고 양사의 경영관리시스템과 기업문화가 양립성이 높을지라도 제휴 당사자들이 합작투자나 전략적 제휴를 성공적으로 만들어 가기 위하여 시간과 에너지, 경영자원을 투입하지 않으면 합작투자나 제휴가 성공할 수 있는 가능성은 매우 희박하다. 따라서 자신의 파트너들이 국제적인 합작투자나 제휴를 성공적으로 수행하기 위하여 얼마만큼 열심히 임할 것인가를 파악하는 것이 중요하다. 이를 위해서는 해당 합작투자나 전략적 제휴가 파트너의 핵심사업 분야에서의 제휴인지 주변사업부에서의 제휴인지를 고려하여야 한다. 국제적인 합작투자나 제휴를 상대편 회사의 비주력 사업

분야에서 선택하기보다는 이 합작투자나 제휴를 위해서 혼신의 노력을 다할 수 있는 주력사업을 가진 파트너를 선택하는 것이 훨씬 바람직한 전략이다.

4) 성공적인 국제 제휴에 대한 실증연구

Mckinsey 컨설팅사의 Bleeke와 Ernst는 미국, 유럽, 일본 기업의 국제 간 전략적 제휴를 살펴보고 어떠한 형태의 국제 전략적 제휴가 성공할 확률이 높은가를 연구하였다. 그들은 전략적 제휴가 그 기업이 추구하려던 처음의 목표를 달성하였는가의 여부와 전략적 제휴에서 자신이 투자하였던 자금이나 시간 등의 비용을 회수하였는가 하는 두 가지 조건으로 제휴에서의 성공 여부를 가늠하였다.

그들의 연구결과에 따르면 표본 49개의 제휴관계 중에서 약 51%는 제휴 당사자 모두에게 성공이었고, 33%는 두 기업 모두가 실패를 하였으며, 나머지 16%는 두 기업 중 한 기업은 성공을, 다른 기업은 실패를 한 것으로 나타났다. 이들 연구의 주요 결과를 요약하면 다음과 같다.

첫째, 전략적 제휴는 지역적, 기술적, 제품별 중복이 없을수록 훨씬 성공할 가능성이 높다. 또한 지역시장 간의 중복이 최소일 경우에 훨씬 성공할 확률이 높다. 이것은 3C 중에서 첫 번째 조건인 제휴 당사자들 간에 이해관계가 상충되지 않아야 한다는 양립성(compatibility)의 문제를 나타내는 것이다. 중복이 없을수록 서로 이해관계의 갈등을 피할 수 있기에 두 기업 모두 성공을 위해 매진할 수 있다.

둘째, 강한 기업들 간의 제휴가 강한 기업과 약한 기업과의 제휴보다 성과가 높다. 많은 기업들은 종종 제휴의 주도권을 확보하기 위해 자신보다 규모나 핵심능력면에서 떨어지는 약한 기업을 시장에서 선호하여 제휴관계를 맺었었다. 이러한 제휴관계는 많은 경우 실패를 하였다. Bleeke과 Ernst의 연구에 따르면 제휴 파트너 쌍방이 기술이나 재무구조 측면에서 건실한 기업은 성공할 확률이 67%에 달한 것에 비하여, 한쪽만이 강하거나 아니면 두 기업 모두가 약할 경우에 제휴가 성공할 확률은 33%에 불과하였다. 이렇게 강자 간의 제휴가 더 성공적인 이유는 제휴의 근본적인 동기가 자신의 약점은 보완하고 자신의 강점은 더욱 증가시키는 데 있기 때문이다. 이와 같이 강자와 약자 간의 제휴가 실패하기 쉽다는 것은 제휴 파트너를 선정할 때 두 번째 조건인 핵심역량 또는 능력과 관련된 문제이다.

셋째로는 투자 회사들의 지분율이 50대 50일 때가 지분율이 불균등할 때의 제휴보다 성공할 확률이 더 높다. 제휴 파트너에 비해 지분을 더 많이 소유한 기업은 제휴에서 의사결정을 자신이 독점하려는 경향을 보이거나, 상대 파트너의 이익에 반해서 자신만의 이익을 챙기려는 경향을 보인다. 이와 같이 지분율을 많이 가진 기업이 의사결정을 독점하고 자신의 이익만을 추구하려고 할 때, 상대편 파트너기업은 열심히 노력하기보다는 수동적으로 끌려다니거나 제휴가 자신에게 별다른 도움이 되지 않는다는 것을 깨닫고 제휴를 끝내려고 한다. 결과적으로 이 제휴에 참가한 두 기업 모두 실패를 경험하게 된다. 균등한 소유구조의 제휴가 더 성공하기 쉽다는 것은 몰입성(commitment)과 관련된다.

2. 성공적인 국제합작투자와 전략적 제휴의 운영기법

적절한 파트너 선정 못지않게 국제 전략적 제휴를 어떻게 경영할 것인가 하는 점이 제휴의 성공 여부에 큰 영향을 미친다. 국제적인 전략적 제휴의 성공적인 경영을 위해서는 다음 사항에 유념하여야 한다.

첫째, 우리는 국제적 전략적 제휴나 국제합작투자가 본질적으로 단기적인 목표수행을 위하여 이루어진 것이란 점을 잊어서는 안 된다. 전략적 제휴란 서로 경쟁적인 기업들이 구체적인 전략적 목표를 공동으로 성취하기 위해서 일시적으로 협력한 것에 불과하다. 즉, 제휴의 가장 중요한 목표는 경쟁이다. 궁극적으로 경쟁을 하기 위해 일시적으로 협력하는 것에 불과하다. 전략적 제휴의 평균수명은 상호지분을 출자한 합작투자인 경우는 5년 정도이고, 지분보유 없는 단순한 라이센스나 공동연구개발 프로젝트는 그보다 훨씬 수명이 짧다.

이렇게 전략적 제휴가 근본적으로 그 수명이 짧은 것은 경쟁관계에 있는 기업들이 분명하고 구체적인 목표를 위해서 단기적으로 협력하는 체제이기 때문이다. 따라서 기업들이 각자의 목표를 달성하고 상대편 기업으로부터 더 이상 얻을 것이 없으면 과감하게 제휴를 종료하는 것이 상책이다. 전략적 제휴가 장기적으로 계속되려면 제휴의 초기 목표를 달성하고서 두 기업이 합심하여 더 높은 다음 단계의 목표를 추구하는 경우에만 계속 유지하는 것이 유리하다. 이와 같이 새로운 목표를 제시하고 사업영역을 확대하지 않는 제휴는 일단 초기의 목표가 달성되면 더 이상 유지할 필요가 없는 것이다.

둘째, 제휴는 대부분 한쪽 제휴 파트너가 상대 파트너의 지분을 인수함으로써 끝마치게 된다. 제휴의 종료 시에 78%가 한 기업에서 지분을 인수하는 것으로, 5%는 제 3자에 의한 인수, 17%는 제휴기업의 해체로 종료된다. 많은 경우, 계약서상에 제휴 종료 시에 어느 기업이 시설물 등의 합작투자에 대한 구매의 우선권을 갖는가를 지정하여 둔다.

셋째, 성공적인 제휴는 제휴를 통해서 자신의 약점을 계속적으로 보완할 수 있는 기술을 파트너로부터 배우고 자신의 강점을 더욱더 개발하는 것이다. 앞서 논의된 바와 같이 제휴의 가장 큰 목적은 자신의 취약한 분야에서 강점을 가진 제휴 파트너로부터 핵심역량을 이전받아 자신의 것으로 만드는 것이다. 일본 기업들이 강력한 경쟁우위를 갖추게 된 원인은 그들이 전략적 제휴를 잘 활용하여 자신의 핵심역량을 획득하고 더욱 축적해왔기 때문이다.

전략적 제휴에서 가장 중요한 점은 서로가 자신의 약점을 보완하고 동시에 장점을 더욱 강화하기 위해서 계속적인 학습(learning)을 해야 한다는 점이다. 제휴의 성공을 결정하는 가장 큰 요인은 어느 기업이 더 빨리 학습을 할 수 있는가, 즉 자신의 약점을 얼마나 짧은 시간 동안에 만회할 수 있으며 동시에 자신의 장점을 얼마나 계속적으로 강화시킬 수 있는가의 문제로 귀결된다. 즉 학습능력이 뛰어난 기업들은 제휴에서 성공할 가능성이 보다 높고, 학습능력이 뒤떨어진 기업들은 전략적 제휴에서 실패할 가능성이 높다.

일본기업이 전략적 제휴를 통해 성공한 사례는 학습의 중요성을 보여준다. Hamel과 Doz, Prahalad는 일본과 구미쪽 기업 간의 전략적 제휴를 살펴보고 일본 기업이 구미의 기업보다 훨씬 많은 것을 전략적 제휴를 통하여 얻었다고 주장하였다. 이들에 따르면 일본 기업은 문화적으로 원래 좋은 학생의 기질이 있기 때문에 열심히 배우려는 태도로 임하였고, 서구 기업들은 우쭐한 마음으로 일본 기업에게 한 수 가르쳐 준다는 태도로 제휴에 임하였기에 좋은 선생의 역할만 하였다고 표현한다.

넷째, 제휴를 성공적으로 이끌려면 조직 전체적으로 전략적 제휴를 성공적으로 수행할 수 있는 조직상의 핵심역량을 개발하여야 한다. 전략적 제휴의 경영에는 최고경영자뿐만이 아니라 기업의 중간관리층이나 하부에 있는 엔지니어와 기술자들 간에 활발한 정보교환과 원활한 협조체제를 수행하기 위한 관리능력을 배양하는 것이 필요하다. 이를 위하여는 최고경영자뿐만이 아니라 중간관리층, 그 이하 실제 기술이전과 공동개발, 판매를 담당하는 엔지니어와 영업부 직원들도 그 제휴의 목적이 무엇이고 현재의 제휴를 성공적으로 이끌기 위해서는 무엇이 필요한가를 주지하고 있어야 한다.

< 제 4 절 >

결 론

전략적 제휴는 경쟁관계에 있는 기업이 일부 사업부분 또는 기능별 활동부분에서 일시적인 협조관계를 갖는 것을 의미한다. 합작투자는 제휴의 일종으로 단순한 기능별, 부분별 제휴보다 광범위한 영역에서 기업 간의 협조를 필요로 할 때 투자 파트너와 공동으로 지분을 보유하여 새로운 기업을 만드는 형태의 제휴방법이다.

국제적인 합작투자와 전략적 제휴를 하는 주요 동기로서는 가장 먼저 현지국 정부의 규제문제가 크게 대두된다. 다국적기업들이 해외에 진출할 때 현지국 특유의 경영환경에 대한 지식이 부족하므로 이러한 부족한 지식을 합작투자나 제휴 파트너로부터 보완해야 한다. 따라서 국제합작투자나 전략적 제휴는 파트너 간의 경영자원을 공유하고 위험을 감소시키는 역할을 한다. 한편, 국제합작투자나 전략적 제휴는 시장진입의 속도를 단축하는 효과도 있으며 신흥산업에서 산업표준을 이루는 데도 유용한 역할을 수행한다.

국제적인 합작투자나 제휴가 성공하기 위해서는 파트너 간의 양립성, 능력, 그리고 몰입성이 필요하다. 즉, 제휴 파트너 간의 전략과 기업문화, 경영조직들이 서로 양립 가능하여야 하며, 제휴 상대방이 제휴에 기여할 수 있는 능력을 가지고 있어야 하며, 또한 제휴에 깊게 몰입하여야만 경영자원을 공유하거나 위험을 감수하는 것이 가능해지기 때문이다. 끝으로 본 장에서는 제휴의 성공적인 운영에 있어서 필요한 경영기법에 대해서 소개하였다.

사례연구 ▸▸

I. 전략적 제휴와 국제경쟁력 강화

[한국경제, 2001년 7월 11일자]

사례 1

2001년 5월 23일 LG트윈타워에서 체결된 LG화학과 독일 도멘(Dohmen)사 간 염료사업부문의 전략적 제휴는 여러 가지 측면에서 국내업계의 주목을 받았다. LG화학은 수익성이 떨어지는 염료사업을 정리하기 위해 국내외 공장의 경영권과 영업권을 통째로 넘기는 대신 세계 5위권인 도멘사의 지분 49%를 취득했다. 이 방식은 단순 외자유치나 자산매각을 통해 사업을 '리모델링'하는 방식과 달랐을 뿐만 아니라 오히려 우월적 지위에 있는 다국적 기업의 상당 지분을 얻었다는 측면에서 성공적이었다는 평가를 받고 있다. 노기호 LG화학 사장은 "다국적 기업들의 전략적 동맹이 강화되는 가운데 도멘사와의 제휴는 불가피했다"며 "결과적으로 염료사업을 포기하는 모양새가 됐지만 우리보다 사업역량이 높은 도멘사로부터 배당 등을 받아 안정적인 수익을 도모할 수 있게 됐다"고 말했다.

지난 98년 바스프 바이엘 호스트 제네카 등 유수의 글로벌기업들이 염료사업만 따로 떼어내 다이스타(Dystar)란 이름의 세계 최대 염료회사를 출범시킨데 이어 세계 4위인 영국 요크셔까지 중상위권의 CNK와 포괄적 제휴를 맺은 상황에서 LG로선 주력도 아닌 염료분야를 독자적으로 추진하기엔 역부족이었다.

LG가 도멘쪽으로 줄을 선 것은 현명한 선택이었다는 지적이다. 세계적인 디플레이션으로 세계시장경쟁이 갈수록 치열해지고 있는 상황에서 전 업종에 걸쳐 '글로벌합종연횡'이 대유행이다. 세계시장을 좌지우지하는 다국적 메이저 기업들의 핵우산 아래 들어가서 일정한 영업권역을 할당받고 기술 연구개발(R&D) 등에서 '자신의 적정 역할 및 기여 분야'를 확보해야 안심할 수 있기 때문이다.

제휴 형태도 갈수록 다양해지고 있다. 얼마 전까지는 보스형 다국적 기업 아래 지역기업들이 모이는 형태가 많았지만 최근 들어선 세계 최고들끼리 뭉치는 '강자연합'이 두드러진다.

세계 톱클래스의 가전메이커인 일본 마쓰시타와 히타치가 지난 5월 전격적으로 포괄적 제휴를 성사시켜 세계 가전업계에 충격파를 던졌는가 하면 지난달에는 인텔이 컴팩으로부터 차세대 반도체기술인 알파칩 기술을 인수, 인텔의 경쟁사였던 IBM을 경악케 했다.

국내 업계에선 지난 3월 금호석유화학과 동부한농화학이 생명공학의 연구개발 분야에서 손을 잡으면서 중소 바이오 벤처기업들이 긴장하고 있다. LG경제연구원의 이승일 전략그룹팀장은 "이제 '적과의 동침'은 옛말이 됐다"며 "어떤 기업을 동맹군으로 삼느냐에 따라 글로벌 경쟁의 성패가 엇갈릴 것"이라고 내다봤다. 이 때문에 국내 기업들도 더 이상 토종기업들과의 자체 경쟁에 연연해하지 않는다.

TFT-LCD(초박막 액정표시장치) 시장을 놓고 격돌을 벌였던 한국과 일본 업계는 차세대 디스플레이로 불리는 유기EL(자체발광형 표시장치) 부문에선 '적과의 동침'을 서슴지 않고 있다. LG전자가 내년까지 총 1천억 원을 들여 월 1백만 개의 생산능력을 확보키로 하자 삼성 SDI가 일본 NEC와 손을 잡은 것. 삼성 SDI는 이어 세계 최대 PDA(개인휴대용 단말기) 업체인 미국 팜과 제휴를 맺고 유기 EL 등의 부품 우선 공급권을 확보해 놓았다. 동부전자와 도시바의 반도체 파운드리 사업부문의 합작도 삼성전자-인텔과 NEC-TSMC(대만) 동맹에 대항하기 위한 성격이 강하다.

에어컨 부문 세계 1, 2위 기업인 LG전자와 마쓰시타 간 에어컨 제휴는 아직 동맹군을 만들지 못한 '단기필마' 경쟁자들에겐 '규모의 경제'로 시장을 양분하겠다는 '공포의 전략'으로 인식될 수밖에 없다. 미국 오티스가 LG로부터 엘리베이터 사업부문을 인수하자 현대엘리베이터가 미쓰비시와 판매부문의 제휴를 맺고 동양엘리베이터가 해외제휴선 찾기에 골몰하는 것도 마찬가지이다.

국내 자동차업계도 생존 분기점으로 인식되고 있는 연산 4백만 대 수준에 도달하기 위해 '세계적인 줄서기'를 거의 마무리해 나가고 있다. 현대자동차는 작년에 다임러크라이슬러와 포괄적 제휴를 체결하면서 최근 상용차 엔진 합작 법인을 설립하는데 합의했다. 고급차 생산에 치중해온 다임러로선 저렴한 가격으로 경쟁력 있는 차를 만들어 낼 수 있는 현대와 같은 파트너가 꼭 필요했던 것. 삼성자동차는 프랑스 르노에 팔렸고 앞으로 대우자동차가 제너럴모터스(GM)에 매각될 경우 국내 자동차업계는 모조리 세계 빅6의 동맹군에 편입되는 셈이다.

"현대-다임러가 예정대로 1~2년 내 월드카 양산에 들어갈 경우 우리나라를 비롯한 아시아시장에서 다임러와 GM의 지역 전략이 정면충돌할 수밖에 없다"(현대차 관계자)는 분석도 나오고 있다. 항공업계에선 작년에 대한항공이 에어프랑스 아에로멕시코 델타 등과 '스카이팀'을 결성하면서 세계 4대 항공동맹의 한 축에 끼어들었다. 회사 관계자는 "서비스의 질 향상과 함께 궁극적으로 갈아타는 시간을 1시간 이내로 줄임으로써 1백 개국 4백 개 도시를 원스톱으로 연결할 계획"이라고 말했다. 현재 항공 동맹은 유나이티드 싱가포르항공 등 15개 회원사들을 거느린 '스타'가 앞서 나가고 있지만 스카이팀도 최근 체코항공을 편입시켜 만만찮은 추격세를 보이고 있다.

토종기업들 간의 국내시장경쟁이나 수출경쟁은 갈수록 퇴색하고 동맹군간의 싸움에서 토종업체들이 어떤 역할을 수행하느냐가 산업경쟁의 관건이 되고 있는 것이다.

II. 소니, 에릭슨(Sony, Ericsson) 사례

[한국경제, 2001년 5월 15일자]

에릭슨과 소니가 설립한 '소니 에릭슨 모바일 커뮤니케이션스'는 통신과 소비자 가전 분야의 선두주자 간의 결합을 의미한다. '소니 에릭슨 모바일 커뮤니케이션스'는 양사의 결합을 보충해 세계 휴대폰 시장의 '다크호스'로 부상할 것으로 전망된다. 소니는 에릭슨을 통해 판매유통망을 확보하고 에릭슨은 판매부진의 원인으로 지적되는 디자인 등을 강화할 수 있을 것으로 기대된다. 각종 부가기능을 탑재한 소니의 휴대폰은 디자인과 성능측면에서 우수하나 판매규모가 크지 않다는 결함을 안고 있다.

반면 에릭슨은 세계 휴대폰 시장 점유율 3위를 기록하고 있을 정도로 넓은 판매망을 확보하고 있지만 제품 디자인 등에 있어서는 경쟁사에 뒤떨어진다는 평가를 받고 있다.

지난해 에릭슨과 소니는 72억 달러에 해당하는 총 5000만개의 휴대폰을 전 세계에 팔았다. 양사를 합친 시장점유율은 12%에 달해 업계 2위인 모토로라를 4%포인트 차로 바짝 추격하고 있다. 조사기관인 데이터퀘스트의 피터 리처드슨 애널리스트는 "에릭슨의 기술과 소니의 브랜드를 결합하게 되면 업계 1위인 노키아를 위협할 수 있는 무서운 무기"라고 평가했다. 에릭슨의 최고경영자(CEO)인 커트 헬스토롬이 '소니 에릭슨 모바일 커뮤니케이션스'의 회장직을, 소니의 부사장인 이하라 카추미가 사장직을 각각 맡는다.

합작회사는 휴대폰의 연구, 개발, 마케팅, 판매 등 포괄적인 사업을 펼칠 계획이다. 회사는 본사를 런던에 두고 미국, 일본, 스웨덴 등에 지사를 세울 예정이다. 회사 직원수는 에릭슨에서 2500명, 소니에서 1000명으로 총 3500명이다. 헬스토롬은 "에릭슨과 소니의 상호 보완적인 강점을 결합함으로써 무선 인터넷 시대에 선두 자리에 오를 수 있는 기반을 마련했다"며 "이는 완벽한 결합"이라고 말했다. 그는 소니가 음악, 영상, 게임 등 풍부한 엔터테인먼트 사업 경험을 갖고 있고 에릭슨은 선진 이동기술과 폭넓은 고객층을 확보하고 있기 때문에 상승효과가 클 것이라고 설명했다.

3세대 휴대폰은 기존의 음성통화는 물론 영상, 게임 등 멀티미디어를 가능케 하는 차세대 이동통신을 말한다. 결국 풍부한 콘텐츠와 우수한 통신 기술로 무장하는 업체만이 살아남을 수 있다. 이러한 점에서 '소니 에릭슨 모바일 커뮤니케이션스'는 이상적인 제휴라는 평가를 받고 있다.

III. 전략적 제휴와 산업표준

(1) LGPhillips LCD 사례

[한국경제, 2001년 2월 27일]

LG필립스 LCD의 경영 슬로건은 "1등 인재를 통해 1등 기업이 되자"(No.1 Members, No.1 Company)로 요약된다.

지난 1999년 LG와 필립스의 50대 50 합작을 통해 세계적인 TFT-LCD(초박막 액정표시장치)로 재탄생한 이 회사는 글로벌 인재 육성을 통해 초우량기업으로의 도약을 서두르고 있다. 세계 LCD시장에서 삼성전자에 이어 세계 2위를 달리고 있고 모니

터용 LCD부문에서는 세계 1위로 올라선 상태지만 모든 측면에서 1등이 되어야겠다는 야심은 조금도 시들지 않고 있다. 1등 기업 구현은 기술표준 선점을 통해 나타날 것으로 보인다. 이미 고수익이 확실시되는 15인치 모니터 LCD시장에서 기술표준을 선도하고 있는데 이어 다른 부문에서도 표준 개발에 박차를 가하고 있다. 특히 작년부터 본격 가동하고 있는 4세대 생산라인은 상당수의 일본 및 대만의 업체들도 규격을 채택할 것으로 예상돼 표준 선점에서 유리한 위치를 확보했다.

정보통신의 디지털화가 급격하게 진행되면서 기술표준을 선점하기 위한 관련업계의 이합집산이 활발하게 이뤄지고 있다. 아날로그시대 비디오테이프 녹화방식을 놓고 소니와 마쓰시타가 벌인 표준전쟁은 기술전략경쟁의 전범이면서 앞으로 전개될 디지털표준대전이 전자시장에 가져올 충격의 강도를 가늠케 해준다. 80년대 중반 소니는 베타방식, 마쓰시타는 VHS방식을 각각 추진했지만 시장경쟁은 불과 5년 만에 마쓰시타가 독식하는 것으로 결말이 났다.

당시 마쓰시타는 필립스 등 경쟁업체들에 기술노하우를 전수하고 할리우드 영화사들과도 적극적으로 제휴하는 방식으로 동맹군을 만들어 소니(베타방식)를 포위해 고사시켜 버렸다. "표준경쟁은 기술적 우위보다 누가 전략적 동맹군을 많이 만드느냐에 달려있으며 한 번의 실패는 해당기업에 돌이킬 수 없는 타격을 줄 것이다"(조명현 고려대 교수) 이런 상황에서 세계무역기구 무역상기술장벽협정(WTO/TBT)은 가맹국에 대해 불가피한 경우를 제외하고는 국제표준을 따를 것을 권고하고 있어 표준경쟁을 급진전시키고 있다.

표준을 주도하는 쪽이 챙기는 경제적인 이득은 어마어마하다. 동영상 사례를 보자. 작년 10월 프랑스 라볼에서 열린 국제표준화기구(ISO) 멀티미디어 기술표준 국제총회에서 우리나라가 제안한 22개 동영상 검색저장 전송 기술이 국제표준으로 채택됐다. 이 기술은 인터넷 등에서 움직이는 영상을 보여주는 것은 물론 저장 검색 이동까지 가능케 하는 기술로 IMT2000이 상용화되는 2005년께 국내 업계는 연간 3억 달러의 로열티 수입을 올릴 전망이다.

현재 표준경쟁이 가장 치열한 분야는 디지털TV와 홈네트워킹인데 디지털TV 분야에선 미국의 ATSC과 유럽의 DVD방식이 치열하게 경합을 벌이고 있는 가운데 표준을 선점하기 위한 업계의 물밑 접촉과 함께 로비전도 치열하게 벌어지고 있다. 특히 우리나라의 경우 미국, 캐나다 등과 함께 ATSC 방식을 채택하고 있지만 이동수신 및 실내수신에 문제가 있다는 이유로 방송기술인연합회로부터 재검토 요구를 받고 있어 상당히 유동적이다. 이런 상황에서 LG전자의 미국 내 자회사인 제니스는 디지털 전송분야의 원천특허기술인 VSB(Vestigal Side Band, 잔류측대역변조)를 미국 디지털방송의 전송 표준으로 확정시키는 개가를 올리는데 성공했다. LG전자 관계자는 "미국 디지털방송의 표준 확보를 계기로 생산비 절감과 전략적 제휴 확대 등에 확고한 경쟁우위를 갖게 됐다"며 "디지털TV 보급이 본격화되는 2005년부터 매년 1억 달러 이상의 로열티를 거둬들일 수 있다"고 말했다.

향후 3~4년 내 3천억 달러의 시장으로 급팽창할 것으로 예상되는 홈 네트워크 분야는 삼성전자의 홈와이드웹(HWW)를 비롯해 마이크로소프트의 UPnP, 소니의 하비(HAVi), 휴렛패커드의 CHAI, 썬마이크로시스템의 JINI 등이 복잡한 경쟁양상을 보이고 있다. 그러나 삼성과 소니가 기술표준에 대한 전략적 합의를 추진하면서 팽팽한 세력균형이 깨지는 조짐을 보이고 있다. 두 업체가 한·일 가전업계의 대표주자인데다 하비 진영에는 필립스 히타치 톰슨 등 쟁쟁한 업체들이 대거 참여하고 있기 때문이다.

휴대용 디지털 가전제품의 기록매체인 메모리카드도 복수의 규격이 난립해 치열한 주도권 다툼이 확대되고 있다. 메모리 카드는 휴대용 플레이어, 디지털 카메라 등에 장착되는 작은 기록매체로 반도체의 플래시 메모리가 탑재된다. 당초 메모리 카드의 규격에는 도시바의 '스마트 미디어', 삼성전자의 '스마트 미디어카드', 미국 선디스크의 '콤팩 플래시' 등이 있었지만 그동안 서로 동맹군을 끌어 모으는 과정에서 'SD(Secure Digital) 메모리카드'와 '메모리 스틱'의 양대 진영으로 재편되고 있다. SD 메모리카드는 마쓰시타 도시바 선디스크 등이 참여하고 있으며 소니가 주도하고 있는 메모리스틱은 모토로라 미쓰비시 샤프 파이오니아 등이 참가하고 있다.

(2) 삼성전자와 소니의 전략적 제휴 사례

[한국경제, 2001년 8월 2일자/이심기 기자, sglee@hankyung.com]

삼성전자가 차세대 디지털 저장장치로 마쓰시타의 스마트카드 대신 소니의 메모리 스틱을 채택키로 했다. 이에 따라 삼성의 모든 디지털 제품은 앞으로 소니 제품과 연결해서 쓸 수 있게 됐다. 삼성전자는 2001년 8월 2일 디지털 카메라 등에 사용되는 저장장치로 소니의 메모리 스틱(Memory Stick)을 채택키로 하고 소니와 기술공유 등에 대한 양해각서를 체결했다고 발표했다.

디지털 저장장치는 그동안 소니가 주도하고 있는 메모리 스틱과 마쓰시타가 주도하는 스마트카드로 나눠져 있었다. 세계 주요 디지털기기 공급회사인 삼성이 메모리 스틱을 채택키로 함에 따라 메모리 카드 시장의 판도에 큰 변화가 일 전망이다. 메모리 카드는 음성 동영상 등의 각종 데이터를 저장, 기록하는 일종의 플로피 디스켓으로 최근 PDA(개인휴대단말기) 캠코더 등 개인 휴대장비들이 보급되면서 시장이 급속도로 커지고 있다. 삼성전자는 내년부터 메모리 스틱을 장착한 PC와

PDA 캠코더 등을 본격적으로 선보일 예정이다.

삼성전자와 소니가 같은 디지털 저장장치를 사용키로 한 것은 디지털 기기에서 각사의 강점을 극대화하기 위한 전략으로 풀이된다. 휴대폰 MP3 플레이어 등 모바일 기기분야에서 삼성전자가 가진 제품력과 캠코더 오디오 등 오디오 비디오 분야에서 소니가 가진 경쟁력을 결합할 경우 시너지 효과를 얻을 수 있다는 판단에서다. 이번 제휴는 지난 99년 초 소니측이 먼저 요청해 이뤄졌다. 당시 소니는 메모리카드 사업 분야에서 마쯔시다-도시바 계열보다 후발주자였다. 마쓰시다는 소니가 98년 메모리스틱을 자사 제품에 채용하기 시작했던 98년보다 훨씬 이전인 95년부터 "SD메모리카드" 사업을 추진해왔다.

삼성전자도 "스마트미디어카드"라는 마쯔시다 진영과 같은 크기의 메모리카드를 만들고 있었다. 그러나 메모리카드에 적용되는 보안프로그램의 사용료가 지나치게 높게 책정되는 등 마찰을 빚고 소니 측이 좋은 조건을 제시하자 소니 측으로 선회한 것이다. 소니는 실제로 삼성을 "잡기 위해" 이번 제휴에서 파격적인 조건을 제시했다. 삼성전자에 메모리 스틱에 사용되는 보안용 소프트웨어를 포함한 기술저작권은 물론 메모리스틱의 제조분야에서도 라이센스를 제공키로 했다. 또 메모리스틱을 채용한 디지털 기기의 제조면허도 공유하는 방안을 추후 협의키로 했다.

삼성전자는 이번 제휴로 그동안 협력관계를 유지해왔던 도시바 등과의 관계를 재설정해야 하는 과제를 안게 됐다. 스마트미디어 카드방식으로 제작, 판매해왔던 MP3 플레이어와 디지털 카메라 등의 생산 및 판매 조정도 "조용히" 처리해야 할 내부과제다. 소니로서는 이번 제휴로 지난 80년대 VTR규격 전쟁에서 마쓰시다에 당한 참패를 설욕하게 될 가능성이 높아지게 됐다. 당시 베타방식을 고집했던 소니는 기술적 우위와 선발주자라는 이점에도 불구, 우군 확보에 뒤져 "VHS방식"을 내세운 마쓰시다-일본빅터 연합에 완패했다. 이후 두 회사는 홈비디오 카메라 디지털 오디오 등의 분야에서 끊임없이 규격 전쟁을 벌여왔다. 그러나 메모리 카드분야에서 삼성전자를 끌어들임으로써 VTR규격 전쟁에서 마쓰시다에 당한 패배를 설욕하는 것은 물론 차세대 가전업계 판도에서도 유리한 고지에 올라서게 됐다.

메모리 카드는 음악, 영상 데이터를 디지털 신호로 보존하는 디지털 기기의 핵심 기록 장치이다. 지금까지의 마쓰시다와 벌였던 표준화 다툼이 "국지전"이었다면 메모리카드 분야는 "세계대전"에 비유될 정도로 막강한 파괴력을 갖고 있다. 패배하는 쪽은 디지털 가전에서부터 디지털 카메라 PDA(개인휴대단말기), PC 등 관련 제품 전 분야에서 결정적인 타격을 입게 된다. 디지털 전쟁에서 승부의 열쇠는 기술우위보다는 폭넓은 우군확보에 달려있다는 사실을 다시 한 번 입증한 셈이다.

IV. NUMMI(New United Motor Manufacturing Inc.) Case
– Joint-Venture between Toyota and GM –

(1) Historical Background

In 1981, the voluntary restrictions on Japanese automobile exports to the United States were initiated. In response to those supply limitations, Japanese automakers began moves toward establishing plants in the United States.

For Toyota, setting up production facilities in the United States became a matter of the utmost urgency, since it was realized within the company that if it failed to maintain a punctual and stable supply of products to the American market, its dealers would suffer and many customers would be lost.

At a meeting in March 1982 between President Eiji Toyota of TMC and Chairman Roger B. Smith of GM, Chairman Smith presented a joint-production proposal. GM's proposal aimed at absorbing Japanese automakers' knowledge and experience through joint production with Toyota, while at the same time responding to the demand for small cars.

From Toyota's perspective, joint production with GM would reduce the risk related to local production and would let Toyota accumulate experience in local production in the United States.

At a relatively early stage in the negotiations, the two sides reached basic agreement on an annual production volume of 200,000 units of a passenger car based on the FF Sprinter. Also, from a list GM plant in Fremont, California was chosen.

During this stage of the negotiations, there was still some concern in Toyota about matters related to labor relations and the venture's profitability. In this regards, former United States Secretary of Labor William Usery was named as a special adviser on labor problems for the joint venture, and discussions then began with the United Auto Workers(UAW).

On February 15, 1983, GM and Toyota announced they had reached a basic agreement in establishing a joint venture for producing small cars in the United States. The main points of the agreement between two companies were as follows:

1. The objective is to establish a joint-venture company to produce a small passenger car, and it is not intended to establish any other form of cooperative relationship.
2. The equity ratio for ownership of the new company will be 50% Toyota and 50% GM.
3. The board of directors of the new company will be made up of equal numbers of representatives from each of the partners, and the company's president, who will be the chief executive officer, will be selected by Toyota.
4. Production will be carried out at the Fremont Plant, previously operated by GM, and the small passenger car produced will be a new front-wheel-drive model.
5. Production will begin as early as possible in the 1985 model year, and annual production will be approximately 200,000 cars.
6. The joint venture will terminate not later than 12 years after the start of production.

Toyota knew that in order to introduce the Toyota Production System and thereby realize a high level of productivity, it was important to establish stable labor relations. Talks with the UAW proceeded, and basic agreement was reached in September 1983 on several important points, including the establishment of mutual trust between labor and management, the resolving of problems through discussion, simplification of job classifications to promote the versatility of workers and ease of job rotation, and a degree of labor-management cooperation that would make it possible to bring about efficient production.

(2) Toyota Production System Adopted at NUMMI

In February 1984, GM and Toyota signed a contract concerning the operation of the joint venture. That occasion marked the official start of New United Motor Manufacturing, Inc.(NUMMI), capitalized at 200 million dollars. NUMMI began building its shops and preparing for production. The former GM plant in Fremont did not include a stamping shop, and NUMMI followed the Toyota approach by constructing a stamping shop next to the assembly shop. Although existing structures were used for the body, paint and assembly shops, a great deal of old equipment was replaced. For the body line, NUMMI used Toyota's standard line, where two lines carry the body components up to assembly of the main body, thus providing leeway in production capacity.

In setting up the lines, there was some concern at first that the use of Toyota's system of line-stop switches might lower the operating rate, but it was finally decided that the switches were necessary to ensure quality and job control. Like Toyota, NUMMI allowed its line personnel to decide when to stop the line, and it used the same system of andon boards to indicate at a glance when and where problems were occurring.

Innovations were also introduced into the parts supply and logistic systems. A container banning center was set up near the Kamigo Plant so that large quantities of parts could be transported in containers, and the wooden crates that had previously been used were replaced by modularized steel pallets, Because the steel pallets could be transported directly to the assembly lines, both the logistic flow inside NUMMI and the line operations became more efficient. In December 1984, moreover, a dedicated computer system was developed so as to increase the efficiency of all operations from the receipt of orders to loading aboard ship.

For the logistics concerning procurements in the United States, arrangements were made to have parts collected regularly in Detroit. The parts were then transported long-distance in mixed shipments from Chicago.

As soon as NUMMI started its all-out production activities, however, it found itself having to resolve a wide spectrum of problems. They ranged from local parts procurement to quality assurance and after-sales servicing. There was also the question of how to handle technical information, such as handing over blueprints. To achieve the same or a higher level of product quality, Toyota felt it was essential to use its own blueprints, parts numbering system and general standards. After much discussion with GM, it was agreed that this would be done. In addition to problems involving the immense volume of technical information that had to be translated into English, it was also necessary to hold explanatory meetings with parts makers and publish various types of operation manuals, all as part of the untiring effort to facilitate a proper understanding of the Toyota approach.

In these ways, the local receiving system was put into order, the cost and quality of parts procured locally improved rapidly and a relationship of mutual trust with the suppliers was established.

Concurrent with NUMMI's plant construction and production setup efforts, the new company's internal organization was strengthened and hiring began. After hiring its staff, NUMMI began in April 1984 to select the group leaders and team leaders, destined to be the "core" staff supporting its production activities. These personnel went to the Takaoka Plant for on-the-job training to learn how Toyota carried out its production activities and worksite management.

In April 1985, NUMMI held its official opening ceremony. In starting up the company, the emphasis on teamwork and on mutual trust between labor and management was put into practice at every opportunity, from an "open office" floor plan to the use of a single cafeteria for all employees, including the president, and common parking facilities for everyone. The labor union was informed beforehand of managerial decisions such as organizational reforms or personnel shifts, and the president personally announced company policy to an assembly of all employees at the start of the year. Efforts were made to promote mutual understanding through frequent labor-management discussions.

A team system, comprising teams of about six members, was introduced and took root, and the team leaders provided personal advice and assistance to team members. During the first year of operations, employees have also been enthusiastic about introducing work improvements through a suggestion system.

NUMMI received an award at the International Labor Organization conference held in Turin, Italy in October 1986 for being a model of mutual trust in labor-management relations.

| Table 1 | Labor Productivity: NUMMI, Toyota-Japan, and GM-United States (Hours per Car)

	GM Low-Tech Plant 1986	GM Hi-Tech Plant 1987	NUMMI 1986	Toyota Takaoka 1986
Hours per car	33.4	27.0	19.0	15.7
Percentage Difference from NUMMI	+76	+42	-	-17

Source : Womack, p. 322

The improvement in efficiency, nevertheless, has been remarkable. Table 1. provides a comparison of NUMMI's performance with that of its sister Toyota plant in Japan (producing an identical product) and with typical "low-tech" and "high-tech" GM plants.

Equally important, the quality level of the vehicles produced at NUMMI is a great improvement over GM plants. In the summer of 1986 Chevrolet quality inspectors were frequently awarding perfect marks to the NUMMI cars on GM's corporate quality audit. This is unprecedented in the GM manufacturing system. While comprehensive comparisons with Toyota Corollas emerging from the Takaoga plant are mot available, a leading American consumer magazine tested both a Corella and a Nova and was unable to find any differences in "fit and finish" or the number of delivered defects. (The one significant defect found, a clutch that "shuddered" in engagement, occurred in both the Corolla and the Nova, indicating a design rather than a manufacturing problem.)

The reasons for success at NUMMI are hardly secrets. The senior managers with operational responsibilities are entirely from Toyota and every effort has been made to implement the Toyota production system. The key elements in this system are multiskilled workers in teams on the shop floor, a new approach to supplier relations, relentless efforts to eliminate inventories, and a philosophy of continuous improvement.

Work teams of five to seven members are trained to handle a range of duties on the shop floor including decisions about how to accomplish the assembly tasks, assembly itself, and quality inspection. Each worker gains a multitude of skills in this system and can fill in for any other team member. Equally important, the team leader, who is also a union member, has no fixed operational duties but instead fills in for absentee workers. This creates strong peer pressure against unscheduled absenteeism and accounts in considerable degree for NUMMI's 2-3 percent unscheduled absentee rate compared with double digit absenteeism ant the old Fremont facility.

Suppliers at NUMMI are also treated as part of a team. NUMMI engineers routinely visit supplier plants to suggest ways to improve operations and the burden of inspections and quality is placed on suppliers through a system that documents every defective part found and requires that suppliers explain how the problem has been rectified.

Finally, NUMMI strives to standardize operations and rigorously document work tasks so that divisions from best practice can be detected by the work teams and continuous, incremental improvements can be achieved. No level of performance short of perfection is acceptable.

The United Auto Workers have fully cooperated with efforts to permit flexible use of workers and the level of grievances has been remarkably low by American standards. As a result of teamwork, cooperation, and high standards. As a result of teamwork, cooperation, and high standards, inventories are much lower than in the former plant (about two days compared with two months) and vast numbers of relief workers, quality checkers, shop stewards, rework specialists, and machine repair specialists are missing. With each worker acting as a quality inspector, quality is much higher as well and the amount of scrap is greatly reduced.

Indeed, if the entire American motor vehicle manufacturing system were as efficient and high quality as NUMMI, a lare part of the import threat would be over. Compared with older "low-tech" GM plants, NUMMI has eliminated more than 40 percent of the labor hours involved with the manufacturing steps it performs (33.4 hours versus 19). Perhaps more surprising, NUMMI uses 30 percent less labor and vastly cheaper process machinery than GM's latest and most automated manufacturing plants. If similar productivity improvements could be achieved in components fabrication as well, the total amount of human effort needed to produce a car in the United States would fall very nearly to the Japanese average (remembering that Toyota is the most efficient of the Japanese producers) at a time when Japanese wages are nearly equal to American wages.

But what difference can NUMMI make beyond this one plant? First, note that none of the "technology" available for transfer through this joint venture is technology in the hardware sense. Rather it is a set of techniques for harmonizing the efforts of workers and very conventional machines. Thus transfer depends critically in the ability of GM to instill these techniques in its own personnel so that they may be diffused to the company's other assembly and component manufacturing facilities.

(3) Learning from NUMMI

GM is using three techniques to learn from NUMMI. First, fifteen managers are loaned to NUMMI to work under mere senior Japanese managers for a period of three years. Second, GM has established a liaison office near NUMMI which systematically documents NUMMI's techniques and makes this knowledge available to all interested personnel in GM. This is done by producing videotapes and written documentation on NUMMI production methods and by developing a NUMMI database accessible by computer at all GM assembly plants. In addition, the liaison office had arranged brief tours of NUMMI for more than 2,000 GM manufacturing managers and officials of UAW locals. Third, GM has established a program for management trainees attending graduate management and engineering schools at

GM expense who undertake research projects during summer internships at NUMMI. These students will assume manufacturing positions in GM when they complete their degrees.

For example, NUMMI's first head of purchasing was given a similar position at GM's new Saturn subsidiary. Another manager has been sent to Europe to implement NUMMI-style changes there. Four other managers have been given the task of "NUMMIzing" GM's Van Nuys, California assembly plant, which has recently negotiated a NUMMI-sytle, flexible labor contract with the UAW.

General Motors strategists are convinced that a critical mass of NUMMIzed managers must be placed in older plants to turn them around and the company is currently negotiating with the joint venture on shortening each manager's stay at NUMMI and increasing the number of managers involved. Even so, only a trickle of managers can be produced by a single joint venture. To go much faster or involve many more managers will either give the managers an incomplete education or degrade the performance of NUMMI itself or both.

Toyota by contrast has a much easier task in learning from NUMMI. Its managers are fully trained in the Toyota production system. What they need is experience in teaching it to Americans, and NUMMI is able to provide this on a scale proportional to Toyota's future needs.

Toyota sent 30-35 senior managers to NUMMI at the start of the venture on three to five year rotation. Thus far only one of these managers, a personnel specialist, has been transferred to Toyota's new American manufacturing staff and it appears that most of the others will return to Japan. While these managers are available for reassignment to North America at some future point it appears that the main conduit for transferring experience gained at NUMMI to Toyota's new plant in Kentucky and Ontario lies with personnel at the shop floor level.

Hundreds of the "trainers" received a minimum of three months experience at NUMMI and another hundreds more cycled through NUMMI before the Kentucky and Ontario facilities open. Thus one may well ask whether General Motors or Toyota will learn more of practical value from NUMMI, and the same may be asked of the Chrysler-Mitsubishi venture. This, it should be clear, is not for lack of systematic efforts to learn by GM and Chrysler but rather because the lessons Toyota and Mitsubishi need to learn are easier and they need only produce enough "Americanized" managers to run one or two new plants at a time while GM and Chrysler need immediately to retrain managers throughout vast production systems.

9 국제 인수 · 합병

Chapter .....

< 제 1 절 >

국제 인수 · 합병의 개념과 동기

1. 인수 · 합병의 개념

합병(merger)이란 한 기업이 다른 기업을 흡수하여 한 개의 기업이 되는 것을 의미한다. 합병에는 흡수합병과 신설합병이 있다. 흡수합병이란 한 기업이 다른 기업을 완전히 흡수하는 것을 의미하고 신설합병은 통합된 두 기업이 완전히 소멸되어 제 3의 새로운 기업이 탄생하는 것을 의미한다. 이와 같이 합병이 두 회사가 통합하여 하나의 회사로 변신하는 것에 비해서 인수(acquisition)는 피인수기업을 그대로 존속시키면서 경영권을 행사하는 방법이다. 이와 같이 기업들이 해외에서 인수합병을 벌이는 목적은 신속한 해외시장진입과 이를 통하여 자신이 필요로 하는 경영자원을 획득하기 위함이다. 또 성숙산업에서의 인수합병은 그 산업에서 생산과잉을 초래하지 않고 시장에 진입할 수 있는 방법이라는 점에서 많이 선호되고 있다. 본 절에서는 이와 같은 해외인수합병의 동기를 구체적으로 살펴보기로 한다.

2. 인수 · 합병의 동기

1) 신속한 시장진입

다국적기업들이 해외진출시 인수합병을 선호하는 이유는 신속한 시장진입이 가능하기 때문이다. 기업이 신설투자의 형태로 외국시장에 진출해 독자적으로 사업을 확장하는 데는 많은 시간과 노력이 요구된다. 신설투자를 할 경우 공장부지를 확보하고 생산설비를 갖추며, 종업원들을 신규채용하고 훈련시키는 데에는 많은 시간과 노력이 필요하다. 이러한 신설투자는 기업들이 자신이 필요로 하는 종업원들을 선택하여 자신이 원하는 규모로 공장을 세울 수 있다는 이점이 있으나, 모든 것을 처음부터 스스로 해야 한다는 점에서 상당히 많은 시간과 노력을 필요로 한다.

이에 반해서 인수합병의 형태로 해외시장에 진출할 경우 그 기업은 피인수기업이 갖고 있는 공장설비, 부동산, 종업원, 브랜드, 유통망 등을 일순간에 획득할 수 있다. 따라서 인수합병을 통한 시장진출은 인수와 동시에 자동적으로 이루어지는 것이다. 1997년 말 외환위기 이후 많은 외국기업들이 한국 기업들을 인수하거나 합병하는 방식으로 한국 시장에 진출하였다. 특히 그동안 한국시장 진출에 소극적이었던 유럽기업들이 적극적으로 한국 기업들을 인수 · 합병하여 한국시장에 이미 진출해 있던 미국이나 일본계 기업들과 경쟁체제를 갖추었다. 이와 같이 기업의 인수합병은 이미 그 사업 분야에서 활동하고 있는 기업을 인수하므로 피인수기업이 갖고 있는 경영자원과 핵심역량을 일거에 습득할 수 있고 시장진입에 소요되는 시간을 줄일 수 있다는 점이 가장 큰 매력이다. 이런 관점에서 볼 때 기업들이 인수합병시 피인수기업에 지불하는 인수프리미엄은 신속한 진입으로 경쟁우위를 창출할 필요가 있을 때 이러한 시간을 단축시키는 것에 대한 대가를 지불하는 시간프리미엄으로 볼 수 있다. 특히 시장진입의 속도가 중요할 때 인수합병은 많은 프리미엄을 지불한다 하더라도 효과적인 전략으로 볼 수 있다.

2) 경영자원의 획득

해외기업의 인수합병은 또한 자신이 부족한 경영자원의 취득을 목적으로 일어난다. 최근에 한국기업들이 미국과 유럽에서 적극적인 인수합병을 벌이고 있는 주요 목적 중의 하나는 피인수기업이 가진 기술과 브랜드를 인수합병에 의해 획득하려는 것이다. 예를 들어, LG전자가 미국의 Zenith를 인수한 것은 Zenith가 갖고 있는 디지털 신호처리 및 압축 기술을 습득하여 디지털 TV와 멀티미디어산업에 응용하고, 미국에서 Zenith가 갖고 있는 브랜드이미지를 획득하기 위한 것이다. 또한 현대전자가 미국 컴퓨터 하드디스크 드라이브 제작업체인 Maxter를 인수한 것과, 삼성전자가 컴퓨터회사인 AST Research를 인수한 것 역시 이들 기업이 가진 기술력과 브랜드를 획득하려는 목적에서 이루어진 것이다. 또한 해외기업의 인수합병은 단순히 기존사업분야에서 기술과 브랜드를 강화하는 것뿐만 아니라 새로운 사업에 진출하는 경우에도 활발하게 활용되고 있다. Sony는 1989년 미국의 Columbia Pictures와 CBS Records를 인수함으로써 연예·오락산업에 신규 진출하였다.

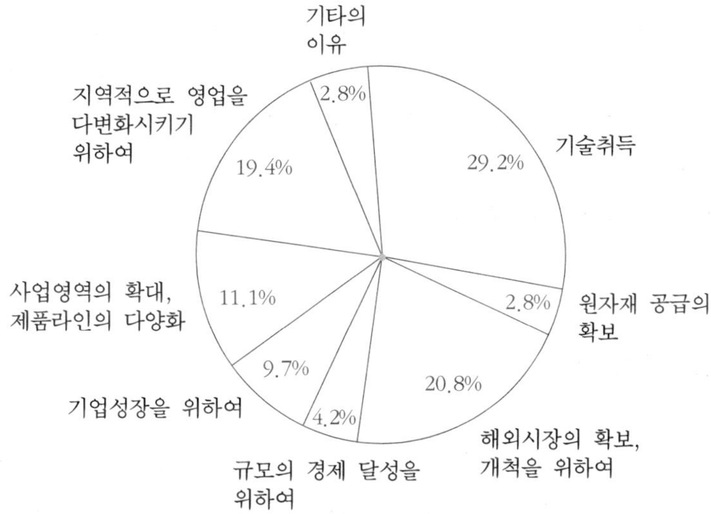

주 : 건수는 51건이나 복합적인 취득이유는 중복 처리하였음.
출처 : 강호상 · 성용모, op. cit, p. 11.

| **그림 9-1** | 국내기업들의 해외기업 인수 동기(1986년~1995년)

이와 같이 경영자원의 획득과 신규사업진출을 목적으로 한 인수·합병은 인수·합병 후의 통합절차가 그 성패를 결정하는 주요 요인이 된다. 왜냐하면 기술이나 마케팅 능력과 같은 경영자원은 많은 경우 피인수기업에서 일하는 직원들에게 체화되어 있는 경우가 많기 때문이다. 만일 인수 후 이러한 무형의 경영자원을 가진 종업원들이 그 기업을 떠난다면, 인수기업은 원래의 목표를 달성할 수 없게 된다.

또한 기업들은 때로 해외인수·합병을 통해 규모의 경제와 범위의 경제를 실현하고자 한다. 일본에서 소규모 은행들이 합병을 통해 대형화를 시도하는 현상은 규모의 경제를 활용하려는 의도이다. 한편, 한국에서 소규모 유통업자들이 합병을 통해 대규모 기업으로 변신하는 것도 구매와 물류에서의 규모의 경제를 이용하기 위한 전략이다. 또한 초과설비가 존재하는 산업에서 합병은 유휴설비를 활용하여 생산시설의 효율성을 높인다.

한국기업의 해외인수합병은 1980년대 초부터 나타나기 시작하여 1990년대에 들어 큰 폭으로 증가하고 있다. 1986년에서 1995년 사이의 한국 상장회사의 해외인수합병은 총 51건으로 한국기업들이 해외인수합병을 하는 지역은 미국, 캐나다, 일본, 독일 등 주로 선진국을 중심으로 이루어지고 있으나 최근 대우그룹은 우즈베키스탄, 폴란드, 루마니아와 같이 개발도상국가에서도 활발한 인수합병을 벌이고 있다.

한국기업들의 해외인수합병의 주요 동기는 주로 기술취득, 사업영역의 확대, 제품라인의 다양화와 같은 경영자원 취득목적의 동기가 주종을 이루고 있으며, 그 밖에도 해외시장개척, 지역적으로 영업을 다변화하기 위한 시장진입도 주요 목적으로 대두되고 있다. 한편 규모의 경제 달성과 기업성장, 원자재공급확보를 위한 목적의 해외인수합병도 여러 건 나타나고 있다.

3. 시장지배력 강화

사회주의국가들이 자본주의세계경제시스템으로 통합된 후 세계 주요 기업들 간 세계시장 쟁탈전은 더욱 치열해져가고 있다. 이에 따라 다국적기업들은 세계시장에서의 시장지배력을 강화하기 위하여 인수 · 합병을 활발하게 하고 있다. 특히 이 장의 뒤에 있는 사례분석에서 볼 수 있는 바와 같이 1990년대 후반 이후에는 전 산업분야에서 세계 시장점유율 10위 안에 들어가는 거대 기업들 간의 인수 · 합병이 매우 빈번히 일어나고 있다. 특히 금융, 보험, 통신, 자동차, 철강 등의 분야에서 대규모 인수·합병이 활발하게 일어나고 있다.

4. 성숙산업에서의 시장진입

인수합병은 산업 전반적으로 유휴시설이 많은 산업에서 선호되는 시장진입방법이다. 특히 생산시설이 포화상태에 있는 산업에 신규 진출하고자 할 때, 공장을 새로 건설하여 산업 내에 과잉생산설비를 만들 필요는 없다. 이와 같은 성숙산업에서는 신규 진입자에게 높은 진입장벽이 존재하게 되기 때문에 기존 업체를 인수함으로써 산업 내 과잉생산시설을 방지하는 것이 훨씬 더 효과적인 진입방법일 수 있다. 예를 들어, 자본집약적이며 성숙한 시장을 갖고 있는 석유화학산업에서는 해외 진출 시 새로 공장을 만들기보다는 기존산업을 인수하는 경향을 보이고 있다.

< 제 2 절 >
해외인수합병의 성과

| 표 9-1 | 일본 주요 기업의 해외기업 매수의 결과

	매수 기업명	피매수 기업명	시기	추정 매수금액	당초 목적	현 재 상 황
해산	제팬 에너지	굴드	88.11	11억 달러	· 구리도금의 다각화	· 92년 말 굴드사의 해산을 발표, 정리금액은 약 900억 엔으로 알려짐
도산신청	미쓰비시	록펠러 그룹 (RGI)	90.	13억 7천 300달러 (2천억 엔 이상)	· 개발노하우의 흡수 · 자산의 리스크 헷지	· 매수시점에서는 예상하지 못했던 투자자신의 불량채권화 · 90년부터 3기 연속 적자 · RGI의 자회사인 록펠러센터 부동산회사(RCP)가 95년 5월에 파산신청
매각	마쓰시다 전기	MCA	91	61억 달러 (8천 52억 엔)	· 하드와 소프트의 상승효과	· 이익과 이자율이 당초 예측의 절반 · 95년 주식의 80%를 매각, 약 1천 800억 엔의 손실로 추정
적자	NKK	내셔널 스틸	84 ~90	890억 달러	· 미국으로의 철강 수출	· 설비가 예상 이상으로 노후화되어 설비투자가 필요(매년 2억 달러)
	후지사와 약품	라이포맷	90.	1천 70억 엔	· 약품사업의 국제화	· 매수 이전(80~86)에 라이포맷사의 부정한 데이터가 발각되어 제품 회수 · 후지사와 약품은 80억 엔의 최종 적자 후지사와의 연결결산 14억엔 단기적자(93년 3월)
	레나운	아쿠아 스큐텀	90.	200억 엔	· 남성의류 분야로 진출	· 거품경제 후 브랜드신화의 붕괴, 소비자의 저가품선호로 매상 저하
흑자지만 본사에 부담	야마노우찌 제약	샤클리, 일본샤클리	89.	967억 엔	· 관련회사의 방어적 매수 (화이트 나이트)	· 92년의 영업이익의 흑자화, 94년에는 경상이익도 흑자 전환
	세존	인터콘티넨탈 호텔체인	68.	21억 5천만 달러 (2천 880억 엔)	· 사업의 국제화	· 자금조달을 위해 호텔의 일부 매각을 도모했지만 부동산 불황으로 인해 매각이 순조롭지 못함
	브리지 스톤	파이어 스톤	88.	26억 달러 (3천 250억 엔)	· 미국에서의 타이어 생산 강화	· 노동쟁의로 국제문제 발생
	소니	콜롬비아 픽처스	89.	48억 달러 (6천 774억 엔)	· 하드와 소프트와의 상승효과	· 하드와 소프트의 상승효과가 영상부문에서는 거의 실효를 거두지 못함
	시미즈 건설	웨스틴 호텔	87.	13억 5천만 달러 (1천 900억 엔)	· 건설사업과 호텔사업의 상승효과 · 사업의 국제화	· 자산 가치 저하 · 총액 5억 6천 100달러로 미국·독일의 호텔 매각
성공	東京은행	유니언 뱅크	88.	950억 엔		· 수익 상황 정체
	이토요카도	사우스 랜드	91.	4억 3천만 달러 (570억 엔)	· 모기업의 매수 (재건)	· 사우스랜드사의 업적은 흑자로 전환 · 국제공동개발과 국제공동물품조달을 통해 매수의 시너지 효과

출처 : 주간매경, 1995. 8. 16.

지금까지는 해외 인수합병의 개념과 동기를 살펴보았다. 그러면 해외 인수합병의 성과는 어떠하였을까? 해외 인수합병 그 자체만의 성과에 대한 체계적 연구는 아직 많지 않다. 그러나 일반적인 인수합병 전략의 성과에 대한 연구는 대부분 인수합병의 성과가 그렇게 좋지만은 않다는 사실을 보여준다.

Singh과 Montgomery의 연구에 따르면 미국에서 관련사업부분에서의 기업인수의 성과는 높았으나 비관련 사업부문에서의 기업인수합병의 성과는 훨씬 취약하게 나타난다. 또한 Porter의 연구결과에 따르면 미국에서 일어난 기업인수합병의 경우 약 70% 정도는 실패하여 그 결과 약 5년 사이에 다시 매각된다고 한다. 한편, Scherer와 Ravenscraft는 기업인수합병으로 기업을 인수하였다가 다시 매각한 많은 경우들을 심도 있게 연구한 결과 대부분의 기업들이 인수합병을 통해 새로운 가치를 창출하는 데 실패하였다는 것을 보여주었다. Business Week의 조사에 따르면 1990년과 1995년 사이에 이루어진 많은 인수합병 결과 50% 이상의 기업이 그 주식의 가치가 하락하였으며 34%는 미세한 성과를 얻었고 약 17% 정도만 높은 성과를 얻었다고 한다.

한국기업보다 일찍 해외인수합병에 나섰던 일본 기업의 해외인수합병의 결과를 보면 대부분 큰 손실을 본 것으로 평가되고 있다. 표 9-1은 거품경제기간인 1985-90년 사이의 일본기업의 주요 해외인수합병의 결과를 보여준다. Matsushita는 1989년 미국의 영화사인 MCA를 인수하였다가 1995년 다시 매각하면서 큰 손실을 보았다. 미쓰비시는 미국 뉴욕에 있는 록펠러센터 빌딩을 사들였다가 5년 뒤에 파산신청을 하게 된 사례도 있다. Sony 역시 Columbia Pictures를 인수한 후 40억 달러의 적자를 감수하였다. 타이어 업체인 Bridgestone 역시 미국의 Firestone을 인수하여 큰 손실을 겪고 있다.

한국 기업의 해외인수합병 역시 많은 경우 큰 어려움을 겪고 있는 실정이다. 예를 들어, 삼성전자가 인수한 AST Research는 1995년부터 1997년 사이에 총 1억 달러 이상의 손실을 본 것으로 보도되고 있으며, 1997년에는 추가적인 자본을 투자하여 보다 적극적으로 경영에 개입하여 손실을 줄이려는 시도가 이루어졌다. 현대전자가 인수한 Maxter도 매년 1억 달러 이상의 적자를 기록하고 있다. LG전자가 인수한 Zenith 역시 인수 후 상당시간이 지난 현재까지 큰 적자를 감수하고 있다. 삼미특수강이 인수한 캐나다의 Astra는 인수 후 적자폭이 가중되어 본사까지 큰 부담을 주게 되었고, 결국 삼미그룹 전체가 부도의 늪에 빠지게 되었다.

일본기업과 한국기업들의 해외인수합병에 대한 이 같은 부정적인 성과는 해외인수합병의 위험이 그만큼 크다는 사실을 보여 줌과 동시에, 인수합병에 대한 노하우가 없는 상태에서 무리하게 인수합병을 할 경우 대부분 실패할 수밖에 없다는 사실을 보여 준다.

1990년대 중반의 한국기업의 해외기업에 대한 인수합병은 반도체 등의 일시적인 경기호조로 인한 여유자금의 증대와 국제화전략을 추구함에 있어서 경쟁적으로 인수합병의 방법을 선택한 데서 실패의 이유를 찾을 수 있다. 예를 들어 경쟁기업이 해외인수를 하니까 나도 한다는 식의 접근방법은 인수대상의 선정과 통합절차에 대한 보다 구체적인 전략 없이 즉흥적 또는 경쟁적으로 인수합병을 하게 되므로, 많은 기업들이 인수 후 막대한 손실을 볼 수밖에 없다.

이와 같이 기업들이 인수합병을 통해 새로운 가치를 창조하는데 실패하는 이유는 크게 인수전략 자체의 실패와 통합과정의 실패 두 가지로 나누어 볼 수 있다. 다음절에서는 성공적인 인수합병을 위한 인수대상기업의 선정과 교섭과정, 인수 후 통합절차에 대해 자세히 살펴보기로 한다.

< 제 3 절 >
해외인수합병의 성공적 추진방안

1. 인수대상기업의 선정과 추진절차

인수협상을 성공적으로 추진하기 위해서는 기업인수합병을 전담하는 전담팀이 조직되어서 인수대상기업의 물색과 협상에 임할 사전전략을 철저히 준비하여야 한다. 인수합병의 성공 여부는 자신의 경영전략이 무엇이고, 그 전략을 위하여 이 기업의 인수가 과연 필요한가에 대한 전략적 판단이 가장 중요하다. 만일 현재 그 기업이 수행하는 전략에 비추어 판단할 때 인수대상기업을 인수함으로써 그 지불된 인수프리미엄 이상으로 새로운 가치가 창출될 수 없는 경우에는 기업인수합병을 추진하지 않는 것이 바람직하다. 따라서 인수합병 전에 자신의 전략을 검토하는 것이 필수적이다. 우리기업의 전략에 비추어 인수된 기업이 보유한 경영자원이 얼마나 가치를 가진 것인가를 냉철하게 계산하여야 한다. 이러한 전략에 대한 검토가 끝난 다음에 구체적인 인수전략을 수립하는 것이 합리적이다.

그림 9-2는 해외인수합병을 추진하는데 있어 실패를 예방하기 위해서 채택할 수 있는 가장 합리적인 인수절차를 보여준다.

첫 번째 단계에서는 투자은행, 변호사, 회계사, 해당 사업부 부서장으로 이뤄진 인수·합병 전문팀을 구성하는 것이 필요하다. 인수·합병에는 대상기업의 가치평가, 인수계약, 자본조달 등 다양한 분야의 전문가가 필요하다. 인수·합병에 대한 전문가로 구성된 팀은 인수·합병절차를 효율적으로 운영할 수 있게 해준다.

두 번째 단계에서는 인수 대상 기업들을 검토한다. 여러 인수 대상 기업을 조사하여 제품별, 판매지역별 시너지가 있는지를 평가하고, 또한 이들 기업의 매각의사에 대해서도 검토해야 한다. 대상기업의 의사에 반하여 적대적 기업인수(hostile takeover)를 하는 경우에는 인수비용도 커지고, 인수 후 통합과정에서도 많은 마찰이 빚어지게 되므로 가급적이면 인수에 우호적인 기업을 선택하는 것이 바람직하다. 또한 인수 후 사용 가능한 경영자원을 파악하고 과연 그 기업을 인수하는 것이 타당한가에 대한 전략적인 검토가 필요하다.

세 번째로는 대상 기업에 접근하여 가능성을 타진한 후 실무적으로 인수 대상 기업의 가치를 평가하는 일이다. 이 단계에서는 그 기업이 가진 자산을 객관적으로 평가하고, 기술력, 영업권 등을 평가하여 구매가격을 계산한다. 그리고 회계사와 투자은행의 도움을 받아 실사를 벌인다.

네 번째 단계에서는 구체적인 인수조건에 대한 협상을 전개한다. 인수 대상 기업의 가치에 대해서 판매자는 가능한 한 높이 평가하려고 노력하고, 구매자는 낮게 평가하려고 하기 때문에, 구체적인 인수가격을 결정하는 데에는 실무자들의 협상이 중요하다. 또한 인수조건을 현찰로 할 것인가 또는 주식 등으로 할 것인가의 문제, 또한 부채를 어떻게 부담할 것인가의 재무적인 측면도 중요한 협상의 대상이다.

단계	절차	내용
1단계	인수합병팀의 구성	· 인수합병의 전문가로 팀을 구성한다. M&A전문투자은행, 변호사, 회계사, 해당 사업부의 책임자를 포함한 팀을 구성한다.
2단계	전략적 검토	· 인수 대상 기업들을 검토한다. · 제품별, 지역별로의 시너지가 있는가 검토한다. · 인수 대상 기업이 매각할 의사가 있는가? · 기업 인수의 이유와 인수 시 얻을 수 있는 경영자원을 구체적으로 확인한다.
3단계	재무적인 기업가치의 평가	· 구매자와 대상기업을 방문하는 실사를 벌인다. · 대상기업의 자산 가치를 객관적으로 평가한다. · 특히 영업권, 기술력에 대해서 구체적인 가치평가를 행한다. · 대상기업의 감추어진 부조리나 회계상의 문제점, 각종 채무 의무를 명확하게 밝혀낸다.
4단계	인수합병조건에 대한 협상	· 구매자와 판매자가 기업자산의 평가에 대해 합의한다. · 구체적인 인수가격과 인수조건을 정한다.
5단계	인수결정 후 통합	· 인수통합 팀을 구성하여 구체적인 통합절차를 결정한다. · 실제적인 통합과정을 시작한다.

| 그림 9-2 | 해외인수합병의 절차

앞서 살펴본 것처럼 일본 기업들의 해외인수합병이 큰 손실을 초래한 이유로는 먼저, 해외인수합병 시 막대한 인수 프리미엄을 지불했다는 점이 지적되고 있다. 즉 일본 기업들이 해외 인수합병에 실패한 첫 번째 이유는 인수 대상 기업으로부터 발생할 수 있는 시너지를 지나치게 낙관적으로 평가하여 막대한 인수 프리미엄을 지불한 후 기업문화의 차이로 인해 시너지를 창출하는 데 실패하였기 때문이다. 이는 구체적인 전략 없이 시너지가 발생할 수 있으리라는 기대만으로 해외 인수합병을 추진한 결과 막대한 인수 프리미엄만을 낭비하는 결과를 초래한 것이다. 이는 결국 전략의 부재에서 비롯된 실패로도 볼 수 있다.

둘째, 해외 인수 · 합병 시 인수 대상 기업에 대한 면밀한 검토 없이 서둘러 인수한 후, 인수 대상 기업이 갖고 있는 악성 채무관계나 부정행위 등 감춰진 문제점들을 발견하게 되면서 큰 비용이 추가되는 경우도 상당수 존재한다. 따라서 해외 기업을 인수 · 합병할 경우에는 인수 · 합병전략에 대한 분명한 전략적인 검토와 아울러 인수합병기업에 대한 면밀한 검토와 이에 입각한 협상이 가장 중요한 과제이다.

많은 기업들의 해외인수합병이 실패로 돌아가는 이유는 인수합병을 통해 새로운 가치를 창조하는 데 실패하기 때문이다. 더구나, 이러한 가치창조의 실패는 기업들이 인수 · 합병과정에서 너무 많은 프리미엄을 지불하기 때문에 이것이 원인이 되는 경우가 많다. 미국의 경우 1994년에 5억 달러 이상의 대규모 기업인수에서 구매기업은 인수 대상 기업에 평균적으로 약 41%에 상당하는 인수 · 합병 프리미엄을 지불하였다. 구매기업이 매각기업에게 만일 평균적으로 41%의 인수프리미엄을 지불하는 경우, 인수 · 합병을 한 후 통합된 기업으로부터 그 지불된 인수 프리미엄 이상의 새로운 가치가 창출되지 못한다면 그 인수합병은 실패하게 된다. 특히 재정상태가 악화된 기업의 인수에는, 인수 후 정상화를 위하여 통합과정을 효과적으로 운영할 수 있는 노하우가 절대적으로 필요하다. 인수 · 합병을 통해 창출될 수 있는 새로운 가치는 두 기업이 합쳐짐으로 얻을 수 있는 시장지배력의 증가, 범위와 규모의 경제를 통한 비용 절감, 그리고 두 기업이 갖고 있는 경영자원을 결합하여 새로운 경쟁우위를 창출할 수 있는가에 달려 있다. 예컨대 삼성전자가 미국의 AST Research를 인수한 경우, 두 기업의 기술력, 유통능력 및 시너지를 결합하여 지불된 인수 프리미엄보다 큰 새로운 가치를 창출하지 못하면 그 인수 · 합병은 실패하게 되는 것이다.

2. 인수 후 통합

인수 · 합병을 통해 실현하고자 하는 새로운 가치는 인수된 기업들을 얼마나 잘 통합하고 운용하는가에 따라 결정된다. 인수 · 합병 당사자인 두 기업이 가진 경영자원이 상호보완적이고 좋은 인수 · 합병 대상기업이라고 하더라도 인수 이후 두 기업의 통합과 운영에서 실패한다면 어떠한 가치도 창출할 수 없게 된다. 특히 두 기업이 서로 상이한 기업문화를 갖고 있을 경우, 많은 갈등을 일으킬 소지가 있다. 특히 해외 인수 · 합병은 단순한 기업 간의 문화의 차이뿐만 아니라 국가 간의 문화적 차이도 극복하여야 하므로 인수

통합과정에서의 어려움이 더욱 크다고 볼 수 있다. 따라서 해외 인수 · 합병의 경우에는 인수 대상기업의 기업문화와 인수 기업의 기업문화가 서로 상충되지 않는지를 살펴보아야 하고, 문화 간의 갈등을 최소화할 수 있는 방법을 생각해 보아야 한다.

인수 · 합병에서 더 높은 성과를 얻기 위해서 인수 이후의 통합과정(PMI : Post Merger Integration)이 가장 중요한 단계라고 밝히고 있다. 이런 인수 통합과정에서는 다음 두 가지 측면에서 균형을 이루어야 한다. 인수 · 합병을 통해 범위의 경제성을 창출하기 위해서는 양 기업 간 경영자원의 공유와 핵심역량의 활발한 이전이 필요하다. 이러한 규모와 범위의 경제성을 살리려면, 통합과정을 빠른 시일 내에 종결지어야 한다. 또 인수된 기업의 핵심역량을 보호하려면 어느 정도의 조직상의 자율성을 보장하여 주지 않으면 안 된다.

< 제 4 절 >
결 론

기업들이 해외 기업 인수 · 합병을 하는 주요 이유는 신설투자의 형태로 진입할 경우에는 많은 시간과 노력이 드는 데 반해, 인수 · 합병을 통한 시장진입은 상대적으로 빨리 이루어질 수 있기 때문이다. 외국기업을 인수하면 그 기업이 갖고 있는 영업권이나 브랜드, 유통망, 생산시설을 한꺼번에 인수할 수 있으므로 신속한 시장진입이 가능하게 된다.

또한 해외 기업 인수 · 합병은 자신이 갖고 있지 못한 경영자원을 획득하기 위해서도 이루어진다. 즉 한국 기업이 현재 절실히 필요로 하는 새로운 기술과 해외에서의 유통망을 확보하기 위해서 기업 인수 · 합병은 활발하게 이루어지고 있다. 그밖에도 해외 인수 · 합병은 성숙한 사업에 진입하거나 세계시장에서의 시장 지배력을 높이기 위해서 혹은 산업 자체의 리스트럭처링을 위해서도 활발히 이루어지고 있다.

그러나 해외 기업 인수 · 합병은 상당히 위험도가 크며 성공하는 기업보다는 실패하는 기업의 수가 더 많은 것이 사실이다. 성공적인 해외 인수 · 합병을 위해서 인수대상의 선정과 교섭에서부터 전략적인 안목을 갖고 임해야 하고, 또한 인수 후 통합과정이 해외 인수 · 합병의 성공 여부에 결정적인 역할을 한다. 성공적인 해외 기업 인수 · 합병을 위해서는 전문가로 구성된 해외 기업 인수 · 합병팀을 구성하고 면밀하게 인수대상과 자사 전략과의 적합성을 비교한 다음 정확한 자산가치를 평가하여 인수 가격을 정하는 것이 필요하다.

사례분석 ▶▶ 세계기업들 간의 국경 없는 짝짓기

I. 국경 없는 M&A 붐

[매일경제, 2001년 7월 8일자]

세계 기업들이 발빠르게 변하고 있다. 세계경기가 빠르게 하락하고 있는데다 기업 간 경쟁이 심화됨에 따라 퇴출의 위험이 그 어느 때보다 높아지고 있기 때문이다. 생존을 위해 적과의 동침도 마다하지 않는 분위기가 확산되고 있고 핵심 생산시설을 아예 없애고 생산전문기업에 위탁하는 등 획기적인 발상의 전환이 잇따르고 있다. 이밖에 인원삭감 등 과감한 슬림화에 이어 가격 파괴 등 제살 깎는 구조조정이 세계기업으로 확산되면서 세계 산업, 금융 분야가 급격히 재편의 회오리 속에 빠져들고 있다.

▶ **짝짓기는 선택 아닌 생존문제**: 우선 M&A와 전략적 제휴(alliance)를 포함하는 기업 간 짝짓기는 이제 선택 아닌 생존의 문제가 되고 있다. 이같은 기업 간 짝짓기는 구경제, 신경제 구분 없이 업종을 가리지 않고 광범위하고 급속도로 진행되고 있다. 세계화(Globalization)의 실현에 따라 각국 간 경제적 장벽이 허물어지고 이에 따라 협력 파트너의 필요성이 절실해지기 때문이다. 이를 통해 상호 간 중복되는 인력이나 유통망 등을 통합 관리함으로써 비용 절감 및 시너지 효과를 노리는 전략도 이같은 기업 간 짝짓기를 부추기고 있다.

특히 최근 들어서 M&A보다 전략적 제휴가 폭발적으로 증가하고 있다. M&A에 따른 수직적 관계설정보다는 수평적인 제휴관계 수립이 더 효율적이라는 인식이 기업인들 사이에서 빠르게 확산되고 있기 때문이다. 톰슨 파이낸셜에 따르면 지난해 성사된 다국적 기업 간 제휴 건수만도 1만 건을 훨씬 넘고 있다. 일본 도시바와 독일 지멘스는 최근 화상 전송 가능 단말기를 공동 개발한다는데 합의했다. 일본 소니와 스웨덴 에릭슨도 조만간 영국에 차세대 이동통신 단말기의 공동 개발과 생산, 판매를 주관할 합작 법인을 설립할 예정이다. 미쓰비시와 모토로라도 첨단 휴대폰 사업을 제휴키로 했다. IBM은 로터스와의 제휴에 이어 59건의 추가 제휴를 검토 중이다. 시스코시스템스, 마이크로소프트, 인텔 등 신 경제의 대표기업들도 이같은 전략적 제휴 확대에 매우 적극적이다. 최근에는 온라인 최대 소매 업체인 아마존이 오프라인 거대 서적 판매 업체인 보더스와 제휴 관계를 맺어 관심을 끌기도 했다.

전통산업들도 치열한 경쟁 환경 속에서 살아남기 위해 업종을 다각화하거나 다른 업종끼리 전략적 짝짓기를 적극 구축하고 있다. 금융, 철강, 자동차, 조선, 유화, 제약 분야 등의 M&A 및 제휴가 활발히 진행되고 있는 것이다. 대표적인 예로 독일의 세계적 보험회사인 알리안츠의 드레스드너 은행 인수, 일본 주요 은행들의 4대 은행으로의 재편, 퍼스트유니온과 와코비의 제휴, 철강 부문에서 일본 신일본제철과 프랑스 유지노 간 전략적 제휴, 일본 내 2, 3위인 가와사키와 NKK의 합병, 자동차 부문에서 포드와 도요타, 다임러 크라이슬러와 현대의 제휴 등을 들 수 있다.

▸ **'공장 없는 기업' 확산**: 비용절감을 위한 대책 중 하나로 '공장 없는 기업시대' 추세가 확산되고 있다. 경기불황에 따른 수익전망 악화로 기업들이 자체 소유의 공장에서 제품을 생산하는 전통적 방식을 버리고 생산을 외부에 위탁하는 방식이다. 이에 따라 생긴 것이 생산전담회사(EMS: Electronic Manufacturing Service). EMS는 주로 전자제품의 생산을 위탁받아 전문적으로 제조 및 서비스를 담당해 주는 회사다. 2000년 12월 모토로라가 주력사업인 휴대폰 제조공장의 문을 닫고 제조 분야 아웃소싱을 발표한데 이어 올 들어선 에릭슨과 소니가 EMS업체에 생산을 맡기기로 했다. 최근 전자 분야 신제품 개발 속도가 날이 갈수록 빨라져 이를 위한 대규모 설비 투자 위험을 줄이기 위한 것이다.

II. 우리나라 은행들의 인수·합병 전략

1997년 외환위기 이후 한국의 주요 은행들은 대규모 인수·합병을 통해 규모를 늘리고 나아가 국제경쟁력을 강화해나가고 있다. 외환위기 이후 국내 금융시장이 완전 개방됨에 따라 외국 금융기관들이 속속 한국시장에 진출하고 있다. 이에 맞서 경쟁하기 위해서 한국의 은행들은 그 규모를 키워가고 있다. 그림에서 보는 바와 같이 2004년 현재 한국의 은행들은 규모와 크기를 키워가고 있다.

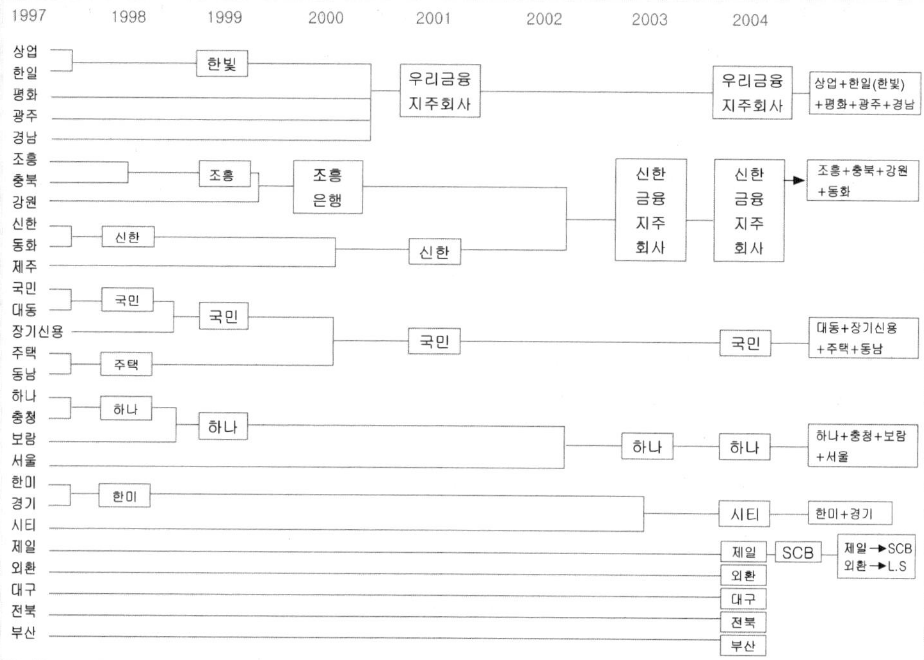

자료: 삼성경제연구소

III. 미국 디지털방송 전환의 '보이지 않는 손' LG전자

[연합뉴스, 2007년 12월 27일자]

LG 전자가 미국 디지털 방송 전환의 숨은 공신으로 떠오르고 있다. LG전자 관계자는 27일 "최근 미국에 공급하는 디지털방송 수신 셋톱박스의 선적을 시작했으며, 내년 초부터 미국 베스트바이와 서킷시티 등 대형 유통채널에서 판매를 시작할 예정"이라고 밝혔다.

미국은 2009년 2월 17일 세계 최초로 아날로그 방송을 중단하고 디지털 방송만 송출한다. 이에 따라 기존 아날로그 TV에는 셋톱박스가 필요하게 되며 미국 정부는 모든 가구의 디지털 방송 전환을 위해 40달러의 쿠폰을 지원하게 된다.

LG전자가 미국의 디지털 방송 전환에 거는 기대는 남다르다. LG전자 자회사인 제니스(Zenith)는 이 기술을 주도하고 미국 정부가 디지털 방송 전환을 결정하는데 지대한 역할을 했을 뿐 아니라, 디지털방송 수신기 제작에 필요한 원천 기술을 확보해 막대한 금액의 로열티도 챙기게 된다. 미국이 1998년 디지털 방송을 시작하고, 2009년 2월 아날로그 방송을 종료할 수 있게 된 것은 LG전자가 갖춘 디지털 방송 기술 덕분이라고 해도 과언이 아니다.

미국은 1998년 LG전자와 자회사 제니스가 개발한 디지털 방송 기술을 토대로 디지털 방송을 시작했다. 미국에서 디지털 TV를 판매하는 제조사들이 LG전자와 제니스가 소속된 ATSC 풀(Pool)에 로열티를 내야 하는 이유이기도 하다. 이 로열티 중 원천 기술을 보유한 제니스가 대부분을 가져가게 되는데, 제니스는 미국의 디지털 방송 전환으로 2천억 원 이상의 로열티 수입을 거둘 수 있을 것으로 전망된다.

LG전자는 미국의 디지털 방송 전환을 앞당기기 위해 미국 청문회에 참석하기도 했다. 2005년 미국 하원은 디지털 방송을 조기에 정착시키기 위한 입법을 진행하는 과정에서 청문회를 개최했는데, LG전자가 TV 업계를 대표해 증언한 것. 당시 LG전자 김종규 상무는 보급형 셋톱박스를 통해 디지털 방송을 조기에 정착시킬 수 있다고 의견을 피력하고 데모 제품을 청문회에서 직접 시연하기도 했다.

LG전자는 이 외에도 미국 의회와 FCC(연방통신위원회) 등에 지속적으로 디지털 방송 전환에 관한 방안을 제출하며 적극적으로 대안을 제시해 왔다. 이후 미국 방송사협회는 LG전자와 톰슨을 보급형 셋톱박스 개발업체로 선정했고, 3년간의 개발 끝에 LG전자는 지난 9월 미국 상무부로부터 보급형 셋톱박스 인증을 받는데 성공했다.

LG전자 관계자는 "미국이 2009년 2월 17일로 디지털 방송 전환 날짜를 확정할 수 있었던 것도 이 제품에 대한 확신이 있었기 때문"이라고 강조했다.

IV. 기업 인수 지불수단 현금보다 주식으로

[매일경제, 2000년 12/15]

기업 인수에 대한 지불수단으로 현금 대신 주식을 활용하는 사례가 급증하고 있다. 2000년 3/4분기 기업 인수에 현금이 동원된 경우는 전체 인수 사례의 28%에 그쳤다. 1999년 동기의 41%에서 현격히 떨어진 수치다. 주식을 배제한 채 현금과 부채상환 조건으로 거래된 경우도 전년 19%에서 14%로 감소했다. 이는 채권시장, 특히 정크본드라 불리는 위험도 높은 고수익 채권시장이 침체에 빠지며 현금조달이 어려워지고 있기 때문인 것으로 분석됐다.

기업 인수·합병에서 현금 거래 비중이 줄어든 배경에는 이같은 자금조달의 어려움도 있지만 주식교환을 통한 기업인수의 규모가 점점 커지고 있다는 것도 한몫하고 있다. 사상 최대 기업 인수·합병으로 통하는 아메리카온라인(AOL)-타임워너 합병은 1,429억 달러 규모인데도 전액 주식 교환을 통해 이뤄졌다. 이에 비해 2000년 최대 현금인수 규모는 240억 달러로서 유니레버가 베스트푸드를 인수하며 현금으로 지불한 금액이다.

최근 현금 대신 주식교환이 활발한 또 하나의 이유는 이른바 풀링(Pooling)으로 알려진 회계방식의 폐지가 예정됐기 때문인 것으로 분석됐다. 풀링은 아무런 제한 없이 기업 인수를 위한 추가 주식발행을 허용하며 인수 기업에 유리하게 작용하는 것으로 알려졌다. 미국 기업들은 이같은 풀링 제도가 폐지되기 전 서둘러 활용하려 했던 것으로 분석됐다. 그러나 풀링은 당초 예정대로 폐지되지 않고 현재 기업 합병에 관한 회계기준을 관장하는 금융회계기준위원회는 이에 대한 결정을 유보한 상태다.

이처럼 복합적인 이유로 점점 주식이 기업 인수의 '통화'로 사용되는 추세를 보이고 있으나 증시가 최근 급락세를 보이며 현금거래가 다시 활기를 띨 것이라는 전망도 대두되고 있다. 또 해외기업 인수 등 국경 간 거래에 있어서 주식교환은 각종 규제 때문에 원할한 매개체가 되지 못한다는 지적들이 나오며 다시 현금 거래에 눈을 돌리는 기업들도 나타나고 있다.

V. 글로벌 기업의 M&A 동향과 전략적 시사점에 관한 연구

[삼성경제연구소, 2006년 9월]

(1) 글로벌화의 도구로 부상하는 M&A

19세기 말에서 1980년대까지 기업 간의 인수·합병이 눈에 띄게 증가하는 M&A 물결(wave)이 4차례에 걸쳐 출현하였다. 1차에서 3차 물결까지 기업은 수평결합, 수직결합, 다각화의 과정을 거치며 거대 규모를 달성하였는데 1980년대 M&A 4차 물결에서는 구조조정을 거치면서 효율화를 경험하였다.

1993년 이후 발생한 M&A 5차와 6차 물결에서는 글로벌 성장전략으로 M&A를 활용하는 경향이 강화되어 세계 경제의 글로벌화, 구제완화 등으로 규모 확장 및 시장지위 강화를 위한 거대기업 간 초대형 합병과 '국제M&A[1]'의 비중이 증가하였다.

1) 매수자와 매도자의 국적이 다른 M&A.

| 국제 M&A 추이 |

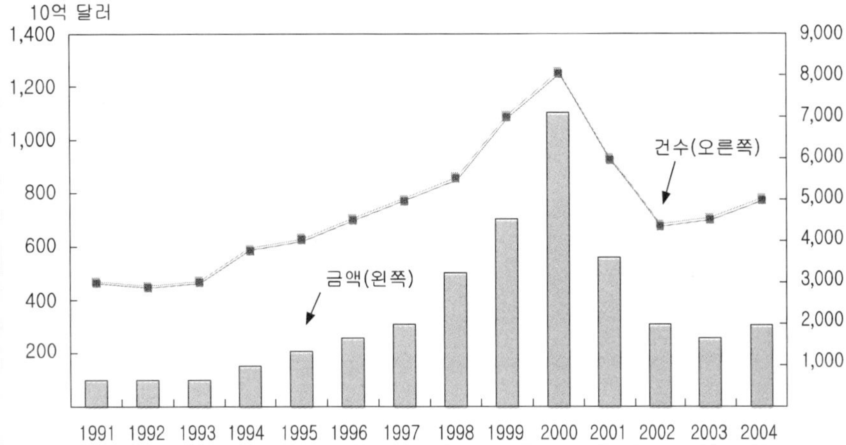

주: 상대 기업의 지분 10% 이상을 인수하는 거래만을 포함
자료: UNCTAD, Cross-Border M&A Database

최근에 시작된 M&A 6차 물결에서는 M&A가 신흥시장으로 확대되었다. 2004년에는 세계 M&A 건수 가운데 약 1/3이 아시아에서 발생하였고 중국, 인도 기업과 중동의 기업들이 새로운 M&A 주체로 등장하였다. 그간 M&A에 소극적이었던 국내 기업도 글로벌 기업의 최근 M&A 추진배경을 파악하고 이에 대처해야 할 필요가 있다. 지난 100년간 추이를 보면 M&A의 주목적은 장기 성장이 가장 중요한 목표였다. 최근 몇몇 해외 투자펀드가 단기 이익을 목적으로 국내 기업을 인수하는 경우가 있었으나 이들의 경제적 비중은 적다고 할 수 있다. 자력성장 위주의 전력만으로는 M&A를 자유자재로 구사하는 글로벌 기업과의 경쟁에서 한계를 드러낼 수 밖에 없다. 글로벌 선도 기업들의 최근 M&A 활동을 조사하고, 이들이 M&A를 선택하게 된 산업적 배경과 기업 전략적 배경을 분석하여 시사점을 알아보기로 한다.

(2) 글로벌 기업의 최근 M&A 결정요인

① 글로벌 선도기업의 M&A 현황과 연구 방법

한국경제와 관계가 깊은 10개 산업에서 글로벌 5대 기업을 선정하고 이들이 10년간 행한 대형 M&A를 조사하였다. 국내 대기업이 속한 산업 8개와 기타 미래유망 산업 2개를 선별하여 총 10개의 산업(제조업 7개, 비제조업 3개)을 선정하고, 2004년 포천 글로벌 500에서 각 산업의 매출 상위 5대 기업(구미 기업 35개, 아시아 기업 15)을 선정하였다. 이들 글로벌 선도기업의 1995~2004년간 대형 M&A를 분석하고 2006년 3월 시점에서 이들 기업에 대해 Hoover's에 언급된 총 281개의 M&A를 분석하였다.

| 10개 산업 5대 선도기업 |

산 업	5대 기업(국적)				
정 유	BP(영)	ExxonMobil(미)	로얄더치/쉘(네)	Total(프)	Chevron(미)
철 강	Arcelor(룩)	Nippon Steel(일)	JFE(일본)	POSCO(한)	Mittal(네)
자동차	GM(미)	DaimlerChrysler(독)	Toyota(일)	Ford(미)	Volkswagen(독)
통 신	NTT(일)	DT(독)	Verizon(미)	Vodafone(영)	FT(프)
은 행	Citigroup(미)	Fortis SA/NA(네/벨)	HSBC(영)	BNP Panbas(프)	BOA(미)
광 고	Omnicom(미)	WPP(영국)	Interpublic(미)	Publicis(프)	Dentsu(일)
제 약	Pfiser(미)	존슨앤드존슨(미)	GlaxoSmithKline(영)	Novartis(스)	Roche(스)
컴퓨터	IBM(미)	HP(미)	Dell(미)	NEC(일)	Fujitsu(일)
반도체	Intel(미)	Flextronics(싱)	삼성(한)	TI(미)	Infineon(독)
가 전	Matsushita(일)	Hitachi(일)	Sony(일)	Toshiba(일)	삼성(한)

주: 1. Mittal의 경우, 2005년 대형 M&A로 1위로 급부상해 순위에 포함
2. 반도체, 가전 기업은 해당 사업부의 매출만을 기준으로 순위를 결정
3. 네: 네덜란드, 룩: 룩셈부르크, 벨: 벨기에, 스: 스위스, 싱: 싱가포르

10개 산업 5대 글로벌 선도 기업이 과거 10년간 행한 M&A는 세계 전체 M&A와 유사한 특징을 보이고 있다. 세계 전체 M&A와 글로벌 선도기업의 M&A는 시기적으로 같은 추세를 보이는데 세계적으로 M&A가 2000년에 정점을 이루고 2002년 최저치를 보인 뒤 이후 다시 증가하는 것과 마찬가지로 샘플의 M&A도 같은 추세를 보이고 있다.

일정한 시기에 몇몇 산업에 집중되어 M&A가 발생한다는 점도 유사한다. 특히 정유, 은행, 제약 산업에서 글로벌 선도 기업을 2002년까지 M&A 붐을 이루고 최근 다시 붐을 형성하고 있다. 통신, 광고, 자동차, 반도체 산업의 경우는 2000~2002년을 정점으로 글로벌 선도기업의 M&A가 점차 위축되는 모습을 보이고 있다.

| 10개 산업 5대 기업의 대형 M&A 건수 |

	1995	1996	1997	1998	1999	2000	2001	2002	2003	2004	2005	계
정 유				1	5	3	3	6	1		3	22
철 강		1	1	1	1	1	2			2	3	12
자동차		1		7	5	10	4	1	1		1	30
통 신		3	1	2	6	9	7	3	2	1	1	35
은 행		2	4	6	11	5	7	1	1	11	4	52
광 고	2	1	3	6	6	10	4	3	2		1	38
제 약	3	3	5	4	2	5	5	6	3	1	7	44
컴퓨터	3		2	1	2		2	3	1	7	5	26
반도체	2	1	3	1	1	4	4	5		1		22
가 전												0
계	10	12	19	29	39	47	38	28	11	23	25	281

주: 음영은 M&A가 집중된 기간(한 해 M&A 건수가 산업별 연평균 M&A 건수 이상)

글로벌 선도기업도 세계 M&A 추세에 맞춰 1999년부터 일본 및 신흥시장 진출형 M&A를 많이 실행하고 있다.

| 10개 산업 5대 기업의 연평균 대형 M&A 건수 추이 |

	1995	1996	1997	1998	1999	2000	2001	2002	2003	2004	2005	계
전 체	10	12	19	29	39	47	38	28	11	23	25	281
선진시장 내	10	11	15	27	33	40	33	23	9	13	20	224
신흥시장 진출		1	4	2	6	7	5	5	2	10	5	47

주: 음영은 M&A가 집중된 기간 (한 해의 M&A 건수가 연평균 M&A 건수인 해)
신흥시장은 일본을 포함.

글로벌 선도기업의 대형 M&A 결정요인을 도출하기 위하여 산업적인 동인과 기업전략적인 동인을 같은 수준에 놓고 분석한다. 기업을 둘러싼 외적 환경에 따라 기업전략이 결정된다는 고전적인 견해도 있으나, 회사가 어떤 전략을 선택하느냐에 따라 같은 환경에 처한 기업이라도 성과가 달라질 수 있다는 연구결과[2])도 있다. 위의 두 견해를 절충하여 산업 차원과 기업전략 차원

2) Child John(1972), "Organizational Structure, Environment and Performance : Role of Strategic Choice", Sociology, vol, pp. 1~22.

을 병렬적으로 두고 각각에서 M&A동인을 추출하고 산업과 기업전략 간에 존재할 수 있는 상관관계는 고려하지 않았다.

② 산업환경 동인

글로벌 선도 기업이 M&A 당시 산업적인 배경으로 언급했던 요인을 모아 6개의 동인으로 정리하고 각각의 동인과 M&A 간의 상관관계를 분석한다. 산업 내 과점도와 과잉설비(시장 측면), 규제완화(제도 측면), 고객관계의 중요성(상품 측면), 기능분화와 R&D투자(기술 측면) 등 6개 동인을 채택하였다. 괄호안의 기호는 해당 동인과 M&A와의 상관관계 : +는 유의적인 양의 관계, −는 유의적인 음의 관계, ×는 유의적이지 않은 관계를 의미한다.

| 선도 기업이 언급한 M&A의 산업적 배경 |

산업	과 거
정 유	규모의 경제추구, 설비과잉투자, 규제 완화, 수평·수직적 통합
철 강	설비과잉투자, 가격교섭력 약화, 정부보조금 금지, 개도국 수요 확대
자동차	설비과잉투자, EU통합, 신 시장 확보경쟁, 환경규제
통 신	설비과잉투자, 역무 간/유·무선 간 규제 완화
은 행	소매금융의 부상, e-Business 등장, 겸업화
광 고	고객맞춤형 산업, 고객의 원스톱 서비스 니즈 확대, 글로벌 과정화
제 약	R&D 비용과다, 관련제도 변화, 신약/구약 간 사업진출
컴퓨터	모듈화, 시장포화, 중국기업의 등장, IT서비스화
반도체	반도체 수요 증가, 정부규제
가 전	제조/기획기능의 분리, 서비스화, 표준선점경쟁

가. 시장 측면: 과점화(+)와 과잉설비(×)

선도 기업은 M&A의 산업적 동인으로, 과잉설비와 과점도를 많이 언급하고 있으며 산업이 과잉설비 문제를 안고 있다면 구조조정을 위한 M&A가 많이 일어났을 것으로 예상할 수 있다. 산업 내 과점정도가 심하다면 선도 기업들은 과점적 대응의 차원에서 M&A를 실행했을 가능성이 크다.

| 2005년 글로벌 5대 기업의 세계시장 점유율 |

산업	M/S(%)	산업	M/S(%)
정 유	36.3	광 고	63.6
철 강	9.4	제 약	40.7
자동차	48.4	컴퓨터	32.6
통 신	35.6	반도체	33.9
은 행	58.8	가 전	13.2

실제로 2000년 시점에서 과점화 정도가 심한 산업일수록 2001~2004년 기간의 M&A건수가 증가하는 것을 볼 수 있다. 과점도가 높은 산업에서는 하나의 M&A를 기점으로 연이어 M&A가 일어나는 '도미노 현상'이 목격되고 있으며 정유, 자동차, 은행산업 등에서 현저히 발견된다.

한편, 과잉설비는 반드시 M&A 증가로 이어진다고 보기는 어렵다. 왜냐하면 과잉설비 해소를 위해 M&A를 사용하는 경우보다는 아웃소싱이나 생산기지 이전을 통해 자체적으로 해결하는 경우가 다수인 것으로 나타났다.

나. 제도적 측면: 규제 완화(+)

제도에서는 주로 민영화나 시장통합 등과 같이 기존 규제의 완화가 M&A를 촉발시킨 이유로 많이 언급되고 있다.

| 1990년대 산업별 규제 변화 |

연도	산업	내 용
1994	금융	은행과 저축금융기관 간의 규제 완화
1998		글래스-스티걸법 폐지(은행의 증권업 진출을 금지하는 법안)
1996	통신	美통신법 개정으로 방송과 통신, 통신역부 겸업 제한 해지
1998		미연방통신위원회가 지역사업자의 무선통신참여를 허용
1998	정유	셔먼트러스트법에 의해 제한되었던 합병을 선별적으로 승인
1998	철강	정부보조금 지급축소(유럽의 석탄 · 철강조약(ECSC Treaty))

실제로 규제가 심했던 산업에서는 관련 규제 및 제도가 완화될 때 시장 재구성을 위한 M&A가 급증하고 있는 것을 알 수 있다. 규제가 완화된 이후 M&A 연평균 거래 건수가 약 2배 이상 증가하였으며 이는 금융, 철강, 통신, 정유 및 제약에서 이러한 현상이 두드러진다. 예컨대 광고와

같이 M&A에 대한 규제가 엄격하지 않은 경우에는 초기부터 M&A가 많이 발생한다.

다. 상품적 측면: 고객관계(+)

상품의 특성에서는 특별히 언급된 산업적 배경은 없었으나 상품이 서비스 성격을 띠게 되면서 M&A가 증가하는 사례가 다수 존재한다. 서비스업에서는 신규고객을 직접 개척하기보다는 해당 고객을 이미 서비스하고 있던 기업을 인수함으로써 고객을 확보하는 경향이 뚜렷하다. 특히 이들 산업에서의 글로벌화는 곧 M&A를 통한 신 시장 진출을 의미한다.

실제로 제조 상품에 비해 서비스 상품을 취급하는 산업에서 M&A 빈도가 유의적으로 높게 나타났다. 1996~2005년 기간에 서비스 상품을 취급하는 산업이 약 2배 이상 M&A를 많이 실행하였는데 산업 당 평균 M&A 건수는 제조 산업이 22.6, 서비스산업이 41.3개로 나타났다. 또한 제조 상품도 서비스 상품의 속성이 결합될 경우 M&A가 증가한 것으로 나타났는데 컴퓨터 산업은 최근에 들어 IT서비스, 컨설팅 등 서비스적 산업 속성이 결합되면서 M&A 건수가 2배로 증가하였다.

라. 기술적 측면: 기능분화(−)와 R&D 투자(×)

M&A가 적었던 산업에서는 공통적인 특징으로 기술발전에 의한 기능분화 현상이 발견되었다. 일부 산업에서는 기술의 발전이 기획·설계기능과 제조기능 간의 전문화를 가져오면서 산업 내 기능분화가 촉발되어 제조와 공정기술의 개발은 아웃소싱하고 제품개발에 몰두하게 된다. 기능분화가 일어날 경우에는 제조 부문에서 자체적인 구조조정이 병행되기 때문에 M&A가 상대적으로 적게 일어난다고 예상할 수 있다.

실제로 업종 분화가 심한 산업과 그렇지 않은 산업 간 M&A 빈도의 차이는 유의적인 수준을 기록하고 있다. 컴퓨터, 가전, 반도체 등 디지털 기술이 접목된 제조산업에서 기타 제조산업보다 유의적으로 낮은 M&A 빈도를 보이고 있으며, 산업 당 평균 M&A 건수는 기능분화 산업의 경우 10.3, 비기능분화 산업의 경우 17.8로 나타났다.

기술적인 면에서 글로벌 선도 기업은 R&D 비용부담을 M&A의 배경으로 많이 언급하였으나 실제로는 상반된 결과가 도출되었다. R&D는 비용뿐만 아니라 향후 실패할 수도 있는 위험을 지니고 있어 일부 기업은 자체 R&D보다 타사의 R&D 기능과 결과를 인수하고 있으며 R&D와 M&A 간의 관계에 대해서는 기존의 실증연구들도 상이한 결론을 내고 있으며, 본 연구에서도 유의한 관계를 찾지 못하였다.

③ 기업전략 동인

기업의 성장 전략, 과점화 전략, 글로벌화 전략에 M&A가 얼마나 기여했는지 분석해 본다. 최근 10개 산업 5대 선도 기업은 시장보다 더 큰 성장을 기록하였는데 컴퓨터를 제외한 9개 산업에서 2000~2004년 기간 중 5대 기업 성장률이 시장 성장률을 초과하는 것으로 나타났다.

| 2000~2004년 기간 산업별 시장규모 및 선도기업의 성장률(%) |

산업	시장성장률	5대 기업 성장률	산업	시장성장률	5대 기업 성장률
정 유	41.3	310.2	광 고	18.0	282.0
철 강	32.2	264.0	제 약	37.1	170.0
자동차	10.7	47.2	컴퓨터	0.2	0.0
통 신	18.7	726.0	반도체	6.31	24.5
은 행	10.0	524.0	가 전	11.97	19.2

최근 신흥시장이 구미시장보다 더 빨리 성장하고 있다는 점을 감안하면 선도기업의 전략은 성장, 과점화, 글로벌화에 있다고 볼 수 있다.

성장, 과점화, 글로벌화 과정에서 M&A가 얼마나 기여하였는지를 분석하여 기업전략 차원에서 이들이 M&A 동인으로 작용했는지 검증해 본다. 기업이 단순히 상품시장에서의 경쟁을 통해 성장하고 시장점유율을 높이고 글로벌화가 되었다면 M&A의 기여도는 적을 것이며 반면 기업이 M&A를 통해 빠르게 성장하고 시장 점유율을 높이고 글로벌화를 달성하였다면 M&A가 전략적으로 사용되었다고 판단할 수 있다.

| 기업전략 관점에서의 M&A 동인 요약 |

전 략	현 상	자체성장 대비 M&A 활용이유
성 장	M&A 건수가 많을수록 매출 고성장	신시장 진입, 기술개발기간 단축
과점화	선도기업의 M&A 건수가 많았던 산업에서 이들의 M/S가 증가	상품+경영 자원시장 장악 병행
글로벌화	신진 → 신흥시장으로 M&A가 확산	글로벌 네트워크 일괄 흡수

가. 성장 전략

선도 기업은 자체 성장보다 M&A를 통한 성장을 선택한 이유로 '빠른 성장속도'를 뽑았으며 구체적으로는 3가지 사례가 존재한다. 시장이 급 성장기에 있는 경우 빠르게 진출하여 '선두자 이점(First Mover Advantage)'을 살리려는 의도로 보아야 한다. 장기간의 R&D투자가 필수적이고 성공 여부가 불확실할 경우 R&D 기간을 줄이고 시행착오를 최소화할 수 있는 수단으로 M&A를 활용한다. 또한 제휴나 직접 투자로는 얻기 힘든 해당분야에서의 지식, 인력, 사업노하우, 경험 등을 획득하려는 의도로 M&A를 활용하기도 한다. 실제로 1995~2004년 기간에 10개 산업 5대 기업은 M&A 건수가 많을수록 매출액 성장배수도 높았다. 그러나 아시아 선도 기업들은 M&A를 통한 성장보다 자체 성장을 선호하는 것으로 조사되었다.

나. 과점화 전략

과점력을 갖기 위해 자체 성장보다 M&A를 사용한 이유는 경영 자원시장 장악이 용이하기 때문이다. 향후 경쟁에서 살아남을 수 있는 충분한 규모를 달성할 수 있어야 하며 M&A를 할 경우 생산능력 확대는 물론 고객층 확대까지 단기간에 달성할 수 있다. 실제로 가전을 제외하면 2000년대 초반 선도기업의 M&A 건수가 많은 산업일수록 이들의 시장점유율도 상승하였다. 5대 기업보다는 3대, 2대 기업의 시장점유율 상승이 더욱 뚜렷하게 나타났으며 반면 M&A가 없었던 가전은 선도기업의 시장점유율이 오히려 감소한 것으로 조사되었다.

다. 글로벌화 전략

구미 선도 기업이 글로벌화의 도구로 M&A를 사용한 이유는 피인수기업의 글로벌 네트워크를 통째로 흡수할 수 있기 때문인데 피인수기업이 꼭 진출지역에 위치하지 않아도 진출지역에 네트워크를 가지고 있다면 인수하는 것이 일반적 경향이다. 실제로 최근 들어 신흥시장 진출형 M&A가 증가하는 것으로 드러났다. 구미 기업 간 M&A와 구미-기타 시장(일본 및 신흥시장) 기업 간 M&A를 나누어 보면 2000년 이후 후자의 비중이 증가한 것을 알 수 있다. 글로벌기업의 M&A 가운데 신흥시장 진출형 M&A가 차지하는 비중은 2000년 12.8%(20건/156건)에서 이후 21.6%(27건/125건)로 상승하였다.

산업별로 보더라도 광고, 통신, 가전 이외에는 2000년 이후 신흥시작 진출 M&A가 증가하였다. 이상의 분석을 통해 볼 때 선도기업의 최근 M&A 뒤에는 '글로벌 과점체제 구축'이라는 전략이 주요 목표라고 유추할 수 있다. '글로벌 과점체제 구축전략'은 2단계로 나누어져 전개된다.

| 구미 선진기업의 글로벌 과점기업화 과정 |

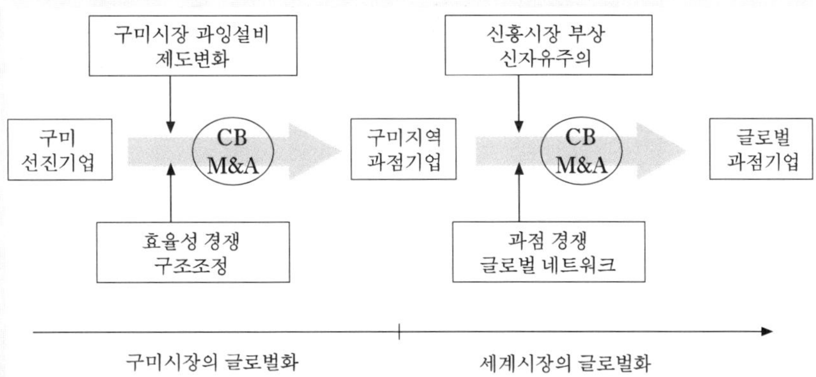

5차 M&A 물결과 맞물려 일어난 첫 번째 산업적인 특성을 살펴보면 '구미시장 과점화'인데 구미에서는 시장 내 과잉투자의 해소 필요, 단일시장의 형성, 산업별 규제 완화 등의 이유로 2000년대 이전부터 국제M&A가 활발하게 이루어졌다.

6차 M&A 물결과 동행하는 두 번째 단계는 고성장의 신흥시장에 진출하기 위해 구미 기업이 전략적으로 실행한 '글로벌 과점화'이며, 구미시장에서 이미 과점체제를 갖춘 기업이 구미시장의 성장한계 및 수익성 저하를 극복하기 위해 신흥시장 기업 대상의 국제M&A를 실시하였다.

라. M&A동인의 도식화와 의미

종합적으로, M&A에 유리한 산업 환경이 조성되어 있을수록, 또는 산업 내 글로벌화 욕구가 높은 기업이 많을수록 산업 내 M&A가 증가한다. 앞의 연구 틀에 따라 산업 동인과 기업전략 동인을 두 축으로 10개 산업별 5대 선도기업의 M&A 건수를 맵핑하면 기업전략 동인은 각 기업이 표명한 글로벌화 전략과 해외 매출비중으로 지표화한 글로벌화 욕구로 표시할 수 있다.

| M&A 동인과 M&A 실적 간 관계 |

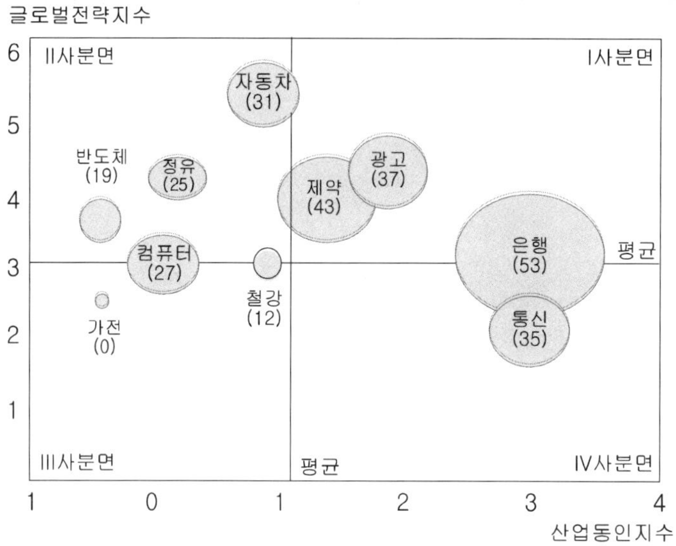

주 : 1. 괄호 안은 1995-2004 기간 중 발생한 대형 M&A 수
2. 철강, 반도체, 컴퓨터 업종에서도 M&A를 통한 글로벌화를 추진한 기업이 1-2개사씩 있으나 이들은 모두 구미기업으로 아시아 기업은 없으며, 아시아 기업은 수출이나 GI 등 M&A 이외의 방법으로 글로벌화를 추진

자동차나 정유는 산업의 특성보다는 기업의 글로벌화 욕구가 중요했고, 은행이나 통신은 상대적으로 산업의 특성이 더 많은 영향을 주는 것으로 나타났다. 기업의 전략이 M&A에 주는 영향은 산업마다 상이함을 보여주고 있다. 자동차나 정유는 산업의 특성보다는 기업의 글로벌화 욕구가 중요했고, 은행이나 통신은 상대적으로 산업의 특성이 더 많은 영향을 주고 있다. 기업의 전략이 M&A에 주는 영향은 산업마다 상이하다는 것을 보여주고 있다.

이는 기업이 속한 산업의 특성과 선도기업의 전략 변화에 따라 향후 다가올 M&A의 위협과 기회가 다르다는 시사점을 제공해 주고 있다. 한편, M&A를 통한 성장전략 추진 과정에서 신흥시장 지향도가 높은 산업에서는 기업전략 동인이 산업 동인에 우선한다. 구미 선도 기업의 글로벌 과점화 전략을 감안하여, 산업동인과 기업의 신흥시장 M&A 지향도를 축으로 신흥시장 진출형 M&A 건수를 맵핑하여 다음 그림을 작성하였다.

| M&A 동인과 신흥시장 진출형 M&A 실적 간 관계 |

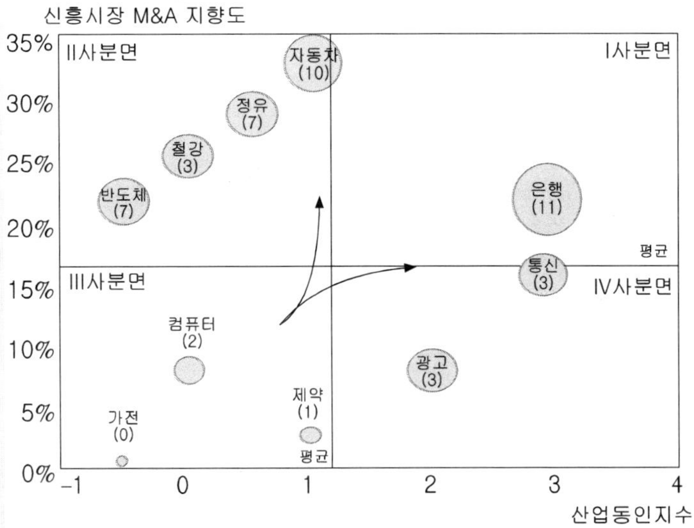

주 : 괄호 안은 1995-2004 기간 중 발생한 주요 신흥시장 국제M&A 수
신흥시장 M&A 지향도 : 1995~2004 기간 중 발생한 산업 내 대형 M&A 중 신흥시장 국제 M&A가 차지하는 비중을 백분율로 표시하였다.
이전 표와 비교하였을 때 철강, 제약의 산업동인지수가 변한 것은 신흥시장에서 제도 변화가 없었기 때문이다.

신흥시장 M&A 지향도가 높은 기업들이 많은 산업에서는 산업 환경에 상관없이 전략적인 이유만으로도 신흥시장에 대한 M&A를 추진한다. 반대로 신흥시장 M&A 지향도가 낮은 기업들이 많은 산업에서는 아무리 M&A에 유리한 환경이 조성되어도 신흥시장에 대한 M&A가 부진을 면치 못하고 있다. 이는 신흥시장 대상 M&A에서는 산업특성에 구애를 받지 않고 선도기업의 전략 방향에 따라 얼마든지 M&A 경쟁이 촉발될 수 있음을 시사하고 있다.

(3) 시사점

① 새로운 '게임의 룰'에 신속한 적응이 시급

구미의 선진 기업은 현재 M&A를 전략도구로 사용하면서 경쟁의 범위를 상품시장에서 「경영 자원시장」으로까지 확장하고 있는 중이다. 기존의 경쟁은 상품시장에서 상품의 가격과 품질로 승부하는 방식이다. 그러나 M&A가 기업성장의 중요한 도구로 부상하면서 경영자원시장에서의 경쟁도 기업의 경쟁범위에 포함되고 있는 중이며 경영자원시장에서 거래되는 경영자원은 원자재, 시설, 자본, 인력뿐만 아니라 조직시너지 및 심지어는 고객관계까지 포함한다.

경영자원시장에서의 경쟁력도 기업역량 중 하나로 인정하고 국내 및 국제 M&A를 상시적인 전략 수단으로 고려하여야 한다. 자체 성장에 익숙한 대부분의 한국 대기업은 M&A를 자유자재로 활용할 줄 아는 구미기업에 비해 전략적 도구가 한 가지 부족하다는 사실을 인식하고 M&A를 적극적으로 활용하여야 한다.

② 산업특성 및 경쟁사 전략 변화에 따른 M&A의 필요성 증가에 대비

현재는 M&A가 드문 산업에 속한 한국의 대기업도 향후 산업특성 변화에 따라 M&A 경쟁에 노출될 가능성이 있다. 과점화가 빠르게 진행되고 있는 철강 및 정유 산업과 점점 서비스업의 특성이 더해지는 컴퓨터 및 가전 산업 등이 주요 대상이 될 가능성이 크다.

선도기업의 전략변화에 따라서도 M&A의 필요성은 증대할 수 있다. 과거 10년 동안 신흥시장에서는 산업의 특성보다 기업의 전략이 M&A를 결정하는 주요 동인이었음을 상기한다면 구미기업의 신흥시장 진출욕구가 높은 자동차, 철강, 정유 산업에서 대응방안을 시급히 마련하여야 한다.

③ 異문화의 장벽을 극복하려는 선진기업의 노력을 학습

구미 선진기업은 동아시아의 異문화와 불확실성을 극복하기 위해 M&A를 통한 글로벌 과점체제 구축을 도구로 사용하고 있다. 글로벌 브랜드력을 이용한 신흥시장 진입과 현지기업 인수를 통한 현지 적응력을 강화하여야 한다.

한국 기업도 해외시장 진출 시 異문화 극복을 위해서는 치밀한 전략과 적절한 자원배치가 뒷받침되어야 한다. 과거 국제 M&A의 실패를 두려워하지 말

고 실패의 원인을 분석하여 좀 더 철저한 전략을 가지고 새롭게 시도하여야 할 것이다.

④ 저가 공세 후 M&A로 고부가 역량을 흡수하는 중국의 전략도 고려

최근 중국의 선진기업 인수는 국제 산업구조 재편 과정에서 M&A를 이용해 하위기업이 빠르게 부상하는 사례가 되고 있다. 중국기업은 저가전략으로 상품시장에서 미국의 컴퓨터 기업을 퇴출시킨 뒤 다시 경영자원시장에서 이들 기업을 취득하면서 고부가 부문까지 빠르게 흡수하고 있다.

이는 뛰어난 공정기술을 가진 한국 기업도 국제 M&A를 통해 빠르게 글로벌 리더의 위치에 오를 수 있음을 시사해주고 있다. 기획력과 첨단기술은 부족하지만 공정기술이 우수하여 가격대비 양질의 제품을 만들어 세계시장을 석권하는 것이 한국기업의 전략이라 할 수 있다. 이들은 경영자원시장에서 고부가 역량을 흡수할 필요가 있다.

⑤ M&A 역량 강화를 위해 다각도로 준비

사내 M&A 관련 인프라와 경영시스템을 마련할 필요가 있으며 M&A를 단발성 거래로 생각하지 말고 경영계획이나 중장기전략 수립 시 M&A가 필요한 부분을 구체적으로 명시해야 할 것이다. M&A 관련 정보력을 배양하고 해당 매물이 나왔을 때 신속히 대응할 수 있는 경영시스템을 마련해야 한다.

M&A는 기업문화나 경영시스템이 다른 두 기업을 합친다는 면에서 쉽지 않은 모험임을 명시하고 무형자산에 대한 실사능력과 post-M&A 관리력을 배양해야만 한다.

10 국제경영전략

Chapter .....

< 제 1 절 >

국제경영전략의 과제

2000년대에 들어 세계시장의 통합에 따라 기업들은 지역별 대응을 요구하는 현지화(localization)와 더불어 세계적 차원에서 통합을 해야 하는 세계화(globalization)라는 두 가지 상반된 환경변화에 대응하지 않으면 안 되게 되었다. 한편으로는 교통과 통신수단의 발달, 국가 간 무역장벽의 완화에 따른 소비자 욕구의 동질화 등으로 세계 전체가 동질적인 단일시장으로 통합되어 가는 세계화 현상이 나타나고 있으며, 다른 한편으로는 이러한 세계화 경향에도 불구하고 여전히 존재하는 국가별 상이한 시장구조와 소비자 선호 등 현지화 필요성이 상존하고 있다.

물론 이러한 시장별 차이도 국제적인 교통, 통신수단의 발달에 따라 점차 완화되어가고는 있으나 아직까지 각국 소비자들의 제품에 대한 선호나 소비자 욕구 등은 상당한 차이를 보이고 있다. 또 각국별로 상이한 환경, 보건위생, 안전 등에 관한 규정 등도 지역별 대응을 여전히 중요한 요인으로 만들고 있는 정부 측면의 현지화요인들이다. 세계 전체를 상대로 활동해 나가야 하는 기업들에게 있어 이러한 상반된 두 가지 환경 요인에 어떻게 조화롭게 대처해나가느냐 하는 것이 국제경영전략의 중요한 과제가 되고 있다.

일차적으로 세계 단일시장으로의 통합이라는 환경 속에서 기업들이 경쟁력을 유지하기 위해서는 범세계적인 규모의 경제(global economy of scale)를 활용하는 것이 매우 중요한 전략적 과제가 되고 있으며, 다른 한편으로는 각국별 시장 니즈(Needs)에 맞추어 나가야 하는 전략적 유연성도 동시에 요구되고 있다. 넓어지고 동질화되는 세계시장을 위해서는 표준화된 제품을 대량생산하여 공급함으로써 규모의 경제 실현을 통한 가격경쟁력을 확보하여야만 하나, 다른 한편으로는 각 지역별 요구에 맞추어 각기 차별화된 제품을 공급해야만 하는 이중의 부담을 지게 되는 것이다.

이러한 전략적 과제를 해결하기 위해서는 전략적 유연성(flexibility)의 발휘가 요구되는데 이것은 특정 제품의 연구개발, 부품의 조달, 생산 및 판매에 관련되는 여러 기업활동중 규모의 경제에 민감한 기업활동은 한 곳으로 집중시켜 관리하는 반면, 현지화의 필요성이 요구되는 기업활동은 각국에 분산시키는 이원적인 전략적 접근이 필요하다. 즉, 각국에 흩어져 있는 자회사들간 분업과 연계를 통해 규모의 경제를 살리면서 동시에 지역적 차별화 요구는 그 요구대로 수용하여 두 가지 전략적 목표를 동시에 달성할 수 있다는 것이다. 구체적으로 이러한 문제들에 대해서 과연 글로벌 기업들이 어떻게 대응해야 하는가에 대한 국제경영전략 모델들을 알아보자.

< 제 2 절 >
기업 내부 글로벌 네트워크의 형성

국제경영전략 수립에 있어 가장 중요한 전략적 과제는 각국별 생산요소의 부존 상황에 따른 국별 비교우위(comparative advantage)와 기업의 경쟁우위(competitive advantage)를 최적으로 결합하여 기업이 추구하는 전략목표에 맞는 제품이나 서비스를 생산해내는 것이다. 국가 특유의 우위라고 불리는 비교우위는 기업의 부가가치사슬(value-added chain) 상의 특정한 활동을 어느 국가에서 수행할 것인지를 결정하는데 있어 매우 중요한 고려요인이다. 기업 특유의 우위인 차별화 우위나 원가 우위는 부가가치사슬 상의 여러 활동들 중 어떤 활동에 기업의 자원을 집중적으로 투자하여 목표로 하는 경쟁력을 확보할 것인가를 결정하는 데 중요한 고려요인이다.

이를 다른 말로 표현하면 저원가 혹은 차별화라는 경쟁우위를 달성하기 위해 경쟁우위의 원천이 되는 부가가치사슬 상의 여러 활동들을 각국별로 어떻게 배치(configuration)하고 조정(coordination)할 것인가 하는 문제이기도 하다. 이 경우 배치의 문제는 가치사슬 상의 각 활동이 수행되는 국가를 결정하는 문제이며, 조정의 문제는 각국별 자회사에서 수행되는 각각의 활동들을 어떻게 최적의 상태로 연결하느냐 하는 문제이다. 따라서 국가의 요소부존도를 나타내는 국별 비교우위는 기업의 제반활동을 어느 나라에 위치시킬 것인가를 결정하는 배치의 문제에 관련되고, 기업이 갖고 있는 경쟁우위는 여러 국가에서 수행되는 가치활동의 조정에 관련된 문제라고 할 수 있다.

| Michael Porter의 가치사슬(Value Chain) |

<table>
<tr><td colspan="5">인적자원 관리</td></tr>
<tr><td colspan="5">연구 · 개발 (R & D)</td></tr>
<tr><td>물 류
투 입</td><td>제 조
공 정</td><td>물 류
산 출</td><td>마케팅</td><td>A/S</td></tr>
<tr><td colspan="5">기획 · 홍보 · 대정부 관계</td></tr>
<tr><td colspan="5">재무 · 회계</td></tr>
</table>

오늘날 대부분의 다국적기업들은 세계의 3극(Triad) 즉 북미, 유럽, 아시아 지역을 중심으로 세계 각 곳에 연구개발센터, 부품제조기지, 제품생산거점, 판매거점과 A/S센터 등을 서로 연결시킨 글로벌 네트워크를 구축하고 있다. 일반적으로 기업의 글로벌 네트워크 전략이라 함은 글로벌 연구개발(R&D) 네트워크, 글로벌 로지스틱스(Logistics) 네트워크[1], 이의 효율적 운영과 관리를 위한 정보(Information) 네트워크, 그리고 이들 각종 네트워크를 지역차원에서 조정, 통괄하는 조직으로서의 지역본사제도를 포괄하는 개념이다.

기업들은 효율적인 글로벌 로지스틱스 네트워크를 구축함으로써 기업 전체 차원에서 불필요한 재고와 보관시설을 제거하여 물류비용을 절감할 수 있고, 적절한 상품을, 적절한 시기에, 적절한 장소에서, 적절한 상태로 그리고 적절한 비용으로 공급함으로써 고객만족을 실현할 수도 있다. 그러나 이러한 글로벌 로지스틱스 네트워크를 효율적으로 운영하기 위해서는 이의 중추신경계라고 할 수 있는 글로벌 정보네트워크의 구축이 필수적으로 요구된다.

효율적인 글로벌정보 네트워크는 기업 본사의 최고경영층으로 하여금 전 세계적 관심에서 의사결정을 신속하게 내릴 수 있도록 한다. 만일 1국 내의 생산거점, 판매거점을 중심으로 자금조달에서부터 종업원의 채용, 생산, 판매에 이르는 제반의 기업활동을 자기완결적으로 수행한다면 별도의 국제정보 네트워크의 구축은 필요 없게 될 것이다. 그러나 오늘날 대부분의 크고 작은 다국적기업들은 부품생산기지, 최종생산거점 및 판매거점 등을 지역별로 따로 설립하여 세계 각국에 위치한 이들 생산 및 판매거점들을 연결시켜

1) 일반적으로 '부품 · 완제품의 생산거점 입지와 특성 및 그곳에서 시장에 대한 공급방식을 포함하는 제품공급체계상의 모든 기업 활동의 틀'이라고 정의될 수 있다.

상호의존적으로 운영하고 있다. 다국적기업 본사의 최고경영층은 범세계적 차원에서 최적의 자금 조달지, 원자재나 부품 조달지, 생산지 및 판매지역 등을 결정하고 또한 이들 간의 최적상태의 상호의존체제를 구축할 필요가 있으며, 이를 위하여 전 세계적인 정보를 일원적으로 수집, 분석할 수 있는 글로벌 정보네트워크의 구축이 요구되게 된다.

< 제 3 절 >

기업 외부 글로벌 네트워크 형성

1. 글로벌 아웃소싱 전략

세계단일시장체제하에서 기업들은 경쟁력 강화를 위해 아웃소싱 전략을 활발히 전개하고 있다. 이 전략은 과거 1970년대부터 일부 산업분야에서 선진국 기업들을 중심으로 국제하청의 형태로 시행되어 왔다. 예컨대 전자산업의 경우 세계적인 지명도를 가진 미국 업체들은 고도의 노동숙련도가 요구되는 중요한 작업은 미국 내에서 실시하고 단순가공이나 단순조립공정을 한국, 대만, 홍콩, 싱가포르와 같은 선발 개도국 기업에게 맡김으로써 값싼 인건비를 활용하는 국제노동분업 시스템을 활용해왔다. 또한 신발 산업의 경우에도 미국 본사에서는 신모델이나 신소재 개발, 신발의 디자인 개발과 같은 고부가가치의 활동만을 시행하고 단순 생산활동은 한국, 대만 기타 동남아시아 국가들에게 맡김으로써 가격 경쟁력을 확보할 수 있었다.

이러한 국제분업활동이 2000년대 들어 더욱 가속화하고 있다. 오늘날에 와서는 아웃소싱 전략이 국내외를 불문하고 또 생산공정이나 업무의 중요성과 관계없이 경쟁력 확보 차원에서 활발하게 이루어지고 있다. 과거 개도국의 저임금을 활용하기 위해 주로 이루어지던 아웃소싱이 이제는 국내, 국외를 불문하고 자기 기업의 경쟁력을 강화할 수 있다고만 하면 업무영역에 관계없이 이를 실행하는 단계에 이르렀다. 이러한 활동이 경쟁기업과의 전략적 제휴를 통해서 이루어지기도 하고 국내외 부품업체와의 협력적 동반자 관계의 확립을 통해서 이루어지기도 한다. 또 구조조정 차원에서 기업 내 일부 부서를 독립시켜(Spin-off) 특정 서비스를 아웃소싱 형태로 공급받기도 한다.

<제 4 절>

글로벌 로지스틱스

1. 글로벌 로지스틱스 전략

로지스틱스(logicstics)란 원래 병참(兵站)을 뜻하는 군사용어로서 보급활동을 의미한다. 경영학에 있어서의 로지스틱스는 제품이나 서비스를 제공하는데 있어서 원료취득지점으로부터 최종 소비지점까지의 제품의 흐름 및 그에 따르는 정보의 흐름을 용이하게 하는 모든 이동-저장활동에 대한 계획, 조직, 통제를 의미한다. 결국 로지스틱스는 공장이나 판매망의 배치, 원재료 및 부품의 공급, 노동력의 조달, 제품수송, 판매를 토털 시스템 어프로치(total system approch)로 콘트롤 하는 기능을 말한다.

다국적기업은 많은 국가에 공장을 가지고 있기 때문에 생산 및 로지스틱스체제를 범세계적 기준으로 통합하고 합리화하는데 노력해야 한다. 기업은 수요, 입지적 요인, 수송비, 규모의 경제성, 각종 정부규제 및 기타사항에 기초하여 각 공장의 생산특화를 결정하고, 또한 자사가 생산할 것인가 타회사로부터 구매할 것인가에 대한 결정 및 재료, 부품 및 완제품의 범세계적 규모의 달성에 관한 전략을 결정해야 한다.

많은 나라에 공장이 있는 다국적기업은 전 세계를 통하여 부품 및 구성부품의 호환성을 포함한 자사의 규모의 경제성, 원가절감, 균일화된 제품의 판매를 위하여 자사의 부품 및 구성부품의 범세계적 표준화전략을 추구한다. 또 어떤 국가에 있는 공장에서는 특정한 부품의 생산에 특화하고 어떤 공장에서는 다른 계열 기업이 공급해주는 부품을 사용하여 최종 제품 조립에 특화하고 또 다른 기업은 구성부품의 생산과 완제품 조립을 동시에 할 수 있는 통합된 생산 및 공급체제를 유지하고 있다. 그러한 통합의 목적은 최종판매시장의 수요, 생산, 수송비, 수입관세, 각종 진입장벽과 기타요인을 감안하여 세계시장에 가장 효과적으로 제품을 공급하는데 있다.

또 다국적기업은 자사 제조와 타사 구입에 관한 결정을 원가, 공급의 보증, 품질의 일관성, 현지 정부와 노동자 및 일반대중의 태도 등을 고려하여 결정해야 한다. 어떤 기업은 원가절감을 위해 범세계적인 규모로 재료와 부품의 공급원을 찾는 글로벌 소싱(Global Sourcing)전략을 취한다. 이들 기업들은 재료와 부품을 원가, 품질, 공급의 보증 등을 기준으로 전세계의 공급원으로부터 조달한다. 그리고 진입장벽이 특정 국가에서는 현지에서 부품을 구입하거나, 아니면 수직적인 통합을 통해 생산을 해야 하는 경우도 있다.

결론적으로 글로벌 로지스틱스 전략은 연구개발, 부품조달, 생산, 마케팅, 재무 등 타 전략을 고려한 기업 전체적 차원에서(Total System Approach) 다루어져야 한다.

2. 기업 내 국제분업과 무역

다국적기업은 각국에 배치되어 있는 해외생산자회사를 본사의 통제하에 두고 장기경영전략에 따라 운영하기 때문에 자연히 다국적 기업 내 국제분업이 생성하게 된다. 이러한 예는 개도국에서 조립, 가공하여 본사로 반송된 후 거기서 범세계적 마케팅전략을 전개하는 전자산업이나 의류산업, 그 외 많은 제조업에서 쉽게 찾아볼 수 있다.

다국적기업의 해외진출 자체가 현지국의 유리한 조건과 기업이 가지고 있는 경쟁우위 요소를 결합하여 활용하기 위한 것이므로 지역에 따라 생산품목이나 생산공정, 공장규모 등이 다르고, 한편으로 다국적기업이 본사의 총체적 통제 하에 움직이면서 그룹 전체로서의 이익을 중시하기 때문에 본사와 자회사 간의 기업 내 국제거래가 크게 증대된다. 기업 내 국제분업에 따라 본사와 자회사 간, 혹은 자회사 상호 간의 거래는 그룹 전체로서의 이익을 중시하여 거래의 방향과 가격조작에 의한 거래가격에 따라 이루어지는 것이 일반적이지만 세금 도피나 절세를 위한 목적으로 이루어지기도 한다.

전 세계적으로 기업 내 국제거래가 어느 정도나 이루어지고 있는가에 대한 정확한 통계는 없다. 그러나 1990년대 중반 미국의 경우 다국적기업 관련 수출의 40.6%가 모회사에서 자회사로 수출된 것이고 수입의 45.9%가 자회사에서 모회사로 수출되고 있어 미국 전체 수출의 20.5%, 전체 수입의 15.7%가 다국적 기업의 기업 거래에 의한 것이다. 일반적으로 개발도상국의 경우 전체 무역의 40~50%가 다국적 기업의 내부거래에 의한 것으로 추정된다.

3. 국제 로지스틱스 전략의 과제

2000년대 들어 급속하게 진행되고 있는 세계시장의 통합 움직임은 기업의 국내외 경영활동에 중대한 영향을 미치고 있으며, 특히 해외생산의 수평적 분업과 수직적 분업의 재검토 및 거기에 따르는 로지스틱스 전략의 중요성을 일깨워 주고 있다.

기업 내 국제분업의 관점에서 로지스틱스 전략은 첫째, 모기업의 기초연구부문, 응용연구부문과 자회사의 개발연구부문 및 자회사의 연구부문 상호간의 조정문제, 둘째, 자회사의 생산품목 신규 추가, 모델변경 또는 철수 처리, 셋째, 제품마다 집중생산이냐 분산생산이냐의 결정, 넷째, 생산거점과 판매거점간의 물적유통·정보 루트의 시스템화 등의 과제에 대처하지 않으면 안된다.

로지스틱스 전략패턴은 국제경영의 성숙도 또는 발전단계에 따라 상이한데, 산업분야에 따라서 반드시 명확하게 구분하기는 어려우나 대체적으로 국내시장에의 수출입을 목적으로 하는 타입, 진출시장을 대상으로 하는 타입, 세계시장을 대상으로 하는 타입 등 세 가지로 구분할 수 있다.

또 업종의 특질에 따라 집중생산형과 분산생산형으로 분류하는 방법도 있다. 집중생산의 경우에는 ① 규모의 이익이 실현된다. ② 표준화·규격화에 의해서 생산코스트를 삭감하고 마케팅전개를 용이하게 한다. ③ 모회사·자회사 간의 경영층·관리층·기술스탭의 배치전환에 의해서 상호 간의 커뮤니케이션이나 사업활동의 조정이 용이하게 된다.

한편, 콩글로머리트, 부품메이커, 약품, 식품 등의 산업분야에서는 생산품목이 크게 다각화되고 있으며, 또 약품이나 식품은 소비자의 기호나 보건행정상의 차이도 있어서 분산생산방식을 취하는 것이 보통이다. 또한 비교적 제품의 라이프사이클이 긴 화학부문, 소재부문과 라이프사이클이 짧고 제품혁신과 기술혁신의 템포가 빠른 전자공업부문 등도 분산방식을 택한다.

< 제 5 절 >

국제경영전략 모델

1. Integration-Responsiveness(IR) 모델

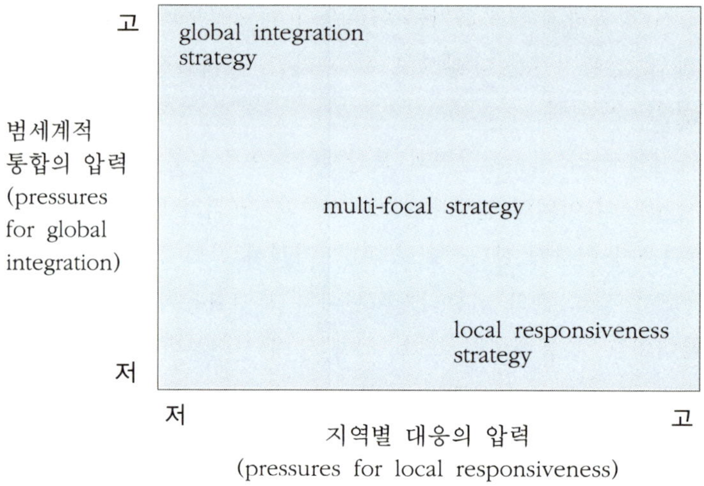

| 그림 10-1 | 범세계적 통합과 지역별 대응의 압력

먼저 범세계적 통합의 압력(pressures for global integration)으로 작용하는 요인들을 구체적으로 살펴보자.

첫째는, 범세계적 소비자들의 존재로서 이들은 전 세계에 걸쳐 있는 공급자들의 가격 및 서비스 등을 비교하여 제품구입을 결정하게 된다. 둘째는 범세계적 경쟁자(공급자)들의 출현으로서 세계시장 차원에서의 치열한 기업 간 경쟁을 통해 범세계적 경쟁을 촉발시키게 된다. 셋째는 첨단산업을 중심으로 한 R&D 집약적인 산업의 등장으로서 대규모의 투자된 연구개발비를 회수하기 위해 보다 넓은 세계시장을 상대로 한 마케팅활동을 전개하게 된다. 이는 특히 초기에 대규모 투자가 소요되는 투자 집약적인 사업의 경우에 해당된다. 넷째로는 비용절감에 대한 압력으로서 생산비용이 낮은 지역에서 생산을 추구하고 대규모 공장을 건설하여 규모의 경제와 경험효과를 추구한다. 다섯째는 소비자욕구의 동질화경향으로서 교통과 통신의 발달에 따라 전 세계를 하나의 단일시장으로 파악하고 전략을 수립하는 글로벌경영을 요구하고 있다.

이에 반해 지역별 대응의 압력(pressures for local responsiveness)으로 작용하는 요인들을 보자.

첫째는, 소비성향의 이질성으로서 국가 혹은 지역별로 다양한 소비자 요구를 충족시키기 위해 지역적 대응전략이 필요하다. 둘째는 시장구조의 상이성으로서 각국 간에 존재하는 유통경로, 가격결정, 제품 포지셔닝, 판매촉진과 광고 등의 차이를 말한다. 셋째로는 현지국 정부의 압력으로서 그 나라의 산업발전을 위해 혹은 환경, 보건위생이나 안전과 관련하여 다양한 규제를 하게 될 때 이에 대응하기 위해 각국별 적응전략이 요구된다.

글로벌기업이 범세계적 통합과 지역적 대응이라는 이중의 요구에 전략적으로 어떻게 대응하는가는 기업이 보유하고 있는 자원이나 전략적 목표, 기업에 가해지는 개별 요인들의 압력의 크기에 따라 달라질 수 있다. 이 모델은 범세계적으로 경영활동을 통합하는가 아니면 개별, 지역별로 적응하여 대응하는가에 따라 3가지 전략을 제시하고 있다. 즉, i) 범세계적 통합전략(global integration strategy), ii) 지역별 대응전략(local responsiveness strategy), iii) 절충형태의 다중초점전략(multi-focal strategy)이다.

범세계적 통합전략은 다국적기업의 여러 자회사가 본사에 의해서 직접적으로 지휘, 통제를 받으며 특히 생산이나 판매 면에서 자회사들 간에 긴밀한 상호의존성을 갖는 경우의 전략을 말한다. 통합의 필요성은 비용절감과 투자의 효용극대화이며 이를 위해 임금이 싼 국가에 공장을 설립하여 타국시장으로 선적하고 규모의 경제를 실현하기 위해 대규모의 전문화된 공장을 건설한다. 이 전략은 보통 중앙집권적 조직구조를 가진다.

다중초점전략은 자회사들 간의 독자적인 자율경영원칙 하에서 각 지역의 자회사 간 조정과 상호협력을 갖는 것을 의미한다. 즉, 연구개발의 우선순위를 조정하고 범세계적 소비자에 대한 가격결정을 조정하며 본사에서 자회사로 혹은 자회사 간에 기술이전을 촉진하는데 그 특징이 있다. 이 전략은 자회사들에게 차별화된 목표를 할당하는데 이는 경쟁능력을 개발하기 위한 것이다. 이 전략은 통합전략과는 달리 전략의 성격이 선택적이며 비일상적이다.

지역별 대응전략은 개별국가의 환경에 맞추어 마치 그 나라의 기업처럼 현지국에서 자율적으로 활동하도록 하는 것을 말한다. 따라서 자회사는 현지의 경쟁자나 소비자의 요구에 반응하여 독자적으로 자원의 실행결정을 내리게 된다. 따라서 지역별 대응전략은 주로 분권적 조직구조를 갖게 된다.

2. 부가가치활동의 배치의 조정모델

이 모델은 기업 경쟁력의 원천은 R&D, 생산, 마케팅, 애프터서비스 등의 각 기능들의 효율성을 제고하는데 있음을 강조하고, 저원가와 차별화라는 경쟁우위를 달성하기 위해 각 기능들의 활동을 범세계적으로 배치하고 조정하는 모델이다.

가치활동의 배치는 전 세계를 대상으로 수행되는 가치사슬 내의 각 활동들이 특정국에 집중되어 있는가 또는 분산되어 있는가를 의미하고, 가치활동의 조정은 각 국가에서 수행되는 가치사슬의 상호조정정도를 의미한다.

따라서 가치사슬의 집중은 본국을 중심으로 소수지역에 각 가치활동을 집중배치하는 것을 의미하며, 분산은 기업의 각 가치활동을 분산시켜 극단적으로는 모든 진출지역에 본사와 동일한 가치사슬(value chain)을 갖는 자회사를 두는 것을 의미한다. 그리고 높은 조정수준이라는 것은 높은 통제(가치활동의 통합)를 추구하는 중앙집권화된 조직구조의 기업인 경우이며, 낮은 조정수준은 높은 자율성을 추구하는 분권화된 조직구조의 기업인 경우이다. 예를 들면 한국, 미국, 영국에 세 개의 생산공장을 가지고 있는 기업의 경우 세 개의 공장을 각각 완전히 자율적으로 운영할 수도 있고, 아니면 똑같은 생산방식과 부품 등을 사용하게 함으로써 본사에서 철저하게 통제를 할 수도 있다. 이를 그림으로 나타내면 그림 10-2와 같다.

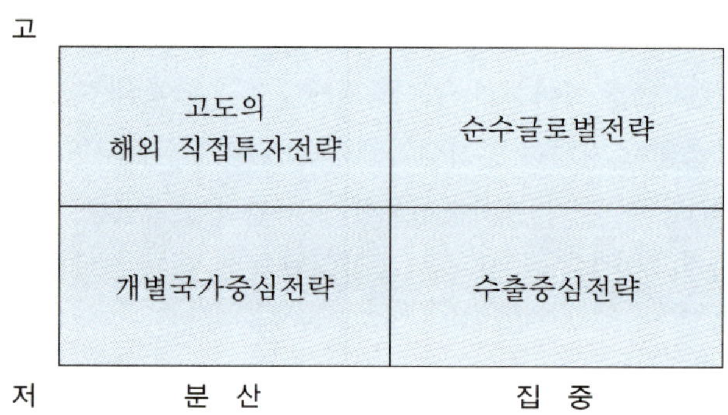

[가치활동의 배치]

Porter, 1986. p.28

| 그림 10-2 | 가치활동의 배치와 조정

각 전략을 구체적으로 살펴보면 다음과 같다. 첫째, 순수글로벌 전략(pure global strategy)은 기업의 가치사슬 중 규모의 경제에 민감한 부분들은 가급적 하나의 국가에 집중하여 행하고, 현지화에 충실해야 할 기능들만 최소한으로 분산시킨다. 그것도 개별 국가간의 차이를 좁히도록 높은 조정수준을 유지한다. 이는 저 원가를 달성하는데 유용한 전략이며 일본기업들이 많이 사용하는 전략유형이다.

둘째, 개별국가 중심전략(country-centered strategy)은 기업활동의 대부분이 개별국가에 분산되어 행해지며 자회사간 가치활동의 조정이 이루어지지 않는 전략의 형태이다. 이 전략은 개별국가에의 적응이 중요한 다국내적 산업(multidomestic industry)의 기업이 추구하는 전략이다.

셋째, 고도의 해외 직접투자전략(high FDI strategy)은 대부분의 가치활동을 각국에 분산배치하는 면에서는 개별국가중심전략과 유사하나 분산된 가치활동에 대해서는 철저한 중앙통제 및 조정을 행하는 점에서는 다른 측면을 가지고 있으며, 자회사 간의 조정수준이 높은 전략이다.

넷째, 수출중심전략(export strategy)은 가치활동을 지역적으로 집중시키되 가치활동 간 조정은 별로 하지 않는 전략이다. 즉, 순수글로벌전략처럼 기업의 가치사슬 중 규모의 경제에 민감한 기능들은 가급적 한 곳으로 집중시켜 관리하고, 최소한으로 현지화에 필요한 기능(마케팅기능)만 분산시켜 각 지역별 적응의 요구에 대응하는 수출 위주의 전략이다.

배치와 조정의 매트릭스 내에 있는 전략 중 어떤 것을 선택하여 실행하는가 하는 것은 어떤 전략이 자사의 국제적인 경쟁우위를 확보하는 데에 효과적인가에 따라서 결정되기 때문에 자사에게 가장 유리한 전략을 선택하기 위해서는 가치활동의 지역적 집중에 따른 장단점과 분산된 가치활동의 조정 및 통제에 따른 장단점을 이해해야 한다. 이러한 장단점을 잘 인식하고 기업 및 산업특성에 알맞게 가치활동을 전 세계에 배치 및 조정하여 글로벌경쟁전략을 수립해야 한다.

3. 경쟁범위에 따른 전략모델

경쟁범위는 기업이 경쟁하는데 있어서의 활동의 폭을 의미한다. 기업이 글로벌경영을 수행해 나가는데 있어 경쟁의 범위를 어떻게 선택하는가에 따라서 글로벌경영전략의 수

구가 달라진다.

글로벌기업은 어떻게 가치활동을 전 세계적으로 배치하고 조정함으로써 경쟁우위를 향상시킬 수 있는가 여부와 시장세분의 범위를 어느 정도로 정할 것인가의 여부에 따라 전략이 구분된다. 그림 10-3은 가치활동의 지역적 배치 및 조정에 따라 범세계적 전략과 개별국가중심전략으로 분류하고 세분시장을 다수와 소수로 구분한다.

각 전략을 구체적으로 살펴보면 다음과 같다. 첫째, 범세계적 차별화전략(global cost leadshiper differentiation)이란 각 개별시장을 독립된 개개의 시장으로 보지 않고 하나의 범세계적 시장으로 보고 전략을 수립한다. 이는 범세계적 관점에서 경쟁 및 시장기회를 파악하며 표준화를 통한 규모의 경제, 범위의 경제를 추구한다. 예를 들면 광범위한 제품을 출하하면서 도요타 자동차처럼 저원가 전략에 의존하는 기업도 있고, IBM과 같이 차별화전략에 의존하는 기업도 있다.

둘째, 범세계적 세분화전략(global segmentation)이란 자동차산업의 메르세데스 벤츠와 같이 특정세분시장을 대상으로 하여 범세계적 경쟁전략을 추구하는 것이다. 즉 기업의 자원이 한정되어 있을 경우, 범세계적 시장의 특정시장을 목표시장으로 하는 전략이다. 이 전략은 글로벌화 초기단계에 수행된다. 그러므로 동전략은 비교적 자원능력이 제약된 소규모의 다국적기업에 적합한 전략일 뿐만 아니라 대개 순수 국내기업이 향후 범세계적 저원가 또는 차별화전략을 추구하는 세계기업으로 도약하기 위한 과정에서 첫 번째 단계에서 채택하는 전략에 해당한다.

셋째, 보호된 시장침투전략(protected markets)이란 관세, 쿼터, 수출자율규제, 보조금 등을 통하여 정책적으로 보호를 받는 산업 내에서 광범위한 세분시장을 대상으로 하는 전략이다. 각 나라 안에서의 경쟁과 여타 국가에서의 경쟁이 서로 독립적인 산업, 즉 한 국가 안에서의 경쟁이 여타 국가에서의 경쟁에 무관한 식품산업과 같은 산업에서 수행되는 전략이다. 경쟁우위를 유지하기 위해서는 정부로부터의 지속적인 보호가 필요하다. 즉, 범세계적 경쟁이 현지정부의 정책적 간섭으로 인해 개별국가적 경쟁으로 변모되었기 때문에 일종의 지역적 적소전략이라고도 할 수 있다.

넷째, 현지시장 적응전략(national responsiveness)은 현지국의 독특한 시장상황으로 인하여 생겨나는 세분시장에 선별적으로 진출하는 전략이다. 즉, 각국 현지시장의 불규칙한 수요에 부응하여 한정된 자원을 특정시장에 집중하는 전략이다. 특정국가 내의 수요가 어느 정도 클 때 그리고 제품, 유통경로, 마케팅 등의 면에서 국가별 차이가 상당히 존재할 때 추구되는 제품별 적소전략이다.

지리적 범위

	범세계적 전략	개별국가중심 전략
넓음	범세계적 저원가 또는 차별화 전략 (Global cost leadership or differentiation)	보호된 시장침투 전략 (Protected markets)
좁음	범세계적 세분화 전략 (Global segmentation)	현지시장 적응 전략 (National responsiveness)

| 그림 10-3 | 범세계적 산업의 전략대안

사례분석 ▶▶

I. 대기업 신설법인 본사 첫 해외 설립

[조선일보, 2001년 5월 15일자]

LG전자가 'LG필립스 디스플레이' 사의 본사를 서울이 아닌 네덜란드 암스테르담에 두기로 결정했다. 이 회사는 LG전자와 필립스 사가 50대 50의 비율로 투자한 세계 최대의 CRT(TV브라운관) 생산업체이다. 비록 합작기업이지만 국내 대기업이 본사를 해외에 두기로 한 것은 이번이 처음이다. LG전자 조인원 IR(기업홍보)담당은 "해외시장 진출과 자유스러운 기업활동 측면에서 본사를 네덜란드에 두기로 결론내렸다"고 말했다. 쉽게 말해 효율적인 글로벌 경영을 하기 위해선 서울보다 암스테르담이 더 유리하다고 판단한 셈이다.

LG전자 구자홍 부회장과 제라르드 크라이스터리 필립스 회장은 12일(현지 시각) 네덜란드 암스테르담에서 회동, 오는 7월 LG필립스 디스플레이사를 설립하기로 최종 계약을 맺었다. 두 회사는 현재 각자 운영하고 있는 CRT 관련 자산을 신설 법인에 현물 출자할 예정이다. 자본금은 40억 달러이나.

중요한 것은 LG전자가 신설 법인의 주요 공장이 한국과 중국에 있음에도 불구하고, 본사를 해외에 두기로 결정했다는 점이다. 이에 앞서 지난 99년 LG전자가 필립스 사와 합작으로 세운 LG필립스 LCD 사는 서울에 본사를 두고 있다. 조명현 고려대 교수는 "국내 대기업의 본사가 해외로 이탈하는 것은 고용과 세수 문제 등 경제 전반에 심각한 악영향을 미친다."면서 "기업하기 좋은 환경을 만들지 않으면 LG의 사례는 얼마든지 더 나올 수 있다"고 말했다. (백강녕 기자, young100@chosun.com)

II. 네트워크가 미래의 경쟁력

[주간조선, 1999년 1월 14일자]

미국 실리콘밸리 마운틴 뷰(Mountain View)에 있는 램버스(Rambus) 사는 특이한 회사이다. 세계 반도체 시장에서 '실력자'로 떠오르고 있는 이 회사는 정작 반도체를 만드는 공장이나 판매조직은 하나도 없다. 직원 수도 140명 남짓한 중소기업 수준이다. 이 회사 직원들이 하는 일은 오직 한 가지. 메모리칩이 가장 빠르고 효율적으로 작동하도록 회로를 설계하는 데 전력투구하고 있다.

램버스 사는 이 방면에서 보유한 수십 개의 특허를 무기로 세계 반도체 시장을 좌지우지한다. 자신의 특허 기술을 쓰는 반도체 생산업체들과 '공급자 네트워크(Supplier's Network)'를 구성해 반도체 시장에 영향력을 행사하고 있다. 현재 램버스 사와 기술 도입 계약을 맺은 반도체 생산업체들은 모두 14개사 삼성전자를 비롯한 세계적인 대형생산업체들이 망라돼 있다.

이 회사는 일단 자신의 특허 네트워크에 들어온 회사들에게는 특혜를 주며 결속력을 다지고 있다. 새로운 특허가 개발되면 추가비용 없이 특허를 쓰도록 배려하고 있고, 어려움을 겪는 생산 업체들에는 인센티브도 주고 있다. 작년 12월 램버스 사는 최근 반도체 시장의 침체 때문에 어려움을 겪는 생산 파트너들을 위해 자사 주식을 5년간 10분의 1가격으로 구입할 수 있는 권한을 주기로 했다. 지난 90년 설립된 램버스 사의 주가는 97년 5월 상장 당시 12달러였으나 현재 100달러에 육박하고 있다. 기술력 하나로 거대한 생산 네트워크의 '본부' 역할을 하는 미래형 회사가 램버스 사인 셈이다.

이러한 램버스 사의 사례는 반도체 업계에서는 드문 게 아니다. 아무런 생산 시설이나 인력 없이 특허기술만을 보유하고 있는 이른바 지적 소유(Intellectual Property) 업체들이 우후죽순 격으로 생겨나고 있다. ARM 홀딩스(Holdings), 애스펙 테그놀로지(Aspec Technology) 등 미국에 상장된 업체들만 5개 사에 이르고, 비상장 업체들까지 포함하면 100개 사에 가까운 업체들이 실리콘밸리 등을 중심으로 활약하고 있다.

이들 업체들은 메모리 칩, 마이크로 프로세서, 그래픽 칩 등 반도체 분야별로 자신만의 독자적인 설계 기술을 개발해 생산 업체들과 공생하고 있다. 생산 업체들로서도 급속도로 발전하는 반도체 제조 기술을 따라잡기 위해 실패를 무릅쓰고 막대한 연구개발비를 쏟아 붓는 것보다는 이러한 업체와 전략적 제휴를 구축하는 게 더욱 효율적이다.

이처럼 '반도체 칩을 생산하지 않는 반도체 회사(Chipless Chip Company)'와 같은 개념은 비단 첨단 산업에서만 나타나는 게 아니다. 자신의 대표 제품을 직접 생산하지 않는 일류 기업들은 다른 산업에서도 쉽게 찾을 수 있다.

예컨대 스포츠화의 선두주자 나이키사는 운동화를 직접 생산하지 않는다. 이 회사는 임금이 저렴한 아시아 각국에 '생산 파트너'를 두고 외주 생산을 한다. 미국 오레곤주 본사에는 판매와 기술개발 부서만 있을 뿐이다. 나이키사의 하청 업체들은 본사와 보통 10년 이상 관계를 유지, 나이키 측은 이들 업체들을 '생산 파트너'로 부르고 있다. 나이키사는 정확히 말해 '두뇌'에 해당하는 본사와 이들 파트너들과의 네트워크로 이뤄진 기업집단인 셈이다.

이러한 외국의 사례들이 제시하는 바는 명확하다. 앞으로 경쟁력을 갖춘 기업은 모든 것을 끌어안고 가는 대기업 형태로는 존재할 수 없다는 것이다. 아웃소싱(Outsourcing)이든, 전략적 제휴(Strategic Alliance)든 기업 활동의 특정 부분을 전문집단에 나눠 주지 않고서는 경쟁력을 키워나가기 힘들다는 것이다. 최근 '네트워크 조직'이 21세기형 기업 조직으로 주목을 받는 것도 바로 이 때문이다.

네트워크 조직은 기업들 간에 대등한 관계를 바탕으로 연결된 기업 집단을 뜻한다. 즉 여러 기업들이 재료 조달, 부품생산, 연구개발, 조립 판매 등의 여러 영역에서 공동의 목적을 위해 분업하며 협력하는 형태를 말한다. 이는 우리의 재벌그룹들처럼 모회사와 자회사가 종속적인 관계를 유지하는 수직계열적인 기업 집단과는 기본적으로 의미가 다르다.

전문가들은 이러한 기업 네트워크 조직의 강점을 여러 가지로 설명하고 있다. 우선 기업 조직이 작을수록 조직과 개인이 추구하는 목적이 일치하기 때문에 벤처기업이나 소기업들의 장점인 구성원들의 동기 부여와 참여 의식을 살릴 수 있다. 여러 사업부를 거느린 대기업보다 소기업들의 연결이 더욱 강력한 힘을 발휘한다는 것이다. 그러면서도 기업 네트워크 조직은 상호 간의 정보 교환을 통해 대기업과 맞먹는 정보력을 가질 수 있다.

급변하는 기업 환경에 맞서 위험을 분담할 수 있는 것은 네트워크 조직의 최대 강점 중 하나이다. 예컨대 연구개발비를 지출할 때 각 구성원들은 자신의 특화 부분에만 지출하기 때문에 개발비 부담을 줄일 수 있다. 또 각각의 구성원들은 자신의 전문 분야에서 환경 변화를 감지하는 촉수가 되기 때문에 기업 네트워크조직은 공룡 같이 거대해진 대기업보다 환경 변화에 신속하게 적응할 수 있다.

지난 IMF사태 이후 국내 재벌기업들에서 나타났듯이, 잡다한 사업과 조직을 끌어안고 있던 한국의 재벌그룹들은 IMF사태라는 환경 변화가 닥치자 신속하게 대응하지 못하고 변화에 적응하는 과정에서 엄청난 출혈과 고통을 감내해야 했다.

네트워크론 전문가인 연세대 김용학 교수(사회학)는 "바닷속에서 암초를 만난 멸치떼는 움직임이 둔한 고래와는 달리 각자의 판단에 따라 신속하게 이합집산을 하며 암초를 피해나간다"며 "이것이 바로 기업 네트워크 조직의 장점을 정확히 비유한 것"이라고 말했다.

이러한 기업 네트워크 조직은 중소기업이나 벤처기업들이 활발히 활동하는 곳에서 위력을 발휘한다. 대표적인 예가 실리콘밸리이다. 실리콘밸리는 그 자체가 벤처기업들의 거대한 네트워크이다. 이곳의 벤처기업들은 서로 특허 기술을 공유하거나 전략적 동맹을 맺어 공동으로 기술을 개발하는 게 보통이다.

예컨대 실리콘 밸리의 핵심기업으로 컴퓨터 네트워크 장비 산업을 주도하고 있는 베이 네트워크(Bay Network)와 스리컴(3Com)은 몇 년 전 양사의 모든 특허를 5년간 공유한다는 협약을 체결했다. 치열한 경쟁을 벌이는 관계였지만 서로 핵심 역량을 특화된 부분에 집중시켜 함께 기술력을 높여 시장을 먼저 키우자는 의도였다. 이러한 예는 마이크로 프로세서 개발업체인 인텔과 ADM사가 서로 특허를 빌려줌으로써 X86 마이크로 프로세서 시장을 키운 것과 같은 맥락이다.

또 다른 컴퓨터 네트워크 장비 업체인 시스코(Cisco) 사 역시 자신은 핵심 기술인 네트워킹에만 전념하면서 하드웨어 등 '주변 기술'은 끊임없이 다른 업체들에 이전해 파트너십을 구축하고 있다. 현금 로열티 주식 등을 받고 보유 기술을 파트너 회사에 제공하고, 대신 상대방의 유통망이나 사업 네트워크를 활용함으로써 더 큰 시너지 효과를 노리는 것이다. 나중에 필요한 주변 기술은 이러한 파트너들에게 아웃소싱하면 된다는 사고방식이다.

이러한 파트너십은 실리콘밸리의 벤처기업들이 주식 상장에 성공했을 경우 창업자의 소유 지분이 평균 5~6%에 불과할 정도로 광범위하게 이루어지고 있다.

이러한 기업 간의 수평적 네트워크를 통해 이뤄진 집단적인 기술개발은 실리콘밸리 성공의 가장 큰 요인이다. 이는 실리콘밸리가 탄생하기 전 미국 최대의 정보산업 단지였던 보스톤이 몰락한 이유를 설명해주기도 한다. 보스톤에는 미국 정부가 막대한 국방예산을 들여 키운 컴퓨터 레이더 전문 대기업들이 몰려있었지만, 모든 것을 자체 해결하려 한 위계조직의 한계 때문에 결국 쇠퇴의 길을 걸었다.

이러한 소기업 간의 연결망이 갖는 위력은 국가 차원에서도 마찬가지이다. 중소기업의 천국으로 알려진 대만이 좋은 예이다. 예컨대 컴퓨터 산업 분야에서 대만은 우리처럼 부품 조립에 만족하는 대기업들이 주력 부대가 아니다. 대신 사운드 카드, 마더보드, 모니터 등 부품 업체별로 세계적인 기술력을 보유한 중소기업들이 서로 연결돼 전체 컴퓨터 산업을 구성하고 있다.

대만의 중소기업들은 기술 투자도 네트워크 방식을 통해 하고 있다. 예컨대 컴퓨터 산업의 경우 각 부품별 전문 업체들이 공동펀드를 조성해 자신들이 필요한 기술을 개발 중인 실리콘밸리의 벤처기업에 투자하는 식이다. 물론 이러한 벤처기업들은 대만인이 설립한 것으로, 본토 기업들의 네트워크에 자연스럽게 편입된다. 현재 실리콘밸리에는 대만 기업들의 펀드로 조성된 벤처기업들이 우후죽순 격으로 생겨나고 있는데, 실리콘밸리와의 긴밀한 네트워크 구성은 대만 기술력의 핵심이 되고 있다고 한다.

대만의 이같은 기술 투자 방식은 막대한 돈을 들여 이미 기술력을 확보한 외국 선진 기업을 사들여 힘들게 경영하는 우리 재벌 기업들의 투자 방식보다 훨씬 효율적이라는 게 전문가들의 지적이다. 물론 여기에는 우리와 달리 해외 투자를 자유롭게 허용하는 대만 정부의 '무간섭 정책'도 일조를 하고 있다.

소규모 기업들의 상부상조 정신은 중국인들, 특히 화상(華商)들의 막강한 경제력을 낳은 원천으로 21세기 네트워크 시대에 특히 힘을 발휘하고 있다는 게 전문가들의 지적이다. 대표적인 화상 네트워크(wcbn.com.sg)로 싱가포르 중화총상회가 만든 이 웹 사이트에는 각 나라별 화상들의 연락처와 취급 품목 등 화상과 관련된 모든 정보들이 속속 입력되고 있고 하루 조회수만 15만 건을 넘는다고 한다. 화상들이 이제 전자 네트워크를 통한 상부상조로 경쟁력을 높이고 있는 것이다.

이탈리아도 소규모 기업들의 네트워크로 국가 경쟁력을 유지하고 있다. 자동차 업체인 피아트 등 몇몇 회사를 제외하고는 내놓을 만한 대기업이 없는 이탈리아가 의류 등 몇몇 산업에서 세계 최고의 경쟁력을 갖추고 있는 이유가 바로 여기에 숨어 있다.

이탈리아 경제를 뒷받침하는 기업들은 '아르티자노'라고 불리는 종업원 10명 내외의 영세 기업들. 이탈리아 전체 기업 숫자의 90%에 육박하는 이들 영세 기업들은 보통 산지별로 똘똘 뭉쳐 있다. 예컨대 코모의 실크, 피렌체의 가죽제품, 비제바노의 구두 식으로 이들 영세업체들은 특정 생산지별로 세계 최고의 기술력을 확보하고 있다. 지역만 알고 찾아가면 어느 기업에 물건을 맡겨도 최고의 품질을 만들어 내기 때문에 세계 각국에서 바이어들이 몰릴 수밖에 없다.

이러한 산지들은 보통 신제품 개발에서 생산 마케팅에 이르기까지 모든 과정을 기업 간 분업을 통해 해결한다. 특히 이들 산지에는 '두뇌' 역할을 하는 핵심 기업들이 있다. '컨버터(Converter)'라고 불리는 이들 기업들은 의류 산지의 경우 디자인과 샘플 생산 등 핵심 역할만을 담당한다. 나머지 생산과 판매는 네트워크를 조직해 다른 기업들에게 맡긴다. 세계적인 의류업체인 베네통의 경우도 본사는 이러한 컨버터 역할에만 충실하고 나머지는 콘트랙터(Contractor)라 불리는 협력 업체들이 맡고 있다.

이러한 기업 간 네트워크는 21세기 기업경쟁력의 가장 중요한 요소가 될 전망이다. 삼성경제연구소 김성수 박사는 "앞으로 기업의 경쟁력은 그 기업 자체의 요소만 따지는 게 아니라, 그 기업이 어떤 네트워크에 속해 있느냐도 중요한 고려 대상이 될 수밖에 없다"고 말했다.

하지만 우리 기업들은 이러한 네트워크 조직에 아직 서투르다. 이는 혈연, 지연 등을 중심으로 한 폐쇄적인 네트워크만 발달했지, 다른 사람과의 신뢰를 기반으로 한 열린 네트워크가 발달하지 못한 우리 사회의 특수성과도 관계가 깊다는 것이 전문가들의 지적이다.

III. 아세실업

[한국경제, 2001년 6월 7일]

'신발산업 중흥에 앞장선다.' 직원 4명으로 86년 사업을 시작한 아세실업(www.ase.co.kr 대표 송정우)은 6개 계열사와 4개 국외사무소를 운영하는 중견 신발업체로 성장했다. 신발은 사양산업이라는 일반적인 인식을 깨고 지속적인 성장을 거두고 있는 아세실업은 부산을 중심으로 새롭게 일고 있는 신발산업의 발전방향을 제시하고 있다. 국내 신발산업 부흥기에 스포츠, 캐주얼 신발의 제조와 수출을 담당했던 이 회사는 국내 경제여건이 생산 측면에서 경쟁력을 갖출 수 없다는 현실을 파악하고 제품개발과 마케팅 전문업체로 변신했다. 시장상황을 예측하고 달라진 경영환경에 빠르게 적응한 것이 아세실업 성장의 원동력이었다.

▶ **국외시장에 주력**: 아세실업은 설립 초기부터 국외시장으로 눈을 돌렸다. 생산경쟁력을 갖출 수 있는 지역에서 제품을 만들고 가장 높은 가격을 받을 수 있는 지역에 판매해 이익을 극대화한다는 가장 기본적인 경영방침을 지키고 있다. 이와 같은 회사 경영방침을 통해 93년 500만불 수출탑, 94년 1000만불 수출탑에 이어 지난해 2000만불 수출탑을 수상했다.

"신발 수출의 기반이 되는 상품기획력과 개발기술을 갖추기까지 많은 어려움을 겪었다"는 송정우 사장은 "회사 설립연도에 100만불 수출을 기록한 후 매년 수출물량을 늘려 지난해 총 매출의 89%를 수출을 통해 달성했다"고 말했다. 송 사장이 일본 수출의 공로를 인정받아 93년 수출 유공자 산업포장을 수상한 것을 비롯해 이양호 상무와 최국규 이사도 수출 유공자 표창을 받는 등 아세실업은 외화획득에 앞장서고 있다.

이 회사는 한국에서는 제품을 개발하고, 중국과 베트남에서 생산된 제품을 미주지역과 일본, 유럽을 대상으로 적극적인 마케팅을 추진하고 있다. 국외마케팅의 기반을 다지기 위해 신발개발의 거점으로 꼽히고 있는 이태리 밀라노와 생산기지로 떠오른 중국 칭따오에 국외사무소를 운영하고 있으며 홍콩과 미국에도 연락사무소를 설치했다. 국제적인 기업경영을 추진하기 위한 네트워크를 갖춘 것이다.

아세실업은 독자적인 브랜드 개발이나 주문사상표부착(OEM)방식을 뛰어 넘는 새로운 국외시장 접근방법을 취하고 있다. 외국의 유명 마케팅회사와 제휴하거나 합작법인을 설립해 새로운 브랜드를 개발하고 공동으로 국외시장을 공략하는 것이다. 외국 브랜드의 주문을 받아 생산하는 수동적인 관계를 탈피하고 대등한 관계 속에서 함께 성장할 수 있는 방법을 제시하고 공동으로 사업을 추진하는 것이 아세실업의 경영전략이다.

이와 같은 기업 운영전략과 앞선 기술력을 인정받은 아세실업은 미국 스포츠 브랜드인 에어워크의 신발개발을 담당하고 있다. 스케이트보드와 스노우보드 신발을 주로 생산하는 에어워크는 미국 10대와 20대 등 젊은 층이 선호하는 10대 상표에 속하는 스포츠 브랜드. 에어워크는 부산 아세실업 본사에 연구소를 설립하고 전 세계에 흩어져 있던 신발개발센터를 통합해 모든 연구개발 권한을 아세실업에게 맡겼다. 에어워크 최고경영진은 매년 부산에 모여 아세실업이 개발한 신상품의 품평회와 전략회의를 개최하고 있다.

송 사장은 미국시장 진출을 확대하기 위해 미국 현지법인 설립을 추진 중이며, 그동안의 경험을 바탕으로 국내 신발산업의 발전방향을 제시하기 위해 부산시가 주관하는 '부산 신발산업 발전위원회'의 국외마케팅 담당위원으로 참여하는 등 국내 신발산업의 부흥을 이끌고 있다.

▶ 온라인 사업 진출 아세실업은 굴뚝산업 이미지를 탈피하고 온라인 기술을 접목하기 위해 지난해 신발업체를 연결하는 기업 간 전자상거래 업체 코리언슈즈(www.koreanshoes.com)를 설립했다. 코리언슈즈 사이트를 통해 신발과 관련 자재를 거래

해 유통비용을 줄이고 물류시스템을 현대화한다는 전략이다. 또 각종 제품과 업체에 대한 데이터베이스를 구축해 업체가 정보교류가 가능하고 외국 바이어들이 허브사이트로 활용할 수 있도록 지원할 계획이다.

또 기존 오프라인 유통망을 기반으로 제품을 공급하는 인터넷 쇼핑몰을 개설해 운영하고 있다. 쇼핑몰을 담당하고 있는 계열사 아세서플라이라는 자체적으로 보유하고 있는 생산망과 유통망을 활용해 저렴한 가격으로 운동화와 캐쥬얼 신발을 판매하고 있다. 아세실업은 국내에서 유통되는 신발의 일부를 계열기업인 순천 장애인보호 작업장에서 제조하고 있다. 이 업체는 사회복지에 도움을 주기 위해 설립한 신발제조 공장으로 장애인들을 고용해 운영하고 있다.

또 온라인에서 발생하는 매출의 일부분을 장애인 복지기금으로 적립하는 등 사회와 함께 성장하는 회사 이미지를 구축하는데 앞장서고 있다.

(055)328-9333 = [인터뷰] 송정우 사장 = "국내 신발산업의 제조기술과 기초시설은 세계 최고 수준이죠. 이를 적극 활용하기 위한 국외마케팅 강화가 필요한 시기입니다".

송정우 사장은 "뛰어난 인프라를 국외시장 개척과 연결하지 못하고 있는 것이 국내 신발산업의 현실"이라고 강조한다. 국내 신발산업은 90년을 정점으로 급격히 쇠락하고 있지만 최근 노동집약적 산업에서 탈피하고 기술혁신과 패션, 디자인 강화를 통해 지식 집약적 산업으로 빠르게 탈바꿈하고 있어 성장잠재력을 갖추고 있다는 설명이다.

"그동안 축적된 제조기술과 개발능력을 바탕으로 고급 소재와 부품 분야에서 경쟁력을 확보하고 있습니다. 패션과 디자인 등 지식적인 요소를 가미하고 국외마케팅을 통해 보유하고 있는 기술을 선보이고 시장을 확대한다면 세계적인 위상을 다시 확보할 수 있습니다."

1년의 3분의 1 이상을 국외시장 개척을 위해 외국 출장으로 보내고 있는 송 사장은 "외국 바이어들의 요구를 빨리 파악하고 그들의 요구에 맞는 신발을 제작해 제공하는 것이 가장 중요하다"며 "인터넷 등 정보통신 기술이 발전함에 따라 업체 간 시간 경쟁은 더욱 치열해질 것"으로 전망했다. 이에 따라 송정우 사장은 실시간으로 외국업체의 요구에 응할 수 있는 온라인 솔루션 개발에 박차를 가하고 있으며 신발산업을 온라인 비즈니스에 접목하는 노력을 강화하고 있다. "경영환경이 급속히 변하고 있다"는 그는 "새로운 환경에 가장 빨리 적응하고 발전의 기반을 마련하는 회사를 만드는 것이 목표"라고 포부를 밝혔다.

IV. IT 산업의 글로벌 네트워크 구축

[문화일보, 2001년 5월 30일]

"글로벌 네트워크를 구축하라." 세계 IT산업이 2000년 말부터 조정기에 진입하면서 각국의 IT기업들은 전략적 제휴와 기업인수·합병(M&A)를 통한 '글로벌 네트워크' 구축에 박차를 가하고 있다. 글로벌 네트워크는 단순한 몸집 키우기를 의미하지 않는다. 비대한 기업규모는 경영부담으로 작용할 뿐, 기업의 생존을 보장하지 못한다. 따라서 세계의 IT기업들은 급변하는 경제상황에 능동적으로 대처하고, 시너지 효과와 위험 분산을 추구할 수 있는 '유기적인' 네트워크를 지향하고 있다.

생존을 위협받는 상황에 직면한 IT기업들은 강력한 구조조정을 진행하면서도 경쟁력 강화를 위해 '전략적 제휴'라는 키워드를 적극 활용하고 있다. 세계 최대의 통신기업인 영국의 보다폰은 공격적인 지분투자를 통해 버라이즌·SFR·클릭GSM·차이나모바일 등 각 대륙의 대표적인 통신사업자를 묶는 글로벌 네트워크를 구성, 세계 통신산업의 재편을 촉진하고 있다.

NTT도코모는 이에 맞서 일본 열도에서 성공한 i모드를 전 세계로 확산시키기 위해 AT&T·KPN모빌·AOL·KG텔레콤 등과 제휴, 3세대 이동통신의 표준 장악을 위한 글로벌 전략을 강력하게 추진하고 있다. 세계 최고의 기술력을 자랑하는 일본의 가전업체인 마쓰시타와 히타치도 지난주 연구개발(R&D)·생산·부품조달 등을 포괄하는 전략적 제휴를 하고, 세계 디지털 가전시장을 주도하기 위한 연합전선을 구축했다. 미디어시장에서는 냅스터 파문 이후 5대 음반업체들이 인터넷 음악서비스 시장의 패권을 잡기 위해 소니뮤직·유니버설과 AOL타임워너·베텔스만·EMI 진영으로 양분돼 경쟁하고 있다.

한풀 꺾였던 IT기업들의 M&A도 최근 들어 회복세를 보이고 있다. 세계 주식시장의 전반적인 하락이 '규모와 범위의 경제'를 추구할 수 있는 양호한 여건을 제공하고 있기 때문이다. 프랑스 통신장비업체인 알카텔은 조만간 400억달러 규모의 루슨트 테코놀로지스 인수를 마무리하고, 세계 최대인 미국시장을 본격 공략할 전망이다. 닷컴업계에서는 경매업체인 이베이의 글로벌 경영이 주목을 받고 있다. 이베이는 올 들어 한국의 경매업체인 옥션을 인수한데 이어 최근에는 유럽시장 공략에 나시고 있다.

메트칼프의 법칙(네트워크 규모가 커짐에 따라 그 비용의 증가 규모는 점차 줄어드는 반면 네트워크의 가치는 기하급수적으로 증가한다)이 적용되는 디지털 경제로의 전환이 가속화되면서 이제 글로벌 네트워크의 구축은 세계시장 장악을 노리는 IT기업들의 필수조건으로 자리잡아가고 있다.

(송정렬 기자)

V. 삼성전자, 글로벌 통합경영

– 59개 全해외법인 ERP구축 완료 –

[한국경제, 2001년 8월 13일]

삼성전자가 59개 전 세계 해외법인에 ERP(전사적자원관리)시스템 구축을 완료, 실시간으로 각종 경영정보를 주고받는 글로벌 통합경영체제를 갖추었다. 삼성전자는 13일 중국 텐진(天津)에서 최도석 경영지원총괄 사장과 중국 6개 지역 생산법인장이 참석한 가운데 ERP시스템 구축완료를 자축하는 기념행사를 가졌다고 발표했다. ERP시스템은 생산, 판매, 인사 등 기업 전 부문에 걸친 경영자원을 통합된 시스템으로 묶어 모든 경영정보를 실시간으로 파악, 생산성을 극대화하기 위한 리엔지니어링 기법이다. 삼성은 단위 사업장 또는 지역별로 국한되지 않고 전 세계 수십 개의 모든 해외법인에 동일한 ERP시스템을 구축하는 것은 국내 기업 중 처음이라고 밝혔다.

이 회사는 ERP 시스템의 구축으로 해외법인의 생산, 매출, 물류, 재고, 채권 등 핵심 경영현황을 실시간에 파악해 즉각적인 실적 분석과 대책수립이 가능해졌다고 설명했다. 경영정보 외에 게시판, 주간동향, 모임방, 자료방, 화상전화 등 다양한 부가기능도 갖췄다고 덧붙였다. 삼성전자 본사는 금주부터 전체 해외법인의 판매현황을 매일 파악, 분석하고 현지 법인장에 그 결과를 24시간 내에 알리는 전방위 근무체제에 들어갈 계획이다. 삼성전자의 해외법인 ERP시스템 구축에는 지난 94년부터 연인원 3천5백여 명의 IT전문가와 7천억 원의 자금이 투입됐다.

이 회사 관계자는 "해외법인의 안정적 운용과 투명한 회계관리, 고객 만족도 및 대외 신인도 제고 등의 성과를 거둘 수 있을 것"이라고 말했다. 이 회사에 ERP시스템 솔루션을 제공한 SAP사도 "삼성전자가 글로벌 통합 경영 인프라를 갖춤으로써 지속적인 성장의 발판을 구축할 수 있게 됐다"고 평가했다.

VI. 한국기업 본사를 해외로..

DJ정부 들어서도 질적으로 줄어들지 않는 행정규제, 민간기업에 대한 과도한 사회적 지출 요구, 기업을 부패집단처럼 여기는 일부 단체들의 시비 등으로 국내기업들은 이미 한국이 홍콩, 싱가포르나 아일랜드 같은 '기업천국'이 되기를 바라는 꿈을 포기한지 오래다. 삼성그룹은 최근 신입사원 설문조사 결과 깜짝 놀랐다. '기업의 존재 이유가 무엇인가'라는 질문에 '사회적 기여'란 항목에 가장 많은 답이 나왔기 때문이다. 기업의 목적이 '이윤추구'에 있다는 경영학의 기초 개념이 한국 사회에서 제대로 확립되지 못하고 있다는 반증이다. 국제자본은 이윤을 좇아 전 세계를 빠르게 꿰뚫고 지나가는데 한국은 아직도 기업들에게 성인군자(聖人君子) 같은 덕목 및 각종 성금과 정치자금 등 불필요한 사회적 지출을 강요하고 있다는 게 기업인들의 불만이다.

그러다 보니 최근 국내 기업들은 '본사의 해외이전' 같은 폭탄선언을 못한다 하더라도 서서히 무게중심을 해외 쪽으로 옮기는데 주력하고 있다. 그 전략은 단순한 해외법인 강화나 수출 촉진 정도가 아니다. 아예 사업기반을 그쪽에다 하나씩 옮기겠다는 생각이다.

▶ 새로운 개념의 해외법인 등장

SK그룹은 현재 중국에 '중국SK'란 새로운 회사를 세우고 있다. 지금까지의 현지법인이나 해외사무소와는 개념이 다르다. 중국에다 '한국기업 SK'를 세우는 것이 아니라 '중국기업 SK'를 세우겠다는 얘기다.

SK 손길승(孫吉丞) 회장은 "한국기업의 중국기업화가 아니라 애당초부터 중국기업으로 육성할 계획"이라며 "기업문화와 비즈니스 모델은 한국 SK와 공유하지만 '중국인에 의한 SK를 위한 경영법'을 도입해 철저한 베스트 중국기업으로 만들겠다"고 말했다. 이를 위해 중국 진출 국내기업 최초로 중국사업 총괄대표에 현지인 IT전문가 셰청(謝澄) 씨를 선임했고 장기적인 '친(親)SK 세대'를 구축하기 위해 중국판 장학퀴즈인 'SK 장원방(狀元榜)'을 북경 TV와 공동으로 실시하고 있다. 한국의 PC방 모델을 흉내내어 중국에도 '컴퓨터방(電腦空間)'을 운영하고 있다. 셰청씨는 지난 7월 한 달간 서울 SK그룹 본사에 와서 현장방문과 면담을 마치고 8월부터 현지에서 본격적인 경영에 들어갔다. 연말까지 50명의 중국인 직원을 채용할 예정이다.

SK 임수길 과장은 "중국 정보통신 발전에 맞춰 SK텔레콤을 필두로 에너지와 화학 업종에 이르기까지 SK중국과 긴밀한 업무협조가 이루어질 것"이라며 "이는 본사의 해외이전이라는 개념보다 한 발 더 나간 것"이라고 말했다. 향후 세계 최대 시장으로 부상하고 있는 중국 쪽 전략은 앞으로 '중국 SK'에서 모두 맡게 된다. 이같은 SK의 전략은 더 이상 중국을 단순 내수시장이나 하청 생산기지로 보아서는 안 된다는 판단에 따른 것이다.

LG전자가 최근 자본금 40억 달러에 필립스와 50대 50의 합작비율로 세운 'LG필립스 디스플레이(LG-Philips Displays)'도 중국 SK와 비슷한 개념이다. 본사는 네덜란드 아인트호벤에 두고 있다. 최근 이 회사를 두고 일부 신문에서 '해외에 본사를 둔 첫 한국기업'이라는 기사가 나가자 LG측은 "아니다"고 고개를 내저었다. '한국기업의 해외진출'이란 개념이 아니라 '한국기업이 유럽기업과 손잡고 해외에 세운 외국기업'이라는 설명이다. 본사는 네덜란드에 두지만 향후 성장 시장인 중국시장을 겨냥해 영업본사는 홍콩에 두었다. 물론 생산은 전 세계 34개 공장에서 한다.

구승평(具勝平) 전(前) LG전자 사장이 공동대표로 취임했지만 그는 한국이 아닌 홍콩에서 근무하고 있다. LG전자 김영수(金英壽) 부사장은 "신설회사는 기존에 LG전자나 필립스가 해온 사업지역 및 품목과 중복되지 않도록 하여 시너지 효과를 극대화시킬 예정"이라고 말했다. 양사는 지난 99년 TFT-LCD(초박막액정표시장치) 분야의 합작경험을 토대로 이번에는 완전한 글로벌 기업을 만든 것이다.

▶ 본사의 해외이전 작업은 물밑 작업 중

최근 삼성전자의 모 임원이 회의석상에서 "도대체 이 나라가 기업을 위한 것인지 모르겠다. 미국에서 근무할 때는 기업이 정부로부터 대접을 받는데 삼성전자처럼 한국의 대표주자가 왜 각종 규제에 시달려야 하느냐. 이럴 바에는 아예 본사를 해외로 옮기자. 그래야 정당한 대접을 받을 수 있다"고 말한 것이 일부 언론에 보도돼 삼성전자 홍보실은 "회사의 공식의견이 아니고 사견(私見)"이라고 해명하는 등 곤욕을 치렀다. 하지만 최근 삼성그룹의 사내 회의에서는 이같은 얘기가 자주 나오는 것으로 알려졌다. 특히 외국에서 박사학위를 받고 현지 업체에서 일해 본 경험이 있는 사람일수록 이런 주장을 자주 하는 것으로 전해졌다.

LG그룹의 한 간부는 "본사를 중국 등으로 이전해 버리면 부당한 세금은 물론이고 선거시즌이 와도 정치자금 눈치에서 해방되며 일부 시민단체의 집요한 시달림도 받지 않게 되니 재계 인사들 사이에서 본사의 해외이전 이야기가 자주 나오고 있다"고 말했다. 휴대폰업체인 텔슨전자는 국내 금융환경의 규제가 심한데다 장차 나스닥 상장에 대비, 미국으로 본사를 옮기는 방안이 거론되기도 했다. 손길승 SK회장도 7월 22일 제주도에서 열린 전경련 기자간담회에서 "정부의 기업규제로 기업이 부담을 안게 되면 다른 곳으로 옮길 수밖에 없을 것"이라고 말했다.

해외로 본사를 옮기기 위한 조건에는 여러 가지가 있다. 우선 한국 같은 분위기에선 정부의 공식 또는 비공식적 '허가'가 있어야 한다. 잘못하면 법인세를 외국에 갖다내려는 매국노(賣國奴)로 몰릴 가능성이 높다. 또 해외에 뿌리를 내릴 수 있는 조직구조를 갖고 있어야 한다. 매출의 절반이 한국이 아닌 외국에서 이루어지는 사업구조를 갖추고 있어야 한다. 현지 국가에서 적극적인 본사 유치 활동이 있으면 더욱 좋다. 가령 말레이시아 콸라룸푸르 부근의 셀렘방 공단에서 자리를 굳힌 삼성 SDI 공장의 경우 이미 투자 자본을 완전 회수한 상태에 콸라룸푸르 증권거래소에 상장(上場) 준비도 완료했다. 삼성 SDI 본사의 의사와 관계없이 본사 해외이전이 가능한 경우로 보고 있다.

하지만 다른 기업들이 그런 조건들을 모두 충족시키기란 현실적으로 어렵다. 다만 글로벌 경제시대에 장기적으로 본사를 해외로 옮기려는 물밑 준비는 착착 진행되고 있는 것으로 알려졌다. 우선 일부 핵심기능의 본거지를 해외로 옮기는 작업부터 나타나고 있다. 하이닉스 반도체는 국내 기업으로는 처음으로 본사 영업본부를 실리콘밸리가 있는 미국 산호세로 옮겨 최대 수요처를 겨냥한 공격적 마케팅에 나서기로 했다. 하이닉스 반도체 이광석 홍보부장은 "주요 구매처가 휴렛팩커드, 애플, IBM 등 미국 기업인데다 최근 D램 경기악화로 현지 마케팅이 시급하다는 판단에 따라 영업본부 이전을 결정했다"고 말했다. LG전자의 경우 기업의 운명을 좌우할 큰 사안이 아닌 한 모두 중국 현지에서 처리하도록 노용악(盧庸岳) 사장이 대표로 있는 중국지주(持株)회사에 권한을 이양했다.

고려대 경영학과 어윤대(魚允大) 교수는 "LG전자의 경우 2002년 중국에서 현지생산에 의한 총매출액이 한국 내 매출액을 능가할 것이라고 하는데 그것은 기술과 경영의 현지화에 성공했기 때문"이라며 "몇 년 후에는 본사도 톈진(天津)으로 옮길 수 있을 것"이라고 말했다.

▶ 해외로 떠나는 이유는 비전이 없기 때문

국내 기업들은 우리나라만큼 비즈니스하기 힘든 나라가 없다고 입을 모은다. 이유는 여러 가지다. 무엇보다 정부의 무(無)일관성과 규제가 문제다. 가령 외자유치에 앞장서는 듯 하면서도 외국인들이 가장 우려하는 노사분규에 대해서는 때로 강성 노조측을 편드는 정부측 입장을 보고 신뢰를 잃었기 때문이다. 규제도 수치상으로는 줄었다고 하지만 속을 들여다보면 여전하다. 경제협력개발기구(OECD)가 지난해 발표한 '한국경제 보고서'에서는 '한국의 출자총액 및 부채비율 제한 등의 기업투자와 금융구조에 대한 규제들은 OECD 회원국으로서 독특한 것이다. 이런 정책들은 뜻하지 않은 부정적인 결과를 초래할 수 있다. 한국은 직접적인 정부개입의 범위를 최소화하기 위한 노력을 해야 한다'고 밝혔다. OECD는 올해도 '한국정부가 규제개혁을 추진하고 있다지만 건수(件數) 목표 달성에 초점을 두고 있어 그 효과가 회의적'이라고 진단했다.

전경련 관계자는 "정부는 기업들이 진실로 바라는 규제 폐지는 하지 않고 여전히 시장에 군림하려는 자세를 보이고 있다"며 "외국기업들이 국내 투자를 꺼리는데 국내 기업들이 해외로 본거지를 옮기고 싶어 하는 것은 당연하다"고 말했다. 삼성경제연구소 전영재 수석연구원은 "한국이 기업하기 좋은 나라가 되려면 정부가 '규제'에서 '지원'으로 기업정책을 전환하고 기업의 양적 팽창을 획일적으로 제한하는 방식을 탈피해야 한다"면서 "출자총액 제한이나 30대 기업집단 지정처럼 국내 기업에 대한 역(逆)차별 소지가 있는 각종 규제들도 완화하거나 폐지해야 한다"고 말했다.

(최홍섭 주간조선, 2001년 8월 16일)

11 국제협상전략

Chapter .....

< 제 1 절 >

국제경영과 협상

1. 협상의 의의

협상(negotiation)은 정치, 경제, 사회의 모든 영역에서 행해지고 있는 것으로 라틴어의 negotiatus(상거래)에서 나왔다. 협상은 상호 간의 공통된 문제에 관하여 합의점을 찾아낸다는 뜻으로 개인과 개인, 개인과 조직, 조직과 조직 간에 행하여진다. 이것은 새로운 연구 분야의 하나로 행동과학적 연구뿐만 아니라, 의사결정이론, 게임이론 등과 밀접한 관계가 있다. 국제경영에 있어서 협상이란, 기업이 해외로 진출할 때 나타나는 것으로 특히 이질적 문화와 배경을 가진 외국에서의 상거래로 매우 중요한 기술이다.

일반적으로 기업이 해외에 진출하는 것은 무역, 라이센싱(기술공여), 해외 직접투자의 세 가지 방법이 있다. 그러나 이 세 가지는 국제협상이라는 방법에 의해 이루어지는 것이며, 기업의 국제 활동은 대부분 다음과 같은 협상의 조합이라고 할 수 있다. 즉,

① 대외투자자산의 할당
② 외국기업과 기술피공여자인 합작기업 사이의 기술공여협정
③ 외국기업이 합작기업에게 주는 요소의 공급, 즉 합작기업의 생산물을 재구매하는 것 등의 문제가 있다.

이러한 문제는 국제기업활동이 증가하면서 계약조건의 조정이 여러 가지로 수행되는 데서 발생한다. 특히 여러 나라 사이에 혼합경영형태가 증가하면서 지속적으로 발생하고

있다.

국제협상에서 먼저 생각하여야 할 가장 중요한 쟁점은 결국 ① 이익 분배, ② 기술 공여료, ③ 이익폭의 세 가지에 귀착된다. 이 세 가지의 문제는 불완전 경쟁하에서 나타난 해외투자에서 발생하거나, 기술선진국 기업이 기술후진국 기업에게 기술을 합작투자 형식으로 공여할 때, 이에 대한 대가를 요구하는 과정에서 발생하는 것이다.

그러나 중요한 점은 이러한 문제에 대한 협상을 할 때 고려할 사항이다. 즉 ① 감정이입의 문제, ② 정부의 역할, ③ 의사결정의 특성, ④ 협상을 위한 조직화 등의 문제가 있으며, 이 문제의 해결을 위해 고도의 협상기술이 필요하게 된다.

2. 협상의 성격

협상이란 공동 이해관계와 상충된 문제의 두 가지 요소가 협상장소에 제시되는 것을 말한다. 공동의 이해관계가 없이는 협상이란 없는 것이며, 또한 상충된 문제가 없다는 것도 협상할 문제가 없다는 뜻이다.

협상에는 광의의 협상과 협의의 협상이 있다. 협의의 협상이란 상충된 이해관계가 있는 곳에 공통적인 이해관계의 실현을 위해 제안하고, 수락하고, 의견을 조정해 나아가는 절차이다. 좋은 제안으로 상충된 사항에 대해 타결을 보고, 서로의 이해관계를 강화한다. 그러나 협상을 제안하는 측에서 그들의 입장을 강화하거나 상대방의 입장을 약화시키고 그 결과 유리한 방향으로 유도하려는 노력을 하게 된다. 협상에서 모든 점에 일치하기는 어렵다. 의견의 일치란 서로의 제안이 타결점에 이르렀다는 것을 보여줄 뿐 그 일치의 범위가 넓기도 하고 또는 좁기도 해서 의견상의 일치를 일치점으로 보아야 한다.

또한, 협상을 통해서 상호관계와 입장을 바꾸어 놓게 된다. 이 결과 서로 간의 묵시적 이해와 불일치점이 드러나게 되며, 이를 통해 서로의 목표와 전략을 수정하여 국제경영상의 선도적 위치를 추구해야 한다. 협상이란 서로의 이해관계를 동시에 만족시켜 주어야 하므로 실제로는 매우 어렵다. 즉,

① 협상에서 쌍방이 동등한 이익을 얻는 것은 사실상 불가능하다.
② 협상 목표가 다르고 그 만족도가 다르다.
③ 쌍방이 서로의 일치점에 이르도록 노력할수록 그 일치하는 범위는 넓어진다.
④ 협상에 있어서는 상대방에 대해 우위성 유지를 원칙으로 해야 한다.

⑤ 협상이란 만족도가 매우 중요하며 이것은 현재의 만족도보다 장래의 기대 만족도가 더 중요한 역할을 한다.

3. 협상의 과정

협상의 과정은 공통의 이해관계가 있거나 혹은 상충된 이해관계가 있는 집단들 사이에 광범위한 상호작용을 나타내는 전략과 전술이다. 각 집단은 협상 도중에 "옳은 것", "적절한 것" 등의 개념을 정해 놓고, 어떤 문제, 사항, 분위기 아래에서 상대방의 호의적 응답을 기대하는 것이다.

전승이란 상대방의 기대와 목표에 따라 최선의 대안을 어떻게 제시할 것인가 하는 것이며, 이와 같은 일련의 과정을 통해 자신의 행위가 상대방의 행위에 어떠한 영향을 미치는가를 연구해야 한다. 협상은 상호의존적 의사결정이다. 협상자는 상대방의 의견에 대해 자아준거기준, 즉 자신의 문화적 가치를 무의식적으로 참조하여 반응한다. 예를 들면 미국인은 미국과 외국을 비교하고, 한국인은 한국과 상대국을 문화적 가치에 의해 먼저 가늠해 본다는 것이다. 따라서 협상 상대국끼리의 관습, 문화, 상행위 등에 차이가 크면 클수록 이에 따른 불확실성은 커진다고 할 수 있다.

사실상 이러한 자아준거기준이 국제경영상 협상과정에 많은 문제점을 던져주고 있으며, 어느 나라에서건 이러한 문제가 발생하므로 협상의 과정에서는 먼저 이러한 차이점을 이해하고 접근하는 것이 필요하다. 이것은 정부와 기업가 사이에도 발생하는데, 아시아의 경우 비서구적 문화배경을 가지므로 서구기업은 서구문화 배경을 가진 캐나다나 서유럽이나 중남미국가 등에서보다 훨씬 불확실성이 크다고 할 수 있다. 마찬가지로 한국기업이 우리와 다른 문화배경을 가진 국가의 기업과 협상을 할 때는 유사한 문화배경을 가진 국가의 기업보다는 위험성이 더 클 것이다. 협상과정은 협상자들 사이의 상호 문화배경에 의하여 커다란 영향을 받기 때문이다.

< 제 2 절 >

협상의 기술

1. 협상의 준비

| 표 11-1 | 미 · 일 기업협상태도의 차이

범 주	미 국	일 본
언어 비언어 행위	대답시간이 짧고 언어 해득력이 부족하므로 비언어 응답을 관찰한다. 토론이나 양보 도중 공백시간을 채우려는 경향이 있다.	대부분의 일본 경영자는 통역자를 사용함에도 불구하고 영어를 해득한다. 일본식 의사소통 방식대로 눈을 맞부딪치려 하지 않고 부정어를 덜 쓰며, 보다 많은 침묵의 시간을 갖길 원한다.
가치기준	상대방의 마음을 아는 것이 중요하다. 구매자와 판매자와의 관계가 수평적이다.	원칙이 중요하다. 구매자와 판매자의 수직관계가 전형적이다.
협상의 4단계. 1. 업무와 관련 없는 일반 이야기 2. 업무관련 정보 교환 3. 설득 4. 양보 및 동의	 비교적 짧은 게 전형적이다. 정보는 간결하고 직접적으로 주어지며 솔직한 첫 번째 정보가 보다 중요하다. 가장 중요한 단계로 협상탁자에서 의견이 변할 수도 있으며 공격적인 설득 전술이 쓰이기도 한다. 양보와 동의는 연속적 의사결정의 일환으로 전반적으로 이루어진다.	 이러한 면에 상당한 시간과 노력을 들이는 것이 일본의 실제이다. 가장 중요한 단계로 자세한 설명과 심도 깊은 이해가 중요하다. 설득은 주로 장외에서 이루어지며 수직적 관계의 정립에 따라 협상결과가 정해진다. 양보는 맨 마지막 의사결정단계에서 이루어지고 그 진행 국면을 상대방이 측정하기 어렵다.

자료 : Graham, John L., "A Hidden Cause of America's Trade Deficit with Japan", The Columbia Journal of World Business(Fall 1981).

인용 : Kienast, Philip K., Managing Differences in Negotiating Styles among Pacific Basin Businesemen(Paper Presented at the Pan Pacific Conference Seoul, Korea : May 13~15, 1985), p. 2.

협상에 임하여 서로 대화를 나누게 될 때 진행되는 과정은 다음과 같이 4단계로 구분하여 볼 수 있다.[1)]

① 업무와 관련 없는 일반 이야기
② 업무와 관련된 정보교환
③ 설득 및 제안
④ 양보 및 동의

첫 번째 단계는 친밀감을 조성하는 행동들이다. 여기에서는 화합에 관련된 정보를 포함시키지 않는다. 두 번째 단계에서 나누는 정보교환은 쌍방 간에 필요한 선호점에 관한 협상이다. 세 번째 단계에서는 각종 설득전술을 통해 상대방의 마음을 바꾸기 위한 시도들을 말한다. 마지막 단계에서는 양보점이나 일치점들에 대한 마무리 작업이다.

보통 미국인의 입장에서는 세 번째 단계가 중심이 된다. 그들은 보통 앞의 두 단계를 빨리 지나치려는 경향을 지닌다. 특히 미국 사업가의 경우는 날씨, 가족 혹은 문화에 관련된 이야기를 하며 빨리 지나치려 하는 반면 본론에는 빨리 들어가려는 경향을 보이며 논리적으로 따지는 편이다.

반면 일본인의 경우는 서로가 지면을 익히는 데에 상당한 시간을 할애한다. 마찰점에 대한 견해를 좁히는 데 법률에 의존하기를 좋아하지 않기 때문에 상담이 시작되기 전 깊은 신뢰관계를 먼저 유지하기를 원한다.

이와 같이 협상에 임하는 자세가 다르므로 이에 대한 연구가 필요하다. 미국과 일본의 경우를 비교하여 협상태도의 차이를 표로 만든 것이 표 11-1이다.

2. 협상의 기본 요건

1) 협상전 요건

(1) 전략

협상전략은 해당 협상안건에 관련된 사업의 장기종합계획이다. 즉, 국제시장에서의 시장조사를 실시한 다음 사업을 평가하고, 경영자원을 배분하기 위한 계획이다.

1) Graham, John L., Yoshihiro Sano, *Smart Bargaining*(March, 1984), p. 13; Graham, J.L., Dong Ki Kim, *etc.*, *Buyer-Seller Negotiations Around the Pacific Rim*, p. 8f.

그 주요 내용은

ⓐ **전략목표**: 어떤 목표가 가장 중요하며 위험이 가장 적은 점에서 달성할 수 있는가를 결정한다.

ⓑ **평가사항**: 제품, 시장, 경쟁, 기술, 마케팅 등에 관한 경쟁력을 평가한다. 이러한 시장전략이 명확할수록 협상의 목표를 분명히 할 수 있다.

(2) 계획

계획이란 협상능력을 최대한 발휘하기 위해 인적·물적·정보적 자원을 조직적으로 운용하고자 하는 목적을 가진 행동이다.

ⓐ **협상팀의 조직화**: 모든 협상내용의 구체적인 진전은 협상팀에 의해 결정되므로 협상팀의 구성원을 정하고 그들이 갖는 권한과 책임의 한계를 명확히 한다.

ⓑ **협상장소 가정과 훈련**: 협상장소와 상대방 안건 등에 대한 정보를 가정하여 협상전술을 준비하고 융통성 있는 계획을 마련한다.

ⓒ **유연성 있는 대응**: 협상 상대자도 인간인 이상 예상 외의 행동이 표출될 때도 있을 것이다. 따라서 이에 대한 충분한 대응책을 마련해 둠으로써 상대방의 어떠한 제안에도 탄력적으로 대처하여 협상을 유리하게 진행시킬 수 있다.

(3) 준비

협상에 있어 가장 필요한 것은 각종 정보나 자료이다. 각종 통계나 법령, 카달로그, 원가계산서, 회사내역서, 시장상황 등 협상에 필요한 각종 자료를 잘 정리하여 필요한 정보를 정확하고 신속하게 사용할 수 있도록 해야 한다.

2) 협상 중 요건

(1) 설득

협상이란 이쪽의 주장을 상대방에게 이해시키는 것이다. 따라서 먼저 상대방의 생각에 부합되는 의견 제시를 하는 것이 좋다. 또한 설득이란 말만 유창하게 해서 되는 것이 아니고 모순 없는 논리의 제시가 매우 중요하다.

(2) 신속한 의사결정

협상에 있어 우유부단한 태도를 보이면, 상대방으로부터 신뢰감을 잃게 될 수도 있다. 또한 꾸물거리는 것은 의사결정력이 약한 것처럼 보인다. 이와 반대로 신속한 반응과 행동은 신뢰감을 증진시켜 협상의 주도권을 갖게 될 수 있으며, 이것이 성공의 길이다.

(3) 협상 무기

협상의 주요 무기는 위협이다. 상담에 있어서 위협은 양날의 칼이 되어 위험하게 되기도 하는데, 따라서 감정적으로 쓸 것이 아니고 이성적으로 작용해야 한다. 위협의 기술을 어떻게 응용할 것인가가 중요 전략이다.

(4) 인내력

인내란 상대방의 어떠한 공격이나 제안에도 견디어 내며, 원하는 최종 타협선까지 조정해내는 것이다. 만일 인내심을 갖고 임하지 않으면 상대방의 전술에 말려들기 쉬우므로 침착하게 대응하는 것이 좋다.

(5) 자질

협상자의 인간성도 매우 중요하다. 협상이란 결국 사람 대 사람이 하는 것이므로 인간성이 협상의 진전에 주는 영향은 결정적이다.

3. 협상자가 가져야 할 능력

1) 청취능력

청취력은 상담의 전후 관계에서 극히 중요하다. 협상이란 공동의사결정이라 할 수 있는데, 여기서 의사결정이란 고객이나 상대방의 필요성이나 선호도와 같은 것에 대한 정보를 포함하여 가능한 한 많은 정보하에서 이루어지지 않으면 안 된다. 양측에 가장 호의적인 상담 해결이 이루어지기 위해 상담자는 고객의 실제적 이해관계에 대한 미묘한 암시까지도 주의하여 두지 않으면 안 된다. 물론 좋은 청취력은 설득의 첫 번째 단계이다. 협상 탁자에서 마음을 바꾸려고 시도하기 전 좋은 질문과

주의 깊은 청취를 통하여 상대방이 알고자 하는 것을 알아내는 것이 최선의 길이다. 잠재고객이 제품의 가용성 및 신속한 납기가 가장 중요하다고 생각하고 있을 때 제품을 극찬해봐야 별 볼일 없다. 끝으로 국제거래에서 청취력의 가장 큰 난점은 외국어해독이나 어휘구조의 상이점 등이다.

2) 인간관계에 대한 적응력

이 특성은 두 가지 관점에서 볼 수 있다. 첫째, 협상자는 고객이나 공급자의 행위에 주의를 기울여야 하고, 둘째, 또한 그 행위에 적절히 반응해야 한다. 높은 적응력을 가진 성공적 협상자는 상황과 협상 상대방의 행위에 따라 협상방법을 조정한다. 고객이 경쟁적으로 접근할 때 협상자는 경쟁적으로 된다. 고객이 협조적일 때 협상자도 같이 반응한다. 협상 스타일은 국가마다 천차만별이므로 협상에는 유연히 대처하며, 카멜레온과 같이 연출하는 것이 중요하다.

3) 협동의지

협동의지가 있는가 없는가에 따라 국제협상에서 실질적인 차이가 날 수 있다. 기술, 재무, 문화 따위의 전문적 내용을 한 사람에게 기대하기는 어렵다. 즉, 기술자, 재무분석가, 통역사 등이 적절히 활용되어야 한다. 이 추가비용은 중요한 투자가 되며, 또한 협상을 관찰하는 것만으로도 젊은층에게 값있는 훈련의 기회가 될 것이다. 그들이 협상에 참여하지 않고, 참관하는 것만으로도 차이가 난다.

4) 자부심

대표자의 직무는 가장 중요하다. 기업과 문화와의 간격에 다리를 놓는 일은 피곤한 일이다. 협상은 고객하고만 하는 것이 아니고 본사와도 행해지게 된다. 고객은 본사 방침에 대한 질문도 한다. 자부심, 즉 자신의 생각에 대한 신뢰는 역할이 모호한 상황 속에서 그들의 일을 수행하는 데 있어 중요한 개인적 자산이 될 것이다.

5) 야심

거래에 관한 높은 기대가 중요하다. 협상에 관한 수백 개의 사례에서 얻은 교훈을 보면 처음에 많이 요구하는 사람이 나중에 얻는 것이 많다는 것이다. 두 명 중 한 명만을 선발해 협상대표로 보낸다면 높은 야심을 가진 쪽을 보내는 것이 좋다.

6) 매력

매력이란 좋게 보이는 것을 의미하는 것이 아니고 사회적 관계를 즐겁게 할 수 있는 인위적 자질을 말하는 것이다. 기업 협상에서 인간관계의 중요성은 말할 나위도 없으며 거래란 바로 사회적 활동인 것이다. 인간적 매력이야말로 협상테이블을 부드럽게 만드는 것이며, 탁자 양편에 정보의 흐름을 원활하게 한다. 그렇게 됨으로써 보다 많은 정보를 얻을 수 있게 되어 기업거래에 좋게 작용할 수 있는 것이다.

7) 본부에 대한 영향력

이러한 특성은 국제협상에서 특히 중요하다. 조직적 혹은 문화적 장벽을 연결짓는 국제적 협상자의 직무상 어려움은 크다. 이들의 주요 임무는 본부에 협상결과를 보내는 일이다. 그러나 상대방의 견해를 너무 잘 보고함으로써 경영진에서 대표자를 덜 신임하게 되는 결과도 나타난다. 대외적 협상에 보낼 대표자를 선정하는 작업에서 가장 중요한 기준은 본부에 대한 영향력의 유무가 된다.

4. 협상준비의 전략

1) 상황평가

(1) 상대방의 목표

협상자가 가져야 할 것으로 상대방이 원하는 목표가 무엇인지 파악하는 것이 중요하다. 상대방의 사정과 나의 힘을 자세히 알게 되면 협상은 언제나 성공하기 마련이다. 따라서 상대방의 목표에 따라 당사자의 목표가 조정되는 것이다.

(2) 당사자의 목표

협상자는 시작부터 목표를 갖는 것이며 일반적으로 생각하고 있는 것보다 높은 목표를 제시하고, 협상진전에 따라 낮추어가며 조정한다.

(3) 최선의 협상대안

상대방의 목표와 협상자의 목표가 제시되면 양측은 적절한 양보선을 제시하여 조정하게 된다. 이 협상대안에 따라 협상이 타결되기도 하고 결렬되기도 한다.

(4) 권한의 한계

협상자와 상대방은 적절한 권한을 사용하여 최선을 다해 조정한다.

2) 협상탁자에서 확인할 사항

중요한 정보와 가정(假定)들을 협상탁자에서 재분석하고 활용 가능한 정보로 분류해 보는 것은 매우 중요하다. 준비과정의 일환으로 그러한 사항의 목록을 마련하여 협상팀의 구성원들 사이에서 토의되어야 하며 중요한 사항은 문서로 작성되어야 한다.

3) 안건과 비망록

많은 기업 협상자들은 마음속으로 협상안건을 갖고 협상탁자에 임한다. 따라서 다음 사항을 파악하는 것이 중요하다. 첫째로는 협상반의 모든 구성원들에게 안건목록을 작성·제시한다.

둘째로 한 번에 한 건씩 해결하려고 하지 말아야 한다. 그러나 어떤 상담의 자리에서도 모든 문제점들과 이해관계 점을 하나씩 조정해 나가기 전 모두 협상테이블에 올려놓는 것이 좋다.

4) 협상일치를 위한 최선의 대안

협상이 타결되기 위해서는 양측이 생각하는 것의 최저선 이상의 것으로 합의되어야 하는데 바로 그것이 우발적 계획의 일종이다.

| 표 11-2 | 협상에 있어서 각국의 문화적 차이

협상의 관점	한국 style	미국 style	일본 style
의사결정	결정은 책임을 맡고 있는 개인에 의해 이루어진다. 한 사람에 의한 관리이다.	팀워크가 의사결정자에게 영향을 행사한다.	그룹 전체의 의사결정이 모든 단계에서 강조된다.
힘	막대한 힘의 행사가 사용된다. 회유하기보다는 죽이기를 원한다.	파워게임이 행하여진다. 강해지는 것이 높은 가치를 부여받는다. 분위기는 보다 관행적이다.	보다 미묘한 힘이 작용한다. 회유를 시도한다.
감정	상호 간에 상당히 감정적이 되며 심지어 열정적이다. 그 결과로 의사결정이 비합리적으로 된다.	감정은 별로 가치 있는 것으로 여기지 않는다. 대부분의 거래는 잘 계산되어져 일반적으로 합리적이다.	감정은 가치 있는 것이지만 대부분 이를 숨기려 노력한다.
설득	따지기를 좋아하고, 참지를 못하며 고집스럽다. 종종 통제되지 못한다.	따지기를 좋아하지만 비인격적인 방법이 아니다. 실제적이고 합리적이다.	따지기를 좋아하지 않는다. 조용하고 상대방을 존중하고 인내심이 많다. 겸손하고 스스로 자기통제를 한다.
사회	개인의 체면유지에 상당히 높은 의식이 있다.	체면유지는 일반적으로 중요한 요소가 되지 못한다. 비용/편익 분석에 기초하여 의사결정을 한다.	체면유지는 중대하다. 당황하는 모습을 보이지 않는 것 또한 중요하다.

자료: 장대환, 협상의 이모저모, 한국경영연구원 월보, 1989년 11월, p. 5.

5) 양보전략

양보전략들이 협상이 시작되기 전 결정되어야 하고 기록되어야 한다. 의논하고 기록하는 절차는 협상자가 전략을 고집하고 있다는 것을 상대방에게 확신시켜 줄 뿐이다. 오랜 협상 도중 양보의 선을 긋는 경향이 있다. 이것을 피하기 위한 또 하나의 방법은 협상이 시작되기 전 조심스런 계획과 공약을 마련해야 한다는 것이다.

6) 조별임무

협상계획의 마지막 단계는 배역할당이다. 서로 임무를 분담하여 최선의 협정이 되도록 노력해야 하는 것이며, 각자는 자기의 현재 임무가 무엇인지 숙지하여야 한다.

조별임무의 종류로는 청취, 비망록 검토, 양보전략의 설정 등이다. 역할 및 임무는 상황에 따라 변동된다.

5. 협상전술

1) 협상절차상의 전술

① **상황조정**: 협상자는 협상 장소의 상황을 빨리 파악하고 그 분위기를 조정하여야 한다. 상대방이 원하는 것이 무엇인가를 신속히 파악하여 적절히 대처해 나가야 한다.

② **질문 극대화**: 가급적 질문을 많이 하여 상대방으로부터 여러 가지 정보를 입수하도록 하여야 하며, 그것에 입각해 협상 타결점을 제시한다.

③ **언질 극소화**: 협상 시 이쪽의 내용 중 상대방에게 언질을 주어서는 안되며 가급적 어떠한 암시를 적게 한다.

④ **높은 선에서 출발**: 당사자의 조건을 최대한 높이 올려놓고 임해야 하며, 그곳으로부터 내려간다.

⑤ **시간활용**: 협상시간은 가급적 짧게 하도록 하며 협상 시는 상대방의 문화적 시간개념에 맞추도록 한다.

⑥ **창의적 해결**: 협상자들은 주어진 권한과 책임 아래에서 창의적인 결론으로 유도하도록 해야 하며, 적절한 자의적 결말이 바람직하다.

| 표 11-3 | 주요국 경영자의 특성

특 성	미 국	일 본	중 국
경영자의 특성	1. 준비 및 계획기술 2. 분망한 중에 생각함 3. 판단과 정보 4. 구두 표현력 5. 제품지식 6. 지각 및 탐구력 7. 성실성	1. 직업에 대한 헌신 2. 지각 및 탐구력 3. 신망획득 4. 성실성 5. 청취기술 6. 조감력 7. 구두 표현력	1. 고집과 결정 2. 신망획득 3. 준비 및 계획기술 4. 제품지식 5. 매력 6. 판단과 정보

2) 문화적 차이에 대한 이해

문화적 차이는 국제협상에서 고려해야 할 주요 요소이다. 이것은 주로 협상에 임하는 측이 이해하지 못하는 데서 실수가 벌어지는 것을 막기 위함이다. 때때로 문화적 차이를 이해하지 못하는 것이 보다 심각한 결과를 유발할 수도 있다.

해외환경 안에서 효율적으로 사업을 수행하기 위해서는 지역문화를 이해하는 것이 필요하다. 무엇을 해야 할 것인가를 아는 것은 무엇을 하지 않아야 한다는 것을 아는 것만큼 중요하다.

문화적 차이에 대한 문제점을 정리해 보면 다음과 같다.[2)]

① 중국인은 예의를 중시한다. 중국인들 앞에서는 경망스러운 행동이 상담을 깨지게도 하며, 장난 따위를 장난으로 받아들이지 않는다.

② 아랍인은 기한설정을 싫어한다. 대부분의 협상에는 시간적 문제가 개입되며, 마감기한 따위가 설정되는데, 아랍인은 기한조건에 대해 대단한 위협감을 느끼며 매우 싫어한다.

③ 인도에서는 집이나 파티 장소에서 업무상 이야기를 나누는 것은 성스러운 환대에 대해 무례를 행하는 것으로 생각한다. 동시에 인도로부터 온 기업가가 "언제든 오십시오"라고 제안했다면 미국에서는 이것이 정중한 표현으로 간주되지만 인도에서는 그것은 중요한 초청이 되는 것이다. 인도인은 방문을 요청하고 있는 것이며, 회합시간을 맞추느라 예의바르게 손님을 허용하는 것이다. 약속한 시간이 없다면 인도인은 그것을 거절로 본다. 이러한 지역 문화를 이해하지 못하는 것은 기업인들과의 사이에 중대한 오해를 불러일으킬 수 있는 것이다.

④ 커피 한 잔을 사양하는 것조차 주요 문제를 일으킬 수도 있다. 상당히 많은 이익을 낼 수 있는 상담이 진행 중이었는데, 한 미국인 경영자가 사우디아라비아 상인의 커피 접대를 거절하는 실수를 범했다. 미국인은 조급히 업무를 마감하려고 서둘렀으나, 그러한 거절이 면전 모욕으로 생각되어 그 사우디 상인은 기분이 나쁜 나머지 아주 좋지 못한 결과를 부르고 말았다.

2) Ricks, David A., *Big Business Blunders*(Ill. : Dow Jones-Irwin, 1983), pp. 7~12.

⑤ 선물의 제공방법도 아주 중요하다. 선물을 주는 것도 문제를 일으킬 수 있다. 때때로 선물이 기대되기도 하지만 선물을 잘못주면 모욕이 되기도 한다. 한편, 어떤 때는 단순히 기념품 따위를 증정했는데도 위법이 되기도 한다. 예를 들면, 중동에서는 손님이 초대받을 집에 갈 때는 음식이나 음료를 가지고 가면 모욕적이 되는데, 그것은 주인이 변변치 못하다는 것이 되기 때문이다(물론 술은 회교지역에서는 금지되어 있으므로 특히 위험한 선물이다).

남미의 여러 지역에서도 칼이나 손수건 따위는 금지되고 있는데, 이러한 선물이 암시하는 바 칼은 관계를 끊는데, 손수건은 이별의 눈물을 닦는데 쓰이는 것으로 여겨지기 때문이다. 중국인에게 시계를 선물하는 것도 좋은 생각은 아니다. 중국어에서 시계의 뜻은 장례라는 소리와 같게 발음되기 때문이다.

사실상 선물은 그것이 증정되는 방법이 아주 중요하다. 대부분의 아시아 국가에서 선물은 은밀히 주어져야 하는 것으로 여겨진다. 그러나 중동에서는 뇌물로 주어지는 의미를 줄이기 위해서 공개적으로 제공되어야 한다.

문화를 이해하기 위해서는 무엇은 해야만 되고(문화적 당위성), 무엇을 해서는 안 되고(문화적 배타성), 무엇은 할 수도 있고, 또 하지 않을 수도 있고(문화적 임의성)하는 차이를 구별할 수 있지 않으면 안 된다. 세계 여러 곳에서 종교적 건물의 내부에 들어갈 때는 신을 벗어야 하고, 개인적으로는 종교인이 사실상 아니더라도 종교인인 척 하여야 할 때도 있다.

그러나 외국문화에 대한 지식이나 이해를 완전히 얻는다는 것은 불가능하다. 사실 '문화'라는 것에 대한 일반적 의견도 일치하지 않는다. 대부분 단지 어떤 집단의 믿음이나 생활양식 따위에 포함된 변수들의 집합체로 여겨질 뿐이다. 문화적 주체와 그것이 기업에 영향을 미치는 것에 대한 고전적 논문에서 Edward T. Hall은 문화란 시간, 공간 및 물질소유와 기본요소들의 일치적 관계라고만 강조하고 있다. 한 유명한 인류학자는 물질적 문명, 사회적 기관, 신앙체계, 미적 체계와 언어 따위의 요소들의 집합체로 구분했다.

한 권위 있는 비교경영학자는 29개의 문화적 특성을 교육, 사회, 정치, 경제 4개의 집합체로 구분했다. Vern Terpstra는 국제경영의 문화적 환경이라는 저서에서 문화적 복잡성을 도식화하였다.

이런 변수들을 최적집단으로 구분하는데 많은 학자들의 의견이 일치하지 않고 있지만 분명한 것은 문화란 참으로 복잡하고, 외국문화를 이해한다는 것은 많은 분야에 대한 지식을 요구하는 것과 같다고 지적해 주고 있다.

사례분석 ▶▶ 한국의 국제협상력, 무엇이 문제인가?

I. 시간 쫓긴 졸속

한국정부는 1997년 말의 외환위기 이후 제일은행, 서울은행을 비롯하여 많은 국내 기업들을 외국기업에게 매각하기 위한 협상을 벌였지만 성공적인 매각협상사례를 찾아보기 어렵다. 국부유출 논란, 헐값시비, 졸속 매각 등의 비난을 받던 매각협상들이 정작 계약단계에서 속속 깨지고 있다. 한국의 국제협상력에 무슨 문제가 있는지 시리즈로 짚어본다.

“당장 내일 협상에 굴복하더라도 오늘은 포커페이스로 협상테이블에 앉는 것이 국제거래의 기본입니다. 그런데 상대방의 인수의사도 확인하기 전에 먼저 시한부터 정해 놓고 딜(deal)에 임하는 나라는 아마 한국뿐일 것입니다”. 국내 기업의 해외매각을 몇 차례 성사시킨 컨설팅 전문회사 관계자는 정부와 산업은행이 대우차를 한 달 내(10월 20일까지)에 팔겠다는 데 대해 이렇게 비판했다. 시한을 보름 정도 남긴 지금도 GM과 현대 컨소시엄이 ‘산다, 안산다’로 설왕설래하고 쪼개 팔수도 있고 묶어 팔수도 있다는 얘기로 혼란만 거듭할 뿐이다.

이런 조급증은 이용근 전 금감위원장이 국제관례에 어긋나게 포드의 제시가격(7조7천억 원)을 공개한 데서도 알 수 있다. 금감위 관계자는 “세계 굴지의 자동차메이커가 높은 가격을 써낸 데 감격해 촌스럽게 대응한 감이 없지 않다”고 회고했다. 포드는 대우차 인수협상 및 실사팀으로 2백여 명을 투입했다. 이들은 시간당 5백 달러를 받는 특급 변호사와 회계사, 엔지니어 등으로 구성됐다. 이 과정에서 포드는 무려 2천만 달러를 쓴 것으로 전해졌다. “그런데도 ‘살 물건’이 아니란 생각이 들자 과감히 손을 떼더라”며 정부 관계자들은 놀라워했다.

한보철강의 계약파기엔 거꾸로 공무원들의 늑장행정이 한몫했다. 느긋해야 할 매각협상은 서둘렀고 서둘러야 할 뒤처리엔 느긋했던 셈이다. 네이버스 측이 계약 선행조건으로 제시한 조세채권 현가할인이나 당진부두 전용사용권 등이 막바지 협상에 들어간 9월 중순까지도 미결상태였다. 자산관리공사가 제일은행으로부터 한보철강을 넘겨받은 뒤 백방으로 뛰었지만 관할 관청들은 ‘나몰라라’로 일관했다. 급기야 청와대가 중재에 나서 9월 말에야 해결했지만 이미 판이 깨진 것이다. 한보 채권단 관계자는 “정부가 네이버스를 상대로 소송을 걸겠다고 하지만 거꾸로 그쪽에서 계약조건 불이행을 들어 소송을 걸 수도 있다”고 말했다.

이같은 매각협상 실패의 이면에는 △조급해 하는 정부 △바이어에 대한 정보 부재 △국제협상·관행에의 미숙함 등 총체적인 문제가 있다는 지적이다. 윤창현 명지대 교수는 "아무리 팔기 어렵더라도 우량한 원매자가 나타나지 않으면 기다리고 바이어에 대한 충분한 정보를 확보해 옥석을 가려내는 자세가 절실하다"고 지적했다. 아무리 국제전문가가 달려들어도 파는 물건이 좋지 않을 때 제대로 된 협상을 기대하기 어렵다.

한국개발연구원 임영재 박사도 "협상력 부재도 문제지만 부실기업을 매각할 때는 아무래도 사는 쪽에서 칼자루를 쥐게 돼 현실적인 제약이 많을 수밖에 없다"고 말했다. 만도기계의 매각과정에서 로스차일드가 브리지론으로 10억 달러를 들여오겠다고 했지만 결국엔 고작 1천만 달러를 들고 왔다. 정부와 채권단은 로스차일드가 제시한 호(好)조건에 눈이 어두워 벌처펀드 성격인 바이어의 실체를 제대로 보지 못한 것이다.

지난해 대한생명 국제입찰에서도 정부는 파나콤이란 정체불명의 인수희망자에게 망신을 당했다. 미국 회계사를 지낸 금감원 관계자는 "세계 최고라는 하버드 예일대 등을 나온 변호사들이 만든 2천 쪽짜리 계약서를 다 읽어보지 않고 우리말로 된 10쪽 안팎의 계약요약서만 보고 서명한 사례도 있다"고 말했다. 10쪽만 봤으므로 나머지 1천9백90쪽에 무슨 내용이 있는지 모를 수밖에 없고 협상이 깨졌을 때 사후 대응도 못한다는 얘기다.

협상결렬에 대한 반성도 미흡하다. HSBC(홍콩상하이은행)이 서울은행 인수를 포기한 것은 실사해 보니 생각보다 더 나빴다고 본 탓이었다. 포드가 왜 대우차 인수를 포기했는지에 대해 이근영 금감위원장은 포드의 타이어 리콜, 엔진 결함 등 포드 탓으로 돌렸다. 외국계 은행 관계자는 "한국정부가 지피(知彼)도, 지기(知己)도 제대로 안된 채 국제딜에 서슴없이 나서는 것 같다"고 꼬집었다.

II. 비전문가가 설친다.

한보철강을 네이버스컨소시엄에 매각키로 본 계약을 맺기 직전인 지난 3월.

"계약파기에 대비해 구체적인 손해배상청구 요건을 넣어야 한다."
"하나 뿐인 협상자에게 부담을 줄 수 있기 때문에 필요가 없다."
"오히려 우리 측이 계약조건을 이행하지 못해 소송을 당할지도 모른다."

주채권은행인 제일은행을 주축으로 구성된 인수기획단 관계자들이 한자리에 모여 토론했던 내용이다.

격론 끝에 네이버스에 입찰보증금을 받지 않기로 하고 계약 파기시 구체적인 손해배상 청구 요건을 넣는 사항도 완화돼 본 계약은 체결됐다. 그리고 나서 7개월 뒤인 지난 2일 네이버스는 계약파기를 통보했다. 이제서야 자산관리공사 등 채권단은 계약파기가 손해배상요건에 해당되는지를 검토하는 '뒷북'을 치고 있다. 한국의 빈곤한 국제협상력을 보여주는 사례다.

대우자동차의 매각 불발이나 이전의 제일은행 헐값 매각 논란 등도 비슷한 꼴이다. 전문가들은 이같은 원인의 하나로 '풋내기 협상가'가 설치고 다니는 점을 꼽는다. 제일은행을 매각하기 위해 미국의 뉴브리지캐피털과 밀고 당기는 협상을 벌였던 지난 99년 말. 뉴브리지캐피털은 아시아태평양담당본부장이던 웨이지안 샨이란 전문가와 변호사를 내보냈다. 이에 맞선 우리측 파트너는 금융감독위원회 국·과장 및 사무관·법무법인과 컨설팅사로부터 자문을 받았지만 국제협상 전문가는 없었다.

협상주도권을 잡는다는 것은 처음부터 꿈도 꾸지 못할 진용이다. 샨이 조건을 제시하면 뒤돌아서 논의한 뒤 다시 협상테이블에 앉을 뿐이었다. 당시 관계자는 "국제통화기금(IMF)과의 약속에 따라 해외매각을 서둘러야 하는 불리한 조건이었다"고 해명하고 있다. 하지만 일각에서는 "처음으로 은행을 해외에 파는 큰 장사를 하는 데 경험도 부족한 공무원이 정면에 나선 것부터가 문제였다"는 지적도 나오고 있다. 공직자로서 여론을 의식하지 않을 수 없는 데다 윗선에서 각종 주문이 들어오는데 따라 협상 입지만 좁아졌다는 평가다.

IMF 직후인 1998년 2월 한국이 개혁정책을 추진하겠다는 설명을 위해 정부 관계자와 기업인들이 워싱턴에서 외국인투자자들을 만났다. 은행의 개혁방향에 대한 구체적인 계획을 설명해 달라는 요청을 받은 정부 차관급 인사는 미리 준비한 거시경제 동향만을 더듬거리는 영어로 읽어 나가 질문을 제대로 이해하지 못했다는 지적까지 받았다.

정부나 채권단도 이젠 비싼 돈을 주고 협상 전문가를 쓰고 있다. 국제적인 딜(거래)을 성사시키기 위해 모건스탠리나 골드먼삭스 등 세계적인 투자기관, 컨설팅회사의 자문을 받아 일을 추진하는게 다반사다. 대우차 매각을 위해 주채권은행인 산업은행을 배제하고 대우구조조정협의회를 만들고 국제거래경험이 많은 오호근 의장에게 전권을 준 것도 이런 맥락에서다.

하지만 전문가가 제 역할을 할 수 있도록 했는지, 적절한 견제와 감시를 했는지에 대해서는 의문이 많다. 오히려 정부나 채권단이 일일이 간섭해 일을 그르치는 경우도 많다. 대우자동차의 매각과정에서 이용근 금융감독위원장이 미국 포드사가 제시한

가격을 공개한 일이 대표적인 사례다. 오 의장은 "구속성이 없는 제안이었는데…. 말도 안되는 실수였다"고 회고했다. 포드 측이 "비밀준수 협약을 무시했다"고 정부당국에 항의한 것도 당연했다.

금융계 관계자는 "만약 가격이 공개되지 않았다면 포드와 채권단이 최종 가격협상을 할 수 있는 여지가 있었을 것"이라고 말했다. 섣부른 애국심과 비전문가가 판치는 현실이 우리가 국제협상에서 번번이 깨지는 이유인 셈이다. 돈을 아무리 많이 주고 전문가를 활용하더라도 이럴 경우 돈만 날리는 것 외에 별 수가 있을 리 없다.

매각협상을 자문했던 한 외국인은 "정부는 물론 금융기관이나 기업들도 양해각서(MOU)나 투자의향서만 맺으면 거래가 모두 성사된 줄 알고 남들에게 알리기 바쁘다"며 아마추어 협상가의 약점을 꼬집었다. 협상에 대한 치밀한 전략부재속에 상전이 너무 많아 조그만한 사항도 각종 기관에 다 보내다 보니 정보가 누출되고 결국 딜이 깨지는 경우도 많다.

부실채권을 사고파는 론스타의 심광수 회장은 "전문가가 부족한 것도 현실이지만 전문가가 제 역할을 할 수 있도록 시스템을 구축하는 일도 시급하다"고 지적했다.

III. 산업정책기조가 없다.

정부와 채권은행단은 지난 6일 대우차동차를 분할매각 하겠다고 발표했다. 그런지 불과 이틀이 지난 8일 이근영 금감위원장은 기자들에게 "GM이 일괄인수의사를 전해 왔다"면서 GM과의 협상을 서두르겠다고 밝혔다. 포드가 지난 9월 15일 대우차 인수를 전격적으로 포기한 이후 정부와 채권단은 갈피를 잡지 못하는 모습이다.

포드가 철수를 통보해 온지 3일 후 엄낙용 산업은행 총재는 "'선인수 후협상' 방식으로 10월 20일까지 대우차의 최종 인수자를 선정하겠다"고 했지만 GM과 현대로부터 냉담한 반응이 나오자 "없었던 일"로 돌려버렸다. 지난 9월 18일 이근영 위원장은 "다임러크라이슬러 없이 현대자동차의 단독입찰 참여가 불가하다"고 못 박았다. 하지만 이틀 후 현대차가 "단독참여는 고려하지 않고 있다"는 입장을 밝히자 금감위는 현대 단독입찰도 허용하겠다고 말을 바꿨다. 불발에 그치기는 했지만 금감위는 이미 경영일선에서 물러난 정세영 현대산업개발 명예회장에게 대우차 위탁경영의사를 타진했던 것으로 알려졌다.

포드 충격에서 벗어나지 못하고 "좌충우돌"식 대응이 이어지는 과정에서 정부 내 불협화음도 돌출됐다. 금감위와 산업은행에서 10월 20일까지 최종인수자를 선정하겠다고 발표하던 그 날(9월 18일) 신국환 산업자원부 장관은 "대우차 매각협상이 실패할 경우에 대비해 자동차 산업합리화 차원에서의 대우차 처리를 검토 중"이라고 밝혔다.

이에 대해 채권단이 강력히 반발했고 산자부장관의 언급은 "해프닝"으로 치부돼 버렸다. 이는 정부의 "산업정책부재"를 극명하게 보여주는 대목이다. 정부가 제조업의 근간인 자동차산업을 어떤 방향으로 갖고 갈 것인지에 대한 "밑그림"이 없이 "왔다 갔다" 하는 것은 통상협상에서도 확연히 드러난다. 지난 97년 말 한·미 자동차협상 때 정부는 미국의 시장개방요구에 대해 초강경으로 대응했고 협상은 파국으로 치달았다. 그랬던 정부가 불과 2년 남짓 만에 정책방향을 1백80도 틀었다. 자동차산업의 주무부처인 산업자원부가 직접 나서서 외제차배격 분위기를 누그러뜨린답시고 의전용으로 포드 링컨을 구입했고 지난 5월 수입차전시회에는 국제적인 관행에 비추어서도 의례적으로 국무총리(당시 박태준 씨)까지 참석했다.

이렇게 된데는 물론 IMF 사태 이후 외국자본에 대한 기조변화가 작용했지만 문제는 정부가 한국자동산업에 대한 정책기조나 비전을 전혀 내놓지 못하고 있다는 점이다. 현재 상황대로 가면 한국 자동차산업과 시장은 "현대-다임러 제휴, 대우-GM에 편입, 삼성-유럽차(르노)에 편입, 일본차 한국직판" 체제로 굳어질 공산이 크다.

이런 상황인데도 정부는 국내 토종 자동차회사가 세계적인 경쟁자로 커 나가도록 산업정책을 펼 생각인지 아니면 한국은 국제메이저들의 동북아 기지로 전환하는 것이 낫다고 보는지 갈피를 못 잡는 것 같다. 산업정책의 무(無)기조로 인해 한국업체를 견제하려는 외국업체들의 입지만 강화시켜줬다는 비판이 제기되는 것은 당연하다.

건양대 김진국 교수는 "포드가 대우차 인수를 포기하면서 부실문제를 거론함으로써 GM 등 다른 업체들의 발목을 잡는 결과를 낳았다"면서 "대우차는 매각이 늦어지면 고사할 수밖에 없으며 이는 한국차산업의 큰 축 하나가 떨어져 나간다는 의미"라고 강조했다. 자동차산업 비전 없이 대우차 해외매각이라는 방침을 설정한 것부터가 잘못됐다는 지적도 있다. 첫 단추를 잘못 꿰다 보니 전략상 "외통수"로 몰릴 수밖에 없었고 매각시한을 설정하는 등 매각을 너무 서둘러 협상력이 약해졌다는 분석이다.

한남대 현영석 교수는 "급박한 조치를 취할 수밖에 없는 상황에서 정부는 협상력을 떨어뜨리는 행동을 하고 있다"고 평가했다. 이에 따라 정부는 협상력을 높이기 위해 채권단이 일정 수준 이상을 부담하게 되면 공기업화하겠다는 등의 다른 협상카드를 만들어야 한다는 지적도 있다. 서강대 김광두 교수는 "정부가 대안없이 매각을 서두르다간 엉성하게 처리했다는 비판을 받는 1차 입찰 때와 같은 실수를 되풀이 할 우려가 있다"고 경고했다.

IV. 말도 탈도 많은 국내환경

IMF(국제통화기금) 구제금융 이후 한 푼의 달러가 아쉽던 지난 98년 6월. 김대중 대통령의 첫 미국 방문에 앞서 신동아 계열사였던 대한생명이 미국의 세계적인 생명보험사인 메트로폴리탄과 10억 달러의 외자유치 양해각서(MOU)를 맺었다는 대대적인 발표가 나왔다. 환란 이후 최대 규모의 외자유치여서 관심을 모았지만 몇 달 뒤엔 "없던 일"이 돼버렸다.

김 대통령의 2차 방미에 앞서 제일은행 매각협상이 막바지로 치달을 때였다. 이기호 경제수석은 방미 전에 협상타결을 강하게 시사했다. 방미 선물로 내놓으려는 의지가 엿보였다. 그러나 뉴브리지는 다급해 하는 한국정부를 상대로 까다로운 요구조건을 들고 나와 타결까지 석 달을 더 보내야 했다. 조급증으로 다 된 밥에 코 빠뜨린 격이다.

금감위는 서울은행 매각을 위해 HSBC(홍콩상하이은행)와 MOU를 맺었다. 당시 금감위 보도자료는 "외환위기 이후 정부의 금융구조조정이 국제금융계에서 성공적으로 평가돼 해외투자자들의 한국 금융시장에 대한 인식과 시각이 긍정적으로 전환되고 있음을 입증하는 계기"라고 자화자찬했다. 그러나 HSBC는 서울은행 실사 뒤 살 물건이 아니라고 보고 그해 8월말 협상을 깼다.

이런 사례를 되씹어 보면 해외매각이나 외자유치가 '치적'으로 부각되고 MOU만 맺으면 다 된 것처럼 여기는 관행을 확인할 수 있다. 'MOU 맹신증'인 셈이다. 대우자동차의 경우 포드와 MOU를 맺은 게 아니라 우선협상대상자로 선정한 수준이었다. 이는 구속력 없는 제안서(Non-binding Offer) 수준이다. 포드는 바로 이런 상태에서 포기한 것이다.

국내 기업을 해외에 팔 때마다 제기되는 '국부유출', '헐값매각' 등의 시비도 협상을 어렵게 만드는 요인이다. 제일은행의 경우 "17조원을 쏟아 붓고 불과 5천억 원에 팔았다"는 비판이 단골메뉴다. 그러나 부실기업 매각 시 '부실비용(Sunk Cost)'을 감수하지 않으면 성사되기 어렵다는 지적이다. 제일은행이 문을 닫았으면 예금대지급과 기업부도로 인해 공적자금을 20조원 이상 쏟아 부었을 수도 있었다는 점을 감안하지 않고 단순하게 헐값 매각이라고 비판만 할 경우 협상 당사자들이 설 땅을 잃는다는 것이다.

미국 드렉셀대 교수를 지낸 오갑수 금감원 부원장보는 "부실기업의 매각가격은 지금까지 들어간 돈이 아니라 미래 투자회수가치로 따져봐야 한다"고 설명했다. 대우차 인수협상에 다시 나선 GM은 작년 초 한때 삼성차에 관심을 가진 적이 있다. GM의 실사 팀이 삼성차 부산공장을 방문하려고 갔더니 기자들이 진을 치고 있어 문 앞에서 돌아섰다고 한다.

'지나친 관심'은 정부도 마찬가지다. 장관들은 '잘되면 내 덕, 안되면 네(협상팀) 탓'으로 여긴다는게 실무자들의 지적이다. 전직 금감위원장은 포드의 제시가격을 공개해 말썽이 났고 현직 금감위원장은 GM이 대우차 인수의향을 밝혔다고 공개했다. 해외매각을 담당했던 공무원들은 "재경부장관, 금감위원장, 청와대 경제수석 등 적어도 3곳 이상에 진행상황을 보고해야 했다"고 말했다. 아는 사람이 많아질수록 비밀은 새기 쉽다. 국제 딜의 최대 금기인 '비밀준수합의(Confidential Agreement)'를 어기는 꼴이 된다. 대우차 매각을 주관하는 산업은행은 9일 보도 자료에서 "앞으로 모든 협상내용을 최종계약서 서명 때까지 비밀 유지키로 합의했다"고 강조할 정도다.

대우차, 한보철강의 잇단 매각실패에 대해 김 대통령은 협상력 부재를 개탄했다. 비난여론이 거세 대통령의 입에서 문책하라는 얘기까지 나왔다. 그러나 문책론이 오히려 매각을 주관하는 공무원이나 채권단엔 족쇄로 작용할 공산이 크다. 영국 파이낸셜타임스가 "해외 매각 실패에 대한 문책 움직임이 한국의 구조조정과 외국인 바이어들과의 주도적인 협상을 더 어렵게 하고 공무원들에겐 자리걱정을 하게할 것"이라고 지적한 점도 귀담아 들어야 할 때다.

V. 전문가 제언

"관료로 출세하려면 한국과의 협상에 참가하라" 미국 관가에는 이런 우스갯소리가 나돈다. 한국과 협상을 벌일 경우 때로는 기대했던 것보다 더 많은 성과를 얻어가기 때문이다. 한국의 취약한 협상력을 단적으로 드러내는 대목이기도 하다. 전문가들은 대우차와 한보 철강의 잇따른 매각 불발도 "협상 전략과 대안 부재가 낳은 인재(人災)"라고 진단한다. 한국정부 및 채권기관의 "한건주의"와 "조급증"이 실패를 자초했다는 얘기다.

"한보철강 매각 무산은 한국정부의 부실자산 처분 능력에 대한 의구심을 불러일으키고 있다"는 파이낸셜 타임스의 최근 보도도 같은 맥락에서다. JP 모건의 임석정 지점장은 "대우차 입찰평가위가 협상 상대를 하나만 골라 스스로 대안을 없애버렸다"며 협상의 ABC를 어긴 처사라고 지적했다. 포드가 구속력 없는(non-binding) 가격을 제시하고 정밀 실사를 통해 대우차 인수의 손익계산서를 따지고 있을 때 한국측은 선진업체의 '신사도'만을 믿은 채 헐값 시비를 잠재웠다는 안도감에 사로잡혀 있었던 것이다.

국제변호사인 이광은 외대 무역학과 교수는 "매각 일정에 쫓겨 상대방의 계약이행 의지를 파악하는데 소홀했다"고 말했다. 그는 "한보철강 채권단 입장이 아무리 아쉬운 처지였다고 하더라도 계약 불이행시 손해배상 청구 조항조차 빠졌다는 것은 납득하기 어렵다"고 덧붙였다. 국내기업의 해외매각을 몇 차례 성사시킨 한 법률회사 변호사는 "포드의 입찰 희망가격에 만족한 나머지 정부 스스로 가격을 공개한 것은 국제 관행에도 어긋날 뿐 아니라 추후 다른 업체들과의 협상 여지를 없애는 등 부작용이 적지 않았다"고 진단했다.

그는 "포드의 인수 포기 소식에 대해 '유감스러운 일'이라고 분개하기 전에 법적인 대응방안조차 마련해 놓지 않은 한국의 패착을 깊이 반성해야 할 것"이라고 꼬집었다. 국책연구기관인 대외경제정책연구원(KIEP)도 대우차 입찰 직전 정부와 채권단이 대우차 처리의 현실적인 대안은 해외매각 밖에 없다고 공개적으로 밝히는 것은 협상력 제고 차원에서 자제돼야 한다고 지적하기도 했다. 이성봉 KIEP 연구위원은 "매각 실패에 조건반사적으로 대응하기보다는 원칙을 세워 일을 처리해야 한다"고 강조했다.

정부에서 처리과정을 배후 조정하기보다는 채권단이 매각협상을 벌이고 책임까지 지는 시스템을 정립해야 한다는 게 그의 견해다. 협상학 전문가인 이기수 고려대 법대 교수는 "시한을 못 박는 것은 스스로 협상여지를 줄이는 꼴"이라며 "향후 협상에선 최선 이후 차선은 물론 최악의 시나리오까지 예상해 신중하게 임해야 한다"고 조언했다.

이광은 교수는 "제너럴 모터스(GM)가 대우차 매각에 단독 협상자로 나선 이상 가격과 인수사업 선정 등에서 일방적인 조건을 요구해 올 것"이라며 "이에 대응할 수 있는 치밀한 전략과 협상 노하우가 필요한 시기"라고 말했다. 이 교수는 "정책 결정자들은 협상 실무자나 전문가들의 의견을 귀담아 들어야 한다"며 "위에서 결정하고 밑에선 지시를 수행하는 '톱-다운 방식'으로 매각이 진행될 경우 포드쇼크가 재연될 수 있다"고 우려했다.

조명현 고려대 교수는 "아마추어가 프로와 마주앉는 우를 범해선 안된다"고 말했다. 관료나 채권기관이 직접 협상테이블에 앉기보다는 해외 전문 변호사 등 고수들을 내세워 협상에 임해야 한다는 얘기다. 조 교수는 "아무런 카드 없이 GM에 일방적으로 끌려가기보다는 능력 있는 외국인 경영자에게 한시적으로 경영을 맡겨 대우차를 정상화시킨 뒤 내다파는 '제3의 대안'도 검토돼야 한다"고 주장했다.

집이 팔리지 않으면 '리모델링'을 해서 이사철에 파는 방안도 고려해야 한다는 지적이다. 때마침 금융감독위원회는 10일 대우차와 한보철강 매각실패에 대한 문책조치를 단행했다. 전문가들은 문책 같은 단발성 조치보다는 협상력을 보강할 수 있는 장기투자에 신경을 써야 할 때라고 지적했다.

VI. 이면협상 전략! 어떤 것이 있나?

기업 간 거래나 회사 내 부서 간 협의 같은 비공식적인 협상에서는 상대방을 대화의 장으로 끌어내는 것 자체가 쉽지 않다. 협상을 시작해도 곧바로 교착상태에 빠지거나, 아예 시작도 해보지 못한 채 실패로 끝나는 경우도 종종 발생한다. "이면협상(shadow negotiation)"은 이런 비공식적인 협상을 원활하게 이끌어가는 데 특히 유용하다. 이면협상은 상대방을 협상 테이블로 불러내 대화를 계속 유지해 나가기 위한 복잡하고 미묘한 과정을 뜻한다. 쉽게 말해서 사전정지작업과 비슷한 의미다. (이면협상은 데보라 콜브 미국 시몬스 경영대학원 교수와 조직 연구기관인 아나그램의 주디스 윌리엄스가 만들어 낸 용어다) 조직의 핵심라인에서 비켜서 있는 사람들은 일반적으로 영향력이 없다. 경험도 부족하다. 협상 상대방을 제압할 만한 파워도 갖고 있지 않다. 협상 상대가 동료인 경우에도 선입견과 비현실적인 기대감, 개인적인 감정 등이 앞서 왕왕 일을 그르친다. 우리(데보라 콜브와 주디스 윌리엄스)는 여러 가지 연구를 통해 이면협상을 원만하게 진행할 수 있는 몇 가지 중요한 기법(또는 전략)을 찾아냈다. 이 기법이 성공적인 협상을 1백% 담보하지는 않지만 침묵속의 파워게임으로 교착상태에 빠진 협상을 진전시키는 데는 분명히 도움이 된다.

(1) 힘의 조치(power move)

상대방이 협상에 응해야 할 절박감을 느끼지 못하는 상황에서는 힘의 조치가 도움이 된다. 힘의 조치는 협상을 하면 더 나은 상황을 맞게 되고 협상을 하지 않으면 나쁜 상황을 맞게 된다는 점을 상대방에게 인식시키는 것을 말한다. 소극적으로 나오는 상대방에게 협상의 필요성을 절실하게 느끼도록 만들 수도 있다.

연구대상 중에 카렌 하티그라는 사람이 있었다. 그는 승진은 했지만 봉급은 올라가지 않았다. 게다가 회사에서 후임자를 정해 주지 않아 두 가지 업무를 함께 처리할 수밖에 없었다. 참다못한 카렌은 헤드헌터에게 새 직장을 구해달라고 의뢰했다. 하티그는 직장을 옮길 수도 있다는 점을 내세워 상사를 협상 테이블로 끌어냈다. 봉급과 후임자를 정하기 위한 협상에 응하지 않을 경우 부하직원을 잃을 수 있다는 사실을 상사에게 인식시킨 것이다.

(2) 과정의 조치(process moves)

의사결정의 역학관계상 협상자의 목소리에 과도한 힘이 실릴 우려가 있을 경우에는 과정의 조치를 통해 협상구도를 재조정할 수 있다. 과정의 조치는 협상에서 실질적인 쟁점을 다루는 것은 아니지만 쟁점논의에 직접적인 영향을 미친다. 의제와 협상 예비 작업, 아이디어 제안 및 발언자 순서 등의 구조적 요소들은 협상 상대방이 요구사항을 얼마나 수용할 것인가를 좌우한다. 연구대상 중 마르시아 필빈이라는 사람의 사례가 여기에 해당한다. 필빈은 사무 공간 배분을 둘러싼 협상에서 정당한 대우를 받은 적이 한 번도 없었다. 그룹의 리더들은 매번 부풀려진 숫자를 사옥관리인에게 건넸다. 필빈은 이런 과정을 바꾸자고 제안했다. 사옥관리인과의 개별적인 협상을 통해 공간을 배분할 것이 아니라 공동의 기구를 만들어 각 부서가 제출한 요구사항을 객관적으로 평가할 기준을 만들자고 제안했다. 경영진이 이에 동의하고 곧 새로운 기준을 만들기 위한 위원회가 구성됐으며 필빈이 위원장을 맡았다.

(3) 이해의 조치(appreciative moves)

협상 상대방이 밀린다고 느끼거나 여러 가지 오해 때문에 문제의 핵심을 비켜감으로써 협상 자체가 교착된 경우 이해의 조치를 통해 협상상황이나 분위기를 바꿔주면 더욱 우호적인 거래가 가능해지기도 한다. 이해의 조치는 확실하게 신뢰를 구축해주고 양측의 대화를 이끌어낸다. 이면협상의 역학관계를 긍정적인 방향으로 돌려놓을 뿐만 아니라 숨은 희망도 제공해준다. 협상자가 상대방의 관심과 상황 또는 체면을 존중한다는 표시를 보여주면 협상은 원하는 방향으로 나아갈 수 있고 또한 그 방향에 맞는 의견과 아이디어와 감정 쪽으로 바뀔 수 있다. 샘 뉴튼의 새로운 상사는 금융업종에서 전직한 탓에 비즈니스의 실무영역에서 일해 본 경험이 없는 사람이었다. 프로젝트 일정과 자금계획을 논의하기 위한 부서회의 때마다 새로운 상사는 뉴튼의 아이디어를 늘 퇴짜 놓았다. 뉴튼이 제안 발언을 마치기도 전에 상사는 무조건 거부했다.

낭패감을 느낀 뉴튼은 더 거세게 밀어붙였다. 하지만 그럴수록 저항만 거세질 뿐이었다. 뉴튼은 상사가 자신의 제안을 무턱대고 승인했다가 자칫 자존심이 꺾이지 않을까 우려한다는 사실을 깨달았다. 그는 방향을 완전히 바꾸었다. 달랑 한 가지 아이디어만 내지 않고 여러 가지 제안을 추가해 상사에게 최종 선택권이 있음을 주지시켰다. 그 결과 상사는 자신의 권위를 내세울 필요를 느끼지 않아 긍정적인 반응을 보이기 시작했다.

12 국제마케팅관리

Chapter ......

< 제 1 절 >

국제마케팅의 본질

국제마케팅(international marketing)이 국내마케팅과 다른 점은 영업활동이 국경을 초월하여 이루어지고 그 과정에서 기업이 수많은 상이한 환경에 직면하게 되며 그 결과 제반 마케팅활동이 국내마케팅활동의 경우보다 훨씬 복잡해진다는 데에 있다. 국제마케팅은 그 범위가 기업의 국제화와 더불어 점차 확대되어 가고 있는데, 통상적인 기업의 국제화는 처음에는 수입이나 간접수출단계로 이행하고, 그 다음으로는 해외자회사를 설립한다든지 또는 해외현지생산을 시작하여 범세계적인 생산 및 마케팅활동을 수행하는 보다 고차원 단계로 접어들게 된다.

국제마케팅은 국내마케팅과 비교하여 마케팅활동이 국내환경과 전혀 상이한 복수의 해외 환경 하에서 수행되기 때문에, 한편으로는 시장기회가 확대되는 것을 의미하지만 다른 한편으로는 그에 따른 위험이 증대됨을 의미한다. 국제마케팅은 서로 다른 해외 여러 나라에서 마케팅활동을 전개함에 따라 증대하게 되는 제반 위험을 최소화하면서, 동시에 확대된 시장기회를 최대한 활용하여 기업의 마케팅목표를 가장 효과적으로 달성하는 것이 그 목표가 된다. 기업은 국내외를 막론하고 기업 내적 요소인 가격, 제품, 판매촉진, 유통경로 등에 대해서는 그 통제가 가능하지만, 정치, 경제, 경쟁, 기술수준, 유통구조, 지리 및 사회간접자본시설, 문화 등과 같은 제반 환경은 통제가 불가능하기 때문에 이러한 환경에 어떻게 적응하는 가가 마케팅 활동의 핵심적 요소가 된다. 이들 통제불능요소들은 국내보다는 해외 시장에서불확실성의 정도가 더 심하기 때문에 국제마케팅활동의 성패에 결정적인 영향을 미치게 된다.

따라서 기업이 이러한 제반 통제불능환경에 효율적으로 대처하기 위해서는 먼저 통제불능요소를 명확히 파악하고, 이것이 국제마케팅활동 전반에 미치게 될 영향을 예측하고 판단하여 이에 대한 대응책을 강구하는 것이 필요하다.

< 제 2 절 >
국제마케팅 전략개발

1. 국제마케팅 믹스전략

국제마케팅 믹스전략은 기업 내의 통제가능요소인 제품(product), 가격(price), 유통(placing), 광고 및 촉진(promotion)의 4P를 다양한 해외목표시장 여건에 부응할 수 있도록 이를 혼합하고 조정하는 활동을 의미한다. 마케팅 믹스전략은 기업의 목표를 효율적으로 달성하는 데 필요한 구성요소의 상호관계를 설명해 주고 있는데, 마케팅 믹스전략의 체계를 그림으로 나타내면 다음과 같다.

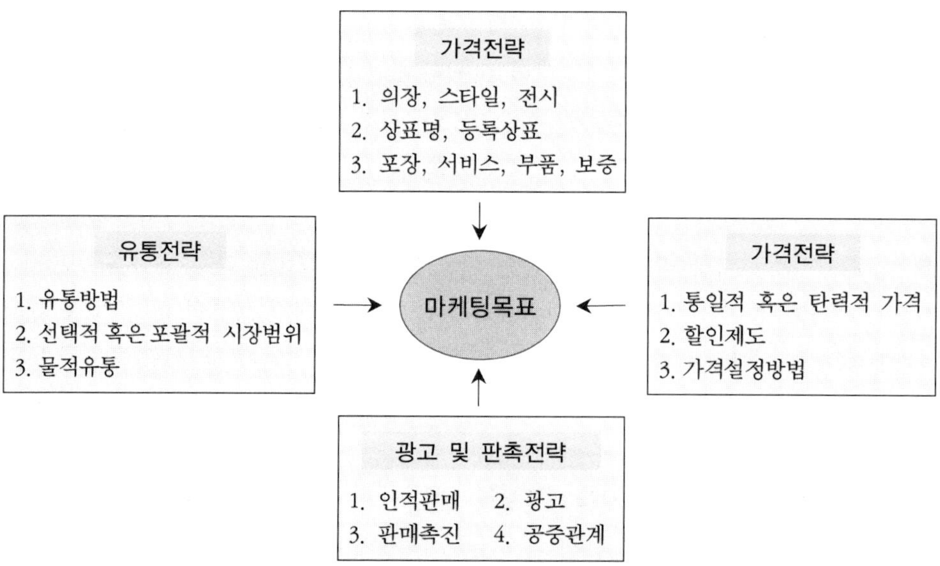

| 그림 12-1 | 마케팅 믹스전략

앞의 그림에서 보는 바와 같이 마케팅 믹스전략은 다국적기업의 제품전략, 가격전략, 유통전략, 광고 및 촉진전략의 역할과 그 중점을 나타내 보여주고 있다.

다국적기업은 효율적인 마케팅 믹스전략을 수립하지 못하는 경우 성공적인 경영활동을 수행할 수 없기 때문에, 최적 마케팅 믹스 또는 적어도 기업의 이익 및 마케팅목표를 달성할 수 있는 믹스를 얻기 위해 노력해야 한다.

그리고 마케팅 믹스전략은 각국의 경제, 정치, 법률, 사회 및 문화적 변동요인에 적응할 수 있어야 한다. 또 각국의 마케팅제도, 그 나라의 마케팅 발달 상황 및 소비자의 특성 등을 고려해야 한다. 이와 같이 국제마케팅은 다양하고 상이한 복수의 해외시장에서 전개되기 때문에 마케팅 믹스가 훨씬 복잡하고 그 구성 폭도 광범위해진다.

따라서 국제마케팅 믹스는 목표시장의 제반 특성을 고려하여 마케팅 믹스를 조정하고 기업의 이익과 마케팅목표가 달성될 수 있도록 최적으로 믹스하는 것이 가장 중요하다. 그리고 국제마케팅 믹스는 갖가지 해외시장의 여건변화와 경쟁기업의 반응 등에 탄력적으로 적응할 수 있는 융통성을 갖도록 설계하는 것이 필요하다.

2. 국제마케팅전략의 표준화와 차별화

국제마케팅전략의 표준화는 다국적기업이 본국시장에서와 동일한 마케팅전략을 해외 모든 목표시장에 동일하게 적용하는 것을 의미한다. 마케팅전략의 표준화는 제품, 포장, 광고 등을 표준화시킴으로써 규모의 경제 및 시너지효과를 달성할 수 있으며, 통일된 마케팅전략을 여러 시장에 동일하게 이용함으로써 효율성을 증대시킬 수 있을 뿐만 아니라 기업 및 제품의 통일적 이미지를 확립할 수 있다. 또한 질서 있는 마케팅계획 및 통제가 가능하며, 효과적이고 독창적인 마케팅방법을 전 세계적으로 광범위하게 활용할 수 있다. 표준화전략은 시장이 점차 동질화되어가고 있는 오늘날과 같은 세계시장에서 효율적으로 활용할 수 있는 전략이다.

이에 반해 차별화전략은 마케팅전략을 각기 상이한 해외 개별시장의 기호와 욕구 그리고 여건에 맞추어 수립하는 것을 의미한다. 그러나 현실적으로 각기 상이한 여러 해외시장을 대상으로 마케팅활동을 전개하고 있는 다국적기업의 경우에는 각 시장의 성격이나 산업여건, 마케팅제도, 법적 규제 등이 현격히 다르기 때문에 마케팅전략의 표준화가 거의 불가능하다고 할 수 있다. 이러한 경우에는 마케팅전략을 목표시장의 제반여건에 부합하게 차별화함으로써 마케팅전략의 기대효과를 극대화 할 수 있다.

이상에서 살펴본 바와 같이 표준화전략은 경제성과 효율성을 지니고 있으나 각국의 상이한 시장여건이 고려되지 못한다는 단점을 가지고 있고, 그 반면 차별화전략은 차별화된 시장의 고객의 욕구는 충족시킬 수 있으나 기업 전체의 일관성 있는 운영이 어렵고 비용이 많이 소요된다는 단점을 가지고 있기 때문에, 통상적으로 다국적기업은 극단적인 표준화전략이나 또는 극단적인 차별화전략을 채택하지는 않고 있다.

국제마케팅전략의 표준화와 차별화는 결국 그 목적이 기업이 설정한 목표의 달성에 있는 만큼 이 두 가지 전략을 명확히 구별하여 마케팅활동을 전개하기보다는 제품 및 시장에 따라 필요한 경우 이 두 가지 전략을 적절히 배합하는 통합적인 전략을 활용하는 것이 보다 효과적이라고 할 수 있다. 즉 현지의 자회사는 현지시장의 독특한 부문만을 계획하고, 본사는 이를 전사적인 계획안에 반영시킴으로써 조화로운 마케팅전략을 수립하는 경우와 같은 것이 그것이다.

< 제 3 절 > 국제제품전략

기업의 마케팅계획 중 가장 중요한 요소가 제품전략이다. 기업의 제품전략에 의해 가격, 촉진, 유통전략이 결정되며, 고객 및 경쟁자도 그 기업이 제공하는 제품에 의하여 결정된다. 마케팅 활동의 모든 측면이 제품전략에 커다란 영향을 받는다. 국제기업이 겪게 되는 가장 큰 도전 중의 하나가 세계적 차원에서 시장의 욕구, 경쟁 및 자사의 가용자원에 가장 적합한 제품전략을 개발하는 것이다.

1. 제품의 개념과 차별화 전략

기본적으로 마케팅 전략을 수립하는데 있어 중요한 것은 제품이란 눈에 보이는 물리적인 실체 이상의 것이라는 점이다. 소비자가 구입하는 제품은 물리적 실체 외에도 포장, 색채, 상표, 부착물, P/S 및 A/S 서비스, 품질보증, 할증서비스 등 일체의 것을 포함한다.

이와 같은 종합적 제품(total product)개념을 이용하여 국제기업은 물리적 실체를 바꾸지 않고서도 자사의 제품을 현지시장수요에 맞게 얼마든지 수정하거나 적응시킬 수 있다. 이러한 전략에 따라 동일한 제품을 해외 시장별로 소비자 기호에 맞게 포장, 색채, 상표, 품질보증, 할증서비스나 광고방법 등을 적응시켜 판매할 수 있는 것이다.

특히 해당제품이 소비재 제품인 경우 산업재보다 현지시장의 욕구를 맞추기 위해 보다 많은 적응전략이 요구된다. 또 그 소비재 제품이 유행에 민감하거나 스타일이 중시되는 제품일 경우 현지 소비자의 기호에 맞게 차별화되어야 할 사항이 많다.

2. 국제제품의 표준화전략과 적응화전략

제품전략에는 기본적으로 표준화전략과 적응화전략이 있다. 표준화전략은 국내에서 판매되고 있는 제품을 아무런 변경없이 그대로 국제시장에서 판매하는 전략이며, 적응화전략은 자사제품을 각기 상이한 해외 현지시장의 여건에 부합하게 변경시켜 판매하는 전략이다.

다국적기업이 어떤 전략을 선택할 것이냐 하는 것은 기업 내·외적인 마케팅환경의 영향을 받게 되지만 두 가지 전략은 기본적으로 다음과 같은 특성을 가지고 있다.

즉, 제품의 표준화는 규모의 경제를 실현시킬 수 있지만, 그것은 제품적응화 전략을 이용하는 경우의 매상고 및 이익증대와 비교되어야 한다. 동시에 제품적응화의 경우에는 시장수용성이 더 크기 때문에 표준화된 제품보다 판매고를 더 높일 수 있지만, 과연 이것이 이익과 직결되느냐 하는 것은 제품의 적응에 소요되는 비용에 따라 결정되게 된다. 제품적응의 경우에는 연구·개발비가 추가되고 생산규모가 축소되기 때문에 생산원가가 증대되며, 신시장 개척 및 제품변경에 따른 추가비용이 발생하게 된다.

표준화제품전략과 제품적응을 고무시키는 요인들에는 다음과 같은 것들이 있다.

1) 제품표준화를 촉구하는 요인

① 생산에 있어서의 규모의 경제 실현

② 제품에 대한 연구·개발의 경제성

③ 마케팅활동의 경제성

④ 소비자의 상표충성도

⑤ 제품생산국의 이미지

⑥ 첨단기술의 보급

⑦ 수출증대를 위한 전략적 선택

2) 제품 적응화를 촉진하는 요인

① 시장별 제품사용조건의 차이

② 시장별 소비자 욕구의 차이

③ 현지국 정부의 위생, 안전, 무역 정책

3. 국제제품전략의 유형

다국적기업이 시장을 확대하는 방법에는 세 가지가 있다. 가장 전통적인 방법으로는 시장점유율을 증대시키기 위해 기존 시장에 제품라인을 확장하는 방법이다. 또 하나의 시장확대방법은 다국적기업이 기존의 영업활동을 새로운 국가에 확대하는 것이다. 후자에 속하는 지리적인 확장전략도 중요한 국제마케팅전략이 될 수 있는데, 여기에는 다음과 같은 다섯 가지의 제품-촉진 확장 전략이 있다.

1) 전략 1 : 제품-촉진 확장 전략

이 전략은 국제기업이 해외시장을 확장할 때 국내시장에서와 동일한 제품 및 마케팅 촉진전략을 적용하는 경우를 말한다. 이 전략은 가장 용이하면서도 적은 비용으로 실현할 수 있는 전략이다. 생산에 있어서의 규모의 경제를 실현할 수 있고, 제품 R&D 비용을 줄일 수 있으며 동시에 마케팅 커뮤니케이션의 표준화를 통한 비용절감 효과를 얻을 수도 있다.

2) 전략 2 : 제품 확장-촉진 적응

이 전략은 제품의 기능이나 사용조건은 국내시장에서와 유사하거나 동일하지만, 현지시장에서는 상이한 기능을 갖거나 또는 상이한 용도에 이용될 때, 제품은 변경시키지 않고 마케팅 촉진 즉 광고 및 판촉계획의 메시지내용을 현지에서의 용도에 맞게 수정, 적응시키는 방법이다.

3) 전략 3 : 제품 적응–촉진 확장

이 전략은 국내시장을 위해 개발된 촉진 메시지는 아무런 변경 없이 현지시장에 그대로 확장시키고, 제품은 현지의 사용조건에 적응시키는 방법이다. 즉 국내에서와 동일한 광고 메시지를 사용하되 제품을 현지시장의 사용조건에 맞도록 수정하는 전략이다.

4) 전략 4 : 제품 적응–촉진 적응

이 전략은 해외 현지 시장 환경이 제품의 사용조건이나 용도면에서 국내와 큰 차이가 있을 때 제품 및 촉진 내용을 현지환경에 맞도록 수정하는 전략이다.

5) 전략 5 : 제품혁신전략

제품혁신전략은 이상의 여러 가지 전략으로는 해외의 새로운 시장의 욕구를 충족시킬 수 없을 때 혁신적인 신제품을 개발하여 시장에 진입시키는 전략이다. 이 전략은 실패의 가능성도 높은 위험한 전략인데 그 이유는 범세계적인 시장기회에 적절히 대응하지 못할 수도 있고, 또 기존제품 및 적응제품에 대한 구매력이 없는 시장에서는 이러한 전략이 유용하지 못한 경우도 있다. 이때에는 비록 제품개발비용이 소요되기는 하지만 잠재수요를 개척하기 위해 제품혁신전략을 추구하는 것이 바람직하다.

<제 4 절>

국제가격전략

1. 국제가격전략의 의의

국제가격전략이란 자사의 목표를 달성하기 위해 해외소비자에게 판매되는 제품의 가격을 계획하고 결정하는 일체의 조치를 의미한다. 그런데 최근 다국적기업의 가격전략은 다국적기업 간의 경쟁이나 각국 정부의 규제, 법률 그리고 관습에 따라 크게 영향을 받는다. 가격은 소비자의 가치변화와 경쟁에 민감하게 반응하고 당해 기업의 경쟁력과 시장점유율 그리고 매출액 및 이익에 결정적인 역할을 하기 때문에 기업의 자원을 구매자에 연결해주는 역할을 하는데, 가격은 제품이나 유통, 촉진과는 달리 공급 및 수요변동에 부응할 수 있도록 변경이 용이하다는 점에서 전략적 중요성을 갖는다.

한편 다국적기업의 가격결정은 가격의 역할에 대해 각기 다른 견해를 가지고 있는 기업 내의 여러 부문에도 영향을 미치게 된다. 즉 국제마케팅 관리자는 경쟁적인 국제가격을 추구하고자 할 것이며, 사업부의 관리자는 사업부의 이익을 극대화시킬 수 있는 가격을 추구하게 되고, 또 각종 세금문제를 다루는 관리자는 이러한 문제에 가장 합당한 가격을 추구하고자 할 것이다.

이와 같이 국제가격전략은 국제기업의 전략목표, 즉 시장침투, 기존시장 유지, 투하자본회수 등에 따라 크게 달라질 수 있다.

2. 국제가격결정

1) 원가중심가격결정

원가중심가격결정은 제품의 단위당 비용에 일정비율의 금액을 가산하여 가격을 결정하는 방법이다. 여기에는 이윤가산결정방법(mark-up pricing)과 비용가산결정방법(cost-plus pricing)이 있다. 이윤가산결정방법은 제품의 구매원가에 일정률의 이윤을 가산하여 가격을 책정하는 방법이며, 비용가산결정방법은 사전에 총원가를 정확히 산정할 수 없는 제품의 경우 사후에 확정된 원가에 일정률의 이윤을 가산하여 가격을 결정하는 방법이다.

원가중심가격결정은 가격책정이 용이하고 기업이 적정이윤을 목적으로 할 때 합리적이며, 또한 장기적으로 안정적이기 때문에 많은 다국적기업들이 채택하고 있는 방법이다. 그러나 이 방법은 국제시장에서의 수요와 경쟁을 고려하지 못하고 또 경기변동이나 계절성, 제품수명주기상의 단계 등이 반영되지 못하는 단점을 가지고 있다.

2) 수요중심가격결정

수요중심가격결정(demand-oriented pricing)은 비용보다는 해외시장 소비자의 지각과 수요에 따라 국제가격을 결정하는 방법이다. 여기에는 지각가치가격결정방법과 차별가격결정방법이 있다. 지각가치가격결정방법은 구매자의 지각에 의해서 가격을 설정하는 방법이며 차별가격결정방법은 동일한 제품의 가격을 시장에 따라 달리하는 방법이다. 차별가격방법으로서는 고객기준, 제품형태기준, 장소기준, 시간기준 등이 있다.

3) 경쟁중심가격결정

경쟁중심가격결정(competition-oriented pricing)은 제품가격을 경쟁기업의 가격설정을 중심으로 일정비율만큼 높거나 또는 낮게 책정하는 방법이다. 여기에는 시장대응가격(going rate pricing)과 입찰가격(sealed-bid pricing) 결정방법이 있다. 시장대응가격결정은 동일한 제품을 고도로 경쟁적인 시장에서 판매하고자 할 때 시장에서 이미 결정되어 있는 시가에 따르는 방법이고, 입찰가격결정은 설비와 건설공사 등과 같이 입찰을 낙찰 받으려고 하는 기업이 사용하는 방법으로서 가격을 경쟁기업보다 낮게 결정하는 것이 일반적이다.

3. 수출가격결정

1) 수출가격결정

일반적으로 수출가격은 원격지 간 거래과정에서 발생하게 되는 운송비, 관세, 중간상 마진, 보험료, 포장비 등의 부가적 비용 때문에 국내가격보다 높게 결정되는 것이 일반적이다. 수출가격결정에는 비용가산법과 브레이크다운(break down)방식이 있다. 비용가산법은 제품원가에 각종 거래코스트와 마진을 더해 가는 방법이고, 브레이크다운 방식은 목표시장에서의 수요와 경쟁상태를 고려하여 기본가격을 산정하는 방법이다.

또 수출가격결정은 경쟁자의 반응을 고려하여 초기고가정책(skimming pricing), 침투가격정책(penetration pricing), 시장유지가격정책(maintenance pricing) 등의 방법을 이용할 수 있다. 초기고가정책은 도입 초기에는 높은 가격을 책정하고 수요가 확대됨에 따라 점차 가격을 인하해가는 방법으로서 소비자가 가격보다는 제품의 특성을 중시하는 경우에 이용된다. 그리고 침투가격정책은 가격을 낮게 책정함으로써 단기간 내에 시장점유율을 증대시키고자 하는 경우에 이용될 수 있는데, 이러한 정책은 가격인하에 대한 수요자의 반응이 큰 경우 그리고 경쟁기업의 진입을 저지하고자 하는 경우에 이용된다. 또 시장유지가격정책은 목표시장에서 일정한 시장점유율을 유지하기 위해 이용되는 가격정책이다.

2) 덤 핑

수출가격결정에 있어서 또 하나 고려해야 할 문제가 현지국의 법률적 측면이다. 특히 덤핑은 수출가격이 국내소비가격보다 낮게 책정되는 경우를 말하는데, 이와 같은 수출가격은 수입국의 강력한 규제를 받게 되며, 만약 수출제품이 수입국의 덤핑판정을 받게 되는 경우에는 덤핑마진율에 따라 일정액만큼의 관세를 추가로 부담해야 하기 때문에 가격경쟁력을 상실하게 된다.

4. 국제이전가격전략

1) 국제이전가격의 의의

이전가격(transfer pricing)이란 다국적기업의 계열기업 간 또는 본사와 해외자회사 간에 거래되는 제품 및 서비스에 적용되는 가격을 의미한다. 다국적기업은 이전가격을 이용하여 이익을 극대화하거나 또는 범세계적인 차원에서 기업 전체의 목표를 추구할 수 있으며, 이를 위해서 인위적으로 이전가격을 높게 조작하거나 또는 낮게 조작하기도 한다. 또한 다국적기업은 이전가격을 이용함으로써 관세 및 세금을 감소시키고 송금규제나 환위험 등을 피할 수 있다.

2) 국제이전가격결정

다국적기업이 이전가격을 결정할 때 이용할 수 있는 방법으로서는 다음과 같은 것들이 있다.

① 현지 제조원가에 표준이윤을 가산하여 판매하는 방법

② 기업 내에서 가장 효율적으로 생산하는 원가에 표준이윤을 가산하여 판매하는 방법
③ 협상가격으로 판매하는 방법
④ 일반고객에게 판매하는 가격과 동일한 정상가격(arm's length price)으로 판매하는 방법 등이 그것이다.

어떤 방법이 가장 적합한가 하는 것은 자회사 및 시장의 특성에 따라 다르겠지만 다국적기업은 일반적으로 세율이 높거나 송금규제나 강한 국가에 대해서는 정상가격보다 높은 이전가격을 책정하고, 관세가 높거나 세율이 낮은 국가에 대해서는 이전가격을 낮게 책정하여 기업의 이익을 증대시키고 있다.

< 제 5 절 > 국제유통전략

1. 국제유통경로의 의의

유통경로는 제품이나 서비스가 생산자로부터 최종 소비자에게 이르기까지 거치게 되는 기업 내부의 조직부서 및 외부의 도매상, 소매상 및 대리점 등의 구성을 가르킨다. 일반적으로 유통경로는 제품이나 서비스의 장소적, 시간적, 효용이 증대되어 보다 효과적인 마케팅 활동이 이루어지게 한다. 즉 효율적인 유통경로관리에 의하여 소비자가 원하는 시간, 원하는 장소에 제품이나 서비스가 공급되도록 함으로써 소비자의 느끼는 상품의 가치를 극대화시킨다. 국제유통전략 수립에는 비용(cost), 소요자본(capital requirement), 통제(control), 시장침투범위(coverage), 기업 및 시장의 특성(character), 유통경로의 연속성(continuity) 등이 고려되어야 한다.

국제기업이 유통경로를 설계할 때는 우선 각국 시장의 소비자 특성, 제품특성, 각국 시장의 마케팅 구조, 경쟁의 정도, 기업자체의 특성 등을 고려하여 국제기업의 장기목표와 부합되도록 설계하여야 한다.

다국적기업이 어떠한 유통경로를 선택하는 것이 가장 합리적인가 하는 것은 제품의 특성이나 대상 시장의 특성, 기업 자체의 특성과 기업의 장·단기목표 등에 따라 크게 달라질 수 있다. 또 유통경로는 제품의 종류에 따라서 각기 다른 경로가 이용되기도 한다. 소비재의 경우에는 자사 제품을 통신판매, 인적판매, 생산업자 직영지점 등을 통해서 판매할 수 있다. 한편 생산재의 경우에는 유통경로가 훨씬 간단하다. 즉, 자사의 판매망이나 도매상 또는 이 양자를 결합하는 다양한 유통경로개발이 가능하다.

2. 국제유통경로 관리

다국적기업이 자사의 능력이나 취급제품의 특성 그리고 현지시장국의 특성을 고려하여 적절한 유통경로를 선택하면, 다음으로는 이러한 유통경로를 효율적으로 관리하고 환경변화에 적합하게 수정하는 등의 조치가 뒤따라야 한다.

해외유통기구를 효율적으로 관리하지 못하는 경우 자사의 제반 목표를 달성할 수 없으므로 해외유통업자를 직접적으로 통제하기보다는 오히려 동기를 부여하는 방법을 활용하는 것이 보다 효과적이다. 또한 국제마케팅관리자는 유통경로를 효율적으로 관리하기 위해서 중간상의 영업상태를 점검할 필요가 있으며, 유통경로가 국제기업의 제반목표를 달성하는 데 비효율적일 때에는 이를 수정하는 것이 필요하다. 유통경로를 수정하는 것은 통상 국제기업의 영업범위가 크게 확장되었거나 또는 현지유통기구가 대형화된 경우, 그리고 그것이 비효율적인 경우에 이루어지게 된다.

유통경로를 수정하고자 하는 경우에는 새로운 유통경로가 마케팅목표달성에 적합한가 그리고 경로수정에 따르는 영향을 충분히 흡수할 수 있는가 등을 살펴보는 것이 필요하며, 한번 수정된 유통경로라고 할지라도 이는 또 다시 수정될 수 있으므로 융통성을 두는 것이 좋다.

< 제 6 절 >
국제촉진전략

1. 국제광고전략의 전제조건

광고가 소비자에게 정보를 전달하고 설득력 있는 소구를 수행한다는 점에 있어서는 국제광고라고 해서 국내광고와 특별히 다른 것이 없다. 하지만 국제광고는 정치, 문화, 사회, 경제 등 제반환경이 상이한 지역을 대상으로 이루어지기 때문에 광고에 있어서의 언어 · 회화 · 도형 · 도안 · 색채 등의 선택이 달라지게 된다. 또 광고매체만을 예로 들더라도 신문이나 잡지는 세계적으로 가장 많이 이용되는 광고매체인 데 비해 TV나 라디오는 그것이 국영이거나 그 보급률이 극히 낮은 경우에는 이용이 불가능하다.

이와 같이 해외 각 시장은 여러 가지 면에서 너무나 다양하기 때문에 각 시장의 환경변화를 꾸준히 살피고 광고 전략에 영향을 미치는 관습이나 법규 등을 분석하여 이에 부응하는 광고 전략을 수행하여야 한다.

효율적인 국제광고전략수립을 위해 기본적으로 고려해야 할 요인으로서는 현지의 광고에 대한 규제, 언어 및 문화, 소비자운동 등을 들 수 있다. 먼저 광고에 대한 규제는 국가마다 정도의 차이는 있지만 오늘날에는 그 규제가 하나의 세계적인 현상으로서 각국은 자국의 제반여건을 고려하여 광고시간이나 광고대상, 세금 등에 대해 규제조치를 취하고 있다.

다음은 언어에 대한 고려인데, 어떤 국가의 경우에는 너무 많은 언어가 사용되어 광고효과를 기대할 수 없는 경우가 있는가 하면, 동일한 언어나 또는 발음이 사용되는 장소에 따라서 전혀 다른 뜻을 의미하기도 한다. 또 국가에 따라서는 문화적 환경이 너무 상이해서 색채선호나 생활관습 등이 크게 다르고 서로 다른 금기사항들이 많이 존재한다. 소비자운동에 있어서도 국가에 따라 각기 다른 규제나 제도가 시행되고 있다.

2. 광고메시지 및 매체선정

국제광고를 위한 의사결정에 있어서 가장 중요한 두 가지 영역이 광고메시지의 선정과 광고매체선정 문제이다.

먼저 목표시장에 적합한 소구내용을 담은 광고메시지를 개발하는 것이 무엇보다도 중요하다. 광고메시지는 목표시장, 예상 구매자, 언어 등을 고려하여 자사제품을 예상고객에게 강력히 소구할 수 있는 내용으로 개발되어야 하는데, 이 메시지에는 광고주제, 분위기, 제품의 특징에 대한 표현 등이 포함된다. 메시지는 가능한 한 짧은 것이 좋으며 시각적 표현을 가미하는 것도 바람직하다.

다음으로 광고매체의 선정에 대한 의사결정을 내려야 되는데 이용 가능한 광고매체에는 여러 가지가 있으나 지역에 따라서 광고매체의 역할이 달라질 수 있다. 따라서 광고 및 촉진전략을 수립하기 위해서는 광고매체에 대한 현지의 환경, 즉 광고매체의 비용과 이용가능성, 광고매체의 특성과 효과 및 전파영역 등을 우선적으로 고찰해야 한다. 그리고 국제적인 광고매체를 선택할 것이냐 또는 현지의 지역적 광고매체를 선택할 것이냐 하는 것도 결정해야 한다.

광고매체들은 각기 서로 다른 장·단점을 가지고 있으며, 그 효과나 이용 가능성도 현지의 경제적·문화적 환경에 따라 차이가 있다. 다국적기업의 경우 광고매체는 판매되는 제품에 따라서 매체를 각기 달리하거나 또는 몇 가지 매체를 병행하여 이용하는 것도 바람직하다.

3. 광고의 표준화와 현지적응화

국제광고에 있어서 광고를 세계적으로 표준화시킬 것이냐 또는 각 지역특성에 맞게 적응화시킬 것이냐 하는 것은 대단히 중요한 문제이다.

코카콜라, 펩시콜라, 코닥필름 등과 같이 범세계적인 시장을 목표로 제품을 개발하거나 또는 모든 시장에서 동시에 동일한 제품을 도입시키는 다국적기업들은 표준화된 광고전략을 더 선호하고 있다. 표준화전략을 이용하는 경우에는 비용절감, 광고의 국제성, 그리고 광고 조정능력 등의 이점이 있다.

한편, 광고의 현지적응화는 비록 인간의 본성이나 동기는 전 세계적으로 다소 비슷하다 할지라도 잠재적 고객의 상이한 심리적·문화적 욕구를 충족시키는 방법은 다를 수 있기 때문에 광고 메시지나 매체가 국가마다 달라야 한다는 데서 출발하며 특정지역의 제반환경을 고려한 광고가 그렇지 않은 광고보다 훨씬 높은 성취도를 보인다는 데에 근거를 둔 전략이다. 하지만 적응화는 많은 비용이 소요되고 현지의 제반환경을 과도하게 고려하는 경우 인간이 가지고 있는 공통분모를 너무 소홀히 하게 된다는 단점이 있다.

현실적으로 완전한 표준화나 완전한 적응화를 채택하고 있는 다국적기업은 찾아보기 힘들며 이 양자를 적절히 배합하는 광고전략을 채택하는 것이 일반적이다.

4. 국제인적판매

인적판매는 해외현지에 지점이나 현지법인이 있는 경우 판매원이 기업의 제품을 직접 소비자에게는 판매하는 방법이다. 국제인적판매는 고객을 직접 대면하기 때문에 제품에 대한 반응이나 기호를 정확히 파악할 수 있고 판매저항을 찾아낼 수 있으며 고객의 욕구나 구매동기에 맞추어 제품과 관련된 정보를 제공할 수 있다. 또 고객에게 제품을 자세히 설명함으로써 구매의욕을 향상시킬 수 있다.

인적판매는 일반적으로 촉진비용과 시간이 많이 소요되므로 대량구매 고객 또는 산업구매자를 대상으로 하는 것이 바람직하다.

한편, 인적판매에 있어서는 우수한 판매원의 확보가 대단히 중요한 문제인데 다국적기업이 활용할 수 있는 인력으로서는 본사파견 판매인력, 현지고용 판매인력, 범세계적 판매인력 등이 있다. 다국적기업이 고도의 첨단기술제품을 판매하기 위해 많은 정보를 필요로 하는 경우에는 본사파견 판매인력이 가장 효율적이다. 다음으로 현지채용 판매인력은 현지의 문화적 장벽을 느끼지 않을 뿐 아니라 촉진효과면에서도 결코 뒤지지 않고 비용을 절감할 수 있는 경우에 이용된다. 그리고 국적에 관계 없이 능력이 있는 범세계적인 판매인력도 활용할 수 있다.

국제판매인력은 기존의 고객을 유지·관리하고 새로운 고객을 개발할 수 있는 능력을 구비해야 하며 고객에 대한 지속적인 애프터서비스를 제공할 수 있어야 한다.

사례연구 ▶▶

I. 코카콜라 일본시장에서의 현지화 전략

[한국경제, 2001년 7월 25일]

"글로벌에서 로컬(Local)로"… 세계 청량음료 시장의 공룡인 코카콜라가 수십 년 동안 흔들림 없이 밀고 나왔던 마케팅 전략을 일본시장에서 전환하기로 하여 그 배경과 앞으로의 효과가 관심 대상으로 떠올랐다. 미국 애틀란타에 본거지를 둔 코카콜라는 세계 어느 나라 시장에서건 제품과 광고전략 등에서 철저한 표준화를 기본전략으로 삼아 왔다.

아시아에서 팔리는 제품이든 유럽이나 남미에서 판매되는 제품이든 모든 코카콜라의 광고는 "산뜻하고 상쾌한 맛"을 가장 중요한 전략적 컨셉트로 해왔다. 코카 원액을 미국 본사가 독점 공급하기 때문에 어디서 마시더라도 맛의 차이가 없고 용기 디자인도 똑같았다. 그러나 2001년 여름부터 일본시장에서는 '산뜻하고 상쾌한 맛'의 광고 카피가 사라지고 그 자리를 '노 리즌(No Reason)'의 선전문구가 채우고 있다. 인기 최정상의 대중가수를 모델로 등장시켜 '그저 아무 이유 없이 마시고 싶은 음료'라는 점을 강조하고 있다. 1961년에 등장한 후 코카콜라를 상징하는 것처럼 전 세계 소비자들의 뇌리에 박힌 광고 카피를 40년 만에 포기하고 첫 무대로 일본 시장을 택한 것이다.

일본에서는 작년 한 해 동안 약 16억 상자(3백50ml 캔 24개들이)의 청량음료가 팔렸다. 일본 최대의 청량음료 업체인 일본코카콜라 그룹도 모두 5억 상자를 팔았지만 이중 탄산음료는 1억5천만 상자에 머물렀다. 일본의 청량음료시장에서 콜라의 판매 비중이 전 세계 평균치에 못 미치는 것은 차를 많이 마시는 국민들의 음용습관이 큰 원인인 것으로 관측된다.

코카콜라는 그러나 나라별 소비행태를 무시한 채 어디서나 동일한 컨셉트의 광고를 내보냈던 마케팅 전략에도 미스가 있었다는 판단을 내렸다. 그리고 지난 80년대 말 일본 코카콜라 사장을 지낸 더글러스 대프트 미국 본사 회장이 직접 나서 일본을 첫 케이스로 글로벌 전략을 '로컬'로 수정한 것이다.

코카콜라는 영업방식에도 메스를 가했다. 이 회사는 지난 99년 일본의 15개 보틀러(Bottler) 회사 재편작업을 단행, 통합 회사에 본사 자금을 투입했었다. 세계화 전략의 일환으로 미국 본사가 일본시장을 직접 챙기기 위한 포석이었지만 일본측 대주주들의 반발도 적지 않았다. 하지만 코카콜라는 일본 사정을 무시한 재편이 득보다

실이 크다고 판단, 현지 분위기와 조화를 이루는 쪽으로 통합작업의 방향을 틀었다. 코카콜라는 지난달 28일 일본 중부지방의 보틀러 2개사를 합치는 과정에서 출자 대신 지주회사를 신설해 도쿄증시에 상장시켰다. 미국을 대표하는 세계최강의 글로벌 브랜드인 코카콜라의 일본 실험이 어떤 결과를 낳을지 주목된다.

(도쿄 양승득 특파원, yangsd@hankyung.com)

II. LG의 인도시장 진출전략

1999년도에 LG전자 인도법인(LGEIL)이 출시한 LG전자의 완전평면 TV '플래트론'은 SONY와 파나소닉 등 일본제품보다 2~5% 비싼 가격임에도 불구하고 인도 내에서 가장 인기 있는 제품으로 떠올랐다.

본 사례는 인도시장에 선진국 가전회사들보다 늦게 진입한 LG전자가 어떻게 프리미엄 브랜드로 자리를 잡을 수 있었는가를 다루고 있다. LGEIL의 김광로 법인장은 최초로 LG의 제품이 일본산 제품보다 비싼 가격에 판매되고 있는 상황에 대해 다음과 같이 말하고 있다.

"차별화된 마케팅과 현지인에 대한 실질적인 임파워먼트(empowerment)를 강조한 것이 오늘의 성공을 가져왔다고 생각합니다. 마케팅활동의 핵심은 결국 차별화에 있다고 봅니다. 타사와 차별화 되는 마케팅전략만이 현지에서 외국기업이 살아남을 수 있는 유일한 길일 것입니다. 그리고 현지의 경영활동 상황에 익숙한 현지인들을 얼마만큼 잘 이용하느냐도 해외법인이 풀어야만 하는 과제일 것입니다."

(1) 마케팅은 차별화이다

"마케팅은 한마디로 차별화입니다."

김광로 법인장의 말이다. 상품을 차별화하여 프리미엄 브랜드를 만들고, 고가에 판매하여 LG제품을 취급하는 유통업체들에게 고수익을 보장해 주는 것이 인도에서의 마케팅 성공비결이라고 할 수 있었다.

▶ 상품의 차별화

LGEIL이 인도에 진출할 당시 인도 역시 다른 지역과 마찬가지로 치열한 경쟁 상태에 있었다. 이러한 치열한 경쟁상황하에서 LG가 선진업체, 특히 일본 업체들을 이기기 위해서는 LG만의 독특한 기술이나 제품이 필요한 상황이었다. 김광로 법인장은 LG가 다른 선진업체들과의 경쟁에서 승리하기 위해서는 다른 업체들과 차별화 할 수 있는 상품을 생산하는 것이 필수적이라고 말하였다. 특히, 일본기업의 상품보다 LG의 상품이 더욱 우수하다는 것을 소비자들에게 느끼도록 하는 것이 차별화의 핵심전략이라고 김광로 법인장은 이야기하고 있다.

LG가 인도에 진출할 당시 인도는 전력공급과 같은 일반생활 측면에서 매우 낙후되어 있는 국가였다. 그래서 선진지역에서 판매하던 상품을 그대로 판매하는 것보다는 현지의 환경에 적합한 상품을 생산하는 것이 인도의 소비자들을 끌어들이는데 매우 중요했다. 이러한 이유로 LGEIL은 상품의 차별화에 많은 노력을 기울였다. LGEIL의 차별화전략에 대해서 김광로 법인장은 다음과 같이 말하고 있다.

"SONY는 전세계적으로 똑같은 제품을 인도에서도 그대로 판매하는 전략을 구사하였으나, LG전자는 현지 연구개발센터에서 현지사정에 맞는 제품을 개발해 'LG제품은 뭔가 다르다'라는 이미지를 구축한 것이 인도에서의 성공원인 중의 하나였습니다."

LG 인도법인은 최신 모델을 중심으로 인도에서 판매활동을 전개하였다. 반면에 SONY는 자국에서 이미 구형이 된 모델을 그대로 인도에 가지고 와 판매를 하였다. LG가 인도에 출시한 제품은 최신 모델이기도 하였지만, 인도 현지의 사정을 충분히 고려하여 만든 신제품이었기 때문에 소비자들에게는 매우 매력적이고 독특한 제품으로 인식될 수 있었다.

LGEIL은 현지에 적합한 신제품을 출시하기 위해서 많은 노력과 자금을 투자하였다. 우선 LGEIL은 인도 내에 R&D 조직을 구축하고 세밀한 시장조사를 통해 고객의 요구를 파악한 후 고객의 수요성향에 적합한 제품을 개발하였다. 또한 제품의 개발단계에서부터 판매와 마케팅 직원들의 의견을 반영하기 위해 매주 1회의 만남을 정기적으로 마련하여 제품개발과 생산이 판매현장과 동떨어져 수행되지 않도록 노력하였다. LG의 제품개발과정에 대해 김광로 법인장은 다음과 같이 말하고 있다.

"LGEIL은 제품의 개발 전에 시장조사와 경쟁사 제품조사를 통하여 인도 현지에 적합한 제품을 구상하였습니다. 이때 면밀한 비용분석을 하여 상품의 적정가격을 책정하였고 현장에서 판매활동을 하고 있는 직원들의 의견이 반영될 수 있도록 하였습니다. 아마도 이러한 활동들이 인도시장에 적합한 상품을 생산하는 데 많은 기여를 하였다고 생각합니다."

이러한 노력의 결과로 LGEIL은 1999년에 대형 냉장고시장에서 시장의 37%, 대용량 세탁기시장의 30%, 가정용 룸 에어컨시장의 35%, 그릴형 전자레인지 시장의 45%를 차지하면서 SONY와 마쓰시다 등 일본업체를 제치고 시장점유율 1위를 기록할 수 있었다. 그리고 TV의 경우에는 12%(3위)의 시장점유율을 기록하게 되었다.

▶ *TV*

TV의 경우 인도 내에서도 제품의 경쟁이 치열하였다. 특히, 일본제품이 강세를 보이고 있어 이러한 시장상황을 바꾸기 위해서는 다른 회사와 차별화 되는 제품의 출시가 요구되었다. LGEIL은 인도인 사이에 가장 인기 있는 스포츠가 크리켓 프로그램이라는 점에 착안하여 TV에 크리켓 프로그램을 담은 TV를 출시하여 큰 성공을 거두게 되었다. 이 제품은 벵골로에 있는 LG 소프트인디아(LGESI)에 소프트웨어 제작을 의뢰한 뒤, 이를 국내 구미공장에 전달해 TV내 직접회로(IC)에 프로그램을 깔아 만들어졌는데 제품의 출시 후 인도인들의 많은 호응을 얻을 수 있었다. 그리고 인도가 여러 개의 언어를 사용한다는 것에 착안하여 다중언어(4개 언어) TV를 출시하였다. 즉, TV의 환경을 설정하는(음량·광도 등) 언어를 영어 이외에 인도인들이 많이 사용하는 언어를 포함시켜 교육수준이 낮은 소비자들이 TV를 편리하게 사용하도록 하였다.

▶ *에어컨*

인도는 전력의 공급이 매우 불안정한 나라이다. 그러므로 불안정한 전력상황 하에서도 고장이 발생하지 않고 전력소모량이 적은 제품의 개발이 필요하였다. 우선 LGEIL은 에어컨의 필터를 인도의 상황에 맞게 개조한 제품을 출시하였고, 필터에 항균기능 등을 추가한 '건강제품'을 생산하여 현지의 소비자들에게 좋은 반응을 얻을 수 있었다. LGEIL은 LG에어컨을 'health air'라고 이름을 붙이고 LG에어컨이 건강에 좋다는 점을 집중적으로 소비자들에게 홍보하였다.

▶ *세탁기*

인도는 대부분의 지역이 아직 개발이 덜 된 상태였기 때문에 도로사정이 매우 열악하여 세탁기를 운반하는 도중 제품에 손상이 가는 경우가 빈번하였고 세탁기가 설치된 후에는 들쥐들에 의해 제품이 고장 나는 경우가 많았다. LG는 이러한 점을 고려하여 인도에서 판매하는 세탁기가 쥐들에 의해 피해를 입지 않도록 세탁기 구조를 변경하였고 제품이 파손되지 않도록 제품을 포장하였다. 그리고 통돌이세탁기와 같은 새로운 기수의 신형 제품을 계속적으로 시장에 출시하여 소비자에게 LG제품의 우수성을 알리고자 하였다.

▶ 전자레인지

인도의 열악한 전력사정은 전자레인지를 사용하는 데 있어서도 커다란 장애요인이었다. LG는 이러한 점을 고려하여 전자레인지의 내부 성능개선을 실시하여 불안한 전력상황에 영향을 덜 받는 제품을 개발하였고 다중파동(multi wave)의 신제품을 출시하였다. 그리고 LG의 전자레인지를 'health wave'라고 이름을 붙이고 체중조절에 관심이 있는 소비자들에게 전자레인지가 기름에 튀겨서 요리하는 것보다 지방질과 콜레스트롤을 감소시켜 준다는 것을 집중적으로 홍보하였다. 이와 함께 전자레인지가 인도에서 아직은 생소한 제품이라는 점을 고려하여 인도인들에게 전자레인지에 대한 소개를 실시하고 여러 가지 언어로 요리 책자를 제작하여 인도인들에게 배포하였다.

▶ 냉장고

LGEIL이 인도에서 냉장고를 판매하면서 인도 소비자들에게 강조한 기능은 영양보존과 습도 유지 기능이었다. 즉, LG의 냉장고는 원적외선을 이용하여 과일 등이 부패되는 것을 방지해주고 냉장고에 부착된 습도조절장치가 영양을 지속적으로 보존시켜 준다는 점을 강조하였다.

(2) 고가격 프리미엄 브랜드

LG가 인도에 지출할 당시 김광로 법인장이 가장 관심을 기울인 것 중의 하나가 인도인들에게 LG의 제품이 일본제품에 비해 성능이 떨어지지 않는다는 것을 인식시키는 것이었다. 김광로 법인장은 이것을 달성하기 위해 가장 필요한 것이 우선 가격전략에서 일본제품에 비해 80~85%의 가격을 유지하는 다른 해외시장에서의 전략과는 다르게 인도 진출 초기부터 일본제품과 동등한 가격으로 제품을 판매하는 전략을 구사하였다고 말하고 있다.

즉, LGEIL은 LG제품의 품질에 대한 자신감을 바탕으로 인도시장에서 LG의 브랜드 이미지를 높이는 전략을 취하는 동시에, 가격전략도 고가격전략(premium pricing)을 실시하였다. LG가 고가격전략의 대상으로 삼았던 기업은 SONY였다. LG는 SONY 제품과 동일가격 혹은 그 이상의 가격을 LG제품에 책정하였다. 김광로 법인장은 이러한 전략이 상당한 위험부담을 안고 있다는 것을 인식하고 있었다고 말하였다. 그러나 제품이 소개되는 초기에 이미 이류제품으로 소비자에게 인식되어 버리면 이후에 이를 다시 바꾸는 것이 어렵다는 것이 더욱 중요한 문제라고 생각하였기 때문에 좀 더 공격적인 고가격전략을 세우고 실행하게 되었다고 말하였다.

물론, 현지의 딜러들은 LG의 이러한 가격전략을 처음에는 인정하려고 하지 않았다. 그러나 LGEIL은 딜러들이 협상과정에서 가격인하를 요구하여도 초기에 세운 고가격 전략을 사업기간 동안 일관되게 유지했다. 이러한 일관된 가격정책은 이후에 딜러와 소비자들에게 신뢰감을 주었고, 얼마 후에는 LG제품이 고가제품이라는 인식이 딜러와 소비자들에게 각인되게 되었다.

| Color TV의 가격 포지셔닝 |

	브랜드 이미지	시장점유율		가격위치
		1998년	1999년	
LG	High	5%	12%	Premium
SONY	High	5%	6%	Premium
SAMSUNG	High	7.7%	9.3%	High
BPL	Middle	23%	19%	Middle
VIDEOCON	Low	18%	15%	Low

자료 : LG전자 사내자료

(3) 다양한 촉진활동

김광로 법인장은 LG의 고가격전략이 성공하기 위해 가장 필요하였던 것은 LG의 브랜드 이미지 향상이었다고 말하였다. 김 법인장은 넓은 국토를 가진 인도에서 LG제품을 소개하고 판매하기 위해서는 다른 업체와 차별될 수 있는 촉진활동이 필수적이라고 생각하였다. 이의 달성을 위해 LG는 스포츠마케팅 · 광고활동 · 로드쇼 · TV광고 등에 초점을 맞추고 소비자들을 공략하여 나갔다.

우선 LGEIL은 신문 · TV 등의 언론매체를 통한 홍보활동에 많은 투자를 하였다. TV광고에서는 '왜 SONY제품이 LG플래트론보다 값이 싼가?,' '왜 LG는 백화점 할인 행사기간에도 가격을 인하하지 않는가?'와 같은 공격적인 광고 문구를 사용하여 LG제품이 SONY의 제품보다 우수함을 강조하였다.

대중매체를 통한 광고가 중요하긴 하였지만 일본 업체에 비해서 자금력에 한계가 있는 LG의 입장에서는 적은 비용으로 높은 효율을 거둘 수 있는 마케팅전략이 필요하였다. 이러한 측면에서 스포츠 마케팅과 로드쇼 등은 TV 광고 등과 같은 대중매체를 이용한 광고에 비해 비용이 적게 드는 이점이 있었다. 김광로 법인장은 인도 진출 초기의 촉진전략에 대해 다음과 같이 말하고 있다.

"브랜드 인지도를 높이기 위해서는 다양한 마케팅활동이 필수적이었으나 대중매체를 통한 마케팅은 비용이 높아 쉽게 이용하기가 힘들었습니다. 이러한 점을 고려하여 인도인들이 좋아하는 스포츠인 크리켓 경기를 후원하는 것과 같은 스포츠 마케팅을 하거나 로드쇼 등을 통해 소비자와 직접 만날 수 있는 기회를 늘려나가는 것이 당시의 어려운 상황을 돌파하기 위한 최선의 방법이라고 생각하였습니다."

LGEIL은 인도에서 가장 인기 있는 스포츠가 크리켓이라는 점에 착안하여 월드컵 크리켓 게임이 인도에서 개최될 때 이 대회를 후원하여 브랜드 이미지를 향상시키려고 하였다. 대회기간 내내 LG-AD와 협력하여 홍보활동을 진행하면서 세계 최대크리켓 배트전시, 은퇴한 3명의 유명 크리켓 선수를 이용한 브랜드 대사(brand ambassador) 활동 등을 전개하였다. 이와 함께 'all the best'라는 LG가요를 만들어 대회기간 내내 경기장을 중심으로 홍보활동을 펼쳤다. 대회가 끝난 후 여론조사를 실시한 결과 브랜드 인지도가 대회 전 30% 정도였던 것이 대회 후 70%까지 증가한 것으로 나타났다. 이러한 사실에 고무된 LGEIL은 월드컵 대회 후 LG배 크리켓 대회를 개최하였고 '아직도 월드컵은 끝나지 않았다'라는 구호로 월드컵을 최대한으로 이용하려 하였다.

스포츠 마케팅과 함께 LGEIL이 중점을 두었던 촉진활동은 로드쇼였다. LGEIL이 펼친 로드쇼에 대해서 강호섭 차장은 다음과 같이 말하고 있다.

"인도에서 행한 로드쇼는 3가지로 나누어 볼 수 있습니다. 인도에서의 상거래 행위는 재래시장을 중심으로 이루어지는데 한 개의 재래시장에는 보통 5~6개의 전자제품 딜러가 있습니다. 이들은 축제기간이나 연휴기간 동안 전시회라는 것을 개최하는데 이때에 인도에 있는 모든 가전업체가 이 전시회에 참가하여 제품을 홍보합니다. 로드쇼의 첫 번째 형태가 바로 이 전시회를 이용한 제품판매입니다. 그리고 국토가 넓은 인도에서는 딜러들이 인도의 전 지역을 다 책임질 수가 없었습니다. 이러한 일로 농촌지역이나 딜러들이 활동하지 않는 지역을 대상으로 한 SSA(small size activity)와 트럭을 이용한 판매활동이 로드쇼의 또 다른 형태입니다."

LG가 인도에 진출할 당시 전시회에 참가한 대부분의 가전업체는 제품의 판매보다는 제품의 홍보에 더욱더 많은 노력을 기울이고 있었다. 그러나 LG는 전시회를 통한 홍보를 판매로 바로 연결시키는 것이 중요하다고 판단했다. 그래서 전시회 기간 동안 판매사원에 대한 인센티브제를 도입하고 전시공간을 화려하게 꾸미는 것과 같은 강력한 판매전략을 실시하여 전시회에서 많은 제품을 판매하게 되었다. 일반적으로 1년에 80회 정도 개최되는 전시회들 중에서 LG는 한 번의 전시회에서 500~600개 정도의 제품을 판매하였다.

SSA는 주로 딜러가 활동하기 힘든 지역을 중심으로 이루어졌다. SSA는 4명이 1개의 팀을 구성하여 진열용 텐트를 들고 다니면서 딜러와의 사전합의하에 지역을 선택하여 금, 토, 일 3일 동안 외부전시를 통하여 제품을 판매하는 방식이었다. 매달 중점 제품을 선정한 후 그 제품을 집중적으로 판매하는 방식이 사용되었다. 이러한 SSA는 1999년 기준으로 인도에서 40개 정도의 팀이 운영되고 있었고 보통 1개의 팀이 1달에 200대 정도를 판매하였다.

그리고 또 다른 로드쇼 방식은 트럭 뒤에 컨테이너를 연결하여 컨테이너 안에 전시공간을 마련하여 제품을 전시하면서 제품을 판매하는 방식이다. 주로 농촌 지역을 중심으로 가장 인기 있는 모델을 전시하고 이를 판매하는 방식이었다. 1999년 기준으로 15대가 운영되고 있고 1대가 보통 1년에 250대를 판매하였다.

이러한 LG의 촉진전략은 크게 성공을 거두어 인도에서 사업을 시작한 26개월 만에 인도인들의 90%가 LG의 브랜드를 인지하게 되었다. 더욱이 소비자들이 인지하고 있는 LG브랜드 이미지는 SONY의 브랜드 이미지와 거의 동등한 수준에 놓이게 되었다.

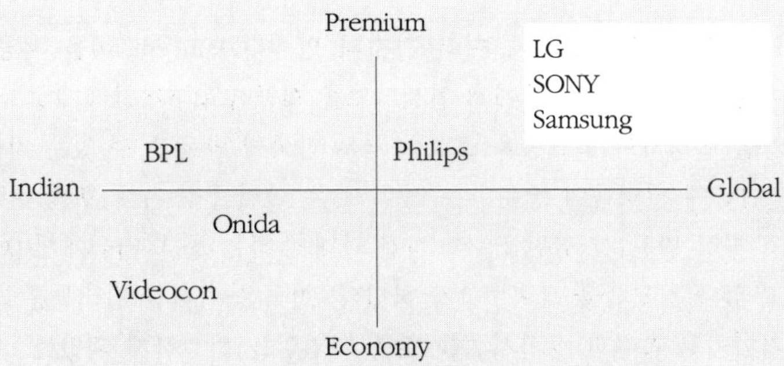

| 그림 1 | 브랜드 포지셔닝

(4) 유통망 개척과 관리

LGEIL은 인도에 진출할 당시 인도를 4개 지역으로 분리한 후 북, 서, 동, 남 순서로 유통망을 개척하였다. 각 지역마다 사무실을 얻으면서 바로 인원을 충원한 후에 업무를 수행하였다. 이러한 유통망 개척에는 현지인들이 중심이 된 판매담당부서가 큰 역할을 하여 LGEIL은 6개월 만에 18개 지사를 설립하였고, 전국에 1,800여 개의 유통망과 85개의 서비스센터를 가지게 되었다.

LGEIL은 인도에 진출할 당시 금성(GoldStar) 제품을 판매할 때 거래를 한 경험을 바탕으로 각 지역의 딜러 중 가장 자금력이 좋고 매장이 훌륭한 업체를 선정하여 LG의 제품이 판매되도록 하였다. 또한, 한 지역에서 LG제품을 취급하는 딜러의 수는 1개로 제한하여 딜러들에 의한 가격인하를 방지하였다. 이렇게 선정된 딜러에 대해서는 LG는 여러 가지 지원과 특혜를 통해 이들이 LG제품에 몰입될 수 있도록 유도하였다. LGEIL의 딜러관리에 대해 강호섭 차장은 다음과 같이 말하고 있다.

"딜러들은 소비자와 직접 거래를 하는 당사자이기 때문에 딜러들을 어떻게 관리하느냐 하는 것은 매우 중요한 문제였습니다. LGEIL은 딜러들에 대해 고마진을 보장하고 판매량에 따른 인센티브를 제공하여 딜러들이 LG제품을 소비자에게 적극적으로 소개하도록 유도하였습니다. 그리고 딜러들이 판매량을 증가시킬 수 있는 여러 가지 간접적인 판매지원 활동을 펼쳐 딜러들이 LGEIL에 강력하게 몰입될 수 있도록 하였습니다."

우선 LG는 LG제품을 판매하는 딜러들에게 높은 마진(margin)을 보장하였다. LG는 딜러들에게 현지 업체의 제품 5대를 팔아서 얻을 수 있는 마진을 LG제품 1대를 판매하면 얻을 수 있도록 하였다. 고마진 보장은 딜러들이 소비자들에게 LG의 제품을 더욱 더 적극적으로 권유하는 계기를 만들게 되었다.

그리고 LG는 딜러들에게 여러 가지의 인센티브(incentive)를 제공하였다. 우선 판매량에 따라서 딜러들에게 인센티브를 제공하고, 3개월, 6개월 단위로 목표 판매량을 설정하여 목표량을 달성한 경우 한국에 방문할 수 있는 기회를 제공하였다. 한국에 딜러들이 방문하는 경우 LG는 딜러들을 위해 호텔 주방장을 교육시키고 공장 방문 시 임원급들이 직접 안내를 하는 등 딜러들에게 LG가 최선을 다하고 있다는 모습을 보여주고자 하였다. 한국을 다녀간 딜러들은 LG가 한국에서 대기업이고 훌륭한 생산시설을 갖춘 기업임을 인식하게 되었다. 이러한 인식은 딜러들에게 LG제품에 대한 신뢰를 가지게 하는 계기를 마련해주었다.

이러한 것들 이외에 LG는 여러 가지 간접적인 지원을 통해 딜러들을 관리하였다. 우선 매장 내부에서 제품에 붙이는 스티커나 여러 가지 장식 등을 현대적인 모습으로 바꾸어 주었고, 제품에 대한 불만이 발생하는 경우 85개의 서비스센터를 통해 24시간 이내에 수리가 가능하도록 하였다.

이러한 여러 가지 지원활동은 딜러들이 LGEIL에 강력하게 몰입할 수 있는 계기를 제공하였다. 특히, 각 시장마다 LG제품을 판매하는 딜러는 단 하나였기 때문에 지정 딜러는 LG의 제품을 계속적으로 판매하기 위하여 LG제품을 소비자에게 적극적으로 홍보하였고 부실채권이 발생하지 않도록 노력하였다.

(5) Empowerment

해외자회사가 현지에서 가장 애로를 느끼는 점 중의 하나가 현지인의 관리이다. 김광로 법인장은 역시 현지인들의 관리를 어떻게 하여야 하고 이들에게 어느 정도의 권한을 주어야만 하는가를 놓고 많은 고민을 하였다. 현지의 요구를 가장 잘 반영하기 위해서는 현지인들을 적극적으로 활용하고 이들에게 일정한 권한을 주는 것이 바람직하였으나 이를 시행하기에는 많은 위험이 존재하고 있었다. 너무 많은 권한을 줄 경우 본사의 의도와는 다르게 정책이 집행될 가능성이 존재하였고 이들이 얼마만큼 회사에 충성심을 보일 수 있겠는가도 문제였다. 그러나 김광로 법인장은 해외에서 인도인들과 거래를 해본 경험을 바탕으로 인도인들에게 과감한 권한이양을 하는 것이 가능하다는 판단을 내리고 이를 과감히 시행하였다. 특히, 인도는 교육수준이 높은 우수한 인재를 많이 보유한 국가여서 이러한 정책을 수행하는 것이 가능하였다.

(6) 권한의 이양

인도지역에 파견되기 전 중동지역 근무에서 인도·파키스탄 인들과 거래를 한 경험이 있는 김광로 법인장은 LG가 인도에서 성공하기 위해 가장 필요한 사항은 현지인들과의 관계를 어떻게 형성해 나가느냐 하는 것이었다고 말한다. 중동지역의 근무에서 느낀 인도인들의 성향을 김광로 법인장은 다음과 같이 말한다.

“인도인들과의 거래에 있어서 가장 중요한 것은 신뢰였습니다. 인도인들은 상대방과 거래를 수행할 때나 인간관계를 맺을 때 상대방이 얼마나 자신을 신뢰하고 있는가를 중요하게 여기는 경향이 있었습니다.”

인도인들은 일반인들의 생각과는 다르게 상당히 지적이고 논리적인 면이 강하고, 교육에 대한 열의도 상당히 높은 편이었다. 김광로 법인장은 이러한 이유로 인도인들에게 업무의 상당부분의 권한을 이양하는 것이 가능하다고 판단하였다. 김광로 법인장이 이러한 권한이양을 통해 얻고자 한 것은 빠르고·효율적인 업무과정의 달성과 권한과 책임의 명확한 구분이었다. 이의 달성을 위해 우선 현지인들이 각 부서의 장이 되는 것을 가능하도록 하였고 사업계획·예산책정 등의 사안에 대해서 각 부서의 장에게 권한을 부여하고 그렇게 시행된 예산 집행에 대해서는 전적으로 책임을 지는 시스템을 만들었다.

특히, 마케팅부분에서는 부서 설립 초기부터 현지인을 부서의 장으로 임명하여 인도시장의 특성을 가장 잘 아는 현지인이 직접 시장을 공략하도록 하였다. 그리고 마케팅 이외의 회계·물류 관련 부서에도 현지인들이 중심적인 역할을 수행하도록 조치하였다.

이와 함께 각 부서가 업무를 실시하는 경우 타부서와의 충돌을 사전에 방지하고 적극적인 업무협조가 이루어지도록 하기 위해 부서 간 업무협조 지침을 설정하였다. 각 부서가 실시하는 구체적인 업무마다 동의를 필요로 하는 부서와 업무의 내용을 알려야 하는 부서를 설정하여 놓았고, 각 업무별로 책임과 권한이 누구에게 있는지를 명확하게 정해 놓았다.

또한 법인장을 포함한 14명의 관리자가 정기적으로 관리자회의를 실시하였다. 여기에서는 부서 책임자가 기존 시스템의 문제점을 발표하고 새로운 시스템을 제안하며, 법인장과 임원들이 자유롭게 토의하여 여러 사안의 문제점을 해결하였다. 특히, 현지인과의 모든 회의가 영어로 진행된다는 것이 인도법인의 장점이라 할 수 있었다.

현지인들에 대한 권한위양은 LGEIL이 인도에서 초기에 성공하는데 많은 기여를 하였다. 금융·회계부서의 경우 각 국가마다 회계제도, 조세제도, 금융제도가 상이하여 해외기업들이 이러한 제도에 적응하는 시간이 오래 걸리는데, LGEIL은 현지인들에게 여러 가지 권한을 위양하여 적응시간을 줄일 수가 있었다. 그리고 마케팅부서의 경우 현지인이 부서의 장이 되어 사업초기부터 판매할 제품을 직접 선정하고 인도의 특성에 맞는 마케팅전략을 구사하여 큰 성공을 거둘 수 있었다. 특히, 현지인의 역할은 유통망 개척에서 두드러지게 나타났는데 LGEIL이 단시간에 넓은 인도의 전 지역에 진출할 수 있었던 것은 대부분이 현지인들의 자발적인 노력덕분이었다. 이렇게 현지인들이 자발적으로 자신의 업무에 책임감을 가지고 LG제품의 판매를 위해 노력한 것은 회사가 자신들을 믿고 많은 권한을 주었다고 생각했기 때문이었다.

사례 소개 ▶▶

1. 현대자동차의 현지 밀착 마케팅전략

[매일경제, 2001년 8월 21일]

한국 자동차산업이 정체기를 맞던 95년 초, 현대자동차 신차개발팀에 "미국시장을 공략할 수 있는 새로운 차종을 만들라"는 지시가 떨어졌다. 성숙단계로 접어드는 내수시장만으로는 장기적인 성장을 기대할 수 없으니 세계 자동차시장의 주 무대인 미국에서 승부를 걸어야한다는 판단에서였다. 미국시장을 공략하려면 그쪽에서 원하는 제품을 만들어 그쪽 방식으로 판매해야 한다는 취지로 '연구개발 현지화 역량 강화 프로젝트'가 출범했다. 이 프로젝트에서 탄생한 첫 작품이 현재 미국시장에서 선풍적으로 인기를 끌고 있는 스포츠유틸리티차량(SUV)인 '싼타페'이다. 세계자동차가 다 모여 경쟁을 벌이는 미국시장에 불황의 그늘이 짙은 가운데서도 명확한 목표와 치밀한 전략이 만들어낸 결과는 놀라웠다.

지난해 9월부터 수출을 개시한 싼타페는 불과 3개월 만에 1만 332대를 팔았고 올 들어서는 7월까지 모두 2만 8971대의 수출실적을 올렸다. 올 4월까지는 월 평균 판매대수가 3000대에 머물다 7월에는 5146대로 늘어날 정도로 시간이 지날수록 현지 호응은 더욱 뜨거워지고 있다.

▶ **목표와 전략은 상품기획부터**: 제품개발 초기 미국시장 공략을 위해서라면 현지에서 새롭게 각광받는 차종인 SUV로 개발돼야 한다는 결정이 내려졌다. 당시 차량개발을 담당했던 현대차 이재완 상품기획 담당이사는 "당시만 해도 미국의 SUV시장은 연간 10만대 수준에 불과했다"며 "그러나 젊은층의 선호도가 높아지고 있어 차세대 시장으로는 가장 유력하다는 판단에서 싼타페의 개발이 착수됐다"고 설명했다. 특히 SUV는 당시만 해도 국내에서는 생소한 것이었으며 95년 가을 동경 모터쇼에서 일본회사들이 신제품을 내놓는 정도였다. 내수판매용으로 내놓아 당장 돈을 벌어와야 하는 임무를 가진 차량이었다면 개발조차 어려웠던 상황이었다. 이 이사는 "수출용으로 차세대 시장을 공략한다는 목표가 분명히 세워졌기 때문에 집중적인 투자가 가능했고 그것이 이제 와서 수출확대에 큰 기여를 하는 결과를 가져오고 있다"고 평가했다.

▶ **현지인을 위한, 현지인에 의한 제품**: 한국 자동차의 수출방식은 우선 내수용으로 내놨다가 반응이 괜찮으면 적당히 개선을 해서 수출에 나서는 방식을 답습해 왔다.

디자인은 그대로 둔 채 배기량을 높이거나 현지요구에 맞춰 사양을 덧붙이는 수준이었다. 이것만으로도 현지의 교포나 하류층에는 통할 수 있었지만 주력 구매층을 뚫기는 역부족이었다. 이같은 한계를 극복하기 위해 싼타페는 우선 디자인부터 현지에서 이뤄졌다. 싼타페의 프로젝트명인 'SM' 개발에 착수한 미국 캘리포니아 디자인 스튜디오는 혼다의 CR-V, 도요타 RAV-4, 포드 익스플로러 등 경쟁차종을 분석한 결과 '과도한 비용 지출 없이 좋은 스타일의 차를 탈 수 있다'는 만족감을 준다면 승산이 있다는 판단이 섰다.

이를 통해 SUV의 선발주자였던 일본차들이 밋밋한 스타일링을 가졌던 반면 싼타페는 커다란 체구의 미국인들답게 근육질의 강인한 스타일링을 갖게 됐다. 코카콜라 1.8리터 페트병도 충분히 넣을 수 있는 대형 컵홀더를 장착한 것도 현지화를 추진한 세심한 부분 중 하나이다. 이전에 미국에 수출된 차들은 맥도날드 라지사이즈 음료수도 세울 수 없는 정도로 미국인들의 기호를 외면한 채 만들어졌던 것과는 대조적이다. 스타일 뿐 아니라 엔진과 섀시등 파워트레인도 철저히 현지의 요구에 따랐다. 혼다나 도요타는 채택하지 않았던 6기통 엔진을 장착해 성능에서도 결코 뒤쳐지지 않는 차를 만들었고 승용차 섀시를 적용해 핸들링과 승차감의 만족도를 높였다.

▶ **싸구려는 안 된다**: 현대차는 과거 엑셀처럼 미국시장에서 히트를 친 경험이 있다. 그러나 이전에는 물량 면에서 성공을 거뒀지만 품질에서는 결코 좋은 평가를 받지 못했다. 중산층 이상에서는 외면 받는 '싸구려' 차에 머물 수밖에 없었다. 현대차는 이같은 한계를 극복하기 위해 싼타페를 현지의 경쟁차종과 당당히 경쟁할 수 있는 동급으로 만드는데 주력했다. 평균 판매가격도 2만1000달러로 포드의 이스케이프의 95% 선으로 책정됐다. 더 이상 가격경쟁력만 갖고 수출되는 차종이 아닌 품질과 성능으로 평가받는 차종으로 인정받기 시작한 것이다.

품질에 대한 자신감은 10년 10만km의 보증기간을 제시하는 등 서비스에서도 충분한 경쟁력을 갖출 수 있는 바탕이 됐다. 컨슈머리포트 등 현지 유력언론과 자동차평가기관들에서 최고수준의 품질평가를 받은 것도 고급 브랜드이미지 구축에 도움이 됐다. 이 이사는 "현지에서 요구하는 품질수준을 갖추기 위해 각종 테스트도 대부분 미국인에 의해 미국에서 이뤄질 정도로 철저히 현지화 전략을 추구했다"고 설명했다.

13 국제기업의 인사관리

Chapter .....

< 제 1 절 >

해외파견직원의 선발 및 교육

1. 국제인사관리의 특성

국제인력관리 과정은 기초분석단계, 후보선정단계 및 인력관리단계로 구분할 수 있다. 국제기업의 인사관리에 있어 우선 해야 할 일은 특정 대상 직무에 대한 분석과 조직분석, 문화적 환경 분석이라 할 수 있다. 이와 같은 분석결과를 토대로 잠재적인 국제경영자의 개발, 모집, 선정, 교육의 자료로 이용한다. 다음 단계는 내·외부의 이용 가능한 인력자원의 원천을 파악하는 단계이다. 기업 내부의 사람들 가운데서 특정후보를 선정하거나, 기업 외부의 인원을 후보로서 선발하게 된다. 마지막으로 인력관리단계에서는 선정된 후보자들을 대상으로 최적임자를 선택하는 일, 교육과 개발을 통한 업무수행능력배양, 국제인력에 대한 보상과 평가 등을 수행한다.

해외근무자에 대한 구체적인 필요가 발생할 때 본사인력과 현지인력 중 적정인물을 일정한 자격요건을 심사하여 배치하게 된다. 그러나 본국에서 적절한 인물을 물색하기 전에 해당직무를 수행할 현지 고용의 가능성을 우선 점검하여 가능한 한 현지인을 고용하는 것이 바람직하고 이것이 불가능할 때에는 본국인이나 제 3국인을 선발해야 한다. 이를 위해 첫 단계로 해당 직무를 수행함에 있어 현지 사회와 얼마나 접촉해야 하는지에 대한 접촉강도를 조사한다. 현지 사회와의 접촉빈도가 높고 현지와 본국 간의 문화적 차이가 클 때는 환경적응능력, 대외관계요인을 중요한 선발기준으로 채택하여 적용하고 접촉빈도가 낮거나 문화적 차이가 작을 때는 업무능력중심으로 선발한다.

2. 국제인사관리의 기본정책

해외주재원을 어떻게 충원하는가 하는 문제는 기업의 경영상의 필요와 요구에 따라 달라지는데 이를 이론적으로 분석해보면 본국 중심주의, 현지국 중심주의, 지역 중심주의, 지구 중심주의의 네 가지로 구분할 수 있다.

① **Ethnocentric(본국 중심)주의**: 자회사의 주요 지위는 본사에서 교육받고 파견된 인원이 담당한다.

② **Polycentric(현지국 중심)주의**: 자회사의 주요 지위는 현지의 인력을 선발, 임명한다.

③ **Regiocentric(지역 중심)주의**: 자회사의 주요 지위는 주변국을 중심으로 그 지역 내에서 가장 유능한 인재를 선발, 임명하게 된다.

④ **Geocentric(전세계적)주의**: 국적에 구애받지 않고 본사와 자회사를 세계적 조직의 일부로 간주하여 모든 직위에 능력 위주로 인원을 선발, 배치하는 것이다.

본국 중심주의는 자회사의 주요직위에 본사의 정책이나, 업무절차, 의사결정과정 등에 정통한 본사 인물을 선택한다는 점에서 바람직하며 현지 진출 초기단계에 이러한 정책을 채택하는 것이 본사와의 업무협의를 위해서 바람직하다. 그리고 중간관리자급에 마땅한 현지인을 발견하기 어려울 경우에도 이 정책을 채택한다. 본사 직원을 파견하게 되면 본사와의 업무 연락이나 현지 자회사에 대한 통제가 용이하며 본사의 정책을 현지에서 잘 집행할 수 있다. 또 현지인을 교육, 훈련시키는 데에도 유리하다. 현지인을 고용할 때의 장점은 언어, 문화, 현지의 상관습에 익숙하여 고객, 정부관계자, 고용인, 일반인과의 관계설정에 도움이 되며 비용면에서도 유리하다.

기업의 국제화 단계와 국적별 충원 비율 간에는 사이클이 존재하는데 현지 진출 초기단계에는 본국에서 파견되는 관리자의 비율이 급상승했다가 현지자회사의 경영이 안정되면 현지인 관리자의 고용이 늘어난다. 실제로 다국적기업의 인적 구성은 본국인, 현지인, 제3국인의 혼합형이 많으며 이것은 지구중심주의에 가깝다.

| 표 13-1 | EPRG(Ethnocentric, Polycentric, Regioncentric, Geocentric) 분류방식

	자민족 중심	현지국 중심	지역 중심	전세계 중심
조직구조의 복잡성	본사 복잡 자회사 단순	서로 독립적이며 지역에 따라 다름	각 지역별 기준으로 상호의존이 상당히 높음	전세계 기준으로 상호의존성, 복잡성이 증가
의사결정 권한	본사에 집중 (중앙집권적)	본사의 의사결정권이 상대적으로 약함	지역본부에 집중 자회사 간의 협력 정도 높음	자회사 책임자와 본사의 협력에 의해 결정
평가 및 통제	개인 및 성과에 대한 판단 기준은 본사 기준	현지 평가 기준을 적용	지역별로 결정	범세계적 평가 기준 적용
보상·처벌 동기부여	본사 기준에 따르고 자회사 자체 기준은 적음	자회사의 성과 차이에 따라 상이한 기준 적용	지역별로 독자적 기준 적용	전세계적으로 동일한 기준을 적용
의사소통 및 정보흐름	본사의 강압적이거나 일방적인 체계	본사와 자회사 간 혹은 자회사 간의 의사소통이 적음	본사와 자회사 간은 낮고 지역부서별, 국가별은 높음	쌍방의 의사소통과 정보교환이 활발
인원모집·개발, staffing	본사에서 인원을 선발, 요직에 임명	현지인을 개발·육성, 주요 지위 임명	특정지역 내에서 능력있는 개인을 선발하여 최적지에 배치	전세계적으로 최적의 인물을 선정·배치

3. 해외 파견 직원의 선발 및 교육

1) 해외 파견 직원 선발

국제기업이 세계시장에서 성공하기 위해서는 무엇보다도 훌륭한 자질을 지닌 경영자를 선발하여 이들에 적절한 교육훈련을 통해 현지에 적응하는데 필요한 능력을 배양해주어야 한다. 그러기 위해 해외에서 성공적으로 업무를 수행할 수 있는 능력을 갖춘 인력의 선발기준은 다음과 같다.

① **직무수행능력**: 해외주재원으로서 해당 직무사항에 필수적인 지식과 경영관리능력을 지녔는지의 여부

② **기술적 능력**: 현지 공장설비나 장비 등에 관한 기술 및 지식 여부
③ **개인적 특성**: 익숙하지 않은 현지국에서 독립적인 의사결정과 집행을 할 수 있을 정도로 정신적·육체적으로 성숙했는지, 또한 급변하는 상황에서도 당황하지 않고 대처할 수 있는 정서적인 안정성을 보유하고 있는지, 그리고 자유자재로 구사할 수 있는 언어와, 넓은 시야와 행동반경 등 국제적인 감각을 보유하고 있는지의 여부
④ **문화적 감정이입**: 익숙한 본국의 문화를 고집하지 않고 현지국 환경에 대해 융통성 있게 대처하면서, 그 나라의 전통과 관습, 윤리를 존중할 수 있는 태도의 보유
⑤ **외교적 수완**: 현지국 정부와의 충돌을 피하기 위하여 현지국 정부관리나 영향력 있는 정치인 등과 호의적인 관계를 유지할 수 있는 사교적 노력이 필요함
⑥ **가족**: 주재원 가족구성원 전체의 현지적응문제로서 특히 배우자의 적응문제가 중요하며, 자녀의 교육문제 등을 고려함

또 국제기업은 가능성이 큰 능력 있는 직원을 선발하였다고 하더라도 교육, 훈련을 통하여 그들의 자질을 향상시켜나가야 한다. 특히 해외에 파견되는 본사 직원에게는 이질문화에 잘 적응하여 현지인과 융화하며 나아가 현지인을 지도할 수 있는 능력을 배양하여 현지 업무 수행에 있어 문화적 차이로 인해 문제가 발생하지 않도록 훈련시켜야 한다. 교육훈련의 내용은 기업에 따라, 파견 대상국가에 따라 다르지만 일반적으로는 파견대상국가에 대한 지역연구, 문화적응훈련, 현지 언어 교육, 감수성 훈련, 현장실습 등의 다섯 가지 범주로 구성된다.

이상의 프로그램은 상호보완적인 방향으로 실시되어야 한다. 또한 필요한 경우 새로운 내용이 포함될 수도 있다. 해외주재 경영관리자의 현지 주재기간이 짧고 현지문화에 대한 접촉의 정도가 낮을수록 단지 정보제공을 목적으로 하는 단기적 훈련 프로그램이 적합한 반면에 주재기간이 길고 현지인과의 접촉의 빈도가 높을수록 현지실정과 문화에 몰입할 수 있는 장기적인 집중교육과정이 필요하다.

해외주재 직원에 대한 교육훈련 프로그램의 효율성을 제고하기 위해서는 최고경영층의 제도적·전략적인 지원, 선발과 훈련과정에 여유 있는 시간의 제공, 선발과 교육과정에 배우자 및 가족의 포함, 그리고 해외파견의 조기선발과 준비 등이 함께 이루어져야 할 것이다.

2) 현지 직원의 교육 훈련

현지인의 경우 기본적으로 본사국의 가치관이나 문화, 관리제도 등에 대한 기본개념이 상당히 다르며 현지 자회사의 원활한 운영을 위해 현지 인력에 대한 교육의 중요성이 매우 크다. 현지인에 대한 교육훈련에 본사의 교육프로그램을 단순히 이전하기보다는 현지인의 사고방식에 맞게 적응시키는 것이 필요하다.

먼저 중간관리자들의 경우 교육내용은 주로 본사에 대한 이해를 증진시키는 내용과 본사와의 원활한 의사소통 방식, 본사와의 업무분담체계 그리고 본사에서 파견된 주재원들과의 원만한 인간관계 정립에 목표를 두게 된다. 따라서 교육내용은 본사의 경영목표, 전략목표, 운영방침 및 업무관련사항 등이 주가 된다. 교육방식은 현지직원을 본국으로 데려와서 하는 단기교육과 본사의 전문 인력을 파견하여 실시하는 정기적인 교육으로 나누어 실시할 수 있다. 현장 근로자에 대한 교육은 현지 자회사 내부의 원활한 노사관리나 자회사의 생산성 향상을 위한 기술교육이 중심이 된다. 현지 종업원에 대한 훈련은 자사 공장에서의 교육훈련프로그램을 통한 기존기술에 대한 숙련교육, 신기술사용방법 등의 교육으로 생산성 제고, 투철한 직업관의 형성 및 노사화합을 위한 단체 활동(체육활동 및 기타 취미모임 등)을 통해 이루어질 수 있다. 그 외에도 기업 외부의 공공기관에서의 위탁훈련방법도 있을 수 있는데, 주로 전문적인 기술의 전수나 소양교육을 통한 자기 직종에 대한 긍지를 심어줄 수 있다.

본 사국에 대한 초청교육은 성실한 근무자에 대한 보상으로서 생산성 증대와 근로의식을 고취시킬 수 있는 방안으로도 활용할 수 있다.

< 제 2 절 >
국제인사관리의 내용 : 보수정책 및 경력관리

1. 보수정책

국제기업은 처해있는 구체적인 상황이나 장기적인 경영전략 등을 고려하여 독자적인 보수정책을 실시하는 것이 바람직하다. 일반적으로 국제기업들은 다음과 같은 점을 고려하여 보수정책을 채택하여야 한다.

첫째, 보수정책은 유능한 국제경영자를 유치할 수 있고 또 그들을 유지하는 기능을 발휘할 수 있어야 한다. 둘째, 보수정책은 해외에 파견되는 직원이 해외 파견근무 때문에 금전상 또는 기타 재산상의 이득을 보게 해서도 안 되고 손실을 보게 해서도 안 된다. 셋째, 보수정책은 국제기업 내에서 경영자의 수평적 이동을 저해해서는 안 된다. 넷째, 본사경영자와 해외자회사 관리자의 보수 간에는 객관적이고 공정한 원칙에 따라 차이가 있어야 한다. 다섯째, 국내외의 주요 경쟁기업들과 비교해서 보수정책에 무리가 없어야 한다. 여섯째, 해외자회사 관리자에 대한 보수정책은 해외근무에 대한 동기부여의 요소가 있어야 하고 현지국의 세금·물가수준 등의 변동에 따라 즉시 조정되어야 한다.

2. 해외 파견 직원의 경력관리

해외에 파견되는 주재원은 해외근무 도중 ① 해외파견이 자기의 경력에 어느 정도나 도움이 되는 것인가? ② 귀국 후 본사에서 어떤 직무를 담당할 것인가? ③ 해외에서 근무하는 동안 본사에서 자기를 잊어버리는 것이 아닐까? 등등의 문제에 대해 의구심을 갖게 된다. 이렇듯 해외 주재원이 귀국 후의 직책과 승진문제 등에 골몰하고 의구심을 갖게 되면 해외파견을 기피하거나 혹은 파견되는 경우에도 많은 비용을 지출하여 교육시킨 고급인력이 충분히 능력을 발휘하지 못하게 된다. 따라서 국제기업에 있어서 해외 파견 직원을 효율적으로 관리하는 것은 대단히 중요한 과제이다.

해외 주재원에 대해서는 본사에서의 근무와 해외에서의 근무를 번갈아가며 계획적으로 실시하고 주재원에 대해서는 향후의 진로를 명확히 해줌으로써 근무의욕을 고취시켜야 한다. 이를 위해서는 인사방침이 확고히 수립되어 있고 현지인에 대해서는 현지의 관리자가 인사권을 행사할 수 있도록 권한을 위임하여야 한다.

경력관리는 현지인의 경우에도 그들의 승진 및 활동기회를 보장해 주기 위해 반드시 고려되어야 할 사항이다. 국제기업은 현지 정부의 압력에 대비하기 위해서 뿐만 아니라 현지직원에 대한 동기부여를 위해서도 현지 직원들에게 권한을 위임하고 자율권을 확보해주어야 한다.

해외파견근무 후 귀국하는 개인은 적응과정을 거치게 한다. 즉, 해외주재원에게 귀국은 비록 자국문화로의 복귀를 의미하지만 다른 문화권에 적응된 후 다시 재적응을 해야만 한다는 점에서 문화적 재진입이라 할 수 있다. 국제인사관리에 있어 조직이 파견근무 후 귀국하는 직원에 대해 가지는 관심은 해외 파견 때에 비해 매우 적다. 학자들의 연구에 의하면 명목 및 실질임금의 감소, 직급부여의 어려움, 특정 직무의 소멸, 배치 부서의 부적합, 국내 여건의 이질감, 동료들로부터의 소외 등이 귀국 후의 어려움으로 파악되었다. 즉 조직, 경력상 문제, 재정적 압박, 가족문제 및 심리적 스트레스가 본사귀환과 관련한 주요문제들이다.

3. 해외 파견 직원의 귀국 후 적응문제

일반적으로 실제 귀국시점을 전후한 1년 정도를 심리적 귀국상태로 보고 있는데, 귀국한 후에도 6개월 정도의 기간 동안은 심리적 적응과정이 진행된다고 보아야 한다. 이 기간 동안 업무적응에 실패하여 이직하는 경우가 많으며 업무성과도 일정시간이 지난 뒤 서서히 높아진다.

주목할 점은 조기 귀국, 즉 해외 파견근무의 실패율과 귀국 후 이직률이 유사한 수준으로 높게 나타난다는 점이다. 해외 근무에 실패하는 가장 큰 요인은 문화적 적응의 실패에서 비롯된다. 해외 근무를 성공적으로 마친 뒤 귀국한 사람의 이직률이 높다는 사실은 국제기업들에게 귀국 후 적응관리에 대한 중요성을 일깨워 준다. 귀국 후 1년 또는 몇 년 후까지를 살펴보면 이직률은 더 높아진다. 해외 근무자에 대한 보상이 국내 근무자에 비해 2~3배 높은 점을 감안하면 기업의 손실은 엄청나다. 특히 귀국 후의 조직 내·외의 상황변화에 적응을 못하는 경우가 많은 것으로 밝혀져 귀국 후 적응관리가 매우 중요한 것으로 나타났다.

귀국 후 적응과정은 귀국 전과 귀국 후로 나누어 볼 수 있다. 귀국 전 현지에서의 철저한 귀국 준비는 귀국 후 개인의 적응뿐만 아니라 조직에 기여할 수 있는 해외 근무경험을 제대로 정리하고 인식하는 데 도움이 될 수 있다. 이는 귀국 후 변화되어 있을 조직 상황이나 여건, 제도 등에 관한 정보를 미리 파악하는 노력을 말하며, 기대 또는 예상을 가능하게 해준다. 이러한 예상은 직무, 대인관계, 환경에 대해 각각 다르게 나타날 수 있다. 그리고 귀국을 앞두고 직무상 또는 사적으로 본사와 관계를 갖는 경우, 귀국 후 본사로부터 주재근무경력을 인정받고 나아가 주재경험을 데이터베이스화하여 기업에 기여할 수도 있다. 해외주재 맡았던 업무가 주재원의 귀국 후 적응 및 해외경험의 조직 기여에 영향을 미칠 수도 있다. 그리고 근무한 해외 자회사의 전체 기업조직 내에서의 위상이 중요한데, 이를테면 기업전략상 생산, 마케팅, 연구개발 등에서 다른 자회사에 비해 그 중요성을 인정받을 수 있다.

또한 귀국 후 해외 파견 근무기간 동안 변화한 주변상황에 대한 인식, 주택문제의 해결과 자녀의 취학문제 등과 같은 정착과정에서의 문제들이 제대로 해결되어야 조직 내에서 빨리 적응할 수 있다. 귀국 후 적응과정에서 받는 스트레스는 엄청나게 바뀐 주변상황을 빨리 인식하지 못하는 데서 비롯되는 경우가 많다. 예컨대 과거의 동료가 승진하여 상사가 되었다거나, 조직부서의 변동과 같은 조직적 변화뿐만 아니라 인플레이션과 같은 재정적 부담도 크게 느낀다.

4. 해외 근무 체험

해외 근무 체험은 개인적 체험, 직무 관련 체험, 문화적 체험으로 구분된다. 첫째, 개인적 체험은 해외 파견 근무의 경험 여부, 파견근무기간, 가족동반 여부 등을 토대로 평가된다. 즉, 다양하고 풍부한 근무체험은 해외 근무 경험이 많을수록, 그리고 예외적 경험을 가질수록 커진다. 취학아동을 동반한 경우 해외체험은 오히려 다양하고 풍부해질 수 있다. 또한 가족 구성원의 해외생활에 대한 만족도가 높을수록 직무능률을 향상시킬 수 있을 뿐만 아니라 보다 성공적인 파견근무를 보장해 줄 수 있다. 가족의 현지적응이 어려워 조기 귀국하는 경우도 많은데 이는 개인에게 있어서나 조직에게 있어서나 불행한 일이다.

둘째, 직무관련 체험은 직무의 전문성 및 응용성이라는 차원에서 설명될 수 있다. 해외 자회사에서의 직무와 귀국 후 직무가 유사하거나 맡은 업무가 해외사업과 관계가 많은지 여부 등이 기준이 된다. 직무 유사성은 귀국 후 적응을 쉽게 하며 나아가 직무 몰두, 조직 몰입에도 긍정적으로 작용한다. 결론적으로 직무의 유사성이 클수록, 또 해외비즈니스의 비중이 클수록 해외 근무 체험의 조직기여도는 높다고 본다.

셋째, 문화적 체험은 범위가 넓으며 다양성, 풍요성, 전문성, 응용성이 모두 고려될 필요가 있다. 예컨대 여러 나라에서의 근무체험을 가질수록 문화적 체험은 다양하고 풍부해진다. 또한 현지 직원들과 공동으로 의사 결정하는 경험, 주재국의 관련 업계와의 교류가 많은 업무에 참여하는 일 따위도 기준이 될 것이며 현지인 채용비율도 좋은 문화적 경험의 척도가 될 수 있다.

5. 해외 파견 직원의 귀국 후 관리

국제기업은 통상 해외 주재원의 육성과 교육에 많은 관심을 보이고 있으나 해외 주재원이 귀국한 후의 인사관리문제에 대해서는 크게 관심을 쏟지 않는 경향이 있다. 해외 주재원은 국내 본사와 해외 자회사 간의 커뮤니케이션 부족으로 개인적·직업적 고립을 느끼며, 심한 경우에는 국제기업의 전체적 정책마저 인식하지 못할 뿐 아니라, 본사의 경영이나 정책에 많은 변화가 있는 경우 재적응이 어렵다.

해외근무 후 귀국한 사원이 새로운 국내 보직에 만족하지 못할 경우, 사직을 하게 되면 당해 기업 자체는 유능한 직원을 잃을 뿐만 아니라 그와 더불어 그 직원에게 투자한 시간과 자본의 손실을 입게 되는 것이다.

이상과 같은 점에서 해외 주재 직원에 대한 귀국 후 관리는 그 중요성을 가지며, 이를 해결할 수 있는 체계적 접근방법을 개발하는 것이 요구된다. 본사에 돌아온 관리자는 심층적인 조직적 재교육을 받아야 한다. 이 재교육에서는 정책 및 절차상의 변경, 회사전략의 변화, 새로운 직원 및 현 직원의 임무, 귀국자의 새로운 직위에 대한 상세한 설명이 있어야 한다. 그리고 귀국자는 새로운 직위를 맡기 전에 한 달 정도 옵서버 자격으로 회합에 참여토록 한다. 국제기업은 해외 근무를 마치고 귀국한 직원에게 소득 감소와 생활습관 적응을 위한 자문을 해주고, 동시에 인플레이션 및 주택비 상승을 고려하여 필요한 지원을 해주어야 한다. 이러한 귀국 후 정착에 필요한 자문은 여러 가지 방법으로 실시될 수 있다. 귀국자에게는 새로운 직위에 적응할 수 있도록 어느 정도의 시간적 여유가 필요하며 귀국 후 6개월 정도는 가족들이 국내환경에 잘 적응할 수 있도록 필요한 지원을 아끼지 말아야 한다. 이를 위해 인사 부서 내에 귀국자의 국내정착을 전문적으로 도와주는 전담직원을 두는 것도 해외파견근무자의 본국귀환과 적응과정에서 발생하는 문제와 그로 인한 업무능력 감소를 예방할 수 있는 방안이다.

< 제 3 절 >

국제노사관리 문제

국제기업은 많은 외국에서 현지인 근로자를 고용하기 때문에 각국별로 상이한 노조의 역할과 노사관계의 시각 및 노동법 등의 차이 때문에 상당한 어려움에 직면한다.

1. 각국 노동조합 조직의 차이

1) 노조의 조직형태 차이

노조의 조직형태는 각국별로 상당한 차이를 보일 뿐만 아니라 일국 내에서도 다소의 차이를 보이고 있다. 미국의 경우 직종 또는 직업을 같이하는 전체 근로자(예를 들어 비행사, 탄광, 트럭운전사)가 하나의 노동조합을 결성하는 이른바 산업별 노조형태(craft unions)가 일반적이며, 노사협상은 산업별노조와 해당 기업 간에 이루어지는 것이 관행이다.

일본의 경우는 산별노조보다는 기업별 노동조합(company union)의 형태가 일반적이며, 노·사 관계는 대립적이기보다는 강한 공동체 의식을 바탕으로 하는 상호협력적 관계를 유지하고 있다. 노조는 근로자의 이익을 일방적으로 대변하기보다는 기업의 성과를 극대화하기 위해 기꺼이 협조하는 경영진의 파트너로서의 역할을 수행하고 있다고 볼 수 있다. 노사협상은 기업 내에서 기업 단위의 노조와 경영자 간에 이루어지게 된다.

스웨덴의 경우, 노사 간의 협상은 전국적 규모의 조직인 노동조합 연합체(federation of trade unions)와 기업체들을 대표하는 기업연합체 사이에서 협상이 이루어진다. 독일의 경우에는 동일산업 내의 사용자들의 연합체와 노조연합체(union federation) 간에 협상이 이루어진다. 이와 같은 노조형태는 미국이나 유럽의 경우 앞에서 제시한 특정형태의 노조만이 존재하는 것이 아니라 여러 형태의 노조가 공존할 수 있다. 그러므로 각국에서의 합법적인 노조형태는 어느 것이며, 어떠한 협상채널을 통하는 것이 가장 효과적인 방법인가를 강구하는 것이 필요하다.

유럽이나 미국과 같이 오랜 노사협상의 전통을 가지고 있는 나라에서는 노사협상이 언제, 어떤 형식으로 이루어지고 그 결과가 기업에 어떻게 적용되는지에 대해 정확히 인식하는 것이 올바른 노사관계의 정립과 효과적인 노조대응 방안이라 하겠다.

2) 노조와 정치와의 관련성

노조와 정부기관 혹은 다른 외부단체(종교기관 등)와의 유대관계는 각국별 경제 성장단계나 정치발전 정도에 따라 차이가 존재한다.

국민경제의 발달이나 정치적 독립성이 미약한 국가들일 경우 대개 노조의 성립과 활동이 활성화되어 있지 않기 때문에 독자적인 활동이 어렵다. 정부의 경우에도 강력한 경제성장추구에 따라 노조에 대한 영향력을 증대시키려 하기 때문에 노조와 정부와의 유대관계는 밀접하게 되며, 외부의 정치적 위협(공산당이나 종교적 문제 등)이나 외부환경에의 위협에 대처하기 위해서도 협력관계의 형성이 이루어지기도 한다.

따라서 정치발전이 뒤지거나, 경제성장이 국가 전체의 목표일 경우 정부의 역할이 강하며, 노조와 정부와의 유대관계는 강하다고 할 수 있다. (예외로는 이집트, 인도, 가나 일당체제 국가 내에서도 노조의 자유역할이나 영향력이 큰 국가도 있다.)

기타 경제발전이 많이 이루어진 국가나, 민주주의가 발전한 국가들일 경우 노조와 정부와의 유대관계는 상황에 따라서 공생이냐 대립이냐가 결정될 수 있다. 일본의 경우는 예외적으로 노조의 역할이 약하며, 정부의 입김이 세다고 할 수 있다.

이와 같은 제반 차이점을 고려해 볼 때 다수 국가에 참여하는 국제기업의 경우 각국별 노조의 형태와 협상방법 등에서 차이가 날 뿐만 아니라 노조의 역할에도 차이가 있다는 것을 인식하는 것이 중요하다. 그러므로 세계전체의 동일한 노조대응 전략의 실행보다는 탄력적인 노사대응방안의 강구가 필요하다는 것을 알 수 있다.

2. 현지 근로자에 대한 보상

일반적으로 특정기업의 성장가능성을 판단하거나 유능한 인적자원을 유치하고 그들을 동기 부여시키는데 있어 중요한 요소는 적정한 보수정책을 실시하는 것이라 할 수 있다.

현지국 노동자에 대한 임금지급 기준은 모기업의 임금구조나 봉급지급 기준에 의하기

보다는 현지국 내의 산업 내 평균임금이나, 동일산업의 다른 기업 내의 임금지급기준 등 현지국의 임금구조나 법률에 따라 결정된다고 할 수 있다. 이와 같은 기준에 의하면 현지국 근로자에 대한 봉급결정은 다음과 같은 변수를 고려하여야 한다.

① 현지의 법률과 정부정책,
② 노조의 압력,
③ 유능한 인력의 모집과 지속적인 근무를 가능하게 하는 봉급수준,
④ 인접 혹은 경제나 노동조건이 유사한 국가들 내의 기업에서 결정된 봉급수준,
⑤ 근로자의 창의성이나 생산성을 증대시키기 위해 필요한 봉급수준.

이와 같은 봉급수준의 결정은 일괄적인 봉급기준이 적용되기보다는 기업의 자체결정에 의해서 결정되며, 현지국 기업보다는 높은 보수를 지급하게 된다.

그 이유로는 현지국 기업에 비해 조금 더 높은 보수를 지급함으로써 유능한 인재를 확보할 수 있고 외국기업에의 참여 시 발생되는 위험에 대한 보상을 하는 것이다. 이것은 외국기업의 참여 시 국내기업에 비해 승진기회가 적으며, 기업폐쇄 시 특별한 보상책이 없을 수 있기 때문에 지급되는 일종의 프리미엄으로 볼 수 있다. 이러한 보상지급체계는 현지의 제3국 기업이나 현지국 기업들의 비난의 대상(임금상승의 원천이거나 임금구조의 왜곡원으로서 책임을 전가시킬 수 있음)이 되거나 경제정책의 비난의 대상(물가상승 및 산업구조의 왜곡원천으로 비난받음)이 될 수 있기에 실질지급기준에서는 현금지급보다는 간접적인 특별급여의 지급에 따른 임금상승효과를 기대하는 것이 필요하다.

간접적인 특별급여로는 전문기술인력양성을 위한 특별훈련코스에의 무료참여, 자녀수에 따른 장학금지급, 의료보험의 실시, 퇴직연금지급, 무이자 주택융자, 장기휴가 등이 있으며, 각 국가별 혹은 회사별로 다소의 차이가 존재하게 된다.

3. 현지 근로자와의 융화 방안

현대의 노사관계는 상호반목적인 관계라기보다는 상호협력적이며 공존의 관계로 인식하는 경우가 지배적이라 할 수 있다. 특히 국제기업의 경우 자국 내에서의 노사관계가 아닌 현지국 내에서의 노사관계라는 문제에 직면하게 되므로써 상호대립적인 관계보다는 상호협조체제 속에서 기업의 성장을 꾀하는 것이 필요하다. 이하에서는 현지인 근로

자와의 화합과 참여를 유도하기 위한 여러 방안을 살펴보기로 한다.

1) 공동결정

공동결정이란 기업의 경영과정에 노조가 참여하는 형태를 의미하여, 노조 측의 거부권행사 여부에 관계 없이 이사진 속에 노조가 참여하는 것이 가장 일반적인 형태이다.

노사 간의 협동적인 일 처리 뿐만 아니라 사용자 측과 마찬가지로 기업운영에 관한 위험을 공유하는 이 형태는 자발적인 노사관리 상황보다는 법률에 의한 실시가 대부분이라 할 수 있다. 특히 독일의 경우 50 : 50의 참여와 2,000명 이상의 모든 기업체에게 적용되는 법을 시행하고 있다.

이와 같은 공동결정의 실시는 현장 근로자들과 사무직 근로자들 사이의 관심사에 차이가 있다는 이유에서 타당성이 있으나, 실질적으로는 그 실행효과는 미미하다고 나타났다. 그 이유는 노조에 참여한 각 부서의 사람들의 관심영역과 요구사항이 다소 차이가 있으므로 집약된 의견개진에 따른 단결효과를 발휘하기 어렵기 때문이라 생각된다.

2) 품질관리모임

품질관리모임이란 한 기업 내의 소규모 그룹의 근로자들이 정기적으로 모임을 개최하여 제품의 품질향상이나, 효율성 제고, 근로자의 사기 등을 고취시키기 위한 방안 등을 토의하는 것을 일컫는 것으로서, 이 과정에서 엔지니어나 경영자들도 참석하는 경우도 있을 수 있다. 이러한 토의과정을 통해서 토의 참석자들은 상대방을 보다 더 잘 이해하려고 노력하며, 인간적인 친밀도를 축적함으로써 결속력과 회사에 대한 충성심을 기를 수 있게 된다.

경영자 측에서도 토의과정에 참석함으로써 그룹회원들의 솔직한 의견을 듣고 그들의 고통을 이해하고 상호 신뢰감을 형성할 수 있으며, 공식적인 석상에서 얘기하기 꺼리는 솔직한 얘기를 들을 수 있는 기회라고 볼 수 있다.

3) 집단체제

이는 근로자 개개인의 행위보다는 근로자의 집단(소규모이든, 과별모임이든 관계없음)행위를 통하여 상호 간의 신뢰성과 결속력을 높이기 위해 사용하는 방안이라 할 수 있다.

근로자들의 집단체제를 통하여 그룹의 응집력을 양성시킬 수 있으며, 특정임무에만 제한시키기 보다는 다수의 부서에 근무하게 함으로써 한 임무에만 전념하기 때문에 발생하는 지겨움을 덜어 주고 여러 업무에의 대처 능력을 키울 수 있게 한다.

4) 직언제안제도(speak-up policy or open-door policy)

노사 간의 솔직한 대화를 나누기 위한 방안으로서 사용될 수 있다.

speak-up policy란 근로자가 그들의 감독자에 대한 모든 불평불만을 할 수 있는 분위기를 창조하는 정책이며, open-door policy란 근로자들이 그들의 직접적인 감독자의 행위에 대한 불평불만을 고급관리자에게 직접 토의할 수 있는 경로를 제공하는 정책으로 구분할 수 있다. 이 두 가지는 결국 최고경영자와 현장근로자 사이의 유대감 조성과 중간감독자의 역할에 대한 올바른 인식과 역할 통제를 하기 위한 수단으로 볼 수 있으며, 기업 전체 차원에서 인화와 단결을 위한 장치라고 할 수 있다.

해외에 진출한 한국기업들은 인사노무관리가 체계화되지 않은데다 현지 채용 근로자들의 높은 이직률 때문에 많은 어려움을 겪고 있는 것으로 나타났다. 한국경영자총협회가 1996년 10월 30일 발표한 [해외진출 한국기업의 인사노무관리 실태조사] 실태조사보고서에 의하면 현지국의 문화와 관습 등에 적합한 관리방식 및 현지인과의 의사소통을 원활하게 할 수 있는 대책개발이 시급하다. 미국·영국·캐나다·인도네시아·태국·싱가포르·말레이시아 등 7개국에서 진출한 1백 47개 기업을 대상으로 실시한 설문조사 결과를 분석한 이 자료에서 노무관리를 전담하는 조직이 있다고 응답한 회사는 16개로 전체의 10.9%에 불과했다.

노무관리 전담조직은 물론, 담당자도 없다는 회사는 67개(45.6%), 전담조직은 없으나 담당자는 있다는 회사는 61개(41.5%)로 해외진출기업들이 노사문제에 소극적으로 대처하고 있는 것으로 나타났다. 노무관리도 현지인들이 담당하는 회사(35개, 23.8%)가 한국인이 담당하는 회사(61개, 41.5%)보다 훨씬 많으며 최종 결정권자인 사장도 출자비율에 관계없이 한국인이 맡고 있는 회사(1백27개, 86.4%)가 압도적으로 많았다.

이에 반해 국내에 진출한 외국회사들 중 절반 정도는 한국인이 사장을 맡고 있으며(48.6%), 인력관리와 중요 인사노무관리정책결정권도 한국 측에 위임된 회사가 52.7%나 된다(95년 9백40개 투자기업대상 노동부집계결과). 이는 국내와 외국기업간의 현지화 성향의 차이를 여실히 보여주는 것이다. 한편, 해외진출 한국기업 중 노조가 설립된 회사는 6.1%에 불과한 반면 국내진출 외국기업의 25.5%에 노조가 설립돼 해외진출 한국기업의 노사관계가 상대적으로 적대적인 것으로 나타났다.

앞의 조사결과와 같이 국제기업은 전세계에서 기업활동을 전개하므로 다양한 노사관계에 직면하게 된다. 이러한 노사관계의 관리를 위하여 대개 분권화 정책과 중앙집권화 정책을 효율적으로 결합한 정책을 쓰고 있다. 이에 따라 현지의 독립성을 유지하면서 기업 전체적으로 통합과 조정이 이루어질 수 있도록 유연한 인사노무관리정책을 채택하고 있는 기업들이 늘어나고 있다. 오늘날 대부분의 선진공업국가들에 있어서 노사관계는 계급적 관점에서 이익을 극대화하기 위한 투쟁 차원에서 이루어지는 것이 아니고, 협력적 노사관계의 정립을 통한 기업경쟁력 강화에 초점이 맞추어지고 있다.

각국별로 상이한 노동에 대한 가치관, 노동자들의 정신적 욕구, 법제도 등을 통하여 노무관리에 영향을 미치는 현지국의 고유한 문화적·제도적·법률적 환경의 특성을 외국인이 제대로 이해하기를 기대하는 것은 무리이며, 따라서 대부분의 다국적기업에서는 일반적으로 노무관리의 문제를 현지의 관리자에게 위임하고 있다. 단체교섭에 있어 현지국 사정에 정통한 현지의 경영관리자는 결정된 단체협약에 의하여 발생하는 모든 결과에 대해 책임을 져야 한다. 그러나 노사교섭과 관련된 최종결정권을 본사에서 행사한다면 현지관리자의 위신과 권위, 업무효율성은 떨어지게 마련이다. 노사관리를 현지의 경영관리자에게 위임하기 위해서는 현지의 경영자가 노무관리를 효율적으로 수행할 수 있는 능력과 경험이 있어야 한다.

이러한 주장과는 반대로 노사관리에 관한 결정권을 본사에서 중앙집권적으로 통합 관리하는 것이 국제기업의 전체적인 이익을 높이는 길이라고 주장하는 학자들도 있다. 신설된 해외자회사가 관리경험이 부족한 상황에서 부적절한 노사관리를 할 경우 기업 전체의 성과와 업무 효율성을 떨어뜨리는 결과를 초래할 수도 있고 또 한 국가에서의 노사관계가 여타 국가에서의 협약에 대한 선례가 될 수도 있다는 우려도 있다. 이같은 우려는 최근 노동조합들이 국제적인 연대에 의하여 집단적 요구를 하게 됨에 따라 기업 전체적인 차원에서 일사불란한 중앙집권적 노사관리가 보다 효과적일 수 있다는 점에서 유래한다. 그럼에도 불구하고 현지의 사정에 맞는 현지자회사 나름대로의 독립적인 인사노무관리 정책을 집행할 수 있는 자율권을 최대한 인정하는 것이 바람직하다. 기업 전체적인 차원에서의 통합과 조정이 의미하는 것이 자회사가 진출해있는 모든 나라에서 동일한 방법으로 노사관리가 이루어져야 한다는 것을 의미하지는 않으며 중요한 것은 어디까지나 현지국의 사회적, 문화적, 경제적 특성에 맞도록 노사관계가 정립되어야 한다는 점이다.

사례연구

I. 유럽 다국적기업/외국인CEO 급증 : 네슬레(Nestle) 사례

[조선일보, 2002년 1월 4일]

"국적보다 경영 성과 중요" 네슬레 본사엔 70개국 임직원

스위스 제네바에서 차로 1시간 남짓 동쪽으로 가면 제네바 호수 끝자락에 베베라는 도시가 나온다. 인구 1만 6000명의 조용한 전원도시인 베베에는 세계 2위의 다국적 식품 회사인 네슬레 본사가 있다. 평상시에는 따분할 정도로 조용한 도시다.

그러나 점심시간만 되면 마치 인종 박람회가 열리는 듯 도시 분위기가 확 달라진다. 네슬레 본사에 근무하는 세계 70개국 출신 1500명이 거리로 쏟아져 나오기 때문이다. 백인·흑인·동양인은 물론, 터번을 둘러쓴 인도 시크족 출신까지 흔히 볼 수 있다.

회사 내 1층 구내식당에서는 프랑스어·영어·독일어·스페인어·이탈리아어·일본어를 듣는 것은 기본이고, 심지어 우르두어까지도 들렸다. 안내를 맡았던 자말밀라뮐러양은 "본사 건물 엘리베이터 안에서 스페인어로 묻고 프랑스어로 대답하는 광경은 흔한 일"이라고 말했다.

네슬레의 지난 2000년 매출액은 505억달러. 아프리카 잠비아에서부터 미국에 이르기까지 81개국 479개의 공장에 22만5000명이 근무하고 있다. 그래서 네슬레 아시아 담당 킹 퐁 림 부사장은 20세기 대영제국을 빗대 "네슬레에는 해가 지지 않는다"고 말한다.

네슬레의 '세계화' 풍경은 요즘 성공한 다국적 기업 어디에서나 볼 수 있는 글로벌 트렌드이다. 그리고 그 배경에는 인적자원의 세계화가 있다. 스위스 회사인 네슬레의 최고 경영진 9명 중엔 스위스 사람이 단 한 명도 없다. 피터 브라벡 사장을 포함해 오스트리아 출신이 3명, 미국인이 2명이고, 스페인·호주·스웨덴·멕시코 출신이 각각 1명씩이다.

네슬레가 이처럼 다양한 외국인들을 경영진으로 두고 있는 이유는 간단하다. 세계 최고 엘리트들을 '안방'으로 데려와야 세계경영이 가능하다는 설명이다. 피터 브라벡 사장은 "네슬레 주주의 50%가 외국인"이라면서 "외국어에 능통하고 국제경험이 풍부한 다국적 경영진을 확보해야 치열한 시장경쟁에서 살아남을 수 있다"고 말했다.

프랑스 파리 개선문 인근에 위치한 컨설팅 회사 캡제미나이언스트앤드영사의 경우도 마찬가지다. 사장은 영국인이고, 임원 9명 가운데 프랑스인은 세 명뿐이다. 나머지는 네덜란드·스위스·미국 출신들로 채워졌다. 사내 공용어는 영어다. 이 때문에 창밖으로 개선문이 보이지 않는다면 사무실이 파리에 있다는 사실을 알 수 없을 정도다. 제프 운윈 사장은 "시장이 세계화된 비즈니스맨을 요구하는 시대"라고 말했다.

실제 다국적 기업의 세계경영은 2001년 10월 19일 스위스 취리히 메리어트 호텔에서 열린 네슬레의 가을 정기 기자회견장에서 엿볼 수 있었다. 이날은 네슬레 최고경영진 9명이 세계를 상대로 그간의 경영성과를 설명하는 날이었다. 이 자리에는 스위스 언론뿐 아니라, 영국·프랑스·스페인·독일·한국·일본 등 전 세계 기자 100여명이 참석했다. 브라벡 사장을 비롯한 경영진들은 기자들이 질의응답 시간에 영어·프랑스어·스페인어·독일어로 송곳질문을 퍼부었지만, 프랑스어 질문은 프랑스어로, 스페인어는 스페인어로 완벽하게 답변을 했다.

경영자가 여러 가지 언어를 구사하고, 다양한 문화를 이해하지 못하면 시시각각으로 변하는 세계시장을 잡을 수 없는 세상이 된 것이다. 유럽 경제인들은 이를 '패턴인식(Pattern Recognition)'이라고 표현한다. 즉, 세계를 보면서 트렌드 변화를 재빨리 읽어내야 한다는 것이다.

한때 휴대전화 시장에서 1위를 달리던 모토로라는 지난 99년 초 핀란드의 노키아에 일격을 당했다. 노키아가 소비자의 트렌드를 읽어내고 휴대전화의 패션화에 발 빠르게 움직인 데 반해, 모토로라는 한순간의 방심에 2위로 밀려나버린 것이다.

'한순간의 방심'을 막기 위해 유럽에서는 '인적자원'의 세계화가 한창 진행되고 있다. 유럽의 200대 기업 중 외국인이 최고경영자(CEO)인 회사가 이미 40개를 넘었다. 운윈 사장은 "국적보다는 경영성과가 중요한 시대가 오고 있다"고 말했다.

그러나 인적 세계화에 뒤처진 기업들은 낭패를 당하기 일쑤다. 독일 자동차회사 BMW는 영국의 로버 자동차를 인수했다가 공장을 제대로 돌려보기도 전에 손들고 말았다. 독일식 경영 마인드가 영국에 뿌리내리지 못했기 때문이다. 당시 독일 언론들은 "BMW 최고 경영자 가운데 영국인 한 명만 있었더라도 그렇게 참담하게 실패하지는 않았을 것"이라고 보도했다.

다국적 기업들이 대형화·글로벌화하면서 나타나는 문제점도 만만치 않다. 그중 하나가 대형 다국적 기업들이 전 세계 시장을 「싹쓸이」한다는 주장이다. 네슬레 전체 매출액의 98%는 해외에서 벌어들인 것이다. 핀란드 휴대전화 제조업체 노키아의 경우도 지난 1999년 해외 매출 비중이 97.6%였고, 미국 햄버거 체인 맥도날드는 61.5%에 달했다.

이런 글로벌 독과점 현상 때문에 반세계화 단체들은 세계화 때문에 개도국이 다국적 기업의 착취대상으로 전락하고 있다고 주장한다. 대표적인 사례가 지난 94년 미국 신발 회사 나이키의 경우다. 인도네시아 나이키 생산 업체가 어린이를 고용, 착취했다는 사실이 알려지면서 부도덕한 기업으로 내몰린 것이다.

당시 이를 폭로한 '프레스 포 체인지'의 제프 벨린저는 하버드대학 강연에서 "나이키의 철수로 직장을 잃게 되면 인도네시아 어린이들이 더 큰 피해자가 아니냐"는 질문에 "80달러짜리 신발에 들어가는 인건비가 겨우 1달러에 불과하다"면서 "신발값을 내리든지 인도네시아의 임금을 올리든지 해야 할 것"이라고 쏘아붙였다.

그러나 국제경제연구소(IIE)에 따르면 다국적 기업이 현지인에게 주는 임금은 현지회사 임금보다 2배나 높은 것으로 나타났다. 또 다국적 기업의 해외 직접투자(FDI)는 대부분 선진국으로 향하고 있는 것으로 조사됐다. 극빈국에 들어가는 돈은 전체의 1%에 불과한 실정이다. 영국에서 발간되는 경제전문잡지 이코노미스트는 "선진국과 개도국 근로자의 임금 격차는 생산성 차이 때문에 발생하는 것"이라면서 "다국적 기업의 개도국 시장 진출은 서로에게 도움이 된다."고 주장했다.

세계화로 한 가지 분명해진 것은 먹고 먹히는 약육강식의 법칙이 지구촌 전체로 확대됐고, 다국적 기업들은 무한경쟁의 시장에서 살아남기 위해 세계화에 박차를 가하고 있다는 점이다.

Chapter 14

국제회계 및 조세관리

< 제 1 절 >

국제회계의 기초

1. 국제회계의 개념 및 필요성

국제회계란 국제 간에 행해지는 국제거래를 회계 고유의 수단으로 측정, 전달하는 과정을 연구대상으로 하는 분야로서 가장 활발한 연구가 이루어지고 있는 국가는 미국이라 할 수 있다. 미국의 기업들은 그들이 갖고 있는 경쟁우위를 바탕으로 해외에 일찍이 진출하게 됨에 따라 해외에서의 생산, 판매, 자금조달 등의 국제영업활동을 타 국가에 비하여 먼저 경험하였고 이에 따라 국제영업활동과 관련된 합리적 회계처리에 대한 필요성을 바탕으로 국제회계분야의 연구가 활발하게 이루어질 수 있었다고 보여진다.

국제회계가 필요시 되는 이유를 몇 가지 열거해 본다면 첫째로, 국제기업활동이 증대되고 있다는 점이다. 시장이 세계화되면서 외국에 지사 또는 현지법인을 설치하는 기업이 증가하고 국제영업이 점차 확대되어가는 추세이다. 이에 따라 국제영업 관련 회계보고의 중요성이 절실히 요구되는 상황이다. 국경을 초월한 회계자료의 작성, 이용, 해석 등을 위한 기본적인 틀이 마련되어야 할 것으로 판단된다.

둘째로, 국제자금조달 및 증권투자의 증가이다. 최근 들어 우리나라 기업들이 외국에서 자본을 조달하는 규모가 급신장하고 있다. 외국 금융시장에서 효과적으로 자본을 조달하기 위해서는 우리나라 회계기준에 의한 재무제표 뿐만 아니라 국제회계기준에 의한 재무제표를 제공함으로써 외국의 투자가들에게 더욱 비교 및 평가가 용이하게 하여 투자를 유인할 필요가 있다. 또한 자본자유화가 급진전됨에 따라 국내 투자가와 외국 투자가가 공통적으로 이용할 수 있는 회계정보를 제공하기 위하여 회계기준의 국제화 내지는 선진화가 필요한 것이다.

2. 국제회계의 내용

국제회계분야에서 다루어지는 내용은 다음과 같다.

첫째로, 국제기업의 경우 국제 거래 시 외화의 거래가 수반됨으로 외화환산회계가 중요하게 다루어진다. 이는 일반회계에서는 그다지 중요하게 다루어지지는 않으나 국제회계에서는 핵심과제가 된다. 또한 최근 들어 국제시장에서의 자금조달과 자금운용이 급격히 증대함에 따라 국제금융시장에서의 신상품과 관련된 회계가 주목을 끌게 된다.

둘째로, 국제회계에서 다루어지는 분야는 국가간 회계제도의 상이성을 연구하는 분야이다. 예를 들어 국가간 인플레를 회계 처리하는 기준이 어떻게 다르며, 다를 경우 국제간 회계정보를 상호 비교할 때 어떠한 조정이 필요한지 연구하게 된다. 거시적으로 보아 국가별 회계제도는 다음과 같이 4가지로 분류할 수 있다.

- **거시경제형 회계제도**(macroeconomic pattern); 회계가 한 국가의 경제정책 수단으로서 인정된다. 재무회계 측면에서 부가가치계산에 중점을 두고 세무회계와 동일성이 확보되고 사회책임이라는 점이 강조되는 특성을 갖는 유형이다.
- **미시경제형 회계제도**(microeconomic pattern); 시장중심의 경제하에서 볼 수 있는 유형으로 회계가 경제현상을 측정하여 반영시키기 위해서는 회계기준이 고도로 발전하여야 한다.
- **독립형 회계제도**(independent discipline approach); 회계가 정부나 경제이론과는 독립적으로 기업과 관련하여 발전되는 형태이다. 회계를 기업활동에 대한 서비스기능으로 보며 실무상의 문제해결을 중요시하게 된다. 영국, 미국이 대표적인 예이다.
- **일관형 회계제도**(uniform accounting approach); 회계는 정부의 기업통제에 대한 수단으로 사용되며, 기업의 업적평가, 자금배분, 물가통제, 징세 등의 목적에 사용된다. 프랑스가 대표적인 예이다.

셋째로, 각국 회계제도의 조정과 통일에 관한 연구이다. 국제화 되어 가고 있는 사회속에서 국제사회를 대상으로 보고를 하고 관리할 필요가 있다. 이에 따라 회계기준의 국제적 통일을 기할 필요성이 있으며, 이를 위하여 여러 기관들이 활동하고 있다. 국제기구로서 EEC, OECD, United Nations 등이 있으며, 민간단체로서 International Accounting Standards Committee, International Federation of Accountants가 있다.

< 제 2 절 >
외화 환산 회계

최근 들어 국가 간의 수출입거래가 급속히 증가하고 기업의 해외진출이 용이하게 이루어지고 있다. 이에 따라 영업활동의 거래가 외화로 이루어지는 경우가 많아지게 되며 기업의 활동결과를 나타내는 재무제표에는 여러 국가의 통화가 개입되어 이를 자국통화로 환산할 필요성이 발생한다. 우리나라의 경우 외화 환산의 필요성이 발생하는 사례가 많으나 몇 가지 예를 들어보면, 외화표시거래를 하는 수출입회사, 해외자회사를 갖고 있는 회사, 외국인과의 합작회사, 외화표시거래를 하는 금융기관 등이다.

그런데 환율은 대부분 국가의 경우 시간의 흐름에 따라 변화하는 것이 일반적인 현상이고 이에 따라 자국통화로 환산을 할 때 어떤 시점의 환율을 적용하여야 하는지에 대한 문제가 중요시되는 것이다. 외화 환산에 적용되는 환율은 크게 세 가지로 분류되는데, 첫째, 현행환율로서 대차대조표 작성일의 환율, 즉 결산일의 환율을 의미하며, 둘째, 역사환율로서 특정한 거래가 발생한 일자의 환율, 셋째, 평균환율로서 전회계기간의 환율을 평균한 것이다.

본 장에서는 수출입을 영위하는 회사가 외화표시거래를 수행할 때와 해외자회사를 거느리고 있는 기업이 본사의 재무제표에 연결시킬 때로 나누어 환산방법을 살펴보기로 한다.

1. 수출입회사의 외화표시거래시 환산방법

수출입회사의 경우 외화환산회계와 관련된 외화표시거래는 대체로 크게 보아 다음의 세 가지 경우로 나눌 수 있다. 첫째, 거래가격이 외화로 표시되어 있는 상품의 매매 및 서비스의 이전, 둘째, 결제금액이 외화로 표시되어 있는 자금의 타입 또는 대부, 셋째, 외화로 표시되어 있는 증권의 발행 또는 투자 등이다.

수출거래의 경우 선적완료시 수출로 계상하고 환어음에 선적서류를 첨가하여 은행에 네고(nego)를 한 시점에서 입금기장을 하게 된다. 이와 같이 수출입거래 발생 시에는 원화로 환산하여 기장을 하고 일정기간 경과 후 결제를 할 때는 그간 환율변동에 따라 환차손익이 발생하게 된다. 외화표시거래의 기말 회계처리는 결산시에 외화표시 채권채무를 평가하여 외환평가손익을 계상하게 된다.

2. 해외자회사의 외화환산방법

해외자회사의 재무제표를 본사의 재무제표에 연결시킬 때 본국의 통화로 환산하는 방법에는 재무제표를 구성하는 특정항목에 대하여 현행환율 또는 역사적 환율 중 어떤 것을 적용하느냐에 따라 다음과 같이 세 가지로 나누어 볼 수 있다.

1) 유동성/비유동성법

대차대조표 구성항목을 유동적인 항목과 비유동적인 항목으로 구분하고 전자에는 결산일자의 현행환율, 후자에는 자산 또는 부채를 취득한 날을 기준으로 하는 역사적 환율을 적용하는 방법이다. 여기서 유동성 자산은 현금, 유가증권, 외상매출금, 재고자산 등을 포함하며, 유동성 부채는 외상매입금, 단기차입금을 포함한다. 이 방법은 재무제표의 유동성 항목에만 환율변동의 효과를 반영하는 방법으로 해외자회사의 재무분석에는 유용하나 유동/비유동의 구분이 회계기간 중 영업성과를 왜곡시킬 수 있다는 점에서 문제가 제기되고 있다. 예를 들어 재고자산의 경우 현행환율로 환산하는 것은 취득원가주의에 어긋날 뿐 아니라 환율변동에 따라 과대 또는 과소평가되는 경우 경영성과의 정확한 평가가 어려워지게 된다. 이 방법은 미국의 경우 1975년 이전까지는 사용되었으나 FASB 제8호가 채택되면서 폐지되었다.

2) 화폐성/비화폐성법 및 Temporal법

재무제표상 화폐성 항목을 현행환율로, 비화폐성 항목을 역사적 환율로 환산하는 방법이다. 화폐성 항목이란 외화금액이 일정하게 정해져 있어 환율변동의 위험에 그대로 노출되어 있는 항목을 말하며 현금, 예금, 외상매출금 등 항시 현금화가 가능한 자산이 포함된다. 비화폐성 항목은 항목의 속성상 외화금액이 일정하게 정해져 있지 아니하여 그 경제적 가치가 환율의 변동과 직접 관련되지 아니한 항목으로 재고자산 및 고정자산이 이에 해당된다. 반면 화폐성 부채는 외상매입금, 단기채무, 장기차입금 등 환율변동에 관계 없이 일정액으로 확정된 항목이 포함된다.

화폐성/비화폐성법이 유동성/ 비유동성법과 상이한 점은 재고자산과 장기부채를 평가하는 방법에 있다. 즉, 재고자산의 경우 유동성/ 비유동성법에서는 유동성 자산으로 간주하여 현행 환율로 평가하는데 반하여, 화폐성/비화폐성법에서는 비화폐성 자산으로 간주하여 역사적 환율로 평가한다. 장기부채의 경우에는 유동성/비유동성법에서는 역사적 환율, 화폐성/비화폐성법에서는 현행 환율로 평가한다.

화폐성/비화폐성법에서 엄격한 취득원가주의에 입각하고 있다는 점은 장점이라 하겠으나 비화폐성 항목이 시가에 의해 평가되는 경우 역사적 환율에 의거 환산하는 것은 불합리한 측면이 있다. 따라서 화폐성/비화폐성법을 약간 수정하여 시가로 기재되어 있는 항목은 현행 환율로, 취득원가로 기재되어 있는 항목은 역사적 환율로 평가하는 방법이 있는데 이것을 시제법이라 한다. 이 방법은 1975년 FASB 제8호에서 채택되어 1981년 FASB 제52호로 수정될 때까지 미국에서 사용되었다. 이외에도 대만, 필리핀, 스웨덴 등에서도 채택되어 사용되고 있다.

3) 현행 환율법

대차대조표 및 손익계산서 항목을 모두 현행 환율로 평가하는 방법으로서, 이상의 방법과 크게 다른 점은 고정자산, 고정부채, 자본 등에 대하여도 모두 현행 환율을 적용한다는 점이다. 이는 외화로 측정된 항목은 측정하는 시점에서의 측정기준에 따라 확정되어야 한다는 것이다. 그러나 항목의 속성을 고려하지 않고 동일한 환율을 모든 항목에 적용한다는 문제점이 내재되어 있다.

이상에서 살펴본 세 가지 환산방법을 실제적으로 각각 적용했을 경우 어떠한 차이가 발생하는지 다음의 사례를 이용하여 살펴보기로 한다.

갑이라고 하는 섬유회사의 필리핀 현지자회사가 1993년 한 해 동안 영업한 결과를 나타내는 1993년 말 현재 대차대조표를 다음 표의 첫째 란과 같이 현지통화로 제시하였다. 1993년 초의 환율은 1원 : 4peso였는데 연말에 1원 : 5peso로 평가 절하되었다고 하자. 이 경우 현지법인의 대차대조표를 본사의 대차대조표에 연결시키려 할 때 환산방법에 따라 어떠한 차이가 발생하는지 살펴보면 다음과 같다.

| 표 14-1 | 환산방법의 비교

			현행 환율법		화폐성/비화폐성		유동성/비유동성	
자산								
현금	ps	3,600	5	720원	5	720원	5	720원
외상매출금		4,800	5	960	5	960	5	960
재고자산		4,800	5	960	4	1,200	5	960
고정자산		6,000	5	1,200	4	1,500	4	1,500
자산계		19,200		3,840		4,380		4,140
부채								
외상매입금	ps	1,200	5	240원	5	240원	5	240원
단기채권		1,200	5	240	5	240	4	300
장기채권		3,600	5	720	4	900	4	900
자본금		13,200	4	3,300	4	3,300	4	3,300
환차손익				(660)		(300)		(600)
부채계		19,200		3,840		4,380		4,140

현행 환율법을 이용하면 대차대조표의 전항목(자본금은 제외)을 연도말 환율인 1 : 5로 환산하게 되고 660원의 환차손실을 기록하게 된다. 유동성/비유동성법을 이용하면 유동성 자산인 현금, 외상매출금, 재고자산과 유동성 부채인 외상매입금을 연도 말 환율로 환산하고 나머지는 역사적 환율로 환산하게 되어 환손실이 600원이 된다. 반면, 화폐성/비화폐성법을 이용하면 화폐성 자산인 현금, 외상매출금과 화폐성 부채인 외상매입금, 단기채권을 연도말 환율로 환산하고 나머지는 역사적 환율로 환산하게 되어 환손실이 300원으로 줄어들게 된다.

3. 한국의 회계기준

1980년대에 들어 기업의 국제화, 자본자유화 등 커다란 환경변화 속에서 이에 대응하기 위한 회계분야의 노력의 일환으로 결실을 맺은 것이 1990년 전면 개정된 기업회계기준이었다. 전면개정의 주된 방향 중의 하나가 자본 자유화에 대비한 회계기준의 국제화 및 선진화였으며 이러한 방향이 외화표시항목에 대한 환산방식의 변경으로 나타났다. 그 내용은 크게 보아 두 가지로 나눌 수 있는데 하나는 외화자산 부채의 환산손익 처리방법 개선이고 다른 하나는 해외지점 및 해외종속법인의 외화환산방식의 개선이다.

1) 내국법인의 외화자산 부채환산방법

개정 회계기준은 외화자산부채를 원화로 환산하는 경우 화폐성 항목은 대차대조표 작성일 현재의 환율을, 비화폐성 항목의 경우 역사적 환율을 적용하도록 규정하고 있다. 또한 외화자산 부채의 환산에 중요한 문제는 환산손익을 어떻게 처리할 것인가의 문제인데, 개정 회계기준에서는 외화채권, 채무의 환산에 있어 장단기를 구분하지 않고 환산손익을 모두 당기손익으로 처리하도록 되어 있다. 이와 같이 환산손익의 이연처리를 금지함으로써 기업들이 환율변동의 위험을 그대로 투자가에 전가시키지 아니하고 이를 선물환거래 등으로 헷지하여 재무상태를 한정되게 유지하게끔 유도하는 것이다.

2) 해외지점 및 해외종속법인의 외화환산방법 개선

개정기준에서는 해외지점 또는 해외사업소와 해외종속법인을 구분하여, 해외지점 또는 해외사업소의 자산과 부채는 화폐성, 비화폐성법 또는 현행환율법 중 하나를 기업이 선택하여 적용하며, 해외종속법인의 외화표시 재무제표는 현행 환율법, 즉 대차대조표 항목은 대차대조표 작성일 현재의 환율로, 손익계산서 항목은 당해 회계연도의 평균환율로 환산하도록 하였다.

4. 미국의 사례

미국의 경우에는 1981년 12월 FASB 제52호가 채택되어 종전의 시제법 대신 현행환율법을 사용하게 되었다. 손익계산서 환산의 경우에는 수익, 비용, 이익, 손실을 회계기간의 평균환율에 의거 환산하든지 또는 항목별로 실제 발생일의 역사적 환율에 의거 환산할 수 있게 하였다.

FASB 제52호의 또 다른 특징은 기능통화와 보고통화를 사용한다는 점이다. 기능통화란 기업이 활동하고 있는 주된 경제환경의 통화를 말하는 것으로 일반적으로 자회사의 소재국통화가 될 것이다. 보고통화란 모기업 재무제표작성통화를 뜻하는 것으로 일반적으로 모기업 소재국통화가 된다.

이와 같은 통화를 이용하여 환산하는 과정을 보면 일반적으로 두 단계를 거쳐 이루어지는데, 첫 단계는 해외자회사의 자산부채 수익비용을 기능통화로 측정하고 다음 단계로 기능통화로 표시된 재무제표를 현행환율법을 사용하여 보고통화로 측정하게 된다. 다만 고인플레국가에서 영업중인 사업체에 대하여는 현행환율법에 따른 과도한 환차손익의 발생을 방지하기 위하여 예외적으로 보고통화가 기능통화인 것처럼 간주하여 재측정하며, 이때는 시제법에 따라 환산하고 회계처리한다.

< 제 3 절 >
국제조세의 기초

1. 국제적 이중과세

오늘날 우리나라를 포함한 대부분의 국가는 자국 거주자에 대하여 거주지국 과세 원칙에 따라 소득의 발생장소에 관계 없이 전 세계소득에 대하여 과세하며, 비거주자에 대하여는 원천지국 과세원칙에 따라 국내원천소득에 대하여만 과세하는 조세제도를 갖고 있다 이러한 조세제도를 갖는 국가 간에 거래가 이루어지는 경우에 거주지국과세와 원천지국과세의 경합이 이루어져 이중과세가 발생하게 된다.

예를 들어, 한국의 거주자인 A가 미국으로부터 이자소득을 확보한 경우 한국의 국세청은 거주지국 과세에 근거하여 A의 이자소득에 대하여 과세할 수 있으며, 미국도 A가 비거주자이긴 하나 원천지국 과세에 근거하여 과세할 수 있는 것이다. 즉 하나의 이자소득에 대하여 거주지국으로서의 한국에서의 과세와 원천지국으로서의 미국에서의 과세가 경합함으로서 이중과세가 발생하는 것이다.

2. 조세조약

국가 간에 조세조약을 체결하는 기본목적은 앞서 언급한 이중과세를 방지함으로써 무역, 해외투자, 기술이전 등 국제거래환경을 개선하고 국제 간의 교류를 확대시키는데 있다 하겠다. 그러나 이중과세방지는 어느 한 국가의 과세권을 축소시킴으로써만 가능하기 때문에 이에 상응하는 혜택이 확보되어야 한다.

이들 혜택 중에는 첫째로, 선진기술 및 자본도입 촉진을 들 수 있겠는데 이는 개발도상국에 주로 해당된다. 즉, 외국인 투자소득에 대한 제한세율적용으로 선진 기술 및 자본을 유치할 수 있는 여건을 마련할 수 있는 것이다. 둘째로, 기업의 해외진출을 촉진하는 수단이 된다는 점이다. 선진국들의 경우 해외 진출한 기업들이 현지에서 세제상 상대국의 과세권으로부터 보호받을 수 있게 한다. 기타로는 자원보유국과의 조세조약을 통하여 안정적인 자원공급을 받을 수 있다든지, 체약국 상호 간에 정보교환으로 국제적 탈세방지를 할 수 있는 등의 이점이 있는 것이다.

국제 간에 조세조약체결 시 기준이 될 수 있는 가장 많이 사용되는 모델조약은 OECD 모델조약과 UN 모델조약이라 할 수 있다. OECD 모델조약은 선진국 간 조세조약체결 시 많이 이용되어 왔으며 소득발생지국의 과세권을 제한함으로써 국제적 경제교류촉진을 강조하였다. 반면 UN모델은 개발도상국에서 선호되었던 모델로서 소득발생지의 과세권을 강화하면서 다만 선진기술이나 자본을 유치할 수 있는 수준에서 완화시킨다는 장점이 있다.

조세조약 내용 중 주요 항목인 배당소득에 관한 조세조약의 조문은 동소득에 대한 과세권을 원천지국과 거주지국 간에 어떻게 배분할 것인가를 규정하고 있다. 배당소득에 대한 과세는 계약당사자국 간의 자본교류상황에 크게 영향을 받는다. 선진국 간에 조세조약을 체결하는 경우에는 당사자 간 경제발전수준이나 자본교류 규모가 비슷하기 때문에 원천지국의 과세권 축소가 특정 국가에만 손실을 초래하지 않고 상호이익에 부합됨으로 협상과정상 큰 어려움이 따르지는 않는다. 그러나 선진국과 개발도상국간 조세조약을 체결하는 경우에는 상호간의 입장이 크게 달라 합일점을 찾기가 쉽지 않다. 즉 선진국 입장에서는 개발도상국에 일방적으로 자본투자를 하고 있기 때문에 개발도상국(소득원천지국)의 과세권을 최대한 축소시키고자 한다. 반면 개발도상국은 소득원천지국의 과세권을 강화시켜 조세수입을 확대시키려고 한다. 다만 자국경제개발을 위한 선진국의 기술 및 자본도입을 위하여 배당소득에 대하여 고율로 과세하기는 어려운 입장에 있다.

결국 조세조약체결상 중요한 과제는 양당사자 간의 서로 다른 입장을 어떻게 조화롭게 해결하느냐에 달려 있다. 이러한 배경 하에서 그간의 조세조약은 원천지국과 거주지국 중 어느 일방에 불리한 결과를 초래할 수 없다는 입장에서 과세권을 양국에 적절히 배분하는데 초점을 맞추고 있다. 즉 원천지국에 대하여는 외국자본에 대한 소득에 대하여 국내 세율보다 낮은 세율(제한세율)로 과세하도록 제한하는 한편 거주지국에 대하여도 원천지국에서 납부한 세금에 대하여는 공제를 시킴으로서 과세권을 일부 제한하고 있다.

1970년대에 체결된 선진국과의 조세조약은 이중과세방지에 의한 조세장벽 완화로 외자 및 기술의 원활한 유치를 하는데 역점을 두었기 때문에 OECD모델을 기준으로 하여 체결되었으며 원천지국의 과세권을 상당폭 제한하고 있다. 1980년대에는 자원의 안정적 확보를 위하여 자원보유국과 조세조약을 우선적으로 체결하였으며, 수출증대 및 해외시장확보를 위하여 개발도상국과 조세조약체결에 역점을 두었다.

< 제 4 절 > 기업의 해외진출과 조세문제

1. 해외진출형태의 선정

기업이 해외에 진출할 때에는 지점 또는 현지법인의 형태를 이용하게 되는데 이에 관한 의사결정에는 조세문제가 매우 중요한 기능을 하게 된다.

먼저 지점형태로 진출하는 경우 유리한 점을 보면, 첫째, 해외사업 초기에 발생할 수 있는 손실을 본사의 이익에서 차감함으로써 세금을 줄일 수 있으며, 본국의 세법상 해외사업에 부여하고 있는 혜택을 받을 수 있다는 점이다. 둘째로는 지점의 이익은 본국 송금시 대부분 과세되지 않으나 현지법인이 이익송금시에는 소득세가 원천징수된다는 점이며, 셋째, 현지진출시 설립요건이 비교적 간단하고 세무신고, 회계감사 등 요구사항이 간편하다는 점 등을 들 수 있다.

반면 현지법인형태로 진출시 유리한 점으로는 첫째, 현지세법상 부여하고 있는 각종 조세감면혜택을 받을 수 있다는 점과, 둘째, 투자한 부분에 대하여만 유한책임을 지며, 셋째, 현지에서 좋은 이미지를 얻을 수 있으며 현지자금조달에 있어서 유리하다는 점 등이다.

2. 해외자회사의 소득에 대한 과세방법

현지법인의 형태로 해외에 진출한 경우 이 현지국의 현지법인에 대한 세금부과 방식은 크게 세 가지로 나눌 수 있다.

셋째로, 외국소득면제(foreign tax exception) 방법으로서 납세자의 거주지국이 자국 거주자의 해외원천소득에 대하여 과세권을 포기하는 방법으로 거주지국은 원천지국의 과세권이 실제로 행사되는가에 관계 없이 자국에서 면제해 준다.

둘째로, 외국세액공제제도(foreign tax credit)로서 타국에서 납부한 세액을 자국의 산출세액으로부터 공제해주는 제도로서 소득면제방법과 다른 점은 타국에서 발생된 소득을 자국의 총과세소득에 포함시켜 세액을 산출한 후 같은 산출세액으로부터 외국에 납부한 세액을 공제하여 준다는 점이다. 세액공제방법은 다시 일반세액공제방법과 간접세액공제방법으로 나눌 수 있는데, 일반세액공제방법은 외국에서 납부한 세액을 무제한 인정해주는 것이 아니라 해외원천소득에 대한 자국에서의 세액을 한도로 한다. 즉, 한도액은 거주지국 세액에 총과세소득에서 거주지국세액이 차지하는 비중을 곱하여 계산한다.

반면 간접세액공제방법은 자국의 기업이 타국에 있는 자회사로부터 배당을 받는 경우 모회사의 거주국인 자국이 배당에 대한 세액뿐만 아니라 자회사가 타국에서 납부한 세액까지도 인정하는 방법이다. 이와 같은 공제세액은 모회사가 타국에 직접 납부하지 않고 자회사를 통하여 납부한 셈이므로 간접 세액공제라 한다.

셋째로, 간주외국세액공제방법(tax sparing credit)이 있는데 이는 특정 국가(주로 개발도상국)가 외국인투자가에게 국내법에 의하여 부여한 조세감면세액을 투자가 모국(주로 선진국)이 과세하는데 있어 현지국에서 세금을 납부한 것으로 간주하여 세액공제를 하는 제도로서 개발도상국이 자국의 경제발전을 위하여 외국인투자가에게 부여한 감면혜택을 선진국이 자국기업의 세액을 계산함에 있어서 원천지국에서 실제로 납부한 것으로 간주하여 세액공제를 해줌으로서 실질적인 조세감면혜택을 투자가에게 귀속시키는 제도이다. 간주외국세액공제는 일반적으로 배당, 이자, 사용료에 대한 조세감면에 한하여 부여되며, 우리나라는 미국, 태국을 제외하고는 대부분의 조세조약에서 동 조항을 취급하고 있다.

< 제 5 절 >
외국인투자에 대한 조세문제

우리나라에 대한 외국인투자는 직접투자와 간접투자로 나눌 수 있는데 외국인직접투자는 한국에 한국법인을 설립하여 생산 또는 서비스업을 영위하는 투자로서 한국정부에서는 자본 및 기술도입에 따른 긍정적 효과를 기대하여 제한된 업종분야에 있어 적극 유치를 위한 조세제도를 갖추고 있다. 반면 외국인간접투자는 1991년 자본시장전면개방 이후 한국자본시장에 증권을 매입하기 위한 투자로서 이에 대하여는 국내거래와 동등한 조세제도를 운영하고 있다.

1. 외국인직접투자에 대한 조세우대제도

1) 외자도입법에 의한 지원

외자도입에 관한 최초의 법률은 1960년에 제정된 '외자도입촉진법'으로서 외국인투자에 관한 조세감면규정을 최초로 포함하였다. 1966년에는 이를 '외자도입법'으로 개편하여 차관 및 자본재도입을 촉진하는 내용을 추가하였다. 그 후 시행과정에서 드러난 문제점을 제거하고 외자도입을 더욱 원활히 하기 위하여 1973년에는 외자도입법의 전면개편을 시도하였다. 그리고 1984년에는 불필요한 조세감면 혜택을 줄이고 한국기업의 국제경쟁력향상 및 한국경제에 공헌을 하는 외국인투자기업에 유효한 혜택을 부여한다는 차원에서 또 한 번의 개편을 하게 되었다.

예를 들어 법인세감면조항을 보면, 첫째로, 법인세감면대상기업을 다음에 해당하는 기업으로 한정하고 있다. 국민경제에 긴요한 고도기술로서 국내에서 독자적으로 개발이 곤란한 기술을 수반하는 사업 재외국민등록법에 의한 재외국민의 투자사업, 수출자유지역설치법에 의한 수출자유지역에 입주하는 사업 등이다. 둘째로, 감면방법의 융통성을 부여하였다. 인가받은 사업과 관련한 소득세 또는 법인세는 외국인투자기업으로서 등록한 후 최초로 개시하는 과세 년도로부터 10년 기간 중 어느 기간이든 연속적인 5년간 면제한다.

일반적으로 투자는 초기단계에서 이익을 확보하기 쉽지 않으므로 대부분 후반 5

년을 감면기간으로 택할 가능성이 많으므로, 실질적으로 5년 이상 감면혜택을 부여하는 조치로 해석되어진다. 이상의 방법 대신 특별감가상각방법을 택할 수도 있게 융통성을 부여하였는데 이는 사업용 고정자산이 많은 기업의 경우 유리한 방법을 택하게 함으로써 조세지원의 효율성을 제고시키자는 의도로 파악된다.

2) 조세감면규제법에 의한 지원

1965년 제정 공포된 이래 수차례 수정하였으며, 현재와 같이 종합적인 조감법은 1981년 12월에 전면수정 마련되었다. 다시 1988년에는 그간 외자도입유인 목적으로 사용되었던 외국인투자에 대한 조세감면을 대폭 축소 내지는 폐지함으로써 국내외 기업 간 과세형평을 도모하였다. 다만 국내 금융기관의 국제화를 위하여 역외금융에 대하여 면세혜택을 추가하였다.

2. 외국인증권투자

외국인직접투자에 대하여는 세제상의 지원방안들이 마련되어 있는 반면에 외국인증권투자에 대하여는 국내인의 증권투자와 동일한 취급을 하는 것이 일반적이다.

1) 유가증권 양도소득과세

국내사업장이 없거나 부동산이 없는 비거주자 또는 외국법인이 유가증권의 양도로 인한 소득이 있는 경우에는 양도소득의 10%에 상당하는 금액과 양도차익의 25%에 상당하는 금액 중 적은 쪽의 금액을 원천징수한다. 유가증권의 양도가 증권회사를 통하여 양도되는 경우에는 증권회사가, 그렇지 않은 경우에는 주식 양수자가 세액을 원천징수하여 납부할 의무가 있다.

2) 배당소득과세

비거주자 또는 외국법인이 내국법인 또는 국내로부터 지급받는 배당소득은 국내원천으로 간주하고, 외국법인으로부터 받는 배당소득은 국내 원천소득에서 제외하여 지급자의 거주국에 배당소득의 원천이 있게 된다. 조세조약에서는 일반적으로 배당소득에 대하여 배당을 받은 법인의 거주지국에서 과세하는 것을 원칙으로 하되 배당을 지급한 거주지국에서도 과세할 수 있도록 하고 제한세율을 10~15%로 제한하고 있다.

<제 6 절>
다국적기업의 조세 회피

국제적인 영업망을 갖고 있는 다국적기업의 경우에는 국가별로 조세제도가 상이하기 때문에 이에 적절히 대처하지 않으면 안 된다. 따라서 여러 국가에서 발생하는 이익에 대한 세금을 절약하기 위하여 주어진 법규 하에서 다양한 방법을 동원하고 있는 실정이다. 이와 관련한 몇 가지 예를 살펴보기로 한다.

1. 이전가격을 이용한 조세 회피

이전가격이란 기업 내 자회사와 모회사 간 제품, 원자재 등의 거래 시 적용되는 가격을 말한다. 다국적기업은 각국에 소재하는 계열기업의 납세 전 이익을 조정하여 기업전체이익을 극대화시키려는 점에 관심을 갖기 때문에 소득을 고세율 국가에서 저세율 국가로 이전시키려고 노력한다. 이를 위하여 고세율 국가 내 기업의 이전가격을 상향조정하거나 저세율 국가 내 기업의 이전가격을 하향조정하는 것이다. 이에 대하여 각국의 조세당국에서는 자국의 조세수입을 감소시키지 않기 위하여 이전가격조작을 통한 조세회피 방지에 관한 규정을 두고 있는 것이 일반적이다.

2. 조세 회피국을 이용한 조세 회피

조세 회피국이란 기업소득에 대한 조세가 없거나 저율의 세제가 갖추어져 있기에 다국적기업들이 조세 회피 또는 조세 절감의 수단으로 이용하는 국가 또는 지역을 의미한다.

다국적기업들이 조세 회피국을 이용하는 형태는 다양하지만 대표적인 것은 지주회사의 설립이다. 모회사가 자회사로부터 배당을 수취하는 경우, 자회사가 소재하는 국가와 가장 유리하게 조세조약을 체결하고 있는 제3국에 지주회사를 설립하고, 그 지주회사에 배당을 집중시킴으로서 배당에 관한 원천세액을 최소화시킬 수 있다.

본 · 지사 간 자금 이전은 각국의 상이한 조세제도에 큰 영향을 받게 되며 경영자는 이에 대한 충분한 이해가 필요하게 된다. 이러한 필요성은 1962년 미국의 세제개혁이 있기 이전에 미국 다국적기업들이 과세를 안 하거나 세율이 낮은 특정국가, 소위 조세 회피국을 이용하여 세금부담을 경감시켰던 사실에서 실감하게 한다.

조세 회피국(tax haven)이란 외국자본을 유치하기 위해 소득에 대한 과세를 면제하거나 극히 낮은 세율을 적용하는 국가를 의미하는데, 당시 미국 다국적기업은 해외자회사와 조세회피국간의 이전가격을 조작하여 해외에서 발생한 수익에 대한 세금부담을 최소화하는 전략을 사용하고 있었다. 따라서 대다수의 대기업은 이곳에 지점이나 자회사를 설치하고 있었으며 금융기관도 금융자회사를 설립하여 법인세, 이자 · 배당의 원천세를 경감시키는 세제상의 특전을 누리고 있었다. 그러나 1962년 개정세법에서 실제영업에 의하여 발생하지 않는 소득(Sub part F 소득)에 대하여도 과세를 규정함으로써 조세회피국을 이용한 세금절약효과를 감소시켰다. 이러한 세법에도 불구하고 절세를 목적으로 조세회피국을 이용할 수 있는 여지는 아직도 존재한다고 한다.

세계 각지에 산재해 있는 주요 조세 회피국은 다음과 같이 구분되어진다.

① 법인세, 원천세, 증여 · 상속세를 전면 면제하는 국가
… Bahama, Bermuda, Cayman Islands.

② 과세는 하나 세율이 극히 낮은 국가
… British Virgin Islands, Netherlands Antilles.

③ 국내원천소득에는 과세하나 국외원천소득에는 면세하는 국가
… Hong Kong, Panama.

④ 한정된 범위 내에서 세제상 특전을 부여하는 국가
… Ireland, Switzerland, Netherlands, Liechtenstein.

3. 조세조약활용 전략

조세조약쇼핑(treaty shopping)이란 양국 간에 체결된 조세조약을 제 3국의 거주자가 이용하는 것을 의미한다. 즉, 다국적기업이 특정국가에 진출하는데 있어 그 국가와 조세조약을 체결하고 있는 국가 중에서 조세부담을 가장 덜 수 있는 국가를 찾아내어 그곳에 위장회사(paper company)를 설립함으로써 계약상 거래가 있었던 것처럼 가장하는 현상을 말한다. 하나의 예를 들어 보자. 이탈리아에 본사를 두고 있는 갑 회사는 한국의 을 회사에게 기술을 제공하고 있다. 동 기술료의 경우 한국과 이탈리아 간 조세조약이 체결되어 있지 않아 25% 정도의 소득세원천징수를 부담하여야 한다. 따라서 갑 회사는 한국 스위스 간 조세조약상 기술료에 대한 10% 제한세율을 이용하기 위하여 스위스에 자회사를 설립하여 세금을 절감시킬 수 있는 효과를 얻게 된다.

찾아보기

ㄱ

ㄴ

ㄷ

ㄹ

ㅁ

ㅂ

ㅅ

ㅇ

ㅈ

이강용

한국외국어대학교 졸업
프랑스 르 아브로 대학 국제경영학 석사
프랑스 파리 제 7대학교 국제경영학 박사
서울대학교 국제경제학과 강사
미국 University of Urbana-Champagne 대학 방문교수
현 : 한남대학교 국제통상전공 교수

<주요저서 및 논문>

중국의 대외개방과 한국경제
한국의 자동차 산업 (공저)
미 · 일 자동차 산업의 국제화 전략 비교 외 다수

국제경영

2008년 7월 10일 초판 인쇄
2008년 7월 21일 초판 발행

저　자 / 이강용
발행자 / 오판근
발행처 / 교우사

주　소 / 서울 동대문구 제기2동 148-19
전　화 / 925-2861(대), 편집부 / 925-2825
팩　스 / 925-2860
E-mail / kw2861 @ chollian. net
http: // www.kyowoo.co.kr
등록 / 1994. 3. 24 제6-0256호

ISBN 978-89-8172-751-2 (93320)

값 **23,000**원